陈
珍　朱立祥
———
主编

核心素养

成长的力量

华东师范大学出版社
·上海·

图书在版编目（CIP）数据

核心素养：成长的力量 / 陈珍，朱立祥主编. —
上海：华东师范大学出版社，2023
ISBN 978 - 7 - 5760 - 3944 - 3

Ⅰ.①核… Ⅱ.①陈… ②朱… Ⅲ.①中小学—师资
培养—研究 Ⅳ.①G635.12

中国国家版本馆 CIP 数据核字(2023)第 113140 号

核心素养——成长的力量

主　　编　陈　珍　朱立祥
策划编辑　刘祖希
责任编辑　刘祖希　严召阳
责任校对　时东明　张佳妮
装帧设计　卢晓红

出版发行　华东师范大学出版社
社　　址　上海市中山北路 3663 号　邮编 200062
网　　址　www.ecnupress.com.cn
电　　话　021 - 60821666　行政传真 021 - 62572105
客服电话　021 - 62865537　门市(邮购)电话 021 - 62869887
地　　址　上海市中山北路 3663 号华东师范大学校内先锋路口
网　　店　http://hdsdcbs.tmall.com

印 刷 者　上海邦达彩色包装印务有限公司
开　　本　787 毫米×1092 毫米　16 开
印　　张　27.25
字　　数　620 千字
版　　次　2023 年 9 月第 1 版
印　　次　2023 年 9 月第 1 次
书　　号　ISBN 978 - 7 - 5760 - 3944 - 3
定　　价　98.00 元

出 版 人　王　焰

(如发现本版图书有印订质量问题,请寄回本社客服中心调换或电话 021 - 62865537 联系)

本书编委会

主　编：

陈　珍（中共厦门市委教育工委书记、厦门市教育局局长）

朱立祥（中国教研网主编、中国教师研修网副主编）

副主编：

刘伟玲（厦门市教育局人事处处长）

庄小荣（厦门市教育科学研究院院长）

唐华玲（厦门市教育局人事处副处长）

潘世锋（厦门市教育科学研究院副院长）

郑兆炯（厦门市教育科学研究院培训部主任）

牛卫红（厦门市教育科学研究院培训部副主任）

黄龙强（厦门市教育科学研究院培训部教研员）

编　委：

李　涛	沈河拢	林　明	叶志明	林小燕	陈　榆
徐小平	陈燕梅	李生华	杨学切	蔡辉舞	江合佩
黄　荣	陈群莹	徐太阳	江如蓉	肖丽萍	陈亚专
张洋烽	林培荣	张晓燕	万　虹	杨耀东	林提升
张明亮	林慧娜	潘　俐	龚　洁	邹　斌	潘琼芳

序一 争做新时代的"大先生"

陈　珍

（中共厦门市委教育工委书记，厦门市教育局局长）

《礼记·曲礼》曰，"从于先生，不越路而与人言。遭先生于道，趋而进，正立拱手"。这里的"先生"一词指的就是受人尊敬的老师，而"大先生"更是人格、师德、学业的表率者。专家型教师更要率先垂范，为天地立心，为生民立命，为往圣继绝学，为万世开太平。在日益复杂多变的当今社会，ChatGPT 等人工智能技术不断实现对人自身功能的替代，国与国之间的竞争空前异常激烈，因此党的二十大报告首次将科教兴国战略、人才强国战略、创新驱动发展战略摆在一起，将教育、科技、人才整合到一起进行系统谋划，共同服务于创新型国家建设。在建设教育强国、科技强国、人才强国的过程中，教育强国是基础。《中国教育现代化 2035》提出："建设高素质专业化创新型教师队伍。夯实教师专业发展体系，推动教师终身学习和专业自主发展。"厦门市教育局历来重视教师队伍的建设，将进阶式、课程化、成体系的教师专业培养作为推动厦门教育高质量发展的引擎和加速器。为了培育并造就这样一批"大先生"，厦门市经过多年实践探索，逐步形成了完善的"骨干教师→学科带头人→专家型教师→卓越教师"培养体系，专家型教师正是从优秀走向卓越的关键环节。经师易遇，人师难遭；得遇良师，何其有幸。希望你们未来成为学生及家长口口相传的良师。

本书即将付梓，意味着未来的"大先生"——厦门市第八期中学专家型教师培养对象研修班即将结业。结业并不意味学习的结束，而是不断追求卓越、超越自我的开始。看到你们这一届研修班的结业，真是为你们感到不易。恰逢三年疫情，学习时断时续，很多体系化的课程包括跟岗培训，都因为疫情节奏被打乱。但是你们依然努力前行，以高标准要求自己，艰难困苦，玉汝于成。在这三年里，我不在意的是你们顺利完成了课题、论文等硬性指标，而是你们不断地带培青年教师，不断地送教下乡，将论文写在厦门的中学课堂上。如今书稿已成，我逐页翻来，其中闪烁的智慧火花，字字珠玑，让人叹为观止。

在这里，我看到了你们的教学主张，扎根于实践，又凝练于课堂，各个学科、各个学段的老师用各自极富学科特质的语言表达对教育的理解、对教育的真爱；在这里，我看到了你们的教学案例，你们反复打磨、反复萃取，将自己对教育对学科的理解浓缩到一节课或者一个单元之中；在这里，我看到了你们的课题总结，三年的研究历程犹如国画一样被缓缓打开，在其中，我领略了你们研究的扎实、成果的丰实。这些极富价值的研究成果百川汇海，成于一书，让人心潮澎湃。未来，这些都将成为厦门教育最重要最珍视的财富。

教育是富有生命力的人与人之间、师与生之间、生与生之间、师与师之间的互动活动。德国哲学家雅思贝尔斯说："教育就是一棵树摇动另一棵树，一朵云推动另一朵云，一个灵魂唤醒另一个灵魂。"培养全面发展的学生，教师也应是全面自由发展的。丰富教师从教的责任感、使命感和幸福感，使"经师"与"人师"融为一体，培育学生的生命自觉，成为学生生命的守望者；激发和调动教师的内在学习动机，帮助和支持教师保持持久的学习动力，成为学生学习的示范者。

教学即研究，教育科研是学者型教师成长的摇篮(李吉林)，坚持学术研究是名师专业发展的必由之路(方建华)。作为专家型教师培养对象的你们，要始终以成为新时代的"大先生"作为目标，努力成为一个"大写"的人，要有"大丈夫"精神，你们应是专业的智者，应是胸怀"国之大者"，更应该是有情怀、有担当的知识分子。希望这本书的出版成为你们从"专业型"教师向"专家型"教师迈进的开始，你们的课例、主张必将影响更多的优秀教师，形成一个场域，赋能厦门教育高质量发展。希望你们这一批专家型教师，踔厉奋发，努力前行，在未来的教育之路上越走越稳，越走越远。

序二 坚信教师是课程改革的主力军

朱立祥

（中国教研网主编，中国教师研修网副主编）

　　厦门市第八期中学专家型教师培养对象研修班由厦门市教育科学研究院与中国教师研修网联合承办，研修成果集《核心素养——成长的力量》即将付梓。三年前，基于对专家型教师及其培养的认识，我们确立了研修目标，设计了"立向""立业""立言"的三阶段研修过程。我们依靠丰富的理论课程和扎实的实践课程支持研修目标的达成，依托理论水平高、实践能力强的导师团队对培养对象进行及时的指导和帮助。研修过程中，培养对象通过研制自己的教师发展规划，反思总结教育教学经验，基本明晰了个人发展方向；通过课题研究及导师的个性化指导，贯通理论与实践，初步形成了个人教学特色；通过教学成果的梳理与提炼，初步建构了个人教学主张。研修成果集《核心素养——成长的力量》包括《撷英咀华：课例研究》《求学问道：课题研究》《一管之见：教学主张》等三部分内容，初步达成了聚焦教学主张梳理的研修目标，探索了一条层级递进、协同创新的专家型教师成长之路，也创新了一条从实践出思想、带思想回实践、实践与思想双向促进且渐进通融的教师研修发展之路。

　　实施课程改革，课堂是主阵地。2014年《教育部关于全面深化课程改革落实立德树人根本任务的意见》提出，要研究制订中国学生发展核心素养，根据中国学生发展核心素养体系，组织修订课程方案、课程标准和教材。核心素养导向的普通高中课程方案和各学科课程标准于2018年颁布、义务教育课程方案和各学科课程标准于2022年颁布，基础教育进入了核心素养时代。然而，课程不等于教学，没有一线教师的课堂实践，再好的课程也只能停留在理念层面。核心素养背景下的教学新样态应该是什么样子？近年来，深度学习、大单元教学、跨学科主题学习等新观念不断袭来，我们的一线教师如何应对？学科课堂教学的根本追求是什么？阅读这本《核心素养——成长的力量》，我们可以从中找到一些答案。

　　实施课程改革，教师是主力军。建设教育强国是党和国家的重大部署，强教必先强师，教师队伍建设是建设教育强国的基础工作之一。党的十八大以来，国家出台了一系列改革政策和支持举措，全面深化新时代教师队伍建设。2018年，《中共中央国务院关于全面深化新时代教师队伍建设改革的意见》颁布，强调教师之于教育的重要性。为全面落实新时代教师队伍建设意见的精神，教育部等八部门于2022年印发了《新时代基础教育强师计划》。新时代需要什么样的教师？如何大力提升教师专业化水平和教书育人能力？如何系统设计、整体推进教师队伍建设？如何健全教师培训制度和体系，支撑教师专业发展和终身学习？如何基于不同发展阶段教师的最近发展区、基于发展效率让他们选择不同的发展路径？阅读这本《核心素养——成长的力量》，我们可以从中找到一些答案。

　　教育部门和学校都十分重视教师队伍建设，然而教师发展、教师成长的密钥还是掌握在教师自己的手里，关键在于如何激发教师自我学习、自我成长的内驱力。首先，教师要弄清楚自己在哪里、多问自己几个问题。比如，自己目前处在青年教师、骨干教师、专家型教师、卓越型教师成长序列中的哪个阶段；专家型、卓越型教师的特质有哪些，对照这些特质，自己的差距在哪里。只有知道了自己在什么地方，才能设定适合自己的目标。站在一个现实的地方，去远望理想的目标，才能正确判断我们与那个理想目标真正的距离，也才能真正明确到达那个目标的有效路径。其次，要明确教师的成长不是一蹴而就的。教师成长的过程就是在工作状态下研究、在研究状态下工作。教师要以"研究者"的身份，研究学科和教学、研究研究学生和学习。教师要最大限度地满足学生的需要、促进学生的发展，课程改革要求教师改善教育理念、更新知识结构、改进教学方式，这些都需要开展研究。教师如何成为"研究者"？如何开展以行动研究为主的教研？阅读这本《核心素养——成长的力量》，我们也可以从中找到一些答案。

衷心祝贺厦门市第八期中学专家型教师培养对象研修成果得以出版，真挚期待本书中的课例研究、课题研究和教学主张能影响更多的教师，期待广大教师积极参与课程改革、参与教学及其评价改革，促进学生素养全面发展，为教育强国做出更大的贡献！

目录

中篇　求学问道：课题研究

下篇　一管之见：教学主张

撷英咀华：课例研究

从理论知识更新到教学实践反思[①]

——以初中文言文教学为例谈学科教育理论素养的提升之道

厦门市集美区教师进修学校　李　涛

学科教育理论素养是学科专任教师理论水平和实践能力的综合体现,其核心是运用学科教育理论(包括学科本体知识、学科教与学理论等)解决学科教学实际问题的关键能力,是长期形成的认知体系、思维方式和问题解决范式。学科教育理论素养提升的过程,是从理论到实践、从实践到经验、又从经验到理论的循环往复、螺旋上升的过程。在这个过程中,理论知识更新和教学实践反思起到关键作用。下面,以初中文言文教学为例具体分析。

一、理论素养的缺失与教学实践的困境

初中语文统编教材注重对中华优秀传统文化的学习,加大了古诗文的比重。全套教材一共选编古代诗文 124 篇(首),约占总篇目数的 51.5%;此外,每册教材的综合性学习中有一个专门的传统文化专题。在文言文教学中,"文句理解"往往是重中之重,"逐字逐句落实"似乎成了教学的不二选择。重视文言知识积累和文本内容把握,固然是文言文教学的基础,但从培养学生核心素养角度看,这是远远不够的。选文所承载的审美价值和文化价值通常被矮化、窄化、庸俗化,学生无法真正理解文章中的思想精髓,对文化的理解和传承也就无所附丽。

究其原因,除了考试压力带来的"考什么就教什么、怎么考就怎么教"的"实用"思想,根源还在于教师学科理论素养的缺失:一是教师对选文的文本价值的挖掘不够(或过度演绎),不能带领学生真正领略文本的独特魅力;二是教师对选文在教材体系和核心素养培养体系中的地位和作用的认识不到位,不能准确把握选文的单元意义,不能找到选文与选文之间、选文与相关课外文章之间的内在联系,也就不能帮助学生建立起较为完整的认知框架;三是教师教学方式方法单一,重讲授轻活动,不能调动学生的"前结构",不能激发学生内生动力使其自主参与学习,也就不能实现文言文教学的"保值"和"增值"。

因此,我们亟须通过理论知识更新和教学实践反思,来促进"理论—实践—经验—理论"的循环,以提升自己的学科理论素养。只有这样,我们才能以高度的理论自觉审视教学,以深厚的理论素养开展教学、研究教学,不断提高教学效能。

[①] 本文发表于《福建教育》(中学版)2021 年第 10 期,被人大复印报刊资料《初中语文教与学》2022 年第 2 期全文转载。

二、理论素养与"教什么""怎么教"

关于教师的教与学生的学,我们大致有三大追问:教(学)什么?怎么教(学)?教(学)的效果如何?这三个问题又大致对应着学科教育理论知识的三个方面,即本体性知识(学科思想、学科专业知识),条件性知识(教育学、心理学知识和教法学法),实践性知识(课堂情境知识以及与之相关的知识,即教师教学经验的积累)。当然,这种对应关系不是绝对的,互有交叉。有人以为教师的本体性知识、条件性知识是具备教师资格的先决条件,走上教学岗位之后不需要再学习,主要精力应放在实践性知识的学习和积累上。这其实是一种误解。无论是新手还是成熟教师,三个方面的理论知识都需要不断更新。

从本体性知识看,就文言文教学来说,教师自身迫切需要提升文言文阅读素养,没有一定的文言文阅读功底,怎会有文言文阅读心得?又怎能引领学生提高?我们知道,文言文阅读要做到"文""言"结合,文言、文章、文学、文化"四文融合"。提高文言文阅读素养,就要从这些方面着手。比如,从"文章"角度,须知文章体类之繁复、章法手法之多变。九年级上册第三单元收录了三篇文言文《岳阳楼记》《醉翁亭记》《湖心亭看雪》,试问,这三篇文言文都是游记吗?据褚斌杰的《中国古代文体概论》,"记"有四类:台阁名胜记、山水游记、书画杂物记和人事杂记。细考,前两篇是台阁名胜记,后一篇才是山水游记。"依体而教",台阁名胜记当看作者如何记叙台阁名胜的修建经过、风物景观、历史沿革,以及如何抒发思古幽情和个人感慨;山水游记则看作者如何写见闻观感,如何描写自然景物。如果不注意区别体类,笼而统之、大而化之,学生非但不能得体式阅读之真知识,对具体文本的秘妙之处也无从发现。

又如,从"文化"角度,须"向内""向外"拓展文本解读空间,以充分挖掘文本丰富资源。向内,要关注形式与内容(实质)的统一、人与文的统一,我们所熟知的抓关键词句、抓矛盾处、品味语言、分析写法等,都要围绕这两个"统一"来展开,这样才能看到朱光潜先生所说的语言、思维"一体的、整全的生命",也就是经典文本"一体的、整全的生命"。我们读《桃花源记》,必不能忽略"晋太元中""渔人甚异之""黄发垂髫,并怡然自乐""后遂无问津者"这些暗含深意的语句,因为它们是破译文本密码的钥匙:"晋太元中"点明时代背景,让虚拟故事与暗黑现世产生联系;"渔人甚异之",捕鱼为业者之"异",表明文本"志异"之特征;"黄发垂髫,并怡然自乐",妙在"并"字,文明社会的最大特征正是老人和孩子都怡然自乐,这是桃源梦的内核;"后遂无问津者"则是陶渊明无奈的喟叹。向外,则要从文本出发,为准确解读文本找到一个参照系。围绕"后遂无问津者",我们不妨追问:千百年来,桃源梦就真的无人问津吗?我们读王维的《桃源行》,发现这首诗描绘了更浪漫、更具诗意的画面,在诗人笔下,桃花源和平恬静、欣欣向荣、恍若仙界;我们读王安石的《桃源行》,读到的是一种激奋和悲慨,感受到的是诗人迫切想要改变现状的心愿。由此可见,历代文人常借《桃花源记》来抒写属于自己的情怀和抱负。桃源梦,念兹在兹,从未远离。

提升文言文阅读素养,须对文字学、训诂学、音韵学,历代文论,诗话词话,文化史、文学史、哲学史等有所涉猎,诸如《说文解字》《文心雕龙》《诗词例话》《谈艺录》等书籍当成为语文教师的案头书,时常翻阅,常读常新。

从条件性知识看,也需要我们打破满足于文句理解、知识学习的"串讲式"教学模式,寻求更加适切的教学法。以八年级上册第三单元为例,该单元以"山川美景"为人文主题,收录《三峡》《短文两篇》(《答谢中书书》《记承天寺夜游》)、《与朱元思书》等文言文。如果从深度学习视角审视,如何开展单元整体教学?对比阅读就是一个很好的抓手。"求同""求异"双向展开,方能探幽发微,获得充分的审美愉悦和情感陶冶。求同,要看几个文本是怎么抓住景物特征来写景的。景物特征常常表现在形状、色彩、声音等方面,要看作者怎么调动视觉、听觉、嗅觉、触觉等多种感觉来感受和描述,还有写景的俯仰远近视角、动静的情态等,都值得反复推敲。求异,则可比较不同文本在文体形式、表现手法、语言特点等方面的不同,感受写景文的千姿百态。更重要的比较,当是看作者寄寓其中的情怀有何不同。如何从这四篇文章中选一篇你认为最特别的?有人说是《三峡》,它跟其他三篇写景文体类不同。王立群认为,游记包含三个基本要素:游踪、景观、情感。《三峡》无"游踪","情感"亦不明。蒋丹馨认为它是一篇山水记、一篇"说明文"、一篇散文。也有人会说是《记承天寺夜游》,在这四篇文章中,仅此文是散文,而其他三篇都具有骈体文的特点。不仅如此,《记承天寺夜游》关键是有"人",即苏轼、怀民二"闲人",其实写景不过一句"庭下如积水空明,水中藻、荇交横,盖竹柏影也",而此景,由"闲人"观得,却有空灵澄清之意境。"闲人"之"闲"也由此值得我们反复品读。当然,还有人会说是《答谢中书书》《与朱元思书》,这两篇都是书信体,为何在给友人的书信中对山川景物极尽描绘之能事?要给友人传递怎样的内心体验和思想情感?这是否让我们感受到别具一格的含蓄之美?

进入新时代,以立德树人、五育并举为主要特征的育人方针,对提高课堂教学质量提出更高要求。特别是近期中办、国办下发"双减"通知,更增强了优化教学方式、提升学生在校学习效率的重要性和紧迫性。启发式、互动式、探究式教学方式,研究型、项目化、合作式学习方式,与现代教育技术融合的情境教学、差异化教学和个别化指导等,都要求教师不断学习、研究与实践。

三、理论与实践的良性循环

实践性知识与教学实践反思,是同质的。不同在于,实践性知识可以是直接经验,也可以是间接经验,而教学实践反思,却不能从"纸上得来",它是"躬行"的结果。未经实践检验的理论仅有文本意义,只有通过教学实践和反思,教师的学科理论素养才能真正形成。这里以笔者执教的《周亚夫军细柳》为例,进行阐述。

《周亚夫军细柳》是八年级上册第六单元的一篇课文,本单元以"品格与志趣"为主题,还收录了《〈孟子〉二章》(《富贵不能淫》《生于忧患,死于安乐》)、《愚公移山》等文章。结合单元学习要求和课型(自读课),笔者确立了三个教学目标:(1)积累文言词语和文化常识(本文多处出现了古代礼仪);(2)品析人物,感受其精神,并体会课文中对比、衬托写法的精妙;(3)探究写作意图,产生阅读《史记》的兴趣。在教学内容和教学组织上,笔者安排了三个活动,一是自读与概括,简要概括文中的故事。二是研读与讨论,课文题目能否改为《文帝劳军细柳》?三是拓展与思考,联系相关材料,思考:汉朝与匈奴并未进行激烈战斗,作者为何详写? 你能否读出作者背后的"苦心"? 这一教学设计,遵循"文""言"结合、"四文融合"的文言文教学原则,以教学目标总摄教学环节、步骤,以活动任务驱动学生探究。那么,实际效果如何呢? 请看活动二的课堂实录。

师:既然写的是汉文帝劳军的故事,那么,课文的题目能否改为《文帝劳军细柳》? 为什么?

生1:能。因为文章重点写了汉文帝劳军的过程,几经周折,才进入细柳军营。然后写了汉文帝劳军感悟,他认为周亚夫的细柳营纪律严明,是最坚不可摧的,其他军营都比不上。所以,本文的主要人物是汉文帝。

师:这是从文章的详略、用笔的浓淡来分析。你说到"几经周折",到底有几次波折呢?

生1:一共有3次波折。①"(先驱)不得入";②"(上)又不得入——使使持节诏将军"(明确"节"的作用);③"不得驱驰——按辔徐行"(明确"驱驰""按辔"的意思)。

生2:还有一个波折,是"不拜——天子为动,改容式车,使人称谢"(明确"揖"与"拜"的区别,明确"称谢"的意思),这个波折是汉文帝虽然进了细柳营,却也没有像平时一样接受将士的跪拜。

师:你的思路很清晰,能在复杂的情节发展中梳理出关键事件。那么,在这样的波折中,你看到了什么样的人物形象?

生2:看到了体恤将士的汉文帝。

师:还有其他形象吗?

生2:还看到了治军严明、刚正不阿的周亚夫。

师:太好了。你不仅关注到了汉文帝,也关注到了周亚夫。两个人物的闪光点都被你读出来了。

生3:(补充)我认为不能改。如果是要写文帝劳军,就应该重点写如何慰劳军营,将士们的反应如何,而不是写慰劳之前遇到的阻碍。

师:哦,你的逻辑非常严密。你这是从表现主旨倒着推理写作的主要内容。这也是从作者写作的角度来分析的。现在出现了两种观点。其他同学,你们支持哪一种观点呢? 为什么?

生4:我也认为不能改。文章写了劳军的过程,虽然前面周亚夫并未出场,但其实处处在写周亚夫。如"军士吏被甲,锐兵刃,彀弓弩,持满",再如"将军令曰:'军中闻将军令,不闻天子之诏'",又如"亚夫乃传言开壁门""将军约,军中不得驱驰"这几个地方,虽然是写军营中的将士,但处处透露出周亚夫对这个军营的严格要求,也展现出周亚夫在军营中的极高威信。直到最后,汉文帝通过层层阻碍终于见到了与众不同的周亚夫,周亚夫就以最闪亮的形式出场了。

师:你的眼光很敏锐啊! 这是从写作手法的角度分析。通过你的分析,可以知道这是一种什么写法?

生4：侧面描写（烘托）。

师：请你用"通过对……的侧面描写，烘托出……"这个句式对刚才分析的内容进行整理。

生4：通过对军中将士全副武装、戒备森严、纪律严明，以及文帝多次受阻的侧面描写，烘托出周亚夫治军严明，恪尽职守。

生5：（补充）我也认为不能改。后面汉文帝对于周亚夫的评价——"真将军"，也是一种侧面的烘托，用文帝的极力赞赏来烘托周亚夫的治军严明。

师：你找到了另一处，从写作手法的角度进行了补充。

生6：我也认为不能改。这篇文章选自《史记·绛侯周勃世家》，整篇都是写周勃周亚夫父子的，所以这里的主要人物应该是周亚夫而不是汉文帝。

师：你细心地关注了课下注的文章出处，这也是阅读时不可忽略的要素。本文选自《史记》，《史记》是纪传体通史，以人物传记为中心来反映历史内容。

师小结：分析到这里，大家的意见统一了，题目不能换，一旦换了，重点就不突出了，也与周家父子的传记不匹配了。同时，大家发现了作者运用正侧面描写相结合的方法来塑造周亚夫这一形象。所以，题目还是用《周亚夫军细柳》更为合适。可见，拟小标题也要充分关注文章的中心内容，不可随意。

（课堂实录整理：厦门市集美区教师进修学校　苏婷）

周亚夫在文末才出场，仅说了一句话，但是他的形象、他的品格和精神却呼之欲出，不得不赞叹作者烘云托月手法之巧妙。怎样帮助学生理解、感受《史记》长于记人的特点？笔者以主问题引发学生讨论，及时点评学生的回答，发现并明确学生回答中隐含的语文知识和思维方法，并因势利导，不断追问，促发学生再度思考、提炼。当出现不同的回答时，又发起讨论，一步步把学生引导到对写作手法的赏析上。最后及时小结，明确拟题的用心、写法的巧妙，同时回应单元人文主题，加深了学生对周亚夫这一形象的认识。

从这一课例可见，教学行为背后一定是教学理念，教学理念又来源于学科教育理论素养。只有当我们提高理论自觉，主动把学科教育理论运用于教学实践之中，并通过教学反思不断调整学科教育理论在实践中的运用范围、程度、方式等，才能找到理论与实践相结合的契合点，也才能不断提升我们的学科教育理论素养，这就形成了一种良性循环。在这个循环之中，理论知识更新和教学实践反思，将发挥关键作用。我想，这就是学科教育理论素养的提升之道吧。

以"读写思维"通晓科幻小说的三重魅力

——以《带上她的眼睛》为例

厦门市翔安区实验学校　沈河拢

对农村初中生来说,从课堂获得的科幻小说的阅读经验是匮乏的。他们对这一文学体裁的解读,尤其对主题以及文本意脉的探究会存有难度。如何更好地为学生开启科幻小说阅读之旅,科幻小说的课堂教学要承担起引领作用。

一、科幻小说的教材与教学

2017 年部编语文教材七年级下册第六单元是以"探险和科幻"为主题编排的单元,这是教材首次将科幻确定为单元主题。在单元提示中,明确提示:"科学幻想,依据科学技术的原理、发展趋势以及科学假说,展示了人类对未来的大胆想象。本单元主要选取探险与科幻方面的文章,希望你能从中触摸到探险者的精神世界,并激发出探索自然世界和科学领域的兴趣与想象力。"本单元四篇课文中,探险主题的有两篇——茨威格的《伟大的悲剧》和杨利伟的《太空一日》,沈括的《活扳》属于科学主题,科幻主题的只有刘慈欣的《带上她的眼睛》一篇,且是目前统编教材中唯一的一篇科幻小说,还被编排为一篇自读课文。要让仅有的一篇且是自读的课文,去承载单元"科幻"主题的学习任务,以及教材和语文课程关于科幻作品这一类文本的学习任务,这是有难度的。可见,此单元教材的编排,缺乏"课程—教材—课文"体系的贯通,这就需要我们对科幻小说的教学进行新的定位,制定新策略。

据调查和教学反馈,区域内教师对《带上她的眼睛》的教学处理,大多遵照单元编排作为自读课进行教学处理,有的仅仅理解旁批,浅尝辄止,无法系统、结构化地引导学生阅读这类文本。学生多以固化的思维阅读本文,仅把科幻小说作为常规小说来解读,直接关注小姑娘这一人物形象,剖析人物身上的精神。至于这类小说的特质以及解读策略,基本上没有学习经验。可见,现行小说教学具有同质化现象,不论何种题材的小说,不论哪一个作家的小说,仅聚焦三要素来解读,梳理情节,理清线索,等等。这样的教学,很难把学生带进科幻小说的绮丽世界。

王荣生教授认为:"小说教学的内容要随小说的类型特征来确定。小说的类型特征是某一类小说所特有或特别突出的特色。""学习一篇小说就是要学到其中所特有的内容。""每篇小说都有自己的个性特征。小说教学内容的确定,还需要研究这篇小说的文本体式,并据此来确定小说教学的内容,即具体的解读方式。"[1]科幻小说有科幻小说的特质,刘慈欣的科幻小说又有刘慈欣的特色,就《带上她的眼睛》单篇文本而言,也有自己的文本特质。

鉴于此,本单元的科幻小说教学,应以仅有的一篇课文贯通科幻小说学习体系,由一篇知一类,既要让学生感知科幻小说的特质,又要培养学生解读科幻小说的基本能力,并激发学生整本书阅读的兴趣,将他们引向更广阔的科幻小说阅读世界。笔者尝试以《带上她的眼睛》为例,引领学生以读者思维读通科幻小说。

二、读写思维

阅读和写作,是两条相向的思维路径。

阅读思维,是基于读者视角,以审美的角度阅读文本,通过语言文字的阅读来获得信息、体悟情感、认识世界、观照自己、获得审美体验的心理活动。写作思维则是基于作者的视角,运用写作手法,以语言文字反映客观事物、表达思想感情、传递知识信息的精神活动和逻辑思维运转的过程。这两条路径,都伴有分析、概括、综合、比较、归纳、演绎、类比、联想和想象等思维。阅读属于语言输入,写作属于语言输出。阅读中,读者通常会基于自己的经验水平、认知能力,对文本内容、语言形式、情感主旨、艺术表达、审美样式等方面进行提取、概括、筛选与重构。试图理解作者是以怎样的思维对事物进行深入的思考,又是如何运用语言来表达自己的理解和见识。

读写思维,即读者站在作者的立场,以写作思维的视角,剖析、解读文本,从而触摸作者的思想情感,把握文本的深层意蕴,构建意脉结构。既有读者的审美思维,也兼顾作者的写作思维。以作者的视角解读文本,唤起读者与作者的深度对话。以写作思维视角解读文本,架构读者与文本的深度对话。读写思维贯通即可实现读者、作者、文本三位一体的交互对话。如此便可通晓作者的写作意图、写作风格、写作艺术,通晓文本具有的独到特质,并由一篇到一类,由一文到群文,能读得通透,悟得通透,同时融通自己的思想、情感,也使自己变得通透。在语言文本的阅读中,实现读写思维贯通,强化分析、综合、比较、归纳、演绎、类比、抽象、概括和想象等思维能力,从而培养学生的语文学科核心素养。

三、基于读写思维,通晓科幻小说的三重魅力

(一) 读通体式,感受科幻小说的第一重魅力——科幻性

"阅读是对某种特定体式、特定文本的理解、解释、体验、感受。"[2]特定体式,势必具有它特定的表达范式,各具不同的表达思维。鉴于此,阅读教学应从特定体式切入特定文本的解读,读通体式下的文本内容。

科幻小说是小说类别之一,又称为科学幻想小说,是随着近代科学技术的蓬勃发展而产生的一种文学样式,主要描写想象的科学或技术对社会或个人的影响的虚构性文学作品。用幻想的形式,表现人类在未来世界的物质精神文化生活和科学技术远景,其内容交织着科学事实和预见、想象。通常将"科学""幻想"和"小说"视为其三要素。科幻小说可能在哲学上是天真的,在道德上是简单的,在美学上是有些主观的或粗糙的,但是它的美好就在于它似乎触

及了人类集体梦想的神经中枢,解放了我们人类深藏的某些幻想。因此,科幻性可以说是这类文本的特质、灵魂,是吸引学生读者的魅力所在。

纵观科幻小说作品,吸引学生读者眼球的莫过于文本故事中融入的大量科学知识,包括真实的科技,如《带上她的眼睛》中提到的机器人、太空服、失重、航天技术、太空知识、现代通信技术等。尤其是那些作者依凭真实的科学知识大胆想象出来的神奇的高科技产品,或许这些产品正是现代科技攻坚克难的前沿热点,充满着奇妙的魅力,吸引着读者。

以《带上她的眼睛》为例,设计学习活动任务一:读通体式,感受科幻小说的第一重魅力——科幻性。

首先,启发学生关注体式,明确科幻小说的基本要素,科幻是它区别于其他小说的个性。接着,让学生依凭文本,一一找出科幻要素。一是大胆想象出来的科技产品,让学生体会其神奇的地方,如传感眼镜、地航飞船(行)、中微子通信系统、生命循环系统等。二是幻想。让学生理解基于现代科学进行大胆推测,合理想象,构想出奇丽的幻想世界,如液态铁镍的地心想象,那密度、温度、封闭的空间均纯属科学推测。进而,开展学生想象活动,让学生基于文本故事情境,大胆想象可以进入地心探险解救小姑娘的科技产品,并想象营救的情境。在想象与分享中,打开一个新的视角去体会科幻的魅力。科幻之妙还在于逻辑自洽,如文中"落日六号"如何地潜,如何失事,被困地心的生活状态等描述得合情合理又生动奇幻。同样,基于逻辑自洽去想象营救的故事情境。由此,既让学生获得诸多科学知识,开阔视野,又让学生借鉴作者提供的思维视角,展开遐想,感受科幻的趣味,以及培养想象力。

(二) 读通叙事,理解科幻小说的第二重魅力——文学性

作为科幻与小说的结合体,除了常规小说要素外,科幻小说的叙事有它的独到之处。其故事情节的展开是运用科学幻想建构起来的,在呈现人类面临的生存危机与转机,或在生存困境之下所展现的人性的伟大或渺小时,故事布满悬疑,引人入胜。我们在解读科幻小说的叙事时,可以关注叙事结构和叙事视角这两个维度。沿着叙事视角,解构叙事结构,便能感受到其独特的文学魅力。

《带上她的眼睛》就是一篇很好的范例,教学时,设计学习活动任务二:读通叙事,理解科幻小说的第二重魅力——文学性。

先让学生谈谈对本文叙事的直观感受,借此引出本文叙事的两大特色,即善设悬念和巧埋伏笔。

接着,聚焦善设悬念和巧埋伏笔,引导学生理清本文的叙事结构即悬疑结构,设置一个又一个不寻常的疑问以吸引读者跟着作者的思路走,当读到最后所有的疑问都被解开时,那颗悬着的心才落地,即有一种豁然开朗的愉悦,这便是这种叙事结构带来的悬疑之美。学生会问:她是谁?"眼睛"还能被带走?为什么要带上她的眼睛?我又是谁?带上她的眼睛会发生什么事?小姑娘为什么很难决定?小姑娘的表现为什么有些奇怪?……这些都深深地吸引读者去探究背后的谜底。再者,通过巧设伏笔与照应,让叙事逻辑自洽,悬疑得解。如那支失重的铅笔飘在空中,在第二和第二十五自然段出现,让读者对这一细节的隐喻陷入思考,并

获得审美张力。第十五自然段:"热,热得像……地狱。"读到第三十七自然段的"周围是温度高达 5 000 摄氏度、压力可以把碳在一秒钟内变成金刚石的液态铁镍!"就会恍然明白悬疑背后的真正原因。还有第二自然段提到好像刚毕业的小姑娘,读到第四十二自然段的"运行 50 至 80 年……度过自己的余生。"那瞬间被震撼住了,这漫漫余生让读者沉思,作者为什么构思地航员是个小姑娘,而不是硬汉?

赏读悬疑结构带来的审美魅力后,追问:我们的这些疑问,也是谁的疑问?继而引导学生探讨本文的叙事视角,即以第一人称"我"的角度来叙事,"我"既是叙述者,也是见证者,文本通过"我"的疑问,展开情节叙事,也伴随着"我"内心情感的变化,推动故事的发展。这种写作方法能够通过"我"的所思所想,将"我"的疑问转化为读者的疑问,把读者带入作者设定好的一系列悬念之中,然后又通过"我"对问题的追索,带着读者一层一层地解惑。读懂叙事视角,也就容易理解设疑解疑的路径。

(三) 读通渲染对比,体悟科幻小说的第三重魅力——人文性

刘慈欣说过:"科幻小说的成功,在很大程度上取决于其幻想的奇丽与震撼的程度……"[3]作家是以什么意蕴来震撼人心,又是以怎样的写作思维来表达?纵观刘慈欣的科幻小说,既有依据科学原理的大胆猜想和假设,又有充盈丰沛的人文关怀精神。笔者认为,最能震撼人心的应属人文精神。科幻小说往往赋予科幻故事以悲剧元素。这种悲剧的情怀也往往在作者的渲染和对比突出下,更具艺术的张力,彰显震撼的力量。我们可以以写作思维去解开包裹在科幻底下的人文精神,去体悟悲情的力量和悲情之下的人性哲思。

在《带上她的眼睛》教学时,设计学习活动任务三:读通渲染对比,体悟科幻小说的第三重魅力——人文性。

首先,《带上她的眼睛》一文中透着的悲情,在地面空间的宽广和地面景色的优美,地心空间的深窄和地心景象的悲壮的对比渲染中,得以彰显。那"延伸到天边的大草原""星星点点的小花""清凉的河水",还有那首《月光》,终成奢望,结局却是在"活动范围不到 10 立方米的闷热的控制舱"中独自一人度过余生,而小姑娘却归于平静,按照整个研究计划努力工作。对比越强烈,小姑娘身上的悲情色彩就越具震撼和感召力,不仅使文本中的"我"受到了震撼和感召,同样也会震撼和感召学生读者。尤其陷入地心失联的情境渲染,那高温,那狭窄的空间,也隐喻着生存空间的狭小,那物资的流失和漫漫的岁月如何得了?

对比写作思维,还体现在日常状态下的"我"的漠然与极限状态下"她"的欣喜的对比之中,体现在"我"从灰色的生活走向"嫩绿"的人生这前后变化的对比中。[4]可以理解为,小姑娘的科学探险工作以及她的精神世界并不是常人所能理解的,唤醒人们对心中的那种生活,乃至于对生命价值的追求,也往往要付出悲惨的代价。这样,也就更彰显科幻文本悲情色彩的震撼力量。

在悲情之下,有着更深层次的意蕴。通过小姑娘不同寻常的表现,不论是沉浸在生活的美好中,还是陷入绝境后平静、努力地工作等细节,读者不仅为小姑娘身上的热爱生活、乐观敬业、善良坚韧、勇于献身、无畏探索等精神所感动,还从"我"对小姑娘的情感变化中,看到灰

色的现实生活可以改善,人性发生翻天覆地的变化。本科幻故事,呈现对现实人生的哲学思考,是双向拯救,或是家园守护,无论是小姑娘还是"我",传递给读者的是人性向美、向善的精神力量。

科幻小说对面临生活、生存困境的人性的揭露,引导着读者对人性进行思考,从而获得人性层面的审美魅力。

参考文献

[1] 王荣生.小说教学教什么[M].上海:华东师范大学出版社,2015:99.

[2] 王荣生.系列讲座:教学内容的选择与教学环节的展开(第二讲)——依据文本体式确定教学内容[J].语文学习,2009(10):33-38.

[3] 刘慈欣.科幻小说创作随笔[J].中国文学批评,2019(3):69-71.

[4] 王清.科幻背后的悲剧情怀——《带上她的眼睛》的"非构思"解读[J].中学语文,2020(7):9-13.

心灵之舞，无理而妙

——高中语文现代诗歌微专题之诗语奥秘

福建省厦门第一中学　林　明

现代诗歌教学一直是高一语文的起始教学点，无论是人教版高中语文教材，还是统编版高中语文必修上，都把现代新诗摆在高中语文学习的第一步，可见教材编选者对现代诗歌的重视，以及期望高一新生提升文化品位和审美情趣的初衷。诗歌是通过凝练的语言，来表达内心情感的一种文学体裁，无论从人文角度还是审美角度，都有很高的艺术价值。但现实的语文教学实践中，不少一线老师认为现代诗歌可有可无，甚至在课时紧张时干脆舍弃诗歌的学习，不可不说是一种缺憾。

一、品读现代诗歌语言的必要性

一般说来，"诗"应有两个要素，一是情感或意境，这是诗的"魂"，二是美的文字或语言，这是诗的"形"。二者互为依存。"诗言志"，很多诗歌教学侧重让学生学习意象，领会意境，揣摩作者的情感，读懂诗歌写了什么。的确，现代诗歌阅读可以滋养学生的心灵世界，拓展学生的精神领域，并使其在情感感召中提升人生境界，这是文学鉴赏的应有之义。

但也要注意到，诗歌的基本构筑材料是语言，其艺术效果依赖字词句的巧妙搭配而实现。对于刚刚踏入高中校门的高一学生而言，学会品味诗歌语言，学习用诗的语言进行表达，也是应该具备的语文核心素养之一。

某种意义上说，语言是诗歌的本质属性。诗歌的语言，通过对常规常识的偏离，达成语言理解和感受上的陌生——要让读者有新感受、新体验。法国象征派诗人瓦莱里认为，"诗是一种语言的艺术，某些文字的组合能够产生其他文字组合所无法产生的感情"，这就是"诗情"[1]。这种兴奋和迷醉的诗情，需要诗人运用"语言手段"，超越惯性、俗常、重复、老旧，以情思和形式的新异与独特来表现，让人们从对生活的漠然和麻木中惊醒，从而获得对世界新的认知和感悟。

二、探究现代诗歌语言表达的密码

语言表达一般可以分为日常表达和文学表达，比如用日常语言描述为"快艇行驶在水面上"，用诗的语言可以表达为"快艇犁开了水面"。"犁"的运用，让人联想到春耕时犁地翻土的情景，形象地写出了快艇在水面上行驶时的力度。

入选高中语文必修教材的现代诗歌,使用的是典型的文学语言。作为高中阶段现代诗鉴赏的入门课,理应把体会"诗家语"作为诗歌教学的首要目标。深刻体认到"诗家语"与日常语言的区别,有利于学生在后续学习中自觉运用形象思维和审美思维去读诗品诗。

(一) 课堂教学设计

基于引导学生体会"诗的语言"这一教学目的,具体设计如下教学环节。

1. 预习作业

请结合高中语文必修上第一单元诗歌篇目《沁园春·长沙》《红烛》《峨日朵雪峰之侧》和《你是人间的四月天》(统编版九年级语文上册篇目),品读几首诗歌在遣词造句上的精彩之处,体会背后的情感意蕴。并在课前完成下列表格(表1)。

表1　现代诗歌语言微专题之预习作业

课文篇目	你最欣赏的字/词/句	背后蕴含的情感意蕴	写法精妙之处
《沁园春·长沙》			
《红烛》			
《峨日朵雪峰之侧》			
《你是人间的四月天》			

2. 设计意图

学生通过对课文诗歌的梳理与探究,初步体会诗歌语言的奥秘。从字、词、句出发,品味诗歌语言的独特性,培养对诗歌语言的敏感度,发现规律,提升语言运用能力。

3. 预设各诗遣词造句的精彩之处

《沁园春·长沙》

"鹰击长空,鱼翔浅底"——"击""翔"是"尖新"之词:鹰飞矫健之态,鱼游欢快之情,灼然可见。倘说"鹰飞长空,鱼游浅底",虽文从字顺,但情味荡然无存。(物与物的转化)

《红烛》

"烧罢! 烧罢! 烧破世人的梦,烧沸世人的血"——"烧破""烧沸"把红烛燃烧为世界创造光明的意义引向社会意义,意在唤醒沉睡于梦境中的世人,点燃人们追求自由的心,使他们积极行动,求得自身的解放。(化有形的蜡烛为无形的精神,把红烛抽象化为感召精神)

《峨日朵雪峰之侧》

"在锈蚀的岩壁/但有一只小得可怜的蜘蛛/与我一同默享着这大自然赐予的/快慰"——用"蜘蛛"与"山峰"意象的反差设置,用"可怜"与"默享"等词搭配,写出了攀登者内心谦卑而坚毅。(这可能是很多学生的兴趣点,但不列入本节课内容)

《你是人间的四月天》

"笑响点亮了四面风"——"笑响"是自造词,强调声音的悦耳清脆,"点亮"化听觉为视觉、触觉,让笑声变得有形,由听觉到视觉再到感觉,赋予抽象的风以灵气和生命力。

4. 归纳小结

清代戏剧家李渔认为,词人忌在"老实",同一话也,以"尖新"出之,则令人眉扬目展,有如闻似未闻;以"老实"出之,则令人意懒心灰,有如听所不必听[2]。这道出了一条重要的美学原理:文学创作贵在创新的表达,作为"最高的艺术"的诗歌更应该这样。

这种对"尖新"的追求,让诗人在表达特定情感时,会突破常规,讲究语言的锤炼。所以很多诗语看似"无理",即不符合一般的生活常识和日常逻辑,却更能深刻地表达人的各种复杂情感,这种逆常悖理会给欣赏者带来意想不到的意味和韵味,让人体会到"诗意"。如何达成语言的陌生化? 从上面的诗句可归纳出"转化"这个密码,如在上述课文中的:

"鹰击长空,鱼翔浅底";"峥嵘岁月稠"——物与物的转化。

"培出慰藉的花儿,结成快乐的果子"——抽象到具象的转化。

"烧罢! 烧罢! 烧破世人的梦,烧沸世人的血。""你是爱,是暖,是希望,你是人间的四月天。"——形象之物(人)到抽象精神的转化。

"笑响点亮了四面风"——听觉到视觉、触觉的转化(感官之间的转化)。

常用的还有人到物的转化(如:看见老王直僵僵地镶嵌在门框里)、感官之间的转化(如:笑起来很甜,一弯冷月,几颗寒星)。

5. 课外迁移

诗歌的语言不同于实用性语言,它通过对日常语言的"扭曲""变形",使语言本身在诗歌里变得异乎寻常地突出和显豁,从而让人们对诗歌有了新的感受。在现代新诗的学习中,学生应该培养起对诗歌语言表达的敏感性,教师要做他们寻美的引路人。"对于文字应有灵敏的感觉",这也是夏丏尊先生对语文教师的要求。在此基础上,引导学生会用诗的语言进行文学创作,学习美的表达。

在对课本诗歌语言的梳理与探究的基础上,通过课堂现场"填空"的形式,引导学生突破日常惯性思维的桎梏,通过"物与物的转化""人到物的转化""物到人的转化""抽象与具象的转化""感官之间的转化"等方法,体会诗的表达。

【课堂练习示例】

在下面句子中的画线处填入合适的词语,使之符合语境,并说说你的理由。

① 蛙声在故乡的田野里/_____良好。

(提示:"长势"良好,借田野过渡,把庄稼迁移到蛙声上,同时完成物物转化、听觉到视觉的转化)

② 柴扉虚掩/月光静静守着/只有几声蛙鸣____。

(提示:"进进出出",写蛙鸣时而浮现,对应柴门紧闭,月光守门。"敲门"也可,写偶尔有几声蛙鸣。借动作完成从听觉到视觉的转化)

③ 时间远逝,记忆中那些人事逐渐____。

(提示:"凋零",借花的凋谢写对人事的淡忘,完成物物转化)

6. 即兴创作

真实的语言运用情境中更能表现出个体的言语经验和言语品质,检验学生在语文学习中获得的语言知识与语言能力、思维方法和思维品质。基于此,设计如下练习:

【即兴创作示例】

用上述某种"转化"的手法,用一两句话写写下面的场景。(三选一)

① 校园一角(食堂、钟楼、跑操、跳长绳……)

② 都市车流

③ 不被理解的痛苦

——限时写作,并实时展示学生习作,点评分析。

(二) 课堂教学实践反思

本节课把"赏析现代诗歌的语言"作为教学内容,采用"1+1+1"的群文组合方式重新整合课文篇目,把统编版高中语文必修上第一单元的《沁园春·长沙》《红烛》《峨日朵雪峰之侧》和统编版九年级语文上的《你是人间的四月天》组合,设置诗歌语言方面的问题,发掘其语言奥秘,以期提高学生阅读诗歌时的审美鉴赏力,提升学生诗化语言的表达能力。

学生在对课文的梳理与探究中,重新领会了诗歌语言的表现力,教师也相机梳理出诗歌语言表达的密码——"转化"。当然,因为时间有限,本节课的教学重点放在"字词"运用上,诗歌的句子、语段、语篇等内容将放在另外的课时进行练习。通过梳理课文诗句,总结出"转化"这个诗语奥秘,并用它来指导学生进行诗歌创作。

在课外拓展部分,设置具体生活情境,引导学生结合语境锤炼字词,培养了学生对诗歌语言的敏感度,提升其对生活的感受力。只有这样贴近学生的语言教学,才能够让学生的语言敏感能力得到长足的发展。

当然,"诗歌语言的陌生化"实践,要注意两个"度":一是频度,二是陌生度。如果通篇都用很容易导致词语的堆砌,给人无病呻吟、矫揉造作之感,从而以华丽的形式损害了内容的深刻与丰富。另外,不能为"陌生"而"陌生",要服务于内容和情感表达的需要,善用文字的联想意义,推陈翻新,时时求思想情感和语言的精练与吻合。

善用文字的联想意义,突破套语滥调,重新感受生活,创造诗情世界,能使人"恢复"诗情,通过类似的训练,可以让诗的语言与诗的感觉、心情达到高度的和谐。事实证明,只要方法得当,相机引导,学生的想象力和创造力会超乎我们的想象。

【学生课堂即兴创作展示】

食堂

① 铃响。飞奔! 却只能在人桥外与牛肉粉遥遥相望。(刘芊瑞)

② 我们的饥饿是一条蛇,它吐着嘶嘶的冰舌,贪婪地在食堂里爬行。(吴屿尧)

都市车流

① 红灯/一匹斑马把车流拦腰截断。(程乐)

② 头贴尾,尾靠头/四脚陷入了地中,进退无法。(林原平)

不被理解的痛苦

① 太多的目光把人刺伤/让人心中的窗/紧掩。（曾杨函）

② 一枚青杏卡在/喉咙/吞不下去/也吐不出来。（魏云）

三、探寻现代诗歌语言教学的最佳方式

语文学习离不开语言文字，字有直指的意义，有联想的意义。朱光潜先生曾指出："科学的文字越限于直指的意义就越精确，文学的文字有时却必须顾到联想的意义，尤其是在诗方面。"[3] 诗歌语言极具个性化，特别是现代诗歌的语言打破了传统的语言方式，具有较强的艺术表现力和视觉冲击力，具有不可忽视的审美价值。因此在现代诗歌教学中，要对诗歌语言予以重视，特别是对处于诗一般的年龄的中学生，要善于引导，巧妙设计教学内容，以激发学生的兴趣和热情，促进学生走进作品世界，在感受、体验和想象中熏陶自我，提升审美鉴赏能力。

教师在进行现代诗歌教学的设计时，在关注诗歌意象意境、情感意蕴的同时，不妨以互文理论为依据，整合课内篇目，从最基本的字、词、句开始，到诗歌的分行断句、语序倒置、语句凝缩等，寻找转化、语序、结构等不同的"文本互涉点"，进行诗歌篇目的重新整合，以形成序列化的诗歌微专题教学。为优化"文本互涉"的有效性，积极拓展课外资源，在具体的阅读实践中解读"诗家语"，以培养学生敏锐的诗歌感受力，从而提高其文学鉴赏水平和文学表达能力。

参考文献

［1］［法］瓦莱里.文艺杂谈[M].段映红,译.天津：百花文艺出版社,2002：241.

［2］（清）李渔.闲情偶寄[M].郁娇,校注.南京：江苏凤凰文艺出版社,2019：52.

［3］朱光潜.朱光潜美学文学论文选集[M].长沙：湖南人民出版社,1980：279.

践行富有思维含量与文化力的语文课堂深度教学

——中华传统文化经典课文《庖丁解牛》课例研究

厦门市翔安区实验学校　叶志明

27年的高、初中语文教学实践,已让我形成了语文教学的理性思维——换句话说,就是尽量用理性思维来解决语文学科教与学的问题。很多老同事都会说:"叶老师的语文教得像数学。"是的,我的语文教学总喜欢"教出思维""教出方法""教出思想""教出文化深度"。27年的高、初中语文教学生涯中,我总是积极地践行富有思维含量与文化力的语文课堂深度教学。

作为福建省厦门市第八期中学专家型教师培养对象,我于2021年5月20日在福建省厦门市集美区灌口中学开设了一堂市级观摩课。本堂市级观摩课,我选择统编版2019年高中语文教材必修下册"中华传统文化经典"单元第一课第三篇课文《庖丁解牛》来开展课堂教学。《庖丁解牛》属于文言文,是体现老庄哲学思想的一篇经典课文。如何指导学生将《庖丁解牛》这一篇课文的文本内容与思想研习到位,关系到整个单元教学的成败。本单元的人文主题是"发现传统文明之光",要求教师在单元教学中既指导学生扫清文字障碍,积累重要文言语词、用法,全面理解文本文意,又关联单元人文主题,深入挖掘内蕴于单元文本中的中华传统文化。

鉴于借班上课的现实,基于不够熟悉的学情,我在认真学习了多篇论文、多份优质课教学设计稿,又参考了同事的一堂校级公开课教学设计后,决定将本堂市级观摩课作为自己"践行富有思维含量与文化力的语文课堂深度教学"这一教学主张的一次重要展示课来上。

下面,我主要从上出"文言味"、上出"思维力"、上出"文化力"三个方面来说明我的课例研究与教学实践过程。

一、上出"文言味"

"文言味"教学,这里指的就是"言"味的教学,就是要引导学生疏通文言文全篇文意,理解文中重要文言实、虚词意义及文言通假、活用、特殊句式等用法,提升现代学生的文言文阅读理解能力,服务于其日后的生活、生产尤其是进一步的学术深造。

作为一篇经典文言文,《庖丁解牛》中文言用法众多,很多还是高中文言用法中的"难点",如"行为迟""视为止"中"为"的用法,"进乎技"中"进"与"乎"字的意义与用法,"恢恢乎其于游刃必有余地矣"等难译句的整句翻译,等等。这些也都是高中文言文复习需要重点突破的知识点。因此,虽然不能提倡对全文进行一字一词一句耗时费力的翻译,但也应紧紧抓住本课中的重要文言语词与用法作全面而深入的总结、解析,以期帮助高中生形成解答高考题、理解文言文的必备知识与关键能力。

我设计了一个"预习检测"环节，将文本中五句常考译句从易到难排列出来——"庖丁为文惠君解牛""臣之所好者道也，进乎技矣""以无厚入有间，恢恢乎其于游刃必有余地矣""因其固然，技经肯綮之未尝，而况大軱乎""虽然，每至于族，吾见其难为，怵然为戒，视为止，行为迟。"当堂组织学生书面翻译，教师随堂观察学生作答翻译情况，掌握第一手"学情"，然后鼓励优等生与薄弱生分头展示作业，教师予以当面点评，从而指导学生的"翻译"。

这一教学环节的设置，体现的是传统文化经典课文教学的基础——文言教学。它是"思维力"教学与"文化力"教学的基础，不可"撤拆"，否则任何所谓的"富有思维含量与文化力的语文课堂深度教学"终将是"空中楼阁"。

二、上出"思维力"

"思维发展与提升"是高中语文学科四大核心素养之一，发展思维品质也是高中语文学科的主要任务。[1]所谓的"上出'思维力'"，就是在教学中关注学生"思维力"的真正发生与发展。

语文"思维力"，即语文思维能力，包括直觉思维能力与理性思维能力两大方面，前者是在语言学习与运用中形成的敏捷、灵活的直觉性思维能力，而后者则是运用包括逻辑分析、文脉梳理、筛选、归纳、整合、猜想、推断、探究、评价、创造等更具深刻性、批判性与独创性的思维品质的能力。两种"思维能力"在语文学习中是相互促进、互为补充的关系：理性思维能力会促进直觉思维能力的形成与固化，直觉思维能力是理性思维能力的基础。

语文作为一门用语言表达思想、情感、生活态度的学科，其表征是语言文字，但内里却是思维。在语言建构与积累方面，例如"因义定音""因义定形"，就是识辨字音、字形的一种理性思维。在审美鉴赏与创造方面，例如《念奴娇·赤壁怀古》等咏史诗，其咏怀历史的目的是阐说今事，借古讽今或借古鉴今，这也就是一种"文体性思维"。在文化传承与理解上，如《庖丁解牛》中从"文惠君"起初阶段"技盖至此"的"惊叹语"到篇末"得养生焉"的"慨叹声"，兼之"庖丁"所说的"臣之所好者道也，进乎技矣"一句，暗示与架构起的正是《庖丁解牛》全文严谨的逻辑结构，也暗含了"文惠君"从庖丁"解牛之美"最终悟出了"解牛之道"这一中华民族的底蕴文化思维。所以说，"思维力"教学可以也应该成为高中语文课堂教学的关键性追求。

关于《庖丁解牛》一文的"思维力"教学，我主要完成如下两项任务。

(一) 梳理文脉，领悟行文严谨结构

《庖丁解牛》一文的教学所能呈现的"思维力"教学特性，首先就是通过从其全文"似若无""然而有"的严谨逻辑结构中探寻深蕴于其中的层层深入的意脉流程看出的。

第二自然段中"文惠君"的"嘻，善哉！技盖至此乎"的惊叹语和第四自然段中"善哉！吾闻庖丁之言，得养生焉"的慨叹声，分别串构起的就是"庖丁解牛"一事由浅至深不同深度的文本表现意旨——前者是"解牛之美"，后者则是"解牛之道"；由前至后，其意脉流程是层层深入的。初读者与初教者，往往把握不住《庖丁解牛》一文这一严谨的逻辑结构，以为本文无非就是表现"庖丁解牛"技艺之高超，因而无法进一步理解庄子在本寓言中所寄寓的天人合一、遵

循自然的哲学思想,也就理解不了本文的思维深度。

基于以上理解,本人于《庖丁解牛》一文的教学中积极引入了"思维力"的培养。完成基本的文言文意理解教学后,为培养学生的文本理解"思维力",我在梳理全文文脉的基础上设置了如下两道启发式思考题:(1)"文惠君"看完"庖丁"的解牛过程后与听完"庖丁"介绍自己的"解牛人生"后所得到的感受或感悟有何不同?(2)为何会有这样的不同?试结合文本内容进行简要分析。

通过这样的问题,很容易引导学生理解《庖丁解牛》一文不仅是表现"解牛技艺",更是表现道家的"生活之道"乃至"生命哲学"这一深邃的文本意蕴,进而领会到文本所蕴藏的中国人的深邃的民族文化思维与思想。

(二) 还原手法,剖析"解牛之美"内核

任何一篇成熟佳作,往往都是内容看似散乱,实则前与后、干与枝思维、意旨高度统一。纵览《庖丁解牛》全文,我们很难找到直接描绘解牛全过程的语句段,有的只是"手之所触,肩之所倚,足之所履,膝之所踦""臣以神遇而不以目视,官知止而神欲行""依乎天理,批大郤,导大窾,因其固然,技经肯綮之未尝,而况大軱乎""每至于族,吾见其难为,怵然为戒,视为止,行为迟。动刀甚微,謋然已解,如土委地"等零言碎语,难以看到解牛的全过程。但细思道理,不难明白,作者写作的目的并不在于直观呈现"庖丁解牛"的全过程,而是重在表现"庖丁""解牛之美"以及深藏于其中的"解牛之道"——上文所述的"生活之道"乃至"生命哲学"。

为了实现文本内容的前后、干枝思维与意旨的高度统一,作者往往会充分利用多种表现手法,但其实都在表现一个"现实"——"庖丁解牛"技艺高超,充满"自然、和谐"之美。先是第一自然段对解牛过程的艺术化、舞蹈化的动作描写和对"砉然向然""奏刀騞然"等解牛过程的"声音描摹",让我们初步感受到"庖丁解牛"技艺的高超和动作的娴熟,并感觉到如临其境、如闻其声,对"庖丁"其人、其解牛之事不禁充满了想象。接着第三自然段中,"庖丁"回答"文惠君"说"臣之所好者道也,进乎技矣",暗示我们"庖丁"在第三自然段所说的一切不仅关乎"技"更在于"技"后之"道"。第三自然段中,作者又以"吾见其难为,怵然为戒,视为止……为之四顾,为之踌躇满志"等神态描写将"庖丁"的形象具象化,使之跃然纸上,依然是进一步渲染一位"解牛技艺"高超者应有的审慎、认真、细致的高大光辉形象,在思维与意旨上与第一自然段都是一致的。再接着,又拿"族庖之刀""良庖之刀"来与"庖丁之刀"进行对比并运用夸张的手法,进一步突出庖丁技艺之高超、解牛技术之娴熟。所有这些,都在思维与意旨上指向本自然段的一大核心表现重心,即"庖丁解牛"技艺无比高超,而这一高超的技艺的取得原因从根本上说是"庖丁"参悟了"解牛之道"——"依乎天理,顺其自然"的道理。

我在这一堂"践行富有思维含量与文化力的语文课堂深度教学"市级观摩课教学实践中,充分认识到《庖丁解牛》一课中对"庖丁解牛"高超技艺的呈现在表现手法的思维与意旨上的高度一致性,在分析"解牛之美"时,注意还原文中诸如动作描写、声音描摹、神态描写、对比、夸张等表现手法,对庖丁"解牛之美"这一共同表现内容的向心性思维特点进行深入的剖析,使学生进一步领悟到复杂内容文本其表现中心具有同一性的重要特点,进而提升了复杂内容

文本的思维理解能力。

三、上出"文化力"

"'天人合一'之论在道家著作中都是一种普遍性的宇宙观和人生观的知识论、价值论以及实践论思维模式。"[2]《庖丁解牛》中,"庖丁"解的是牛,但竭力表现的却是"解牛之美",解说的却是"解牛之道"而不是具体的解牛过程。庖丁遵循牛的"天理"或自然规律行事,也就是遵循天的运作规律与方式行事。作者似乎更强调人与自然的和谐相处,强调如何尽力地"无为"而不是"有为",强调如何使"牛"自然地被"解"开而不是被费力地"宰"掉。庖丁"官止神行",完全与牛(天)融合时,才能够产生解牛如音乐舞蹈的表演,游刃有余、踌躇满志的效果与境界。这种效果和境界正是一种天人合一的境界。[2]

因此,我在教学中设置了如下两个"文化力"教学点:(1)结合文本,梳理"庖丁"解牛之美与解牛之道;(2)借助文本,结合现实生活,寻找《庖丁解牛》中的"道"学。这两个"文化力"教学点,首先要求学生借助课文第三自然段中的"总—分"段内逻辑来寻找超乎文本表象的"解牛之美"与"解牛之道",进而引导学生结合现实生活对文本中的"解牛之道"进行思想批判,从中汲取积极的"生活之道与生命哲学观",从而体会《庖丁解牛》一文深邃的传统经典文化力,教出"传统文化经典"课文的现代文化内涵。

四、结语

通过本课教学,我再一次积淀了自己的"践行富有思维含量与文化力的语文课堂深度教学"教学观(即教学主张),也给听课的教师展示了部编版必修教材中"中华传统文化经典"课文的上课思路与思想,得到了听课教师们的肯定,自己也觉得比较开心、快乐,也许这就是一位"业务人"最简单的幸福与快乐吧。

参考文献

[1]中华人民共和国教育部.普通高中语文课程标准(2017年版2020年修订)[S].北京:人民教育出版社,2020.

[2]谭庆华,方向红.《庖丁解牛》的美学意蕴及教学要点[J].文学教育(上),2022(5):130-132.

项目式学习融入单元整体教学的实践与思考[①]

厦门市集美区教师进修学校　林小燕

一、项目式学习融入单元整体教学的策略

(一) 成果导向的目标设置

项目式学习一般能形成有形的成果,如研究计划、研究报告或实物产品。在教学中突出成果有诸多好处,如:能让学习更聚焦、更有方向性,刺激学生为了更好的成果不断调整学习,从而提高学习效果;利于创建"学习圈",让学生相互借鉴、取长补短,学习更具交互性(BIE,2019a)。但这些成果并不是项目式学习的唯一目的,成果背后的目标,也即项目式学习本身的价值意义更需要考量和重视(滕珺,杜晓燕,刘华蓉,2018)。因此,教师需审慎思考预期成果,确定单元学习后学生具体将获得哪些知识、技能。

以人教版《英语》必修二第一单元"Cultural Relics"教学为例(本文所涉教学均围绕本单元展开)。本单元以"人与社会"为主题,内容涵盖文化遗产的概念、现状、面临的问题、保护措施等。教材提供了和琥珀屋相关的语篇,介绍琥珀屋的历史、价值及其去向。笔者另外补充了多个与主题相关、类型不同的语篇,并启发学生借助视频、图片等多模态语篇拓宽学习渠道,丰富学习资源。

结合单元内容,基于核心素养,笔者认为,通过单元学习,学生应能:

(1) 阅读说明文、记叙文、新闻报道等多种语篇,解析不同语篇的主要信息和写作目的,辨明文化遗产的特点,并能用主题词汇、定语从句等进行相关描述;

(2) 感受保护文化遗产的重要性,树立保护文化遗产的意识,形成当地文化遗产调查报告、保护计划或方案,并付诸行动;

(3) 区分事实与观点,批判性地看待不同人的看法和意图,有理有据地表达个人情感和想法、佐证论点;

(4) 充分利用网络、书报、博物馆等多种渠道收集文化遗产信息,进行有效的自主学习和合作活动,并学会阶段反思。

单元教学目标应可达成、可操作、可检测(中华人民共和国教育部,2018)。各目标间应有一定的相关性,能承上启下;又有递进性,既夯实学科知识和概念,又锻炼思维和技能(Boss S,2013)。笔者将本单元学习分为 5 个阶段,各阶段目标如下:

---

① 林小燕.项目式学习融入单元整体教学的实践与思考[J].中小学英语教学与研究,2019(10):25-32.

（1）感知梳理（阅读一篇说明文）：Ss[①] are able to

① identify cultural relics and discuss their importance；② describe the history and value of the Amber Room.

（2）阐释判断（听读多个小语篇）：Ss are able to

① define and illustrate "fact"，"opinion" and "evidence"；② compare different voices and judge the most believable one.

（3）描述应用（阅读一则新闻）：Ss are able to

① recognize and use relative clauses in the context；② report what happened to the Tiger Ying.

（4）分析综合（阅读多个主题语篇）：Ss are able to

① summarize the main ideas of three passages and find out how they are related in logic；② use theme words to write a suggestion letter.

（5）迁移论证（多模态输入、实地考察）：Ss are able to

① investigate local cultural relics；② demonstrate a survey report or a concrete plan to help protect one of the cultural relics.

（二）依托情境的项目安排

项目活动需依托真实的情境，只有在真实情境下运用某种或多种知识完成特定任务，才能评估关键能力、必备品格与价值观念（崔允漷，2019）。情境不同于机械性练习，它具有复杂性与可变性。因此，在创设情境时，需要充分考虑它是否是"够得着"的，以保证学生都能参与；是否有挑战性，以优化探索、体验；是否在生活中会自然产生或与现实密切相关，以实现学习迁移。基于学习需求，笔者将本单元各阶段项目活动安排如下（如图1）。

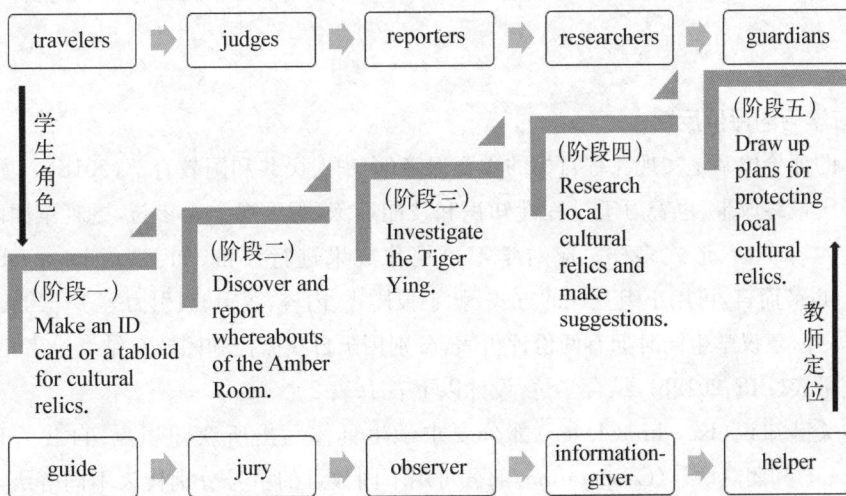

图 1

---

① Ss 指 Student（学生），T 指 Teacher（教师），以下同。

创设情境需要权衡以下几个方面：一是任务的真实性。情境贴近现实生活，与真实世界相关，能让学生运用所学知识和技能；完成既定项目后，学生还应能迁移至新的情境，应用强化，检验理解。比如阶段二中，学生作为法官介入拷问，掌握综合信息、找出真相的技能。这种技能应能自然而然地体现于后期研究虎菟、探访当地文化遗产的过程中。二是问题的层次性。驱动问题是项目活动的关键，各阶段问题要逻辑递进，推动思维纵深发展。从阶段一"Make an ID card or a tabloid for cultural relics"到阶段五"Draw up plans for protecting local cultural relics"，学生先面对低阶、表层问题，解析概念，如"What are cultural relics"；再挑战高阶、实践性问题，如针对问题提出相应的解决方案。问题由小到大、由课内到课外、由简易到综合，保证学习有序推进。三是学生的主体性。学生是学习的主人翁，承担各角色中的不同职责，拥有足够的时空自主学习、自我管理、自我发展；教师作为促进者，在必要时导引方向、提供资讯和指导，增强学生的切身体验。

笔者在单元学习阶段四中，提出以下两个议题，供学生选择其一研究：

（1）Gu Langyu is well-known to the world and enjoys great popularity worldwide as a holiday resort. Pay a visit to the island. You're expected to

① find out why it's popular; ② see whether it's facing any problem. If yes, try to solve it.

（2）Both foreigners and youngsters in Minnan don't understand Nanyin very well. If you were the mayor, what would you do to promote it? Please make a plan based on research.

鼓浪屿是厦门著名旅游景点，南音是历史悠久的传统古乐。身处闽南，学生对二者有一定见闻但缺乏深入的了解，有必要启动该项目。项目源于生活，学生明白保护本土文化的重要性，即"为什么开展该活动"；知晓"开展该活动后会怎样"，洞察鼓浪屿和南音的历史地位与价值，愿意为本土文化发展建言献策。他们融入生活，和当地居民进行深入的对话，甄选出最佳方案。基于真实情境，项目不空洞，活动有意义，并与单元学习相互照应，利于检测学习，迁移知识。

（三）回应学习的评价反馈

科学的评价体系是实现课程目标的重要保障（中华人民共和国教育部，2018）。项目式学习既着眼于最终成果，也着力于过程性知识和技能训练，既重视个人参与，更凝聚团队力量，故评价应内容全面、形式多样。应对学习可视化成果进行评价，如就"make a tabloid for cultural relics"而言，可用小组互评的方式，就小报样式、内容、逻辑、吸引力等多个维度进行定性评价；另外，建议学生同时拥有两份评价表，分别用于自我监控和团队总结。笔者借鉴巴克学院研究量表（BIE，2019b），结合学情，设计以下表1、表2。

表中关键知识（Key knowledge）部分要求学生具体写出所获知识点；自我管理（Self-management）和团队协作（Cooperation）部分可用不同数量的星号分别代表不同等级，辅以描述性语言记录若干细节；最后一栏留白，供学生自我反思。为了提高效率，评价可在课后进行，并用不同符号表征不同内容。同时，评价表标注次序（Number），形成序列，以便进行历时对比。

表1 **Evaluation form for you**

Topic of the lesson		Date	
Name of the project		Number	
Driving questions			
Reflection：How well did I complete the questions?	(note：be concrete)		
Key knowledge			
Reflection：Did I grasp the learned knowledge and use it?	(note：in detail)		
Self-management	(note：use stars)		
My contribution			
My expectation			

表2 **Evaluation form for your group**

Topic of the lesson		Date	
Name of the project		Number	
Group members			
Driving questions			
Reflection：How did we explore the questions? (note：tick)	individually	as a team	
Key knowledge			
Our product	What is it?	How is it?	
Cooperation	(note：highlight the best contributor)		
Problems/challenges			
Our next steps			

　　另外,根据项目式学习的特征,应遵循形成性和终结性评价相结合的评价方式,学习过程和成果不可偏废。以阶段五"Draw up plans for protecting local cultural relics"为例,除上述评

价方式,还可就以下方面进行反馈:

(1) Basic information and knowledge:

① Does the report/plan include essential information you collected?

② Can you use new words and expressions properly?

③ How well does the report/plan relate your prior knowledge to the newly discovered?

④ Is the report/plan clear, complete or concrete enough?

⑤ Is the report/plan practical?

(2) Key skills and strategies:

① Did you collect information from different sources and apply them appropriately?

② Did all your group members contribute to the plan?

③ How well did you/ your group members do?

(3) Critical thinking:

① Have you met any difficulties/challenges in the investigation? If yes, what did you do?

② What are your plan's advantages over others'?

③ Can you make some improvements to your performance?

二、项目式学习融入单元整体教学的具体实践

单元教学需注意各阶段的顺序性、关联性、整体性。因此,将项目式学习融入单元整体教学,需结合语篇,设置情境,搭建支架,有逻辑、有针对性地展开项目,以帮助学生完成核心任务,发展核心素养。基于此,笔者对"Cultural Relics"这一单元的教学设计如下。

(一) 阶段一: 开启主题学习,建构基本概念,了解人类文明

核心任务: Identify what a cultural relic is.

驱动问题: What is the Amber Room? Who are in search of it? Why are they searching for it?

情境创设: Ss take a historical travel with T's guide. T introduces Ss to ancient artifacts, ancient buildings, historical sites, etc. Ss explore whether they are cultural relics or not.

学习支架: ① T stresses topic sentences and guides Ss to complete a timeline that shows historical events.

WHEN	originally		then	1716	later(around 1770)	1941	recently	in the future
WHO	Frederick 1							
DID WHAT	had the room made							

② T points out some sentences that reveal the Amber Room's importance and Ss summarize its values in different aspects.

③ T exemplifies an ID card.

（二）阶段二：综合语言技能，启发多向思维，促进交流表达

核心任务：Distinguish fact, opinion and evidence.

驱动问题：What happened to the Amber Room? Which description do you think is believable?

情境创设：Hold a hearing in which Ss are judges. They are to listen to different voices, think critically and select the most believable description.

学习支架：Learning strategies：① Note down what the speakers hear/see/believe with close attention to verbs and nouns. ② Think about what factors can affect a person's judgement. ③ Use sentence patterns to help voice opinions.

To show your opinion	To describe a fact
I (don't) think that ... Some people say ... In my view, ...	It's true because ... It can be proved that ... Based on ...

（三）阶段三：利用社会热点，夯实语言知识，强化语用意识

核心任务：Read a news report and use relative clauses.

驱动问题：What is the Tiger Ying? Why is it called the Tiger Ying? What happened to the Tiger Ying? Why did people speak highly of it?

情境创设：Ss are reporters. They conduct a survey of the Tiger Ying. They're supposed to collect information from various sources and elicit the needed. At last，they do a report on their findings.

学习支架：① T sets examples for Ss to follow.

② Ss are given hints from the passage so that they can better understand and use relative clauses.

（四）阶段四：整合学习资源，搭建知识结构，实现迁移应用

核心任务：Figure out what could happen to a cultural relic in its lifetime.

驱动问题：What could happen to certain cultural relics? What might be the problems? How to help preserve them?

情境创设：Ss are researchers. Firstly，they're to read materials which separately focus on phenomena，problems and protection. Then they're to make suggestions to people concerned.

学习支架：① Ss are exposed to passages and use language in the context.

② Ss are offered language supports and guided to write a suggestion letter.

(五) 阶段五：延展学习空间，培养学习能力，树立文化自信

核心任务：Investigate local cultural relics and work out plans to protect them.

驱动问题：Why is the program *National Treasure* popular? Are there any cultural relics in your local area? How much do you know about their past, present and future?

情境创设：Ss are guardians. They do research into local cultural relics. They need to choose the one that they're interested in and collect information about it, and then think about a plan to protect it.

学习支架：① Ss are introduced to the program *National Treasure*.

② Ss are given some related resources to promote investigation.

③ Ss are offered checklists to reflect on their previous learning.

三、小结与思考

基于项目式学习的内涵、特征以及单元整体教学的需求，笔者认为将项目式学习融入单元整体教学应有如下考虑。

(1) 关注项目式学习的本质。项目式学习是一种学习方式，同时也是基础知识和技能的载体。项目要与单元主题有机融合，有弹性和梯度，符合真实情境；要重视项目式学习本身的价值意义，关注过程和结果，积累知识、培养能力、合理评价。

(2) 聚焦单元整体教学需要。项目式学习不是学习的全部，也不能替代任何学习方式 (胡红杏，2017)，将其融入单元整体教学，依然需要突出单元整体教学目标，统筹安排教学内容和阶段，并在其中有机渗透英语学科核心素养，确保单元主线清晰连贯以及教学实践一体化、结构化。

(3) 强调学习的开放性。项目式学习融于单元整体教学与学生的原有知识基础、兴趣倾向紧密相关。学生有求知欲，活动方能顺利开展。在活动形式上，应运用多模态激发并保持学生的学习兴趣，如视频、讨论、田野调查、虚拟情境等，避免纯文本化的语言可能导致的反感或抗拒。在活动过程中，驱动问题要适当留白，给学生思考、筛选、协商、决定的空间，防止过多的导向性和局限性。

(4) 构建学习共同体。开展项目式学习的过程中，学生的共同愿景、沟通交流和自我管理能力都尤为重要。团队负责人需要有较强的决策力和领导力，能够把握项目活动各阶段的人员配置、资源调控和学习监控，以按时、保质保量地完成预期学习目标。团队成员应互助合作、相互影响；经过一段时间的学习，成员之间的差距应能日益缩小，成员能自如地切换角色，共同成长。

(5) 明确教师角色定位。项目式学习关注生成，将更多的空间和主动权交还给学生，教

师主要起引导和促进作用,但这并不意味着教师可以高枕无忧。相反,教师要在课前课后提供足够的背景材料和活动反馈,发现学生可能存在的误解,并花大量时间反复优化教学设计,以符合学生认知结构,推进深度学习。

参考文献

[1] 崔允漷.学科核心素养呼唤大单元教学设计[J].上海教育科研,2019(4):1.

[2] 胡红杏.项目式学习:培养学生核心素养的课堂教学活动[J].兰州大学学报(社会科学版),2017(6):165-172.

[3] 中华人民共和国教育部.普通高中英语课程标准(2017年版)[S].北京:人民教育出版社,2018.

[4] 滕珺,杜晓燕,刘华蓉.对项目式学习的再认识:"学习"本质与"项目"特质[J].中小学管理,2018(2):15-18.

基于"教—学—评"一体化的初中英语写作教学实践

福建省厦门双十中学思明分校　陈　榆

一、引言

在"教—学—评"一体化的课程理念中,"教"决定育人方向和基本方式,直接影响育人效果,"学"决定育人效果,"评"为促教、促学提供参考和依据,三者相互依存、相互影响、相互促进,发挥协同育人功能(中华人民共和国教育部,2022:51)。评价作为教学实施过程中的重要环节可以用来评测学生核心素养的发展水平,从而促进学生全面、健康而有个性地发展。

二、初中英语写作教学评价现状

(一) 忽视学生主体作用

众所周知,学生在教学过程中是主体化的客体,他们在课堂上应发挥"发现者""探索者"的作用,但目前学生在写作教学过程中往往只参与了写作环节,评价行为大部分由教师承担。学生不知道标准是怎么制定出来的,不了解具体的写作评价标准,甚至连题目要求都不求甚解,纯粹为了写作而写作,这样的学习行为是低效的。

(二) 过于关注结果

许多初中英语教师习惯于结果法写作教学,对学生只强调行文中准确的单词、句型和语法,关注学生最后成形的作文。学生在此导向下容易过度关注细节语言,缺乏语篇意识。此外,有的学生还会通过生搬硬套句型或死记硬背范文完成习作,语言能力未见实质性养成,同时也难以培养"发现问题、分析问题、解决问题"的能力。

(三) 评价结果笼统

由于班生数、教学进度等原因,教师常以分数的形式对学生作文进行评价,学生拿到这个数字时,往往不明就里、无从改起,因此错过了在学习中产生错误并改正这样一个有意义的过程。长此以往,学生忽视数字的意义,对写作产生厌倦的情绪,不利于教学。

三、写作教学中"教—学—评"一体化的意义

(一) 多元化的评价主体激发写作动机

1. 写作中的自我评价

2022年版义务教育课程标准的核心素养导向要求教学必须承认学生的教学主体地位，因此学生应作为学习主体独立自主参加教学活动(郭华,2022)。泰勒的研究启示我们:静态的内容,经由"学生经验"(学生的主动活动)才能活化;而原本外在、现成的学科的知识、技能、价值取向,也才能转化为学生自己的知识、技能、能力、品格、价值观(Tyler,1949:36),即使是在考试中学习也可以发生。例如2022年福建省中考英语试题书面表达题中要求学生以书信的形式介绍"热爱劳动,珍爱粮食"为主题的实践活动,虽然农业劳动并非大部分学生的生活经验,但他们通过初中英语课程"生活与学习"主题群中"劳动实践、劳动品质与工匠精神"等子主题内容同样可以活化写作内容,根据要求准备素材、独立起草、修改和完成语篇。

2. 写作后的同伴评价

社会构建理论指出,学习需要"交流、分享、协商",因此学习同伴在群体学习活动中具有一定的相互影响力(Liu et al.,2001:28)。写作中同伴的互相评价更容易被彼此所理解与接受,从而碰撞出灿烂的思维火花。例如在写作架构上,单一学生的 outline 经过同伴互评之后,可能生成更丰富的结构,使语篇表达更加完整、有说服力。

3. 成稿后的师生互评

课堂是师生共同构成的学习场,教师作为受过专门教育训练的技术人员,可以根据教学目标评价学生写作中的各方面表现;学生可以从受教育者的角度为教师的教学行为提出意见和建议,有助于高效课堂的打造。

(二) 针对性的评价方式提高写作质量

1. 强化描述性评价

写作评价指标是评估写作过程的一种工具,它应紧密围绕教学目标,根据特定的写作评价标准构建评价模式,旨在促进学生学习行为的改善和学习效果的提升(高旭阳,2009:32)。写作评价指标应包含能够衡量学生写作表现的所有重要项目,描述的语言应确保学生都能领悟和掌握其中所有术语的含意,评价语应具有操作性。例如"Excellent"一词,学生看到时并不知道自己的优点在哪里,但如果能用"I really appreciate your description about your feeling when you won the piano competition"如此具体的语言告诉学生教师肯定的点在哪里,这样就能让学生懂得欣赏自己,发展自己。

2. 借助评价量表工具

在学生写作能力发展的不同阶段,教师根据教学目标和学生的认知水平列出衡量学生习作的评价内容。由于初中生英语语言积累不足,因此可以先由教师拟定评价量表雏形,学生提出对量表的看法,在师生的讨论下修正量表。学生根据量表进行习作,形成初稿,参照标准

进行分析性评价,根据指标看出自己和同伴的文章是如何用评分指标进行评定的。评价的过程为他们提供反思的机会,同时也让他们为进入更高水平的学习而努力。

(三) 多样化的评价维度促进课堂延展

1. 融德育于英语写作教学

英语课堂不仅仅是学生学习语言能力的平台,同时也是学生文化意识、思维品质、学习能力形成的舞台。除了传统的语言教学评价之外,学生写作中涉及对人或物的态度、立场、观点时,教师可以引导其对学习内容进行评价以树立正确的价值观;学生在学习过程中有一定品德行为出现时,同伴、教师可以对其单独进行评价(陈祥梅,苗兴伟,2022:2)。

2. 从学生视角取得写作教学建议

教师业务能力迅速提升的练兵场在课堂,学生对教师教学的评价非常宝贵。笔者曾对福建省 200 名英语教师进行关于课堂评价的问卷调查,样本中仅有 1‰ 为学生对教师的评价。实际上,学生是学习活动的主体,他们对教学活动的认识、对教师的要求、对课程的理解也应该被看见。随着教育的进步以及学生接收信息的渠道增多,学生的综合素养是有一定提高的,教师应本着师生平等的态度,客观看待学生的需求,适时调整教学活动以更好地推动学生发展。

四、写作教学中"教—学—评"一体化的实践

本文以人教版教材 *Go for it!* 七年级下册"Unit 9 What does he look like?"的 Section B 中的 Activity 3a - 3b 写作教学为例,阐述评价对写作教学的促进作用。写作任务是:

某网站面向全国中学生举办一场以"My Best Friend"为主题的英语征文活动。你最好的朋友是谁呢? 请撰文投稿,不少于 60 词。

(一) 构建多元写作评价主体

1. 学生的自我评价促进学习发生

由于教材中的范文语言较为基础,根据生情特点,笔者补充分层阅读材料发给学生,引导学生学习相应范文中人物描写的方式,同时进一步获取与梳理人物描写的具体要点。在教师引导下,学生学习和分析与本主题相关的有效语言表达,思考描述人物的技巧,将这些内容补充到自己的提纲中。如 Level A 的同学拓展了"Her eyes are black and her skin is black, too."中关于肤色描写的语言;Level C 的同学认为"She has pretty big eyes and long brown hair. She is really beautiful. She always has a bright smile on her face."中"脸上常常带着笑容"这样的细节描写使人物更具体、生动。

2. 同伴的合作评价升华学习成果

学生在小组讨论中,探讨语言对清晰、准确、生动地表达主题意义的作用。他们合作分析,确定将与人物描写相关的内容呈现在写作中之后,互相提出意见和建议。讨论的过程中,每一位学生分享自己拓展阅读的收获,其他同伴倾听后给予评价,评价的过程即同伴互相学习的

过程：

A：我喜欢这句话"She is of medium height and wears glasses"，因为它不是简单地讲身高，而是把"戴眼镜"的情况写在一起，句子比较长，信息也比较丰富。

B：我不认为"中等身高"和"戴眼镜"这两句话之间有关系，它们不应该用 and 来连接。

A：可是我觉得如果只是 She is of medium height，句子太短了。

C：可不可以说 She is a medium height girl with glasses?

B：同意！用了 with，这句话显得更"高级"了！

D："中等身高"和"戴眼镜"这两个信息在一句话里面，看起来也很自然。

……

小组讨论的这个小小片段体现了同伴合作评价的人文性、过程性以及民主协调性，而且让学习自然而然地发生了！

3. 教师的专业判断为课堂掌舵

学生们从题目获取与梳理信息，确认这是一篇"写人"的习作，而且写的是与自己的生活密切相关的好朋友。根据学生说出的写作要点，教师判断全体学生能理解及明确写作任务。于是教师引导学生阅读 3a 范文，在完善文本信息的基础上，师生合作梳理出范文的内容结构图（图1）。

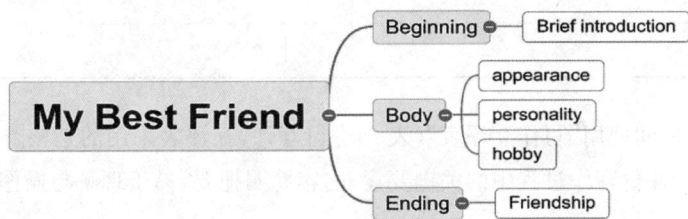

图1

在此活动中，通过小组讨论的形式，学生获取与梳理文本信息、概括与整合知识结构，教师着重观察学生梳理的内容结构图是否清晰，逻辑是否关联，要点是否既包含好朋友的appearance（hair, build and height, wearing 等），也包含 personality, hobbies 等，以保证教学目标的达成。

（二）设置具体写作评价指标

教师不断观察学生补充在提纲中的具体内容，了解其梳理文章写作提纲的情况以及分析与判断能力、内化与运用能力的形成结果。至此，学生通过学习理解已基本能确定人物描写的具体内容，为应用实践提供可能的发生条件。教师提供"写作自评表"（表1），本量表属于分析性量规（Analytic Rubrics），学生根据指标进行讨论，分析评价指标设置是否合理、有何意见与建议。

学生阅读完原表中的 5 条指标后，提出"应该要对单词的准确拼写提出要求""要考虑句子和句子之间是否有逻辑关系"。于是，他们的表中出现了第 6 条和第 7 条评价指标。基于评价要点，学生借鉴教材及补充文本中有效的语言表达，通过想象与创造独立写出自己文章的初稿。教师引导其对照自评表对初稿进行自我评价,评价的过程为学生提供了不断提高自身写作水平的机会,让他们明白进入更高水平和层次需要如何付出努力。

表1 写作自评表

请使用下面的表格完成自评和修改。依据每个问题进行自查,看看结果是"是"还是"否",如果是"否",请记录如何修改以完善自己的写作。

序号	问　　　题	是	否	如果为"否",如何改进?
1	你在短文开头是否有点题?			
2	你在短文中是否分别描写了好朋友的外貌、性格和爱好?			
3	你在短文"外貌描写"部分是否进行了分点介绍?			
4	你在短文的最后是否有"友情升华"的语言?			
5	你的短文是否卷面整洁、书写工整?			
6				
7				
8				

自评后同伴之间使用"写作互评表"(表2)进行互评,互评表采用的是核查表(Checklists)的形式,主要用于评价写作过程中的关键要素,内容简明扼要,易于理解与操作。

表2 写作互评表

请一位同伴阅读你写的短文并完成下面的表格。之后,请你根据同伴的反馈进一步修改和完善你的短文。

序号	评　价　指　标	得分	评分标准
1	短文是否包含了对人物外貌、性格、爱好的描写?		
2	短文是否有明确的开头和结尾?		
3	短文结构是否清晰?		5＝Excellent
4	短文各部分的细节是否足以支撑观点?		4＝Good
5	短文是否使用了恰当的句型和丰富的词语?		3＝Acceptable
6	短文的拼写、语法和标点是否正确?		2＝Needs improvement
7			

通过以上量表的使用,笔者发现学生在自评和互评中不断反思和评价习作的质量。学生们在自评表的评价指标引导下,知道自己要做什么;互评时,在和同伴激烈的讨论过程中明白

自己怎么做能做得更好。他们反复修改、完善作品，提升写作质量，实现以评促学。这节课让笔者感受到自己作为引导者看到学生在课堂上携手共进、共赴成功的美好。

(三) 拓展写作评价维度

1. 为学生全面发展而评价

在本课最后的作品呈现中，有一位平时英语学习表现较弱的同学，勇于呈现他和伙伴自评、互评后形成的文章，而且他的习作得到了全班的掌声，在课堂最后评选"今天进步最大的同学"时，他在同学的推荐下得到了来自老师的奖状（图 2），成功之情溢于言表。来自同伴和教师对他今天课堂表现的肯定，不仅仅激励他学习英语的勇气，更可以让他对自己今后的学习有所期待，成为一个更加自信的人。

2. 为教师专业发展而评价

评价还可以使教师获得准确的反馈信息，反思自己对课堂评价活动的预期、设计和组织，以便做出及时的调整，

图 2

发展更多有效的英语课堂合作学习方法（郭砚冰，2002）。除了对学生的表现进行颁发奖状形式的评价之外，笔者还下发了一张 Assessment Table（表 3），内容涵盖学生对自己各个环节的反思与评价，并让学生对自己和教师的表现进行描述性评价，这不仅引导学生复现学习内容，同时为教师收集来自学生关于教学行为的宝贵建议，为后续教学行为的调整做好准备。

表 3　Assessment Table

ENGLISH LESSON ASSESSMENT（May 19, 2022）	
Give a mark out of ten for each	
Watching video	
Find someone who …	
Group the words	
Activity 3a	
Pair work	
Writing	
Add other things you think are important	
Comments	
What the teacher might do to make the lesson better	
What I might do to make the lesson better	

五、结语

　　"教—学—评"一体化能实现以评促教、以评促学,在学习过程中让"学会"与"会学"并驾齐驱。教学实施中的评价环节如果不能有效促教、促学,就会成为游离环节,影响后续教学,如果评价设计不合理,也有可能影响课堂教学进度及效果,因此"教—学—评"一体化教学中,评价目标的设计、评价时机的把握、评价量表的制定都是评价改革中教师应进一步思考的问题。

参考文献

　　[1] Tyler, R. W.. Basic Principles of Curriculum and Instruction [M]. Chicago:The University of Chicago Press,1949.

　　[2] Liu, E. Z., Lin, S. S., Chiu, C. H., & Yuan, S. M.. Webbased peer review:The learner as both adapter and reviewer[J]. IEEE Transactions on Education,2001(3):28.

　　[3] 陈祥梅,苗兴伟.德育视角下的英语教学设计研究[J].中小学外语教学(上半月),2022(6):1-5.

　　[4] 高旭阳.外语写作中同伴评估量规的开发和研制[J].中小学外语教学,2009(2):31-35.

　　[5] 郭华.落实学生发展核心素养,突显学生主体地位——2022年版义务教育课程标准解读[J].四川师范大学学报(社会科学版),2022,49(4):107-115.

　　[6] 郭砚冰.英语课堂合作学习的实施与评价[J].厦门教育学院学报,2002(3):53-61,64.

　　[7] 中华人民共和国教育部.义务教育英语课程标准(2022年版)[S].北京:北京师范大学出版社,2022.

课例：导数在研究函数中的应用(一)

福建省厦门第一中学　徐小平

人类探索自然和认识世界都是从问题出发,发现问题、寻找答案,逐渐形成独立思考、提出问题、分析问题和解决问题的意识和能力。培养学生发现问题、解决问题的问题意识是数学课堂的重要任务之一,设计恰当的问题情境才能有效地培养学生的问题意识。

在课堂中教师只有充分给予学生真实地表现自己的机会,才能使他们在交流合作的过程中养成严谨的表达习惯和良好的抽象归纳的思维习惯;教师应耐心倾听学生的见解,用心了解学生解决问题的思维过程,及时发现学生学习上的不足和遇到的困难以及思维的闪光点,给予适时、适当的引导和激励,使他们学会分析问题的条件,寻找解决问题的方案,提高自信,树立学好数学的信心。

一、课例设计

基于以上观点,笔者的课例"导数在研究函数中的应用(一)"的设计如下:

内容与内容解析	本节课属于导数知识的拓展课,主要研究导数在判断方程解的个数这一典型问题中的应用。因此,本节课既着眼于提高学生的探究能力,也在一定程度上拓宽了学生的数学知识、素养。
目标与目标解析	(1) 会用导数画不同函数的趋势图并能利用它讨论方程解的个数问题,能应用导数研究函数的单调性并结合零点的存在性和唯一性定理讨论方程解的个数问题;通过各种探究问题巩固方法,拓展新知,渗透数形结合、转化与化归、函数与方程、分类与整合、有限与无限、特殊与一般的数学思想,培养运用基本理论解决具体问题的能力。 　　(2) 通过对"单调性""极值"这些旧知识的复习,及对各种探究问题的探索,即巩固新知并应用新知的过程,总结并掌握方程解的个数问题的解法。 　　(3) 通过体验各种问题探究的过程,培养相互间的合作交流,且在相互交流的过程中养成严谨的表达习惯和良好的抽象归纳的思维习惯,使学生学习数学的各种能力在潜移默化中逐步提升并获得成功的体验,从而激发学习数学知识的积极性,树立学好数学的信心,培养学生在面对"困难"时的坚强意志品质,并体会成功的喜乐、对自我的肯定以及勇于挑战的创新精神。
重点与难点分析	重点：理解并掌握导数在方程解的个数问题中的应用。 　　难点：不同方程解的个数问题的辨析与转化。
教学方法与支持手段分析	本节课倡导积极主动、勇于探索的学习方式,应用数形结合、信息技术,采用教师引导与学生探索相结合的教学方法,从问题探求到合作交流,不断设置认知冲突又不断获得新知,环环相扣,逐层深入,让学生经历直观感知、观察发现、抽象与概括、符号表示、运算求解、数据处理、反思与建构等思维过程,形成基本的数学素养。

教学过程设计			
教学内容	教师活动	学生活动	设计意图
函数单调区间和极值的求法	教师：牛顿、莱布尼兹创立了微积分，导数作为微积分的重要组成部分进入了中学教材，有了导数这个工具，我们研究函数如虎添翼。这节课我们从一个基本问题出发，来一次利用导数研究函数的探索之旅。请看下面的问题。 　　引例：求函数 $f(x)=x^3-3x$ 的单调区间和极值。 　　教师适当点拨、鼓励、表扬学生并强调注意点。	学生共同回答，归纳求函数单调区间、极值的方法与步骤。	通过解题复习函数单调区间与极值的求法。
三次函数大致图像的画法、简单的三次方程解的个数问题	问题一：你能根据前面的讨论作出函数 $f(x)=x^3-3x$ 的大致图像吗？ 　　（用几何画板验证） 　　问题二：若方程 $f(x)-k=0$ 恰有两个不同实根，则实数 k 的取值范围是什么？ 　　引导学生进行转化，将方程转化为 $f(x)=k$，方程 $f(x)-k=0$ 有两个不同实根即直线 $y=k$ 与函数 $y=f(x)$ 的图像有两个不同的交点。 　　问题三：若 $k\in\mathbf{R}$，试讨论方程 $f(x)=k$ 的解的个数。 　　对学生的回答给予适当的补充及表扬。	（1）根据引例结合单调性画图，并归纳作三次函数大致图像的方法。 　　（2）独立思考得出问题二的解决方法。 　　（3）在问题二得到解决的基础上，立即得出问题三的结论。 　　（4）小结。讨论方程解的个数问题的方法与步骤： 　　① 分离变量并构造函数； 　　② 确定函数的单调区间； 　　③ 确定区间端点函数值或函数值的变化趋势； 　　④ 画出趋势图，写出结论。 　　（5）部分同学发现可以利用极值的符号研究三次方程的解的个数问题。	在已有知识结构的基础上，通过问题一、二、三使学生理解新知识，进而完善知识结构。问题一为问题二、三讨论方程解的个数问题做铺垫，结合几何画板使学生获取知识并掌握三次函数趋势图的作法，然后通过分离变量再数形结合解决一类简单的三次方程解的个数问题。
过某点所作曲线的切线条数问题	问题四：是否存在实数 k 使得过点 $(-1,k)$ 可作函数 $y=-\dfrac{1}{2}x^3+\dfrac{3}{2}x^2$ 所表示曲线的三条切线？ 　　提问一：导数的几何意义是什么？ 　　提问二：怎样求过某点的曲线的切线的方程？ 　　提问三：能作三条切线可以转化为什么问题？ 　　通过提问引导学生探究解决问题。	共同回答提问一、二、三；主动探究，分组讨论，交流合作，形成方案，即将切线条数问题转化为方程解的个数问题，即转化为问题三进而解决问题。	营造民主、和谐、自由、平等的课堂气氛，培养学生勇于探索的数学精神和自觉的问题意识以及独立自主、相互协作的品质。使学生获得成功的体验，激发学生的学习兴趣。
较复杂的方程的解的个数问题及其多种解法	前面我们研究了一些简单的三次方程解的个数问题的解法，下面请同学们思考问题五。 　　问题五：已知函数 $f(x)=x^3+ax^2+bx+1$，曲线 $y=f(x)$ 在 $(1,f(1))$ 处的切线方程为 $y=4x-1$。 　　（Ⅰ）求函数 $f(x)$ 的解析式； 　　（Ⅱ）若函数 $y=f(x)$ 的图像与直线 $y=kx-1$ 有三个公共点，求 k 的取值范围。	先独立思考再互相讨论形成结论，得出（Ⅱ）的四种解法： 　　解法一：转化为 $$g(x)=x^3+(1-k)x+2$$ 既有极大值，也有极小值，且 $g(x)_{极大}>0$，$g(x)_{极小}<0$。 　　解法二：转化为 $k=x^2+\dfrac{2}{x}+1$ 有三个解，即直线 $y=k$ 与曲线 $y=x^2+\dfrac{2}{x}+1$ 恰有三个不同的公共点。	进一步深化学生对方程解的个数问题的理解，启发学生思考不同的转化方法，提升思维层次，提高学生的数学能力。培养学生热爱科学、勇于探索、追求真理、严谨求实的科学态度。

	教学过程设计		
教学内容	教师活动	学生活动	设计意图
较复杂的方程的解的个数问题及其多种解法	巡视并适当给予指导,引导学生探究转化问题。 提问学生对该问题的想法,对不同解法进行点评和完善,对学生进行表扬和激励。 对解法一的点评:思维较易,有一定的计算量,提醒学生只要不畏困难,定能算出结果,获得成功。 若没有其他学生发现解法二的瑕疵,则教师对解法二加以补充完善。 对解法三的点评:零点的存在性和唯一性定理也是研究方程的零点问题的一种重要方法,关键是利用函数的单调性结合区间端点函数值的符号关系进行判断。如高一期末试题: 证明 $f(x)=2x^2-\dfrac{2}{x}+5$ 恰有一个零点 r。 对解法四的点评:解法四相当漂亮,利用已知条件的暗示,抓住问题的特殊性,充分利用数形结合,得出一般的结论,蕴含了深刻的数学思想。 最后结合华罗庚先生的数形结合诗阐述数形结合思想的重要性: 数缺形时少直观, 形少数时难入微。 数形结合百般好, 割裂分家万事休。	 解法二中学生易忽略说明 $x=0$ 不是方程的解,画图时要说明变化趋势,其他同学加以补充完善。 解法三:转化为 $g(x)=x^2+\dfrac{2}{x}+1-k=0$ 有三个解,结合函数的单调性讨论。 因为当 $x<0$ 时, $g(x)$ 在 $(-\infty,0)$ 上递减, 且 $x\to-\infty$ 时 $g(x)\to+\infty$, $x\to 0$ 时 $g(x)\to-\infty$, 所以 $g(x)$ 在 $(-\infty,0)$ 上恰有一个零点。 当 $x>0$ 时,$g(x)$ 在 $(0,1)$ 上递减,在 $(1,+\infty)$ 递增, $g(x)$ 在 $(0,+\infty)$ 上恰有两个零点,且 $x\to+\infty$ 时 $g(x)\to+\infty$, $x\to 0$ 时 $g(x)\to+\infty$。 所以 $g(1)=4-k<0$。 所以 $k>4$。 解法四:注意到 $y=kx-1$ 定点 $(0,-1)$,而切线 $y=4x-1$ 也过该定点,结合图像,立即得出结论为 $k>4$。 	开展"探究""交流"和"讨论"的活动,促进学生的合作、交流与对话,培养学生不盲从、不迷信权威的批判性思维;让学生在价值冲突中识别观点,在比较鉴别中确认观点,在探究活动中提炼观点,培育和弘扬突破陈规、大胆探索、勇于创造的精神。 让学生在图形中发现结论,体验数学发现和创造的历程,掌握知识并获得成功的体验,从而激发学生的学习兴趣。 引导学生结合华罗庚先生的诗强化情感体验,提高认识能力,经历直观感知、归纳类比、抽象概括、推理论证和反思与建构等思维过程,培养数学能力;养成良好的思维习惯,表达清晰,思考有条理,学会用数学方式解决问题,形成基本的数学观点。

教学过程设计			
教学内容	教师活动	学生活动	设计意图
课堂小结、归纳方法	提问学生	思考并总结本节课的收获： （1）掌握求方程解的个数问题的方法和步骤； （2）知道解题时要注意数学思想的应用，注意问题的转化。	提高学生分析、解决问题以及抽象概括的能力，培养其基本的数学素养。

二、课例分析

（1）本节课没有采用传统的数学复习课教学模式（知识归纳—例题讲解—反馈练习），而是一开始就呈现了引例，紧接着抛出问题一、二、三，进而给出问题四、五，不断深入探究导数在方程解的个数问题上的应用。在解决问题的同时唤起学生对基础知识、基本方法、基本技能的回顾，从学生的已有知识——利用导数能求函数的单调区间、极值这一认知基础出发，在新的问题情境中，引导学生分析问题的本质，结合已知条件，运用作图、猜想、归纳、验证等方法解决问题，在问题解决过程中获得新知，体验成功，让学生逐渐体会到数学问题之间的紧密联系，形成问题意识，从而进一步完善数学认知结构。如果我们长期坚持这样去做，学生的创造潜能一定会得到充分的发展。

（2）教学中注重数学课程和信息技术的整合，适时适当地运用几何画板演示函数图像，使用展台展示学生习作，有利于学生经历直观感知，形成抽象能力，有利于提高教学效率。

（3）如果说数学新授课教学实现知识"从薄到厚"的话，那么数学复习课教学应实现"从厚到薄"。本节课紧紧抓住了利用导数研究函数的一类基本问题这一核心，从一个基本问题出发不断变式产生新的问题，正所谓"万变不离其宗"，变式教学在培养学生数学技能和思维品质等方面不仅非常有效，而且非常实用，在教学中我们一定要充分运用。在复习课中，从一个有价值的基本问题出发，进而变换问题的条件、结论，变更设问方式，让学生经历从具体现象到一般抽象，再从一般结论应用到具体情况的思维过程，逐步形成逻辑思维的习惯和能力，培养学生热爱科学、勇于探索，追求真理、严谨求实的科学态度。这样复习课就会成为学生数学探究的重要阵地。

（4）通过提问、小组讨论、投影展示、自由发言、掌声激励等方式努力创设民主、和谐、自由、平等的课堂氛围，促进学生的合作、交流与对话，培养其不盲从、不迷信权威的批判性精神；让学生在自主探究、合作交流、辨析讨论等多样化的学习活动中，经历直观感知、归纳类比、运算求解、抽象概括、推理论证和反思与建构等思维过程，在价值冲突中识别观点，在比较鉴别中确认观点，在探究活动中养成良好的思维习惯，表达清晰，思考有条理，形成基本的数学观点，学会用数学方式思考研究和解决问题，培育和弘扬突破陈规、大胆探索、勇于创造的精神。

基于课堂观察的新教师 MPCK 之比较与提升

——以"19.1.2 函数的图像(1)"同课异构为例

福建省厦门第一中学　陈燕梅

一、MPCK 理论的含义与发展

影响教师专业成长的因素主要包括对学科知识的了解、对学生的认识以及教学策略的选择.[1]舒尔曼于 1986 年提出 PCK 理论后,立即引起各国学者的关注,他通过实践考察,发现 PCK 最能区分学科专家与教学专家、高成效教师与低成效教师.[2]随着 PCK 理论的拓展和推广,数学教师特有的学科教学知识从 PCK 泛学科的研究中独立出来,形成 MPCK(数学教学内容知识)理论,它包括数学学科知识(MK)、一般教学法知识(PK)、有关数学学习的知识(CK)以及教育技术知识(TK).[3]

笔者参与了厦门一中一次公开教研活动,三位入职未满一年的初中数学新教师(以下称为教师 A、教师 B、教师 C)以"19.1.2 函数的图像(1)"为课题进行同课异构.笔者基于课堂观察研究他们的 MPCK 水平状况,探索为促进教师专业发展学校需提供的系统支持.

二、基于课堂观察的 MPCK 比较应用

"19.1.2 函数的图像(1)"选自义务教育课程标准实验教科书《数学》(人教版)八年级下册,是第 19 章"函数的图像"第 1 节第 2 课时的内容.本节课在已学直角坐标系的基础上,以具体函数为例,学习能形象化地表示函数的重要工具,即函数的图像.学生通过具体实例了解图像的意义,经历画函数图像的过程,学会通过观察和分析函数图像获取信息.本节课主要内容有三个部分,具体如下.

(一)了解图像意义,经历画图过程

1. 教师 A

课件展示生活中的三张函数图像,分别是中国 GDP 增长图、心电图、厦门一周天气变化图,让学生思考以下五个问题.

问题 1:为什么我们喜欢用图像来展示变化,这样做的好处是什么?

问题 2:这些图像是如何被绘制出来的?

问题 3:正方形的面积 S 与边长 x 的函数关系式为_____,其中自变量 x 的取值范围是_____.

问题 4：类比气温图的绘制，你觉得我们能画出这个函数的图像吗？若能，应该怎么做？

建立平面直角坐标系，把自变量与函数值的每对对应值分别作为点的横、纵坐标，那么坐标平面内由这些点组成的图形，就是这个函数的图像.

问题 5：满足这个解析式的点有多少个？我们可能将这无数个点都描出来吗？

实际上我们只能描出其中有限个点，同时想象出其他点的位置.

2. 教师 B

有些问题中的函数关系很难列式子表示，但是可以用图来直观地反映，例如用心电图表示心脏状态的图形（课件显示）.

问题 1：正方形面积 S 与边长 x 之间的函数关系式是什么？

问题 2：这里自变量的取值范围是什么？

问题 3：列表，填写表格.

注意：在画函数图像的过程中，将自变量作为横坐标，将函数值作为纵坐标；用空心圈表示不在曲线的点；用平滑曲线去连接画出的点；图像（解析式、列表法）只是函数的一种表示方法，应符合函数的定义.

3. 教师 C

问题 1：同学们，今天我们学习函数的图像，看到这个标题你能想到什么？

追问 1：说到图，我们来看一下这幅图，这是心电图，反映了生物电流与时间的关系.那么这幅图的自变量是什么？

追问 2：如果你是医生，你能通过这幅图看出哪里波动大，哪里波动小吗？

问题 2：对于已知解析式的函数，是否也能通过画图更加直观地认识函数关系呢？

追问 1：这个函数的自变量是什么？

追问 2：对于这个函数，x 可以取哪些值？能取 -0.5 吗？为什么呢？

追问 3：自变量的取值范围是什么？

追问 4：x 能取 0.5 吗？

追问 5：x 还能取哪些值？请同学们自己写出几个 x 的值，并算出与之对应的函数值.

追问 6：同学们，我们之前学习过什么知识和有序数对相关？

追问 7：在坐标系中，这些是什么呢？

追问 8：取多少个点合适呢？

追问 9：这个图中，什么是自变量？什么是函数值？

4. 评析

函数的图像以几何形式直观地表示变量间的单值对应关系，是研究函数的重要工具.

从 MK 角度看，三位教师均能认识到函数图像的意义，教学中重视函数图像的直观特点，注意"把自变量与函数值的每对对应值分别作为点的横、纵坐标"，并画出函数图像，较为准确地把握本节的核心内容之一.然而，学习函数的图像不仅要了解它的一般意义和画法，更重要的是引导学生体会如何数形结合地研究问题，为后续基于图像研究函数的性质作铺垫.在此环节，教师 A 在得出函数解析式 $S=x^2$ 后，直接列表、描点和连线，并没有说明环节之间如何建立联系,为什么从解析式想到图像;教师 B 和 C 都通过有序数对将自变量和函数值与平面直角坐标系中的点对应起来,让新知识的发生和发展过程更加自然.

从 PK 角度看,三位教师都精心设计层层递进的问题,努力启发学生思考,但个别问题的设置缺乏针对性,学生不知如何回答.如教师 C 的"追问 6:同学们,我们之前学习过什么知识和有序数对相关?",与有序数对相关的知识非常多,学生不知从何回答起.在实际课堂中,三位教师给予学生思考的时间和思维空间有限,如教师 B 在填表格时直接告诉学生"有序数对",并非引导学生自己去发现.有时学生还未回答,教师就着急说出答案;或是当学生的答案不在教师的预设范围内时,教师并未尊重课堂生成,进行有针对性的引导和启发.如教师 C,当学生没有想到自变量和函数值对应"有序数对",却回答"坐标"时,教师并不理会,坚持按照预设的情形继续上课.

从 CK 角度看,学生在教师的引导下,经历列表、描点和连线,积极参与课堂学习,体验画函数图像的过程,感受图像的意义.

从 TK 角度看,三位教师均使用课件展示主要内容,特别是直观但难画的函数图像,明显提高了课堂效率.教师 C 使用了几何画板,随着列表数据量的增大,平面直角坐标系中显示的点逐步增多,不断增加、逐渐密集的点可直观地呈现函数图像的构成过程,有助于学生进一步理解函数图像,明确用平滑曲线连接的方法,让信息技术成为学生学习数学和解决问题的有力工具.

(二) 观察函数图像,获取读图方法

三位教师都使用了以下教学内容.

思考:图 1 是自动测温仪记录的图像,它反映了北京的春季某天气温 T 如何随时间 t 的变化而变化.你从图像中得到了哪些信息?

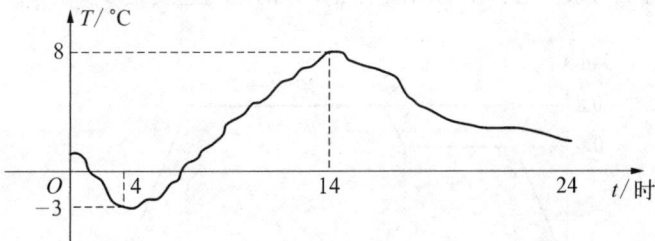

图 1

评析:这个"思考"栏目是为学习通过图像分析函数的变化趋势而设计的,由图像分析数量的变化规律是研究问题的方法之一.这里的气温变化情况难以用确切的解析式表达,只能通过分析仪器自动绘制的气温变化曲线得到相关信息.

从 MK 和 PK 角度看,三位教师均能解读此图像的信息,理解教材的意图,以此为载体渗透读图的方法.教师 A 从最值、变化趋势和具体数值三方面指导学生看图,并就方法进行小结,即"解答图像信息题主要运用数形结合思想,化图像信息为数字信息",同时归纳解题主要

步骤:"一是理解横、纵坐标表示的意义;二是从表达式判定函数值与自变量的关系;三是关注图像中端点、拐点等特殊点的实际意义."教师 B 根据教材中设置的问题逐一分析函数图像的信息.教师 C 引导学生在识图和分析的过程中归纳出"最值、变化趋势、自变量与函数值对应"三种常用的方法,特别设计了请学生上台,在所展示的图像中直接找到某一个点所对应的函数值,直观清晰.尽管如此,教学中有些内容的呈现并没有充分尊重学生现有的知识起点和认知规律,如:教师 B 关于"拐点"的说法并非初中阶段学生所了解的生活用语;教师 C 没有解释何为"最值",对于初学函数图像的学生而言,显然较为抽象.

从 CK 角度看,三位教师都明确学生在课堂上的主体作用,努力提高学生课堂参与的积极性和主动性.教师 A 引导学生"和同桌说一说,你从图中得到什么信息,你一条我一条";教师 B 鼓励学生"和同桌 PK 一下",并请学生站起来依次回答问题;教师 C 组织学生"先独立思考 2 分钟,再小组合作交流 3 分钟".学生在合作学习中进一步提高数学表达和与人交流沟通的能力,共享智慧.然而在课堂上,前两位教师没有给予学生独立思考的时间,学生容易受思维较自己敏捷的学生的影响,难以深度思考.教师 C 虽分别设置独立思考和合作交流的时间,但限制了时间,实际教学中并没有根据现场情况灵活调整.

(三)解析函数图像,理解生活中的数学

例题 如图 2,小明家、食堂、图书馆在同一条直线上.小明从家去食堂吃早餐,接着去图书馆读报,然后回家.其中 x 表示时间,y 表示小明离家的距离,根据图像回答下列问题:

(1)食堂离小明家多远?小明从家到食堂用了多少时间?

(2)小明在食堂吃早餐用了多少时间?

(3)食堂离图书馆多远?小明从食堂到图书馆用了多少时间?

(4)小明读报用了多长时间?

(5)图书馆离小明家多远?小明从图书馆回家的平均速度是多少?

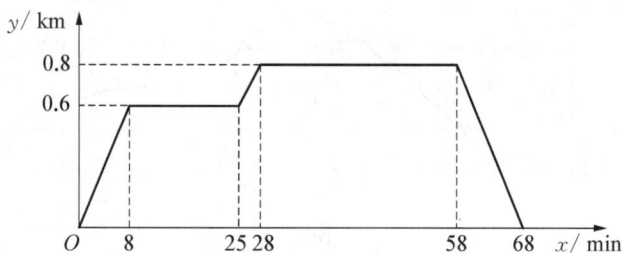

图 2

评析:此函数的图像是由几条线段构成的折线,其中每条线段代表一个阶段的活动.三位教师均以课本例题中的实际问题为素材,使学生感受到数学源于生活.

从 MK 和 PK 角度看,三位教师均能很好地理解函数图像的实际意义,围绕着突破关键点引导学生进行分析.其中,教师 A 和教师 B 直接呈现背景知识,进而结合上一个教学环节中读图的方法引导学生分析;教师 C 则先呈现无任何实际背景的图像,让学生巩固读图的方法,

然后让学生看图讲小明的故事,并鼓励学生课后讲更丰富的故事.学生体会函数图像的实际意义,激活思维.三种不同的教学策略均能达到异曲同工之妙,但以实际背景引导学生理解图像,应给予学生更充足的时间.

从 CK 角度看,学生能够主动运用新学的读图方法进行分析,理解不同时段图像的含义,对分段函数有初步的认识.部分学生主动分享自己的想法,甚至以故事命题.学生可结合实际背景加深对图像意义的了解,然而多数学生的学习方式较为常规.

三、提升 MPCK 的学校系统支持策略

(一) 充分了解学情,创新评价优化 MPCK

2020 年 10 月,中共中央国务院印发《深化新时代教育评价改革总体方案》,指出坚决克服唯分数、唯升学、唯文凭、唯帽子的顽瘴痼疾,提高教育治理能力和水平.创新教育评价改革,需将对教师的教学评价从成绩导向转向关注教育教学的过程.教学过程的科学和有效建立在教师理解学生,对学生课前学情有客观全面的认识的基础上,教师能够清晰地认识到学生在学习本节课之前的知识储备和活动经验有哪些,在本节课之后还会学习什么.在本次同课异构研讨中,出现了教师 A 让学生类比气温图的绘制画函数的图像,而事实上多数学生根本不会;也出现了教师 B 将上一节课中函数定义的相关内容与本节课的新知"函数的图像"一起重新教学,体现出新教师在对教学起点的认识上需进一步研究.理解教学起点,是每一位数学教师自身业务水平提高、教学过程科学有效的基础.学校在课堂教学评价或教学研讨中,可将其作为一项重要的指标,引导教师关注课前学情评价,真正做到理解学生,让学生在课堂上有更大的收获,在数学上获得更好的发展.

(二) 认真研读教材,集体备课共享 MPCK

教材是课堂教学之本,教师应精准理解教材,才能创造性地使用教材,挖掘教材中的教学资源和育人价值."19.1.2 函数的图像(1)"这节课对于新教师而言,难点在于对教材的准确理解.在课前交谈中,几位新教师都表示备课过程中曾困惑"后续的新课中将会学习画图,本节课第一个教学环节中要不要让学生画函数的图像",也曾困惑"怎样引导学生画图",还曾困惑"观察测温仪记录的图像这一环节的教学重点在哪"……因为困惑所以思考,因为纠结所以选择,这一切正是逐步深入教学研究的过程.日常教学研究的有效策略是集体备课.以集体备课促进青年教师的专业成长,除学校需建立完善的集体备课制度外,还需教师将集体备课作为一种文化自觉,共享智慧,促进理解,减轻负担,合作共赢.

(三) 教师通力合作,师徒带教发展 MPCK

新教师是经过重重考核选拔出来的,素质高,能力强,精力旺盛.因教学经验不足而带来的影响往往是暂时的,有些新教师初登讲台后很快站稳讲台.厦门一中有许多青年教师在省市技能大赛、一师一优课、单元教学设计评比中获奖,青年教师的成长离不开老教师的用心带

教、倾情奉献.本次同课异构的三位新教师的课堂教学虽还不尽完美,但基本都能达成本节课的教学目标;三位教师均能够在上课前提供给听课教师一份完整且规范的教学设计,这与入职以来师父的带教和指导息息相关.学校对师徒带教应坚持落实相关的规章制度,积极推进政策支持,充分发挥师父的榜样力量和指导力度,构建团队携手前行的校园文化.唯有师徒带教落实到平时的每一个教育教学环节,才能助力青年教师理解教学,真正提升他们的专业素养.

(四)利用校本培训,聚焦共性提升 MPCK

在新课改背景下,教师需要系统化地学习,更新教学理念,创新教学策略.青年教师接受新理念新知识快,学校组织系统的校本培训,有利于教师更快、更全面地学习和内化学科素养.本次同课异构的三位新教师在教学中都存在较为着急,难以就预设与生成的不同在课堂中妥善地处理等相关问题,这也是许多青年教师在教学中存在的困惑.学校相关部门可加强调研,针对日常教学困惑,聚焦共性问题,以专题的形式进行培训,切实提高校本教研的针对性和有效性.

每一次公开课,既是教师展示和挑战自我的机会,也是优化教师 MPCK 的重要平台.基于课堂观察,发现新教师素质高、能力强,他们的 MPCK 存在不足但发展的潜力很大.学校应落实系统支持策略,重视课前学情科学评价,发挥团队力量精心备课,传承与优化师徒带教制度,坚持有效的校本培训,等等.教师 MPCK 的提升,是教师和学校共同努力的结晶,最终构建师生和谐的魅力课堂.

参考文献

[1]黄红梅.初中教师函数教学知识的调查研究[J].内蒙古师范大学学报(教育科学版),2021,34(1):81-87.

[2]Shulman L S.Knowledge and teaching:Foundations of the New Reform[J]. Harvard Educational Review,1987(1):1-22.

[3]李渺,宁连华.数学教学内容知识(MPCK)的构成成分表现形式及其意义[J].数学教育学报,2011,20(2):10-14.

数学阅读教学的案例与策略[①]

厦门五缘第二实验学校　李生华

阅读是人类获取知识和信息的重要途径,阅读素养是学生必备的核心素养之一。数学阅读更注重的是学习对象在认知过程中所领悟的数学精神、数学情感与数学意义,这不仅是对数学生命的激活,更是一种数学文化的凝练过程。本文从培养阅读习惯、激发阅读兴趣、掌握阅读技巧等几个方面详细阐述数学阅读教学策略。

一、压实阅读过程,培养阅读习惯

数学教师在教学过程中需要了解学生,从培养学生的学习习惯出发,做好数学学习习惯的衔接。好的学习习惯可以保证学生的学习效果,提升学生的学习质量。习惯的养成不是一朝一夕完成的,需要从小抓起,数学阅读习惯也是如此。数学教师作为整个阅读课堂的引导者和促进者,要逐步培养好学生的数学阅读习惯。

(一) 开展课前预习阅读

通过引导小初衔接阶段的学生在课前开展预习活动,让学生阅读即将学习的数学内容。同时,在课堂讲述期间,要注意检查学生对于课前预习任务的完成情况,避免初中生为了完成任务而走马观花地浏览阅读。例如,教师给班内的学生布置数学课前预习任务,让学生在课前对即将要讲解的数学公式、数学定理先独自理解,学生可根据以前学过的知识来推导公式,以此来开展自学活动。学生在课本中画出自己不能理解的知识点,画出本节课的重点知识,这样才能够在课堂上有针对性地将自己的注意力集中到困惑之处和重点知识上,进而提高课堂的听讲效果。

(二) 指导课中阅读

课中如何指导学生阅读? 我们可以从课本章前阅读、定理公式法则阅读、教材素材阅读和习题阅读等角度切入研究。

【案例1】

在整式乘法第一课时的新课讲授中,我引导学生先阅读七年级整式加减运算的内容,从单元建构角度请同学们就单项式与多项式的运算,从整式运算的角度猜想下一步我们要研究

---

① 李生华.悦读数学,衔接有道:中小学数学阅读研究[M].厦门:鹭江出版社,2022.

什么内容。此时阅读引导是通过恰时恰点的问题来引发学生的回忆和思考,激发学生进一步探究的热情。实施小组合作学习后归纳出单项式乘以单项式法则内容,进一步引导学生精读课本 98 页法则内容,并进行核对。然后通过设置问题 $p(a+b+c)=?$ 引发学生思考:这是"单项式×单项式"的内容吗?学生回答"否"后继续追问:那是怎样的内容呢?如何解决?再次设置小组合作学习来推进。设计阅读内容:请用长方形面积作为工具,设计一个几何图形解释以下等式:$p(a+b+c)=pa+pb+pc$。此时阅读的关键字眼是"以长方形面积作为工具"。

本节课小结阶段教师呈现"小猜想,明方向;小类比,大跨步;小建模,新发现"的总结词,引导学生阅读后思考,起到升华认识之效果,即引导学生从思考数学研究的策略、方法提升到思考数学研究的方向、领域,授人以渔。

(三) 延伸课后复习阅读

引导学生在课后开展查漏补缺式的复习活动,通过重新阅读课本内容,帮助学生建立完整的知识体系和认知结构。初中生在学习课堂内容之后,重新回顾课本,可提高自身的知识理解水平和阅读能力。同时,教师可以给学生布置课后数学写作任务,让学生课后写一篇周记。通过写作的形式,帮助教师检查学生的阅读状况,同时周记也能够提高初中生的数学写作能力。

二、运用多元表征,激发阅读兴趣

顾明远教授认为,没有兴趣就没有学习。兴趣是最好的老师,积极地参与学习和浓厚的学习兴趣是提高学习质量的根本保证。孩子们对数学阅读的兴趣也直接影响着数学阅读的开展、教学的实施效果等。对于处在初小衔接阶段的学生来说,他们个体的身心发展正处于不平衡阶段,每个人在每个方面的发展速度不一样。正因为这样的特点,所以他们在阅读过程中的关注点是不一样的,每个学生所喜好的表征方式也有所不同,有的学生倾向于图形表征,而有的学生更喜欢动作表征。面对教学对象的多样性,教师在开展阅读教学时,应充分运用多元表征,以满足不同学生的需求。与此同时,要注重训练学生进行多维表征,发散学生的表征思维,提高学生问题表征的灵活性。

(一) 丰富情境表征,激发阅读欲望

课堂教学是一个复杂的多元系统,由于教学任务繁重,很多教师希望学生在课堂上能够尽可能多地掌握学习内容以达到考核要求,但是长期这样做不仅会忽略学生的个体需求,而且会导致学生产生厌烦的学习情绪,教学效果恰恰适得其反。在教学过程中,教师不能一味地进行"填鸭式"教学,应从学生的角度出发,创设丰富的教学情境,激发学生阅读的欲望,一旦学生化被动为主动,积极地参与授课过程,就会达到事半功倍的效果。丰富的情境表征具有较强的目的性、适应性和新颖性,能够在学生心目中营造一种悬而未决但又必须解决的求

知状态,进而促使学生产生阅读意识,明确问题所在。只有当学生意识到问题,他们才会想办法探究、解决。

【案例2】

唐朝时,有一位懂数学的尚书叫杨损,他主持一场考试,其中有一道题是:有一天,几个盗贼正在商议怎样分配偷来的布匹,贼首说:"每人分6匹,还剩下5匹布;每人分7匹,还少8匹布。"这些话被躲在暗处的衙役听到了,他飞快地跑回官府,报告了知府,但知府不知道有多少盗贼,不知派多少人去抓捕他们。

创设故事情境,能够将学生置身于故事问题之中,不仅能吸引学生阅读,还能够激发学生解题的欲望。不同学生对故事的理解是有所不同的,特别是在计算盗贼人数的过程中,不同学生之间肯定会产生意见上的分歧,教师应当利用该分歧将学生思维引向一元一次方程或二元一次方程组的求解,这样做不仅丰富学生的阅读内容、激发其阅读学习的欲望,同时还能够提高学生的学习效率。

(二) 应用图形表征,厘清阅读线索

数学是一门具有较强逻辑性、抽象性的学科,而数学图形具有直观与形象的特点,当遇到抽象且较难理解的题干信息时,可以结合图形辅助理解,图形是阅读理解的脚手架,能够在直观和抽象之间建立桥梁。教师应善于将抽象复杂的数学问题通过图形表征呈现出来,帮助学生从图形中寻找相关知识的探究线索,厘清阅读线索,确保问题探究顺利进行。通过图形表征揭示数学的本质特征、基本思想,帮助学生深刻理解数学知识背后的联系,促进知识结构的构建。

【案例3】

高铁二等座票价比动车二等座票价约贵二分之一,如果A地到B地高铁二等座的票价是306元,那么动车二等座的票价大约是多少元呢?

这道题需应用"单位1"进行求解,六年级学生虽然已经面临直观思维向抽象思维的转变,但这个转变需要一个过渡阶段,在过渡阶段需要有直观图像辅助理解。在这个案例中,如果单纯地从数学符号讲解,学生会有些难以理解,为了促使学生能够更好地厘清阅读线索,可以应用图形表征加以讲解,如图1所示。

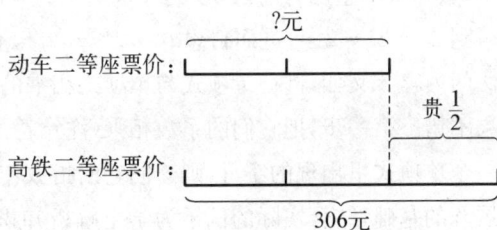

图1

(三) 注重动作表征,明确阅读内容

数学学习是一个积极主动且生动的构建过程,但是学生的思维是内隐的,教师在课堂上所能观察到的只是学生的外部表征,无法直观地看到学生的思维内在表征。为此,可以通过观察学生的外部表征推测他们的思维表征,进而更加全面地了解学生的真实情况。只有真正地了解学生,课堂教学才能够有的放矢,产生良好的效果。学生通过自己动手操作,从做中

学,不仅能够求解出答案,在过程中探究、掌握解题技巧,而且还能够更加明确每一部分阅读内容的真正含义,促使整个学习过程得到升华。

三、结合阅读文本,掌握阅读技巧

在素质教育背景下,新课程的改革不仅强调学生能通过数学阅读等方式学会自主学习,而且对于阅读材料的形式做出了简要的说明,即从连续性文本转向非连续性文本,从而对学生的数学非连续性文本阅读能力提出新的要求。连续性文本是一种由句子、段落等构成的文本,其基本构成要素是文字,如小说、散文等。而非连续性文本是一种由文档构成的文本,如表格、图片、索引等。相比于非连续性阅读文本,学生对于阅读连续性文本比较得心应手。对处于思维转化中的初小衔接阶段的学生来说,非连续性的阅读文本会给他们带来一定的阅读障碍,比如对于后进生来说,他们可能对图表类的阅读感到困惑,无法及时领悟图表所蕴含的隐性条件。而产生这些现象最根本的原因就在于学生没有掌握切实可行的阅读方法,遇到非连续性的阅读文本不知该从何下手。下面介绍不同类型的非连续性文本的阅读策略,旨在帮助学生更好地进行阅读。非连续性文本主要包含图类文本、表类文本和统计类文本,其中图类文本又包含图形类文本、图表类文本等。

(一) 注重概念教学,提升阅读能力

在实际的数学教学活动中,大部分的数学基础知识都在相关的概念和定义中体现,学生如果不能明白这些概念的真正含义,掌握完整的数学知识,那在接下来的学习过程中将处于认知模糊不清的状态,没有办法更好地开展后续数学知识的学习。所以,想要提高学生对知识概念的理解能力,首要任务是提高学生的阅读水平,在正式开展授课活动之前,教师可以运用案例的形式给学生展示本节课的知识重点。例如,在学习"同底数幂的乘法"的教学活动中,教师从学生已有的认知入手,即 $2^3 \times 2^4 = (2 \times 2 \times 2) \times (2 \times 2 \times 2 \times 2) = 2^7$,而 $2^7 = 2^{3+4}$,故得到 $2^3 \times 2^4 = 2^{3+4}$,进而猜想 $a^m \cdot a^n = a^{m+n}$,由数的运算类比式的运算,进一步拓展了整式乘法的内容。又如,进行单项式与单项式相乘的法则教学时可进行分解,按技能步骤来落实,效果不错。第一步,把它们的系数相乘(注意符号);第二步,把同底数幂相乘;第三步,对于只在一个单项式里出现的字母,则连同它的指数作为积的一个因式。教师可把概念教学作为知识展开的基础,结合实际的例子为学生解析知识的重点以及难点,让学生在阅读的过程中掌握知识。

(二) 提升审题意识,培养阅读能力

审题,即理解题意,就是感知题目中的数学材料,理解题目中的术语,弄清题目的已知条件和要求是什么,以及条件与结论之间的关系。关于审题环节的研究,波利亚把审题分为两个阶段:熟悉问题和深入理解问题。罗增儒教授归纳出数学审题的 3 个要点,即弄清题目的条件,弄清题目的结论,弄清题目的条件与结论的数学联系,及 4 个步骤:读题——弄清字面

含义,理解——弄清数学含义,表征——识别题目类型,深化——接近深层结构。曹丽鹏、罗增儒提炼了审题的必备环节:通读,领会字面含义;分析,理顺数学关系;表示,辨别题目特征;深入,推进深层发展。白潇认为审题时要注意挖掘题目的隐含条件。审题本质上是一种阅读,提升审题意识需要良好的阅读能力。

教师要转变教学观念,设置能让不同层次的孩子都有收获的教学内容,争取人人都能获得良好的数学教育,不同的人在数学上获得不同的发展。数学阅读的效果需要较长一段时期的实践检验,从浅层次上看数学阅读是在研究学生的阅读心理与阅读效果,但从深层次上看数学阅读能够较大程度地折射出数学核心素养背后一些细小而关键的问题,正是因为这样的特殊性,对数学阅读的研究,不仅需要丰厚的理论与贴切的实践紧密结合,更需要在螺旋式上升的过程中不断重构与优化。

参考文献

[1] 杨红萍,杨捷.我国中小学生数学审题现状调查研究[J].数学之友,2020(4):8-13.

[2] 郑宗浩,詹高晟.基于小初衔接的阅读数学教学研究[J].考试周刊,2020(5):96-97.

新视角下的物理方法专题复习[①]
——以整体隔离法专题复习为例

福建省厦门第一中学　杨学切

为了避免高考物理二轮复习成为一轮复习的压缩版,要注重一个"专"字,一般有物理知识专题复习,物理方法专题复习,物理模型微专题复习。物理方法专题复习需要教师对物理方法有深刻的理解,透过方法看到背后的思维本质,让物理方法系统化、深刻化,才能以方法为主线,横向串联各个模块知识进行专题复习,提升学生解决问题的能力。比如常用的整体隔离法专题复习。

什么是整体隔离法?整体法与隔离法是处理物理问题的两种常用方法,但这两种方法经常一起使用,故统称为整体隔离法。它不仅仅是解决问题的物理方法之一,还体现"系统论"的思想、综合与分析的科学思维能力。

我们将运用整体隔离法解决的问题分为三大类型:一是研究对象的整体与隔离;二是研究过程的组合与分段;三是研究视野的系统与局部。

一、研究对象的整体与隔离

当问题不涉及系统内部物体间的受力(内力)和运动情况,一般采用整体法;当问题涉及系统内部物体间的受力(内力)和运动情况,一般采用隔离法。

在高中阶段,一般情况下,将多个加速度相同的物体作为整体研究对象,列出式子 $F_合 = (m_1 + m_2 + \cdots)a$;加速度不相同,也是可以运用整体法求解的,列出的式子为 $F_合 = m_1a_1 + m_2a_2 + \cdots$。

例1　(2020 年高考江苏卷)中欧班列在欧亚大陆开辟了"生命之路",为国际抗疫贡献了中国力量。某运送防疫物资的班列由 40 节质量相等的车厢组成,在车头牵引下,列车沿平直轨道匀加速行驶时,第 2 节车厢对第 3 节车厢的牵引力为 F。若每节车厢所受摩擦力、空气阻力均相等,则倒数第 3 节车厢对倒数第 2 节车厢的牵引力为(　　　)。

(A) F　　　　(B) $\dfrac{19F}{20}$　　　　(C) $\dfrac{F}{19}$　　　　(D) $\dfrac{F}{20}$

解析　根据题意可知第 2 节车厢对第 3 节车厢的牵引力为 F,以后面 38 节车厢为研究对象,根据牛顿第二定律得 $F - 38f = 38ma$。

---

① 杨学切.新视角下的物理方法专题复习——以整体隔离法专题复习为例[J].理科考试研究,2022,29(6):34-38.

设倒数第 3 节车厢对倒数第 2 节车厢的牵引力为 F_1,则根据牛顿第二定律得 $F_1-2f=2ma$。

联立解得 $F_1=\dfrac{F}{19}$,故答案选 C。

说明 研究对象的整体与隔离是整体隔离法最常见、最熟悉的应用,也是在力与运动中运用得最多的方法,如板块模型。二轮专题复习可以选编不同知识模块背景下的研究对象的整体与隔离法应用问题,如在电场中多个带电体的整体或隔离分析,磁场中多根导体棒的平衡问题,电磁感应中的双杆问题,等等。

运用整体法分析研究对象的优点:可以避开系统内物体之间的烦琐推算,能够灵活地解决问题,揭示事物的本质。通常在分析外力对系统的作用时,用整体法。

运用隔离法分析研究对象的优点:容易看清单个物体的受力情况,问题处理起来比较直接,便于初学者接受。

二、研究过程的组合与分段

多过程问题中,当不求解各个子过程的相关物理量,一般利用整体法对全过程列式求解;多过程问题中,当需要求解各个子过程的相关物理量,一般利用隔离法对各个子过程分段列式求解。

例 2 如图 1,半径 $R=0.5$ m 的光滑圆弧面 CDM 分别与光滑斜面体 ABC 和斜面 MN 相切于 C、M 点,斜面倾角如图所示。O 为圆弧圆心,D 为圆弧最低点,C、M 在同一水平高度。斜面体 ABC 固定在地面上,在顶端 B 拴住一轻质细绳连接小物块 P,若 PC 间距为 $L_1=0.25$ m,斜面 MN 足

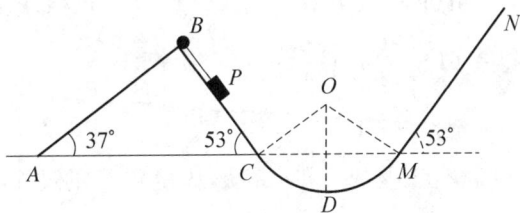

图 1

够长,物块 P 质量 $m_1=3$ kg,与 MN 间的动摩擦因数 $\mu=1/3$(重力加速度 $g=10$ m/s^2,$\sin 37°=0.6$,$\cos 37°=0.8$),求:

(1) 烧断细绳后,小物块 P 第一次到达 D 点时对轨道的压力大小;

(2) 小物块 P 在 MN 斜面上滑行的总路程。

解析 (1) 小物块 P 到 D 点的过程,由动能定理得 $m_1gh=\dfrac{1}{2}m_1v_D^2$。

据几何关系得 $h=L_1\sin 53°+R(1-\cos 53°)$。

在 D 点,$F_D-m_1g=m_1\dfrac{v_D^2}{R}$。

解得 $F_D=78$ N。

由牛顿第三定律得,小物块 P 对轨道的压力大小为 78 N。

（2）最终物块在 CDM 之间往复运动，C 点和 M 点速度为零。

分析全过程，由动能定理得 $m_1gL_1\sin 53° - \mu m_1 g\cos 53°L_总 = 0$。

解得 $L_总 = 1.0$ m。

说明 研究过程的组合与分段，是以整体隔离法的思维对运动过程的选取，根据解决问题的需要，选取某一段过程，或是将几个运动阶段看成一个整体处理。尤其对于初、末状态清晰，运动"无数个来回"的问题，往往要采用整体法，当作一个过程，运用相应的物理规律来解决问题。

研究过程的组合分析的优点：避开过程中的运动细节的纠缠，只看全程的初、末状态，利用对应的物理规律求解问题。

研究过程的分段分析的优点：厘清各个子过程的细节，求解出各个子过程之间的关联的物理量。

例3 如图2，光滑绝缘的水平面上有两个质量都为 0.5 kg 的小物块 a、b。物块 a 带正电，物块 b 不带电；整个空间存在水平向左的匀强电场。开始时 b 静止在 P 点，物块 a 从 O 点开始，以 $v_0 = 8$ m/s 的初速度向右运动，到达 M 点时速度为 $3v_0/4$，再运动到 P 点与 b 发生正碰并立即黏合在一起（碰撞经历时间极短），运动到 N 点时速度恰好为零。已知 $OM = MN = 7$ m。求：

（1）物块 a 所受电场力的大小；

（2）物块 a 从 O 到 N 经历的时间；

（3）两物块在碰撞过程中损失的机械能。

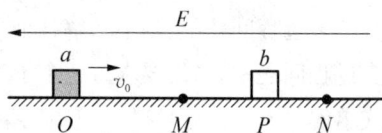

图 2

解析 （1）对物块 a 从 O 到 M 的过程，由动能定理得 $-FL = \frac{1}{2}m_1\left(\frac{3v_0}{4}\right)^2 - \frac{1}{2}m_1v_0^2$。

解得 $F = 1.0$ N。

（2）对物块 a 和 b 系统，从 O 到 N 的过程，由动量定理得 $-F \cdot t = 0 - m_1v_0$。

解得 $t = 4$ s。

（3）对物块 a 和 b 系统，从 O 到 N 的过程，由能量守恒定律得 $\frac{1}{2}m_1v_0^2 = \Delta E_1 + \Delta E_2$。

其中，$\Delta E_1 = 2F \cdot L$。

解得 $\Delta E_2 = 2$ J。

说明 实际解决问题中，研究对象的整体与隔离，研究过程的组合与分段并不是截然分割的，往往是交织、融合在一起的，更加需要灵活运用整体隔离法。如例3中的第（2）问，若没有采取整体法解决问题，过程就会非常地繁杂。本题利用整体思维优点，快捷地解决问题，避开物块 a 和 b 碰撞以及碰撞前后的复杂运算。

三、研究视野的系统与局部

在中学阶段，有一些物理规律具有天生的"系统思想"，如"动量守恒定律""系统能量守恒"（包括其体现于具体物理过程中的闭合电路欧姆定律、楞次定律等）都是整体法的系统思想衍生。还有"动量定理""动能定理"等,既可以用于隔离法研究单个物体,也可以用于整体法研究多个物体组成的系统。

除了以上物理规律具有天生整体隔离法内涵之外,在具体解决问题中,具有"系统与局部"的视野也是很重要的,如解决带电粒子在磁场中运动的问题。

例 4 (2012 年高考海南卷)如图 3,xOy 平面处于匀强磁场中,磁场方向与 xOy 平面垂直,磁感应强度 B 随时间 t 变化的周期为 T,变化图线如图 4 所示,当 B 为 $+B_0$ 时,磁感应强度方向指向纸外。在坐标原点 O 有一带正电的粒子 P,其电荷量与质量之比恰好等于 $\dfrac{2\pi}{TB_0}$,不计重力。设 P 在某时刻 t_0,以某一初速度沿 y 轴正方向,从 O 点开始运动,将它经过时间 T 到达的点记为 A。

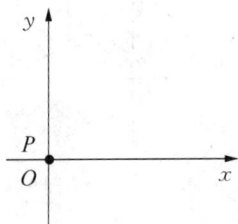

图 3

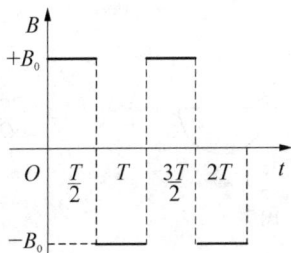

图 4

(1) 若 $t_0 = 0$,则直线 OA 与 x 轴的夹角是多少?

(2) 若 $t_0 = \dfrac{T}{4}$,则直线 OA 与 x 轴的夹角是多少?

(3) 为了使直线 OA 与 x 轴的夹角为 $\dfrac{\pi}{4}$,在 $0 < t_0 < \dfrac{T}{4}$ 的范围内,t_0 应取何值?

解析 第(1)、(2)问是正向思维命题,学生只要根据题意,画出轨迹图,就可以得出答案:如图 5 所示,若 $t_0 = 0$,则直线 OA 与 x 轴的夹角是 0 度;如图 6 所示,若 $t_0 = \dfrac{T}{4}$,则直线 OA 与 x 轴的夹角是 90 度。

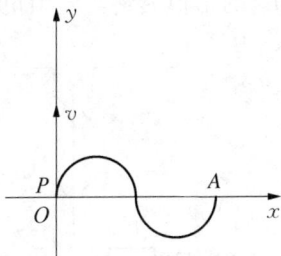

图 5

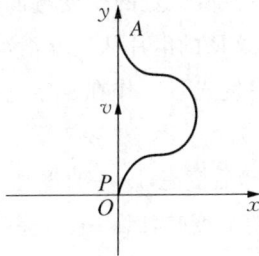

图 6

第(3)问是逆向思维命题,知道结果,求解初始的条件。对学生而言,想要正确画出轨迹,犹如抽奖,运气成分起很大作用。那么,有没有可依据的逻辑使学生能正确画出轨迹呢? 有的!

首先,我们将眼前的圆弧(图5、图6中)的母体——圆,完整地画出来,如图7和图8所示。其次,引导学生理解,圆弧的转弯,本质是一串圆的相切,其数学特点为圆心与切点共线。最后,就容易得出 OA 连线的方向与一串相切圆排列的方向相同。因此,为了使直线 OA 与 x 轴的夹角为 $\frac{\pi}{4}$,先将一串相切圆(图中虚线圆)排列成与 x 轴的夹角为 $\frac{\pi}{4}$,如图9所示;再寻画出运动轨迹的圆弧(图中实线圆弧),问题就迎刃而解了,得出答案: t_0 应取 $\frac{T_0}{8}$。

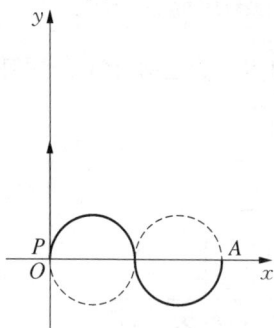

图7

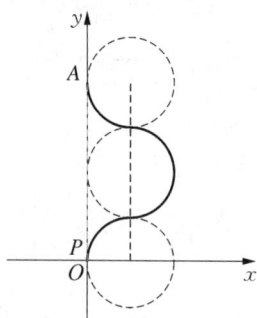

图8

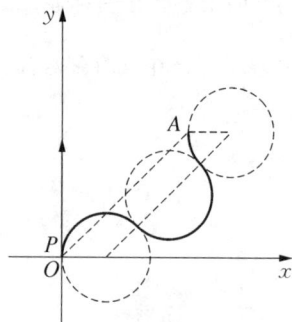

图9

说明 带电粒子在磁场中运动问题是高考的难点,其难点在于正确画出运动的轨迹。难点的形成原因是学生专注于每一段的圆弧是怎样的,而忽视了圆弧母体的轨迹圆。我们设想,如果磁场没有边界、不同空间磁场的大小与方向没有变化,那么在这个空间应该有一个完整的轨迹圆;现在磁场有了边界,大小或方向在变化,变成一段一段圆弧的连接,运用整体思维、系统思想去理解,其背后就是不同的轨迹圆在衔接,它们可能是外切或内切关系,也可能与直线或圆弧边界相切,等等。正所谓"眼前是弧,心中有圆;规范画图,豁然开朗"。

2014年高考的山东卷24题、2016年高考全国Ⅲ卷18题、2017年高考全国Ⅱ卷5题、2019年高考江苏卷16题等都属此类问题,学生若有整体隔离法的系统与局部视野,先"看到"完整的轨迹圆,就很容易画出圆弧的轨迹,进而理解动态圆的变化,找到临界点。

例5 (2021年高考湖南卷)如图10,理想变压器原、副线圈匝数比为 $n_1 : n_2$,输入端 C、D 接入电压有效值恒定的交变电源,灯泡 L_1、L_2 的阻值始终与定值电阻 R_0 的阻值相同。在滑动变阻器 R 的滑片从 a 端滑动到 b 端的过程中,两个灯泡始终发光且工作在额定电压以内,下列说法正确的是( )。

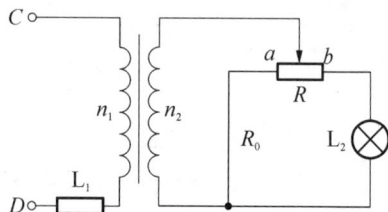

图10

(A) L_1 先变暗后变亮,L_2 一直变亮

(B) L_1 先变亮后变暗,L_2 一直变亮

(C) L_1 先变暗后变亮,L_2 先变亮后变暗

(D) L_1 先变亮后变暗,L_2 先变亮后变暗

解析 若把变压器连同负载,看成一个整体,则其等效电阻 $R_{等} = \left(\dfrac{n_1}{n_2}\right)^2 R_负$(教师做补充

教学)。

滑动变阻器 R 的滑片从 a 端滑到 b 端的过程中,负载总电阻先增大后减小,则等效电阻先增大后减小,由欧姆定律得 $I_1 = \dfrac{U}{R_{L_1} + R_{等}}$,电流先减小后增大,则 L_1 先变暗后变亮。

由 $I_2 = \dfrac{n_1}{n_2} I_1$,知 I_2 先减小后增大,根据 $U_1 = U - I_1 R_{L1}$,$U_2 = \dfrac{n_2}{n_1} U_1$,则副线圈的电压 U_2 先增大后减小。

在副线圈的电压 U_2 增大的过程中,通过 L_2 的电流 $I_{L_2} = \dfrac{U_2}{R_{L_2} + R_{pb}}$,则滑动变阻器 R 的滑片从 a 端滑到 b 端的过程中,R_{pb} 逐渐减小,I_{L_2} 增大,则 L_2 变亮。

在副线圈的电压 U_2 减小的过程中,通过 R_0 的电流 $I_{R_0} = \dfrac{U_2}{R_0 + R_{ap}}$,$R_{ap}$ 逐渐增大,则 I_{R0} 越来越小,则 $I_{L_2} \uparrow = I_2 \uparrow - I_{R_0} \downarrow$,$I_{L_2}$ 增大,则 L_2 变亮。

综上,L_2 一直变亮,故选 A。

说明 本题若不把变压器连同负载看成一个整体,要想象出原线圈电流先减小后增大,是非常困难的。

研究视野的系统性是一种认识方式,其优点是:以整体和全面的视角把握研究对象和物理过程,有利于对物理问题进行分析和综合,理清物理情境的层次和结构,有逻辑地再现物理情境的全貌,有降维打击的妙处。

四、结束语

在实际解决问题过程中,面对多种多样的物理情境,让学生体会到"整体隔离思维"不仅指研究对象和研究过程的整体与隔离,还是面对问题的认识方式和系统论的思想。这种整体思维方式,强调物理对象与过程的相互联系和整体功能,这是我们学习整体隔离法的底层逻辑所在!这也与中华民族追求"天人合一""天人和谐"的传统大局观思维有着异曲同工之妙。

新视角下的物理方法教学,要将物理方法升华到物理的认识方式,形成物理观念,这是培育学生核心素养的需要。还可以将物理方法迁移到其他领域中加以应用,这正是我们学习物理方法的真正意义所在!

参考文献

[1] 杨学切,等.有效破题——决胜高考的 6 种物理方法[M].福州:福建教育出版社,2019.

"宏观辨识与微观探析"的教学活动设计与实施

——以"分子和原子(第 1 课时)"教学为例

厦门市翔安区实验学校　蔡辉舞

"分子和原子"是学生探寻微观世界的开端,学生认识物质的视角将从宏观现象深入微观本质。通过物理学科的学习,学生对物质由微粒构成以及分子的基本性质有了感性的认识。分子和原子都是微观粒子,看不见摸不着,对于学生来说具有一定的抽象性和挑战性。我们在教学中发现,有些教师忽视了学生已有的认知水平,进行全面系统的全新教学。有些教师忽视了学生的思维特点,直接详细介绍微粒的特点,然后用大量习题训练来巩固学生对微粒基本性质的理解。这些做法都造成思维的"缓行",不利于培育和发展"宏观辨识与微观探析"化学核心素养。

基于以上背景,很有必要基于学生微粒观和思维能力的发展,创设真实情境,设计问题驱动,优化活动体验,开展课堂评价,引导学生通过宏观现象进入微观本质,建立"宏微结合"的思维模型,学会用微观视角解释生产生活中的实际问题。结合上述思考,笔者设计了"分子和原子"课例,意在发挥教学活动设计对学生化学学科观念和素养发展的促进作用。

一、教学目标

结合课标、人教版教材和学生情况分析,确定本节课的学习目标为以下 4 个方面。

1. 学生在已有的学习基础上,进行进阶学习。

(1)通过宏观现象,认识微粒的存在以及微粒具有的性质,建立微粒观。

(2)从"宏观现象"到"微观本质",学会从微观视角分析生产生活中的实际问题,建立"宏微结合"的化学学科独特的思维方式,初步形成"宏观—微观—符号"三重表征方法。

2. 通过可视化实验探究手段,实现"看不见"到"看得见"的思维外显,彰显化学实验的育人价值。

3. 通过微观探析,厘清认识上的障碍点,实现从"易淆"到"清晰",明确"热胀冷缩"的微观实质是微粒间间隔的改变,而微粒的体积大小不变。

4. 结合化学史和丰富的媒体素材,感受化学的微粒模型之美,体会化学在人类进步和科学技术发展中的重要作用,培养"科学态度与社会责任"素养。

二、设计思路

从本课题"分子和原子"开始,认识物质的角度将从宏观现象转向微观本质。在"宏观辨识与微观探析"核心素养视域下,本节课基于学生已有的认知水平,以"创设情境—问题驱动—体验活动—模型应用"为教学环节,从"已知"到"未知"、从"生活"到"实验室"、从"易淆"到"清晰"、从"浅层"到"深层"进行进阶学习,最终构建结构化核心知识,提升化学学科思维和素养。本课题的教学设计思路如图1所示:

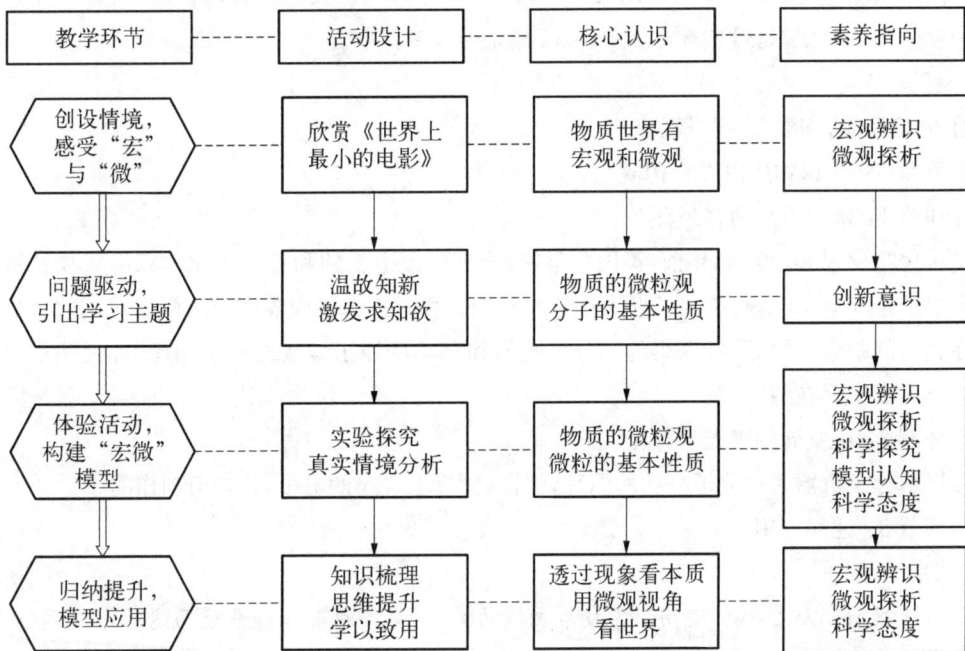

图1

三、教学过程

(一) 创设情境,感受"宏"与"微"

欣赏电影:《世界上最小的电影》。

设计意图: 通过观看和赏析《世界上最小的电影》,让学生感受到在我们精彩的物质世界里,有绚丽多彩的宏观世界,还有用肉眼看不到的、真实存在的微观世界,为形成"宏微结合"的思维作好铺垫。

(二) 问题驱动,引出学习主题

问题1:同学们在初中《物理》(上海科学技术出版社)八年级"小粒子与大宇宙"的学习中,已经知道了物质是由微观粒子构成的(如分子和原子等),你还知道分子具有哪些基本的性质呢?

生:分子很小;分子永不停息地做无规则运动;分子间存在间隔……

问题2:你还想知道其他的性质吗?

① 物质由微粒构成,微粒有多小呢?

② 微粒总在做无规则的运动,能看见吗?

③ 微粒间有间隔,间隔大小受哪些因素的影响呢?

④ 决定物质化学性质的微观本质是什么呢?

设计意图: 通过本环节的问题设计,对学生原有的认识做了回顾与梳理,同时引发学生进一步学习的欲望,起到了承前启后、温故知新的作用。

(三) 体验活动,构建"宏微"模型

活动一:认识物质由微粒构成

环节1:认识微粒的客观存在

从化学史说起,200多年前,英国化学家、物理学家道尔顿和意大利化学家阿伏伽德罗建立了原子论和分子学说,奠定了近代化学的基础。科学技术将构成物质的微观粒子放大后呈现在我们的眼前。用STM获得的苯分子图像和移动硅原子构成的文字图像,都说明了分子和原子是真实存在的。

环节2:用发展的眼光看微粒

展示分子机器人和分子马达的图片,解说《世界上最小的电影》是如何制作的。

环节3:迁移应用

例1略。

设计意图: 从化学史、运用科学技术拍摄的图片、分子机器人和分子马达的出现和《世界上最小的电影》的制作,循序渐进、层层递进地引导学生认识微观事实,阐述分子和原子的真实存在。随着科技的发展,在一定的条件下,人们还能控制分子的运动。《世界上最小的电影》荣获吉尼斯世界纪录,2016年诺贝尔化学奖表彰科学家在"设计和合成分子机器"方面的贡献等,这些媒体资源的展示不仅使学生感到了微粒的模型之美,而且激发了学生的学科价值感,使学生体会到化学在推动人类文明进步方面所做的贡献,且课堂评价促进了知识和情感的深度融合。

活动二:感受微粒的大小

环节1:运用类比法认识分子大小

图片结合动画模拟:拿水分子和乒乓球相比,相当于拿乒乓球和地球相比。

环节2:举数字认识分子大小

1个水分子的质量约是3×10^{-26} kg,1滴水(以20滴水为1 mL计)中大约有1.67×10^{21}个水分子。如果10亿人来数1滴水里的水分子,每人每分钟数100个,日夜不停,需要3万多年才能数完。

设计意图: 通过想象、类比、举数字的方法建立宏观世界与微观世界之间的联系,使学生真切地感受到微观粒子的特点——分子的质量和体积都很小。

活动三:探究微粒的运动

环节:生活中的例子

问题3：生活中湿衣服慢慢晾干、未见花开先闻花香、蔗糖放入水中会慢慢消失，从分子的角度分析,造成这些现象的原因是什么?

生:分子不断运动。

问题4：湿衣服在阳光下干得快,从分子的角度分析又是什么原因呢?

生:分子在不断地运动,阳光下,温度越高,分子的运动越快。

问题5：从生活中的实际例子,我们能够感受到分子在不断地运动,虽然看不见但真实发生。我们能不能设计实验,让分子的运动可视化,甚至能够感受温度对分子运动的影响呢?

[演示实验1]对比品红在热水和冷水中的扩散现象。

[演示实验2]探究氨分子运动现象的实验(对图2的实验进行改进,改进后的实验见图3)。

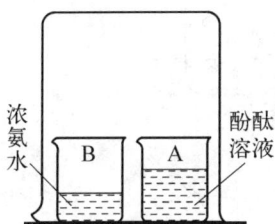

图2　教材中的实验　　　　图3　改进后的实验

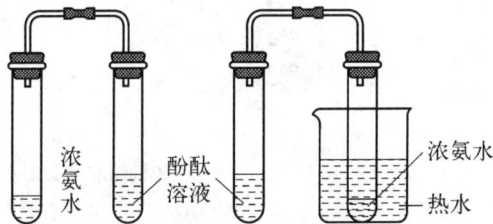

设计意图:列举生活中的实际例子,从微观分析,可知其原因是分子在不断地运动,温度越高分子运动速率越快。微观世界的现象不能由人的感官直接观察,必须借助一定的实验手段才能感受到。品红在不同温度下的扩散,让分子的运动有迹可循,运动的影响因素可观可比。氨分子运动实验的改进,能够进一步证明分子在不断运动以及分子运动速率受温度影响的客观事实。实验可视化手段,让"看不见"变"看得见",彰显了实验的功能与价值,进一步将宏观现象与微观本质进行思维的进阶融合。

活动四:从微观视角探究影响微粒间间隔大小的因素

环节1:实验探究,证据推理

[演示实验3]对比压缩等容积的相同形状的注射器内的空气和水。

[演示实验4]50 mL酒精和50 mL水混合。

环节2:从微观上探析

(1)比较等质量的同种物质在三种不同的状态时的分子间间隔大小。

(2)气体易被压缩的原因。

(3)50 mL酒精和50 mL水混合后的总体积<100 mL的原因。

(4)增大压强,分子间的间隔如何变化?

(5)温度升高,分子间的间隔如何变化?热胀冷缩的微观本质是什么?

环节3:归纳——影响分子间的间隔大小的因素

环节4:迁移应用

例2略。

设计意图:由宏观的实验现象,探寻微观的本质原因,证实微粒间存在着间隙。在微观探析环节中,一方面基于空气比水易被压缩的事实,推理出分子间的间隔与物质的状态有关。利用微观图片展示,层层递进,分析推理出分子间的间隔大小还受外界温度和压强的影响。如图4所示,直观阐述了湿衣服在阳光下干得快的微观原因,反映了温度升高,分子运动速率加快。通过微观探析,学生对"热胀冷缩"的微观本质,豁然开朗,对微观的认识从"易混淆"到"清晰"。另一方面,在微观图片和生活实例的有机融合下,进一步强化了"宏微结合"的思维模型。利用教学中的及时评价,进一步诊断"宏微结合"思维模型的构建。

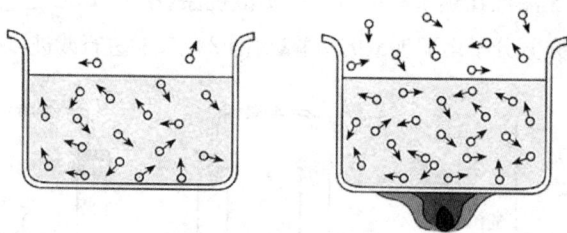

图4　不同温度下水分子运动速率不同

活动五:探寻决定物质化学性质的微观本质

环节1:实验探究

(1)用火柴去点燃水,不能燃烧;

(2)用火柴去点燃酒精,能燃烧;

(3)用火柴去点燃 50°的白酒,能燃烧。

问题6:水不能燃烧,酒精能燃烧,造成水和酒精化学性质不同的原因是什么?

问题7:酒精能燃烧,50°的白酒也能燃烧,这其中的原因又是什么?

生:水和酒精是两种不同的物质,所以它们的化学性质不同。50°的白酒也能燃烧,是因为白酒中含有较多的酒精。

环节2:微观探寻物质化学性质存在差异的本质原因

问题8:通过对水分子模型(图5)和酒精分子模型(图6)的观察比较,你可否发现造成它们的化学性质差异的本质原因是什么?酒精能燃烧,50°的白酒也能燃烧,这其中的微观本质又是什么?

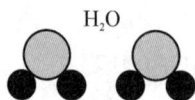

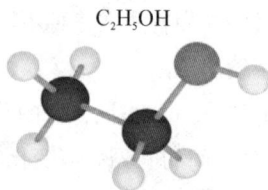

图5　水分子模型　　　　**图6　酒精分子模型**

生:分子不同,化学性质不同。分子相同,化学性质相同。

环节3:从"微观"视角认识物质的构成,初步构建"宏观—符号—微观"三重表征方法展示图片：干冰、金刚石、铜、氯化钠的宏观物质和微观构成及它们的化学式(内容略)。

设计意图：在真实的实验情境中，基于证据推理与模型认知，通过比较微观模型使微观问题清晰化，从微观本质上探寻物质化学性质存在差异的原因。在精美的化学物质构成图片中，感受多姿多彩的宏观物质世界和神奇多样的微观结构世界。化学式是化学物质的一种表征形式，是连接宏观世界与微观世界的纽带和桥梁。"宏观—符号—微观"是化学学科最独特的表征方法，是发展"宏观辨识与微观探析"核心素养的重点[1]。

(四) 归纳提升，模型应用

环节1：梳理和分享本课所学核心内容及学科思想方法上的收获(图7)

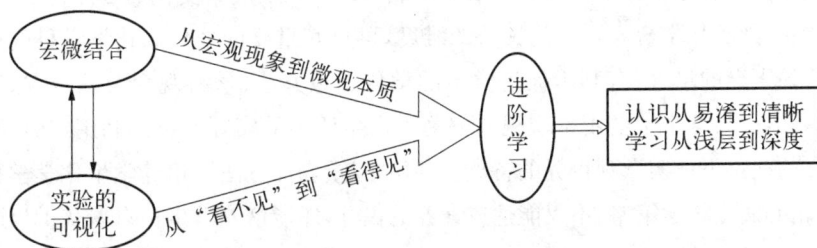

图7　研究内容和方法

环节2：迁移应用

例3略。

设计意图：利用思维导图梳理所学内容，再次呼应本课题的学习目标，使学生感受到化学来源于生活、应用于生活的价值与乐趣。课堂教学评价体现了"宏微结合"思维模型的应用，让学生在掌握核心知识的同时，发展和提升化学核心素养。

四、教学建议与思考

(一) 基于学生的认知水平，精准备课，以学定教

教育家于漪说过："每一次备课，我的面前就站着一个学生，我要了解这个学生，研究这个学生，要和学生的心弦对准音调。"作为一线教师，备课时、教学时更要心中始终站着"一个学生"[2]。应分析学生的认知水平，精准把握学生素养达成的起点，实现以学定教而不是"零起点"教学[3]。从学生的最近发展区出发，通过活动体验，在进阶中实现深度学习。本节课通过设计"我们已经知道了什么？""你还想知道吗？""你已经知道了吗？"三个递进、环环相扣的问题串联起教学的整个环节，在真实情境和活动体验中，一步步构建"宏微结合"思维模型。

(二) 基于学生的思维特点，优化资源，由表及里

初中生的思维特点主要是通过形象思维来理解和掌握所学知识，然后逐步向抽象思维转化。为了点亮学生的思维火花，促进深度思考，将"宏观现象、微观探析、模型应用"这一思维

模型贯穿于教学的每个环节,教学中创设直观生动的真实情境,从生活中的现象和简单的实验入手介绍物质的微粒性和微粒特点。对于丰富的媒体资源,应当有选择地、逐层推进地使用素材,突破教学的重难点。例如在"从微观视角探究影响微粒间隔大小的因素"的活动中,基于实验事实的微观探寻,从"等质量的同种物质在三种不同状态时的分子间隔大小"到"气体压缩微观图"到"增大压强,分子间隔的变化"再到"温度升高,分子运动速率和分子间隔的变化"的一系列图片,循序渐进、由表及里地从微观上剖析了影响分子间隔大小的影响因素,厘清了认识上的误区。可见,精选素材,巧用素材,可以遇见精彩!

(三) 基于素养发展的策略,因材施教,相映成彰

化学是在分子和原子水平上研究物质的组成、结构、性质及其变化的自然科学。"宏观辨识与微观探析"处于化学核心素养最独特的维度,可见其重要的地位和化学学科的重要特征息息相关。该素养的培育,有利于促进学生的学科思想方法、学科观念及思维方式的形成。利用模型认知,引导学生学会用微观视角解释生产生活中的实际问题。利用实验探究,引导学生在显性的视角下证实微观世界的特点。利用"三重表征方法",培养学生化学学科关键能力。可见,精心实施教学策略,不仅能达成素养的提升,还能培养学生拥有看待世界的独特的化学眼光!

参考文献

[1] 王锋.初中化学"宏观辨识与微观探析"素养内容梳理及教学策略探讨[J].中小学教师培训,2020(11):57-62.

[2] 蔡辉舞.化学教学中如何备好学生[J].化学教学,2011(4):22-23.

[3] 洪兹田,王锋.基于核心素养的"教材单元"整体备课——以"第一单元走进化学世界"为例[J].课程教学研究,2021(3):68-74.

让学生在体验与活动中感受项目式学习的魅力①

厦门市教育科学研究院　江合佩

　　新冠疫情肆虐的时候,需要对公共设施及居室进行消毒。为什么选择酒精作为消毒剂?选择多少浓度的酒精合适?选择怎样的喷洒方式效果最好?空气中含有多少体积分数的酒精是安全的?在我们的身边,这些看似是小事,实际却是难事。我们的学生发现了吗?思考过了吗?愿意尝试去解决吗?解决这些生活中的小问题,是发明创造,是发展学生核心素养的重要契机。这样的学习基于真实情境,源于生活,既聚焦化学学科又超越化学学科,具有综合性、实践性,这就是项目式学习。

一、什么是项目式学习

　　国务院办公厅发布的《关于新时代推进普通高中育人方式改革的指导意见》(国办发〔2019〕29号)指出:"积极探索基于情境、问题导向的互动式、启发式、探究式、体验式等课堂教学,注重加强课题研究、项目设计、研究性学习等跨学科综合性教学,认真开展验证性实验和探究性实验教学。"核心素养一方面需要在真实问题情境下才能表现出来,另一方面也只有在分析和解决真实问题任务的过程中才能得到培养和发展。目前,项目式学习被认为是具有核心素养融合发展效力的教学方式之一。

　　我国古代教育家子思曾言:"有其言,无其行,君子耻之。"近代著名的教育家陶行知说得更形象:"行动是老子,知识是儿子,创造是孙子。"项目式学习主要针对过于重视读书所造成的弊端,强调通过一个个经过设计的项目学习"做事",其思想源于杜威的"做中学"的经验学习,以及其弟子克伯屈的设计教学法(project method)。项目式学习是一种以学生为主体,连接真实世界的事件,在一段时间内,团队共同解决一个复杂问题或完成一项综合性任务,学生经历全过程,通过亲身体验、深刻理解获得核心素养发展的学习方式,其核心主要包括用来组织和推进活动的真实问题与最终形成的问题解决方案或产品两个部分。项目式学习强调真实情境、复杂问题、超越学科、专业设计、合作完成、成果导向及评价跟进,让每个学生在解决真实问题情境中发展理解和运用知识的能力,利用学科认知核心视角来识别、分析、解决与学科有关的社会生活和学术前沿问题,培养学生的必备品格、关键能力和正确价值观念,是培养创新型、复合型、能解决未来问题的人才的重要教学方式。

---

① 江合佩.让学生在体验与活动中感受项目式学习的魅力[J].福建教育,2021(6):14-15.

二、怎样设计项目式学习

项目式学习以核心素养的培育为宗旨,以真实情境的创设为载体,以实际问题的解决为学习任务,以学科核心知识为解决问题的工具,在互动式、启发式、探究式、体验式过程中进行学习。项目设计注重真实情境、复杂问题、超越学科、专业设计、合作完成、成果导向及评价跟进。项目必须承载学科核心知识、思想方法、重要价值观念,体现真实性、应用性、逻辑性、综合性、实践性、体验性、复杂性与开放性。项目式学习的具体实施步骤及操作流程如图1所示。

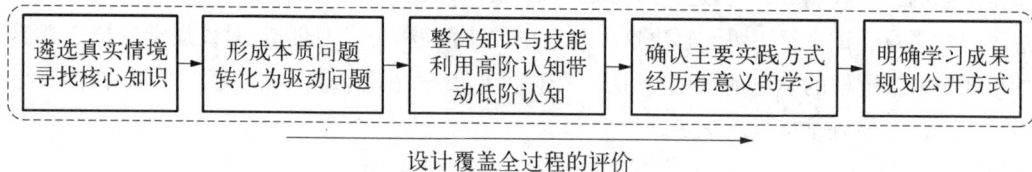

图1 项目式教学的实施步骤及操作流程

(一)遴选真实情境,寻找核心知识

真实情境必须承载必备知识、关键能力和正确的价值观念。真实情境必须有一定的挑战性,聚焦学科前沿发展、当下的社会热点问题或中华民族优秀传统文化,这样的情境易于激发学生学习的兴趣和愿望。项目式教学主要聚焦超越了事实层面、指向思维、促使各种事实性知识整合的概念性知识,重视挖掘程序性知识背后的概念性知识,促进事实性知识的组织和意义化。以化学学科为例,可遴选学科前沿"人工光合固碳作用"作为真实情境,挖掘其中蕴含的热力学、动力学学科核心概念性知识;也可遴选社会热点"探秘麒麟990 5G芯片"作为真实情境,挖掘其中蕴含的"价—类"二维、相变的分离提纯学科核心程序性知识;更可遴选彰显中华民族自豪感的"中医药献给世界的礼物——青蒿素"作为真实情境,挖掘其中蕴含的从官能团及碳骨架构建有机物的学科事实性知识。

(二)形成本质问题,转化为驱动问题

项目式教学主要通过问题驱动引发学生对知识的探索与重构。项目式教学聚焦核心知识意味着教师要善于提出本质性问题,而本质性问题比较抽象和宏大,因此需要将其转化为驱动性问题以激发学生更好地、全情地投入。以"人工光合固碳作用"为例,其本质问题是"如何运用物质转化与能量转化的核心认知视角解决人类未来发展问题",可将其拆解为"人工光合固碳的可能路径有哪些?""人工光合固碳在理论上能否发生?""采用什么手段实现人工光合固碳?""如何多快好省地实现人工光合固碳?"4个驱动性问题。无论是本质性问题还是驱动性问题,都具有较大的挑战性,促进核心知识的系统化与网络化。

(三) 整合知识与技能,利用高阶认知带动低阶认知

低阶学习主要是获取和整合知识、扩展和精练知识,如果整个教学停留在低阶学习阶段,学生就无法产生思维的碰撞和深层次的思考。高阶学习则主要是问题的解决、创见、决策、实验和系统分析等。学生在大量背景知识和相关技能的支撑下,通过高水平的活动任务实现知识向素养的转化。以"人工光合固碳作用"为例,在学生有了从物质类别、化合价升价、能量变化这3个角度认识物质转化的背景知识的基础上,可通过"自主利用'价—类'二维设计固碳路径""自主查阅数据计算热力学反应自发性""自主设计人工固碳电化学装置""自主对人工光合固碳装置进行优化"这4个问题解决式的驱动性活动任务,激发学生自主参与的热情和动力,取得师生思维共振的良好教学效果。

(四) 确认主要实践方式,经历有意义的学习

教师可以根据项目类型、驱动性问题特征和项目历程融入适当的学习实践。项目式教学主要有探究性实践(提出问题→建立知识联系→设计与实施探究→分析和解释数据→运用数学和计算思维→发展解释和设计方案)、调控性实践(投入学习、专注与坚持、成长性思维、调控情绪、计划与反思)、社会性实践(倾听→讨论→寻求帮助→团队合作→书面和口头报告)、技术性实践(技术操作→图表运用→技术交流)和审美性实践(视觉艺术品创作、音乐创作等)5种形态。项目式教学需要学生亲身实践体验,不只是动手,更要动脑;解决问题的过程应该是多样的实践组合而不是一组孤立的流程;实践需要有情境依赖和身份代入的特征。以"人工光合固碳作用"为例,将学生的身份设定为科学家,要求学生像科学家一样思考问题,除了让学生动手设计电化学装置,还要求学生动脑思考如何让整体设计从理想转化向真实转化迈进,整个学习过程主要涉及探究性实践、社会性实践、技术性实践3种形态,有效实现了从社会性议题向学科问题的转化与问题的解决。

(五) 明确学习成果,规划公开方式

项目式学习与问题导向的教学、探究式教学最大的区别在于最终要形成有质量的公开成果。成果需指向驱动性问题,具有思维的真实性;兼顾个人成果和团队成果;指向对核心知识的深度理解;关注解决问题的一般思路的外显化。以"人工光合固碳作用"为例,利用"价—类二维""热力学""动力学""电化学"学科核心概念解构真实情境后,教师要求学生思考"移民火星计划"需要解决的问题并制作海报,进行小组交流。物化的成果指向驱动性问题,既有考虑个人的抽象的思维建模,形成解决物质转化问题的一般思路,更有小组合作完成的具象的趣味性海报。抽象是对解决具体问题的思路的归纳总结,形成思维模型,具象则是对模型的具体应用,最终都是指向对核心知识的深度理解,实现知识的远迁移,发展学生的核心素养。

(六) 设计覆盖全过程的评价,促进学生个体和小组共同进步

评价目标方面,与日常教学主要指向知识类不同,项目式学习主要聚焦最终成果是否回答了驱动性问题,是否产生了对概念的深度理解和掌握了相关知识技能,学习实践的质量如何,

在过程性的成果中是否证明了相应的学习实践的产生，在类似的情境中是否产生了迁移。评价内容方面，与日常教学主要关注教师教学内容和教材中的内容不同，项目式学习主要关注公开成果及其呈现的学习实践。评价工具方面，与日常教学主要采用纸笔测试不同，项目式学习主要通过量规、档案袋来进行过程性、表现性评价。评价结果方面，与日常教学呈现的是一个分数或等级不同，项目式学习可以呈现多个分数、多个等级以及评语等质性反馈。以"人工光合固碳作用"为例，过程性评价与总结性评价相结合，注重项目成果的自我评价，要求学生在最终海报中回答教师提出的驱动性问题、核心观点、内容要点，形成"建模—用模"的思想。

三、项目式学习实施的关键策略

(一) 让学生经历问题解决的全过程

　　教师在具体教学过程中习惯直接向学生呈现问题解决的思路和过程，这也导致学生"解题"能力很强，"解决问题"的能力很弱，实现知识迁移的能力则很孱弱。因此教师要适时地退居幕后，让学生通过活动的体验、任务的完成、言语的交流、智慧的碰撞、亲身的实践感知问题解决的全过程，形成解决问题的思维模型，进而可迁移至更加真实复杂的有挑战性的问题。

(二) 根据问题的挑战性程度精心设计活动

　　面对挑战性问题的时候学生往往既兴奋又恐惧，教师此时需要适时地采取多种路径帮助学生跨越障碍，形成解决问题的思路。如果是学科社会性议题，教师需要将其蕴含的学科核心问题遴选出来。比如"如何消除雾霾"，可根据雾霾中的主要成分，分析得出污染源主要来自汽车尾气的排放，将问题拆解为氮氧化物如何通过"价—类"二维理想转化为氮气，进而通过理论计算抓住关键问题——寻找合适的催化剂实现实际转化，最终将核心问题转化为"三元催化剂"的设计。如果是学科前沿问题，教师则需要适时地提供相关理论数据或研究图表，让学生在学习过程中梳理出研究的一般思路。如果是中华民族优秀传统文化类项目，则需要找到与学科核心知识的契合点，比如"砒霜"这个横跨古今的素材，就可以将其与元素周期律曼妙融合，迁移类比氮元素的化学性质，解决其制备、纯化、定量测定以及回收利用等问题。

(三) 根据实际学情调整驱动性问题的开放程度

　　在具体实施项目式学习的过程中，往往生源情况相对薄弱的学校的教师顾虑很多，认为自己的学生能力不足，需要补充的背景知识太多，往往一个课时或多个课时都完成不了项目任务。实际上项目式学习的具体实施完全可以丰俭由人、灵活调控。以"人工光合固碳装置的优化"项目任务为例，对于学情较好的学校，完全可以设计成自主开放性的活动，让学生在小组讨论中梳理出从"多快好省"四个角度进行优化的方法；对于学情一般的学校，则可以设计成提示角度的半开放性活动，让学生从热力学、动力学两个角度进行分析，在分析温度、浓度、压强、催化剂的过程中得出如何"多快好省"；对于生源薄弱的学校，则可以设计成指定角度的分析型任务,让学生从影响平衡转化率的温度、浓度、压强与影响单位时间转化率的温度、浓度、催化剂等因素中分析出如何实现产量的最大化。

当然,在具体开展教学活动的时候,如何做到项目式教学在课堂中"真实生长"而不沦为点缀,需要避免以下三个误区:一是有挑战性任务无学科核心知识。现在看到的很多项目式学习都会聚焦社会热点、学科前沿,但是要么整个教学过程变成了科普,要么就变成了信息提取与加工课,过分强调跨学科学习,忽略了利用学科核心知识解构真实情境,忽略了通过设计任务活动彰显学科思维之美。二是有学生主体无教师主导。过分凸显学生主体作用,教师变成了教学的组织者或活动的主持人。实际上,项目式学习对教师的要求更高,要求教师在开放而不确定的环境与问题当中引导、规划和支持学生向着项目成果的方向努力。三是有花里胡哨的形式无学生关键习得。过分追求形式,对具象的作品、模型、海报关注过多,对抽象的思维建模关注过少;对活动具体组织形式关注过多,对学生或小组思维解剖和评析的关注过少。形式不是越复杂越好,而是要让学生有充分的获得感,思维得到发展才是王道。

纸上得来终觉浅,绝知此事要躬行。要学会游泳,就必须下水。只有让学生关心身边的事、学科前沿的事、历史发展中的事,将这些事拆解设计成一个个项目式学习,让学生在体验与活动中利用学科核心知识解构驱动性问题,才能使其成为一个有着高远视野、扎根实践的人。

参考文献

[1] 吴俊明.刍议新阶段我国基础教育化学课程的发展走向[J].化学教学,2021(7):3-7.

[2] 中华人民共和国教育部.普通高中化学课程标准(2017年版2020年修订)[S].北京:人民教育出版社,2020.

[3] Cao K, Skowron S T, Biskupek J, et al. Imaging an unsupported metal-metal bond in dirhenium molecules at the atomic scale[J]. *Science Advances*, 2020, 6(3).

线上教学促进学生深度学习的实践探索①

——以初中地理"世界的海陆分布"为例

厦门市海沧区北附学校　黄　荣

　　新冠疫情给初中地理教学带来了重大影响,线上教学已成为疫情防控下的常态教学模式之一。线上教学有很多困难,受网络和设备等限制,很多学生上课期间不能保持摄像头时刻在线的状态,教师很难查看网络另一端的学生是否处于学习状态。如何通过优化课堂学习氛围、提升学生在线学习的主观能动性,是提高初中地理线上教学效率、促进学生深度学习的重要环节,因此,有必要引导学生建立内容与自身先行知识的关联,提升学生对学习内容本身的兴趣,有助于将线上浅层学习转变为深度学习。

　　笔者以"世界的海陆分布"一节为例,以大概念为引领,在确定单元目标与课时目标的基础上,使教学内容进一步结构化,通过问题情境化、过程活动化、指导精准化等方式以及贯穿全过程的学习评价,促进学生深度学习。

一、大概念统领下的学习目标

　　深度学习倡导单元教学,在学科大概念的统领下,强调单元思想和单元视角,让学生建立全局思维,使凌乱的知识点结构化,首先要制定促进学生高阶思维发展的学习目标。

(一)凝练单元大概念体系

　　依据课程标准及湘教版教材内容,笔者凝练本单元的大概念为"海洋与陆地",构建的概念体系如图1所示。"世界的海陆分布"这一节内容的相关概念是"七大洲和四大洋的位置与分布",是形成"陆地地形和海底地形"这一重要概念的基础,与"海陆变迁"等重要概念有着密切的联系,共同支撑"海洋与陆地"的大概念。

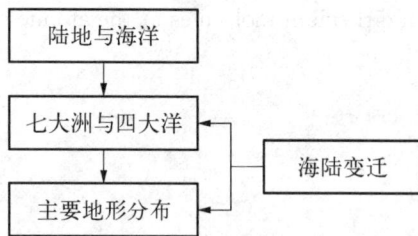

图1　"海洋与陆地"单元大概念体系

(二)确定单元学习目标

　　在大概念的统领下确定本单元的学习目标是读图识别大洲和大洋的位置与分布、主要地

---

① 本文系厦门市海沧区第六批教育科研课题"素养导向的初中地理单元学习单设计与实施研究"(Z2020Z026)的研究成果之一。

形,掌握板块构造学说的观点并解释地表形态的变迁,理解人们对地球表面的认识所经历的科学探究过程。本单元的问题链是:地球的海陆分布有怎样的特点? 陆地与海洋有怎样高低起伏的形态? 海陆分布与海陆形态会有怎样的变迁?

(三) 细化课时学习目标

"世界的海陆分布"是学生学习世界地理的基础,无论是在知识体系上还是在内容上都具有统领全局的作用。结合七年级学生的特点,通过本节课的学习,让学生能够把已有的海陆面积比例、七大洲、四大洋的名称等知识,与本课时学习的海陆分布特点、七大洲和四大洋的位置和分布特点等建立联系并形成完整的知识结构,理解并描述大洲大洋的位置与分布所蕴含的基本思想方法,并且能够理解七大洲和四大洋在地理学习中的重要意义。基于以上分析,确定本节课的学习目标如下:① 能运用地图或地球仪说出海陆面积比例,描述世界海陆分布特点,培养读图、用图的习惯。② 能运用地图指出大陆、岛屿、半岛、大洲、海、洋、海峡。③ 通过读图、填图、拼图游戏等活动,开展自主、探究学习,记住七大洲、四大洋的名称,并说出大洲大洋的位置和分布特点以及大洲分界线,学会从轮廓、相对位置和半球位置(经纬度位置)等方面来描述地理位置与分布的方法。④ 学会用简单的图形绘制七大洲、四大洋的轮廓及相互的位置关系,培养地图观察力和空间思维能力。

通过对七大洲和四大洋的位置与分布的学习,让学生对本课时在单元中的定位有一个清晰的认识,形成单元知识结构图。后面的课时是对前面课时内容的进一步推进,在设计学习任务的时候,要利用好单元内不同课时的相关内容,搭建单元内问题之间的联系,形成螺旋上升思维线,从而实现对单元主题的整体认识。

二、促进深度学习的活动设计

线上学习有优势,所有学生都能坐在第一排,不存在教室后排学生看不见、听不清的问题;和智慧课堂一样,操作活动中所有学生可以同时进行,传输作业、发布成果都很快捷,效率很高。线上教学的活动设计首先要让学生在富有生活化的情境中了解知识的发生过程,加深对知识的理解;然后让他们在体验、理解、合作、对话中对知识进行深度加工;在此过程中,运用反思性思维开展元认知活动并在此基础上对自己建构的"个体知识"进行迁移运用,进入沉浸式学习状态。[1]

(一) 问题情境化,连接经验

即创设有助于激发学生的兴趣和动机、兼顾知识生成和应用的现实情境或者问题和任务情境。

情境主要指的是真实情境中的"任务",而"任务"即真实情境中的问题解决能力,这就是核心素养。在导入新课环节,教师播放航天员的"球景房"视频,提出问题:让我们登上神舟十二号载人航天飞船,透过航天员刘伯明的舷窗,来看一下我们美丽的地球到底是什么样子的。通过视频引起学生探究地球表面海陆分布的兴趣,同时激发其爱国情感。然后教师利用希沃星球功能,转动地球,让学生在观察的基础上思考:这些大大小小不同形状的陆块,其名称是怎么确定的呢?面积很大的陆块是大陆,面积较小的陆块是岛屿,到底面积多大或者多小才是大陆或者岛屿呢?让学生建立与原有经验的链接,受原有生活概念和迷思概念的影响,与课堂中的科学概念相遇时会产生认知冲突,教师要充分利用问题带来的认知冲突并对其进行合理的引导,促进学生概念的澄清和转化。[2]

(二)知识结构化,思维外显

即教师将教学内容转化为学生能够进行思维操作和加工的教学材料,帮助学生建立新旧知识之间的联系、知识与方法之间的联系以及知识与生活之间的联系,形成结构化的知识。

教学情境线的设计遵循思维逻辑,由现象到本质,提炼学科基本思想方法。比如在引入新课之后,教师提供半球图和海陆面积百分比数据,描述世界海陆分布的特点,引导学生根据资料进行归纳概括。从整体的海陆分布特点,到局部的海陆涉及的相关概念,再到七大洲和四大洋的位置和分布特点、主要大洲之间的分界线,课堂学习的进程遵循思维逻辑。在指导学生读图、圈画、记图的基础上,通过板书和板图,如图2所示,使思维外显,促进学生形成结构化的知识。线上教学没有黑板进行板书,教师在每一个环节之后,通过课件展示板书,引导学生对所学的内容进行梳理,使知识结构化,同时也有利于提炼归纳基本思想方法。

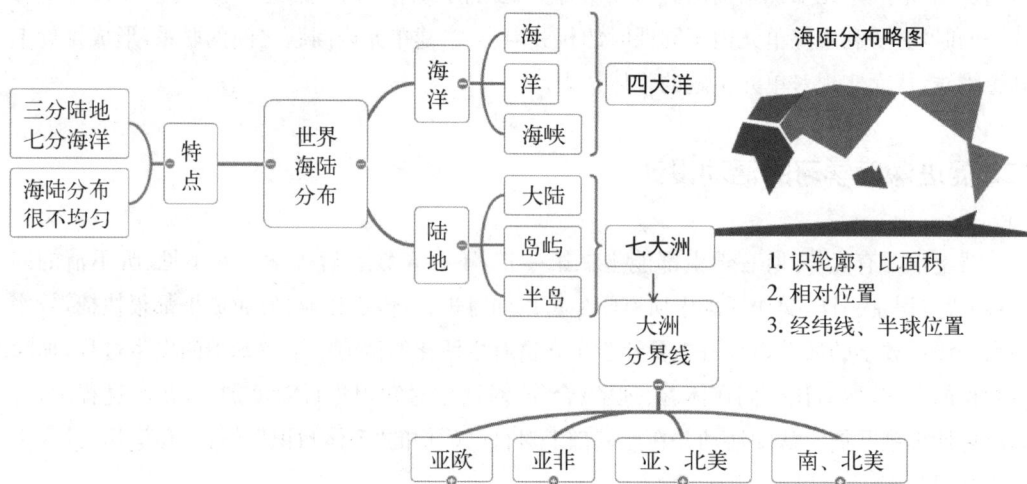

图2 结构化板书

(三)过程活动化,主动建构

即教师设计开放的、具有探索性的学习任务,让学生自主参与合作交流、积极体验、深入思考,在活动中主动建构,成为真正的学习主体。

如何通过活动与体验,让学生记住七大洲和四大洋的位置、分布特点并掌握描述地理位置、分布特点的方法,是本节课的重点,也是难点。根据学生的“最近发展区”,深入剖析课程标准和地理学科思想,对教学内容进行整体分析和把握,设置具有挑战性的学习任务。[3]这节课巧妙利用了线上课堂的便利,每个学生终端都有手机或者电脑,都可以进行拼图闯关游戏,学生对这样的游戏活动兴趣浓厚,积极参与,在闯关的过程中主动思考,通过游戏之后的总结交流环节,表达自己解决问题的过程,梳理方法。从横向的世界地图迁移到东、西半球图的拼图游戏,再到竖版世界地图的游戏活动,难度不断进阶,学生需要在新的情境中自主调用所学的知识解决新的问题,在这个过程中进一步理解七大洲四大洋的位置关系,总结环节引导学生深度思考,进一步形成地理位置与分布特点的描述方法,促进高阶思维发展。主要大洲分界线这部分内容的活动设计是让学生先在地图上圈画不同大洲之间的分界线,然后再归纳大洲之间一般以哪些地理事物作为界线。通过观看视频《苏伊士运河和巴拿马运河》,从而了解运河对人类经济活动的有利影响。学生在圈画地图、观看视频等活动的基础上感受、体验,解决问题或者产生新的疑问,然后交流表达自己的观点,表达交流的过程就是信息互动、产生新知的过程。

三、贯穿全过程的学习评价

通过在线课程大数据可以对每一个学生的学习进行评价,让学生看到自己和同伴的学习状态,更好地了解自己的能力和发展趋势,提升元认知水平,教师适时引导学生努力克服各种困难,培养他们良好的学习品质。

(一) 课前布置任务,前测反馈

上课前,通过钉钉群发布学历案,学生可以结合学历案的要求进行预习,了解本节课的主要内容,以及课堂学习的进程。导入新课之后,教师可以利用钉钉在线课堂的答题卡功能发布题目,通过数据的反馈,及时了解学生的掌握情况,提升了与学生间的互动,提高了学生的参与广度,便于教师根据学情调整课堂教学活动。除了直接利用在线课堂的答题卡功能,也可以发布利用问卷星制作的题目,让学生更加自主地完成课堂前测,发现自己存在的不足,激发学生学习新知的欲望。

课堂前测通过对学生的认知状况、答题速度等进行分析,让教师可以清晰地了解学生的认知水平、思维层次、学习需求等,有利于教师更有针对性地引导、帮助学生,让学习真实发生。

(二) 课堂精准指导,深度互动

运用地图进行学习是地理学习的基本思想方法。考虑到学生刚接触地理,还没有养成阅读地图的良好习惯,在归纳海陆分布的特点前,教师先引导学生对提供的半球图和数据进行阅读;介绍海陆相关概念时,教师充分运用星球图进行指图讲解;对于七大洲、四大洋的位置和分布特点,大洲的分界线,教师都是在指导读图的基础上引导学生自主探究学习。课堂教学过程中,学生在教师的指导下,在自主完成学历案活动内容的基础上,再参与教师组织的互动交流活动。

线上学习可以充分利用智能设备,增强课堂学习的交互性、合作性与探究性,并记录过程数据。除了连麦互动以外,学生可以通过互动面板发布自己的作品、观点以及疑问,与教师和同学进行交流,比线下课堂的分享交流更加便捷,促进深度互动。如学生提交作品到钉钉群之后,学生之间可以互相学习,教师根据学生提交的作品进行点评;学生连麦交流分享,教师针对学生的发言进行引导、追问,通过即时的反馈评价精准地进行学习指导。

(三) 课后分层布置作业,在线答疑

学生的知识结构差异是显著的,尊重学生的差异,既关注"差",也关注"异",并利用学生的差异化资源,通过线上教学最大化地满足"异"学习,通过解决"异"的问题来解决"差"的问题。

线上教学可以设计多样化的作业类型,分层布置作业,或者让学生根据自身情况选择性地完成作业。比如布置课堂内容总结类作业,要求学生以思维导图的形式整理课堂笔记,养成及时复盘学习内容的习惯,将优秀作业通过班级群分享给同学,互相学习借鉴;也可以通过问卷星发布课后练习题,学生提交作业之后有参考答案及答案解析,可以及时指导学生学习,教师也可以根据学生的答题情况,在钉钉群进行及时的答疑反馈,让学生在练习的过程中促进自己对知识的意义与价值的认识,了解自身对知识的掌握与理解的情况。

通过课前、课中、课后全过程的学习评价,让学生在真实的学习过程中提升元认知水平,促进对知识的理解和迁移运用。叶圣陶先生说过:"教学是教师帮助学生学习的一串过程,在这一过程中,教师要对学生的学习予以相应而及时的引导、支持、促进,以使学生习得一定的果,达到一定的目标。"在实施线上教学时,教师要坚持"教—学—评"一体化设计,通过持续评价、及时反馈诊断学生学习情况,促进学生深度学习,全面提升线上教学的良性效果。

参考文献

[1] 郭元祥.论深度教学:源起、基础与理念[J].教育研究与实验,2017(3):1-11.

[2] 段金菊.E-Learning 环境下促进深度学习的策略研究[J].中国电化教育,2012(5):38-43.

[3] 张晓娟,吕立杰.SPOC 平台下指向深度学习的深度教学模式建构[J].中国电化教育,2018(4):96-101,130.

"以学生为中心"的"三单三步"地理学习法教学课例

福建省厦门市海沧区东孚中学　陈群莹

一、学习共同体设计理念

学习共同体是佐藤学提出的 21 世纪新型学校设想。他认为:"学习包含三种对话:与物的对话(创造世界),与他者的对话(结交伙伴),与自己的对话(重塑自我)。"有了这三种对话才能形成学习。与教科书对话可以了解世界,与同伴对话可以形成人际交往的关系,与自己对话实际是在造就自己,正因为有了这三种对话,才形成我们的学习。[1]用"问题"整合相关学习内容的问题式教学,可以较好地实现这三种对话,培养学生自主探究的学习能力和同伴协同学习的能力,指向学生核心素养的培养。也就是说,学习共同体提升的是学生的学力和终身学习的能力。在地理教学中,问题式教学以"问题发现"和"问题解决"为要旨,在解决问题的教学过程中,教师应引导学生运用地理的思维方式,建立与"问题"相关的知识结构,并能够由表及里、层次清晰地分析问题,合理表达观点。

学习三单包括预习单、学习单和作业单。预习单内容主要是学生通过自主学习能够完成的学科基础性知识;学习单主要通过 2—3 个难度较高、解决方案比较开放多元,能够激发学生较高层次的思考和挑战欲的问题设计,将学生的学习一步步引入深度学习;作业单的练习主要结合学考、选考等要求,分层设计校本化作业,让学生的学习得以巩固和迁移应用。

二、"三单三步"地理学习法教学设计——"地球的历史"

1. 课题:人教版地理必修第一册"地球的历史"。

2. 课标要求:运用地质年代表等资料,简要描述地球的演化过程。

3. 核心素养目标:

(1) 观察化石标本,推测地质年代和古地理环境,培养科学探究的意识和能力。【地理实践力】

(2) 结合地球的演化历史,从大尺度区域科学认识地球上的海陆变迁。【区域认知】

(3) 能够运用地质年代表等资料,说明生命的演化过程。【综合思维】

(4) 通过地质史上的生物灭绝,认识保护地理环境的重要性及人类应该承担的责任。【人地协调观】

4. 教学重点:简要描述地球的演化过程。

5. 教学难点：了解地质年代表的划分依据,地质年代表的时间依据。

6. 学习方法：

(1) 自主学习：教师利用学习单、多媒体推送学习资料,学生根据资料自主完成任务,教师引导归纳。

(2) 小组合作探究学习：小组成员(同桌、四人小组)根据教师推送的素材和问题,进行合作探究学习,小组得出结论,教师引导归纳。

(3) 引导式学习：教师引导学生基于学习任务进行多个学习探究活动,学生讨论归纳,教师引导总结。

7. 教学环境及资源准备：多媒体课件、实物展台、课本、预习单、学习单、作业单等。

8. 教学过程：

教学环节	教、学活动	设计意图
导入	展示相关照片、播放小视频《地球的演化史》来导入新课的学习。	激趣导入,创设情境,营造气氛,引入主题。
【挑战性问题一】运用地质年代表等资料,简要描述地球的演化过程。	**第1课时** 引导学生运用地质年代表等资料,结合课本 P19"活动"、地图册 P13"地质年代表",沿着"前寒武纪—古生代—中生代—新生代"这一主要时间轴,自主选择一条或者两条"地球的演化历程信息"作为主要线索[如海陆变迁、生命演化(动物或植物)、矿物形成等],尝试通过文字、表格、图形等方式,简要描述地球的演化过程,并与小组伙伴交流,形成地球演化过程的知识体系。	引导学生通过自主学习、小组协作,理解地球演化过程的延续性和整体性,形成知识的结构化,发展地理综合思维能力。
【挑战性问题二】如何考察研究生物化石与地质年代、自然地理环境的关系?	**第2课时** 引导学生根据和政县古生物博物馆相关图文材料,结合"地球的历史"这一节知识,尝试自主设计1—2个挑战性问题,并附上答案,与小组伙伴交流。	通过结合图文材料自主设计相关问题,既加深了学生对本节课知识的理解,又提升了其迁移应用能力。
【挑战性问题三】生物的生长过程深受地理环境的影响。你认为我们人类应该如何应对未来的环境变化?	**第2课时** 生物的生长过程深受地理环境的影响。	通过地质史上的生物灭绝,引导学生认识保护地理环境的重要性,以及人类应该承担的责任,树立正确的人地协调观。
小结	利用思维导图板书、小结本节课的重要知识点。	引导学生形成综合分析地理要素之间的相互联系的能力。

三、"三单三步"地理学习法三单设计及学习流程——"地球的历史"

课题：地球的历史

【学习目标】运用地质年代表等资料,简要描述地球的演化过程。

预 习 单

【自主学习　掌握新知】

一、化石和地质年代表

阅读课本 P14—15 图文,完成:

1. 要了解地球的历史,研究_____是最主要的途径。

(1) 概念:具有_____的层状岩石。

(2) 沉积岩地层特点:

① _____的地层具有明显的层理构造,一般先沉积的岩层在_____,后沉积的岩层在_____。

② 在沉积岩的形成过程中,有些生物的_____或_____会在沉积物中保存下来,形成_____。

③ 同一时代的地层往往含有_____或者_____的化石;越古老的地层含有越_____、越_____生物的化石。

(3) 地壳在发展过程中形成了各个时代的地层,地层中还保存有各种化石,通过研究地层和化石,可以恢复地球历史,确定地质年代。下图示意某地地层和化石状况。请思考:为什么地点 2 缺失 D 层,地点 3 缺失 B 层?

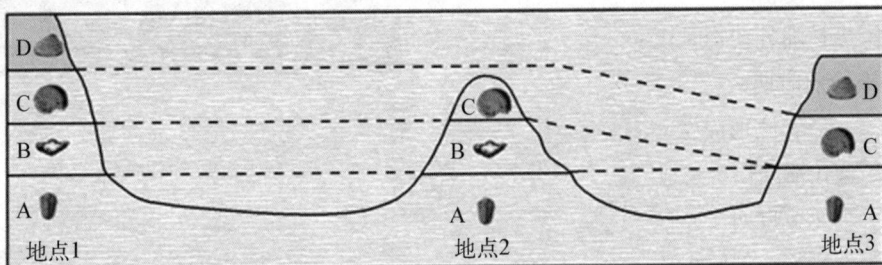

2. 地质年代表(读图回答)

(1) 划分依据:全球各地的_____和_____。

(2) 时间单位:_____>_____>_____。

(3) 古生代、中生代、新生代属于_____宙;古生代距今(_____)意为"_____",包括_____纪→奥陶纪→志留纪→泥盆纪→石炭纪→二叠纪;中生代距今(_____)意为"中间的生物时代",包括三叠纪→_____纪→白垩纪;新生代距今(_____)是"_____",包括古近纪→新近纪→_____纪。

【记忆方法】寒武奥陶志留纪

二、地球的演化历程

阅读课本 P16—19 图文、地图册 P13,完成以下"地球的演化历程信息归纳表":

地质年代	距今时间	海陆变迁	生命演化 （动物、植物）	矿物形成	备注（大气成分、 气候变化等）
新生代					
中生代					
古生代					
前寒武纪					

【拓展补遗】

1. 地层和化石是记录地球历史的"书页"和"文字"。

2. 人类历史相对于地球历史只是短短的一瞬。

【练一练】右图为地球某地质时期地理环境复原图，据此完成以下 3 个问题。

1. 该地质时期是指（　　）。

（A）古生代　　　　　（B）中生代

（C）新生代　　　　　（D）第四纪

2. 该地质时期被称为（　　）。

（A）海生无脊椎动物时代

（B）海生脊椎动物时代

（C）爬行动物时代

（D）灵长哺乳动物时代

3. 该地质时期（　　）。

（A）联合古陆形成

（B）现代海陆位置形成

（C）重要成煤期

（D）海洋脊椎动物灭绝

学 习 单

挑战性问题一：运用地质年代表等资料，简要描述地球的演化过程。

【阅读材料一】预习单上的"化石和地质年代表"和"地球的演化历程"知识清单。

【自主阅读思考】请同学们运用"化石和地质年代表"和"地球的演化历程"等资料，结合课本 P19"活动"、地图册 P13"地质年代表"，沿着"前寒武纪—古生代—中生代—新生代"这一主要时间轴，自主选择一条或者两条"地球的演化历程信息"作为主要线索［如海陆变迁、生命演化（动物或植物）、矿物形成等］，尝试通过文字、表格、图形等方式，简要描述地球的演化过程，并与小组伙伴交流。

【我的思考】

我选择的地球演化历程的主要线索是＿＿＿＿＿＿＿＿＿＿；沿着"前寒武纪—古生代—中

生代—新生代"这一主要时间轴,它的演化过程是:＿＿＿＿＿＿＿＿＿＿＿＿＿＿＿

＿＿＿＿＿＿＿＿＿＿＿＿＿＿＿＿＿＿＿＿＿＿＿＿＿＿＿＿＿＿＿＿＿＿

【组内轻声交流】将自己对地球的演化过程的思考,与小组伙伴交流,并补充完善自己对地球演化过程的思考。

【全班交流】

通过探究,我们知道:

1. 在地球的演化过程中:联合古陆出现在＿＿＿＿代,在＿＿＿＿代最终解体,形成了现代海陆分布的格局,海陆变迁过程中陆地经历了＿＿＿＿(①分→合→分/②合→分→合),陆地面积不断＿＿＿＿(增大/减小);生物进化历程从＿＿＿＿到＿＿＿＿(高级/低级)、＿＿＿＿到＿＿＿＿(简单/复杂)、一步步从＿＿＿＿到＿＿＿＿(海洋/陆地),人类出现在＿＿＿＿纪,两次物种大灭绝分别出现在＿＿＿＿代和＿＿＿＿代末期;两次重要成煤期分别处在＿＿＿＿＿＿和＿＿＿＿＿＿＿。

2. 地球的演化具有＿＿＿＿＿＿性和＿＿＿＿性。

挑战性问题二:如何考察研究生物化石与地质年代、自然地理环境的关系?

阅读材料,完成下列任务。

"地处青藏高原和黄土高原交会地带的和政县是远古时代各种古脊椎动物繁衍生息的乐园,孕育了今天弥足珍贵的古脊椎动物化石群。不同化石群埋藏在不同的地层中。据了解,1 000万年前的古脊椎动物化石,是研究青藏高原隆升历史及古环境、古气候的重要物质依据和信息源。"看到这个消息,福建某中学地理小组的同学特别感兴趣,他们利用暑假前去实地考察研究一番。在考察中,结合相关材料,他们绘制了一幅古生物化石地表分布示意图(见下图)。

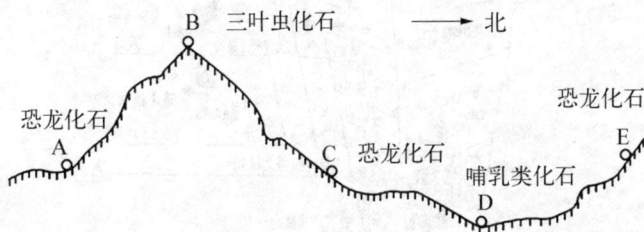

【自主阅读思考、设计问题】请你根据图文材料,结合"地球的历史"一节的知识,尝试自主设计1—2个挑战性问题,并附上答案,与小组伙伴交流。

【组内轻声交流】与小组伙伴交流,补充完善自己对"生物化石与地质年代、自然地理环境的关系"的思考。

【全班交流】

挑战性问题三:生物的生长过程深受地理环境的影响。你认为我们人类应该如何应对未来的环境变化?

【视频材料一】《开讲啦!》中青年提问古生物学家付巧妹的片段。

【阅读材料二】尼安德特人是怎么灭绝的?

【自主思考回答】

通过视频及阅读材料,我认为尼安德特人灭绝的原因可能有:_____、

_____、_____、......

【阅读材料三】阅读课本 P20"自学窗"。

【自主阅读思考】结合材料思考,我们人类应该如何应对未来的环境变化?

【我的思考】

【组内轻声交流】

【全班交流】

探究结论:应对未来的环境变化我们可以做的主要有:_____、_____......

作 业 单

【巩固性作业】(学考)

下图是某同学绘制的"地质年代表示意图"。据此完成1—2题。

1. 按由老到新的年代顺序,下列排序正确的是(   )。

(A) 蕨类植物—被子植物—裸子植物

(B) 三叶虫—鱼类—恐龙

(C) 新生代—中生代—古生代

(D) 哺乳动物—爬行动物—两栖动物

2. 人类出现于(   )。

(A) 太古宙   (B) 古生代

(C) 中生代   (D) 新生代

读下面的某地地质剖面示意图,完成3—4题。

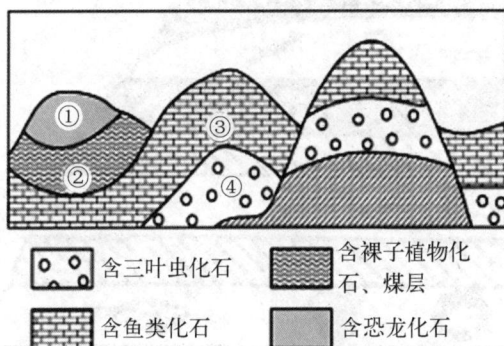

3. 图中属于古生代地层的是(　　)。

(A) ①② 　　　(B) ①③ 　　　(C) ①④ 　　　(D) ③④

4. 地层④—①动物化石经历的演化过程是(　　)。

(A) 海生无脊椎—爬行动物—鱼类、两栖类动物

(B) 海生无脊椎—鱼类、两栖类动物—爬行动物

(C) 爬行动物—海生无脊椎—鱼类、两栖类动物

(D) 爬行动物—鱼类、两栖类动物—海生无脊椎

读下表,完成5—6题。

5. 关于甲、乙两个地质年代示意图,下列说法正确的是(　　)。

(A) 甲是古生代,乙是中生代

(B) 甲是中生代,乙是古生代

(C) 甲是古生代,乙是新生代

(D) 甲是新生代,乙是古生代

6. 乙的末期(　　)。

(A) 蕨类植物明显衰退 　　　(B) 恐龙灭绝

(C) 出现被子植物 　　　(D) 爬行动物盛行

【提高性作业】(学考)

7. 下图所示的是不同地层化石模式图,读图完成下列问题。

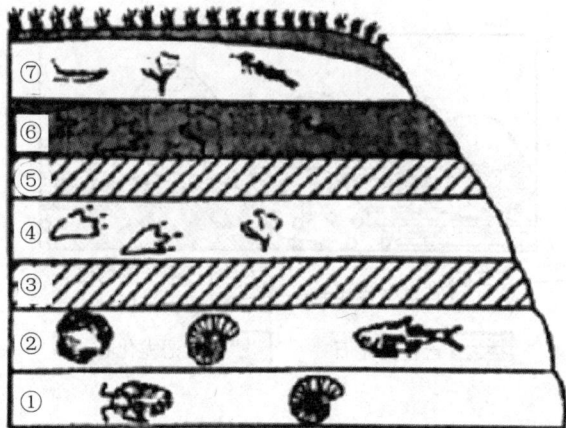

(1) 地层按照由早到晚形成的排序是＿＿＿＿＿＿＿＿＿＿＿＿。

(2) ①和②是否属于同一地层？＿＿＿＿。理由是什么？

(3) 图中最有可能是中生代以来形成的地层是哪几层？理由是什么？

8. 读"甲、乙两地岩层分布示意图"，完成下列问题。

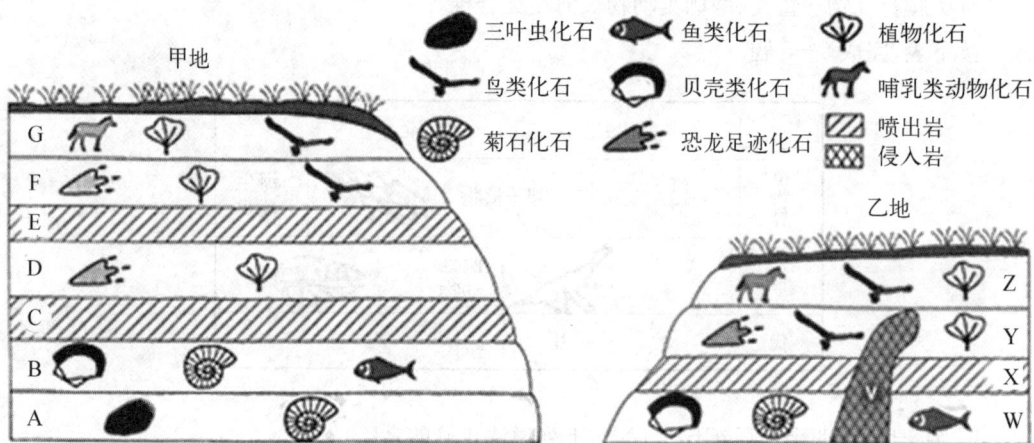

(1) A—G地层中形成最早和最晚的分别是哪一层？分别形成于什么地质年代？

(2) A—G层和W—Z层中可能形成于同一地质年代的地层有哪些？列举相关地层并说明判断理由。

【拓展性作业】(学考)

阅读图文资料，合作探究完成下列要求。

恐龙在地球上生活了一亿多年，整个中生代都是恐龙的时代，它们是不可一世的霸主。但是，随着中生代的结束，恐龙统统灭绝了，无一幸存，这实在是个谜。

中生代恐龙为什么会灭绝呢？请你猜想一下可能的原因。

【学习反馈】

本节课学习中我仍有的问题	同伴的帮助	还没有解决的问题
1.		
2.		

【学习共同体小组合作学习环节】表现性评价(自评、互评、师评相结合)

项目 / 组员	学习态度 (① 精益求精/② 认真 专注/③ 随便应付)	认知水平 (① 理由充分,表达到位/② 理由模糊, 表达欠缺/③ 无观点无理由)	小组协作 (① 有效沟通/② 被动 沟通/③ 排斥沟通)
组员一			
组员二			
组员三			
组员四			

四、教学反思

本节课尝试以学习共同体模式进行课堂学习,通过预习单、学习单和作业单三单的设计,特别是学习单上"运用地质年代表等资料,简要描述地球的演化过程""如何考察研究生物化石与地质年代、自然地理环境的关系?""生物的生长过程深受地理环境的影响。你认为我们人类应该如何应对未来的环境变化?"三个探究问题的设计,将学生的学习一步步引入深度学习,培养了学生的区域认知、综合思维、人地协调观等地理学科核心素养。另外借助学习共同体模式,营造温暖润泽的学习环境,较好地实现了新课标所倡导的"以学习为中心"的理念,做到人人有任务、人人能参与,体现了教育的公平性,培养了学生终身学习的能力。

由于学习内容比较丰富,课堂学习时间紧,学生主要挑战了前两个问题。今后的教学应进一步整合教材内容,提炼核心问题,尝试大单元教学,提高课堂的学习效率。

参考文献

[1] [日]佐藤学.学校的挑战:创建学习共同体[M].钟启泉,译.上海:华东师范大学出版社,2010:20.

依据课标要求，寻径素养培养[①]

——以统编教材《中国历史》七年级上册教学为例

厦门市湖里区教师进修学校　徐太阳

初中历史统编教材七年级上册《中国历史》(以下简称"统编教材七上")与人教版七年级上册《中国历史》(以下简称"人教版七上")相比，发生了很多变化，其中三个方面的变化对中学历史教学的影响较大，笔者试结合历史学科素养培养，就此提出教学建议。

一、依据课标，凸显脉络，内容精准

与人教版七上相比，统编教材七上严格按《义务教育历史课程标准(2011 年版)》(以下简称"课标")的内容要求，在课文节数和阅读量上有所精简，凸显统一多民族国家起源、发展、巩固的历史主线。主要表现有三：一是删减了大量课标没有直接要求的内容；二是整合了部分章节和子目内容，部分内容或转为知识拓展，或进行合并、删除；三是增加了一些课标要求的内容，并将时序线索补充完整。在统编教材七上 21 节课 65 个子目中，有 56 个子目或直接采用课标中的内容要求作为标题，或关系异常紧密。因此，教师在授课时可针对这一特点，采取以下策略。

(一) 细研课标，确保方向

由于课标对七年级上学期的历史学习要求记忆的知识点多，要求理解运用的知识点少(要求记忆的共 33 个知识点，包括 20 个知道、12 个了解、1 个讲述；要求理解运用的知识点共5 个，包括 2 个认识、2 个理解、1 个感受)，所以统编教材七上的首要教学任务是培养学生学习历史的兴趣。对学有余力的学生，教师可以帮助他们挖掘重大历史事件和历史概念蕴含的丰富资源进行研讨，提升学生的历史学科素养。如夏、商、西周的更替，蕴含"得民心者得天下，失民心者失天下"的历史规律；春秋战国时期，经济、政治、思想文化方面的变化，蕴含"生产力决定生产关系""经济基础决定上层建筑""一定的思想文化是一定的经济政治的反映"的唯物史观。

(二) 多维互动，动态生成

历史学习的过程一般包含三个阶段：第一阶段，学生通过听讲、阅读、师生互动、生生互

---

① 本文发表于《福建教育》中学版 2018 年第 46 期。

动,获得输入的历史信息;第二阶段,学生对输入的信息进行判断、比较、归纳、概括、迁移、重组等加工、内化活动,形成自己的历史认识和历史情感;第三阶段,学生把加工后所获得的历史认识和情感,用自己的话语表达出来。因此,教师应针对统编教材七上的特点,结合学生历史学习的三个阶段,实行以下教学策略。

（1）加强学生与史料的互动。统编教材七上增加了史实叙述,缩减了解释性定性语言,为学生从史料中获取有效信息、开展历史探究提供了空间。教师要设计有梯度的问题,引导学生阅读课文和补充的相关史料,并进行学法指导,让学生有充足的感悟过程,准确获取有效信息并形成自己的历史认识。

（2）加强生生互动。教师应该设计合作、交流活动,引导学生围绕重点内容,就自己的认识和存在的问题进行表达、交流,寻求同伴的帮助,提升历史解释和互助合作素养。

（3）加强师生互动。教师要在认真观察学生阅读和交流过程中所暴露的共性与个性问题的基础上,对学生进行历史思维方向、思维方法和思维结论的引导,让学生不断补充和完善对历史的认识,提升历史素养。

例如,统编教材七上将人教版七上的第5课"灿烂的青铜文明"与第8课"中华文化的勃兴（一）"合并成第5课"青铜器与甲骨文",将这两项代表早期中华文明辉煌成就的成果并入一课,内容精准,符合课标要求。教师可以早期中华文明的灿烂为主线,设计三个活动,启发学生感悟先民的智慧。

第一个活动,学生阅读课文相关文字表述,观察课文中四羊方尊和司母戊鼎的图片及教师补充的史料（如四羊方尊的精致纹饰、司母戊鼎的长宽高数据）,阅读"模范"一词的来源资料,思考两个问题:有哪些证据可以说明商周青铜制作工艺是高超的? 结合青铜制作工艺及"模范"的由来,你感悟到了先民的哪些智慧? 完成上述两个问题后,小组成员交流分享自己的感悟,达成共识并展示。后由教师归纳总结并对活动进行点评,培养学生的实证意识和民族自豪感。

第二个活动,教师引导学生阅读课文第23页的相关资料,思考两个问题:天子、诸侯、卿大夫礼器使用规格有何不同? 这些不同说明了什么? 小组交流达成共识后进行汇报。在这个基础上,教师可启发学生进一步探究后代服装、车骑、花翎等与等级的关系,感悟"一定的文化是一定的经济政治的反映"的唯物史观。

第三个活动,教师引导学生阅读课文第二、三子目,进行猜字竞赛活动,研讨问题:甲骨文的发现和解读对历史研究有什么重要意义? 甲骨文有哪几种造字方法? 这几种造字方法体现了甲骨文的哪些造字特点? 甲骨文的造字特点体现了先人的哪些智慧? 学生在对这几个问题有了初步的认识后,经过小组交流研讨,进一步修正和完善自己的认识,最后经过教师的点拨和提问交流,生成对这几个问题的较完整的认识。

二、强化时序,点线结合,图文并茂

统编教材七上严格按照历史阶段划分单元,每个单元由若干节课构成,每节课突出三个左右的重要史实,并选定了中国古代历史的突出主线——统一多民族国家的发展和巩固与中华优秀传统文化的形成,显示出历史发展的主体和关键问题。单元概述作为建构本单元核心知识结构的重要提示,指明了本单元的知识线索、重大历史事件之间的联系及本单元的重要时间点,单元标题也明确体现了时期的划分,总体上点线结合,表述更加科学,也更凸显整体主线和阶段特征。各单元中时序断缺或混乱的,统编教材七上也逐步补充完整或进行了调整。例如,第2课“原始农耕生活”没有按照时序编排,把“半坡居民的生活”放在第一子目,把“河姆渡人的生活”放在第二子目,统编教材七上在2018年第3次印刷时作了调整,把“河姆渡人的生活”放在“半坡居民的生活”之前,符合二者的时序。

正如统编教材编者所说:“十三四岁的七年级学生,正处在由儿童向青少年转变的过渡时期,继续着对图文书的钟爱,对图的反应比较敏感。”为此,统编教材七上精选了18幅更为科学的历史地图和130多幅文物图片,包括疆域图、交通贸易图、城市分布图、城市平面图、战争形势图等。

针对这一特点,在统编教材七上的教学中,教师应恰当使用教材中的图片,引导学生通过阅读这些重要的历史地图,对我国古代疆域、行政区域的发展变化有一个整体认识,并结合重大历史事件、历史现象发生的时间及空间变化,深刻认识中华民族文明起源与发展的多元一体特征。此外,教师还可设计问题,引导学生将统编教材七上中四个历史阶段的重大历史事件放到形势图上去理解、思考,得出自己的认识,或是引导学生在熟读朝代歌的基础上,绘制年代尺,提升学生的时空观念、唯物史观素养。

例如,在统编教材七上第7课“战国时期的社会变化”的教学中,教师可以制作本课大事年代尺(如图1)。

图1 战国年代尺示意图

结合教材提供的《战国形势图》和《都江堰示意图》设计两组问题,引发学生思考战国时期在军事、经济和政治上的重大变化,特别是秦国的一步步崛起,为其最后实现统一全国奠定了基础,由此培养学生的时空观念。第一组问题:当经过变法先强大起来的魏、齐等国进行桂陵之战和马陵之战等残酷战争时,相对偏远落后的秦国正在进行什么变法? 在当时残酷的兼并战争中,相对落后的秦国要在变法中达成什么效果才能求得生存? 变法是如何达成这一效果的? 第二组问题:观看《都江堰示意图》和都江堰修建过程及运作方式的视频,思考李冰修建都江堰的过程体现了哪些智慧,都江堰是如何实现防洪与灌溉双重功能,为秦国的强大和统一做出贡献的,堰和坝有什么不同,为什么都江堰能历经两千多年中的多次大地震而不倒,至今仍然造福人类。

三、凸显大事,表述严谨,增加考古新成果

对于重大历史事件、历史现象和历史概念,统编教材七上不惜笔墨,进行了详尽、精准的介绍。在单元标题、课文标题、子目标题中,则进行了去除编者观点和情感的处理,代之以客观的表述。正文中也增加了大量史实性的客观叙述,减少了许多解释性的定性语言。统编教材七上还依据课标中"知道化石是研究人类起源的依据""知道考古发现是了解史前社会历史的依据""知道炎帝、黄帝的传说故事,了解传说与神话中的历史信息"三项要求,增加了"北京人的发现"这一子目,并补充了不少文物图片和文字介绍,有助于学生了解史料的信度和获取史料的方法,培养史料实证素养。因此,教师可针对教材的这些特点,采取以下教学策略。

(一) 充分感知,深刻感悟,培养论从史出的学史习惯和史料实证素养

由于统编教材七上在正文表述中增加了大量史实性的客观叙述,减少了解释性的语言,教师要及时补充必要的史料,设计有梯度的问题,引导学生通过与教材、教师、同伴的多维互动,培养独立思考的学史习惯,形成自己的历史认识。

每当遇到做了去除编者观点和情感处理的单元标题、课文标题、子目标题时,教师可以将其与人教版七上的标题进行对比呈现,引导学生进行思考:这两种教材的表述有什么不一样?统编教材为什么要采用新的表述方法?

经过对比分析,学生不难理解统编教材七上的客观表述有助于避免学习者产生先入为主的历史认识,并通过与教材和教师提供的史料进行充分的对话,与同伴和教师交流,不断完善自己对历史的认识,养成论从史出的学史习惯。

(二) 抓住重点,追根究底,培养史料实证、唯物史观等素养

教师在用好教材的同时,适当补充典型史料,设置问题,并留足时间,让学生进行与史料、同伴、教师的多维互动,生成自己对重大历史事件、历史现象或历史概念的认识,培养史料实证素养。

关于张骞开辟丝绸之路这个重大历史事件,课标要求学生能"通过'丝绸之路'的开通,了解丝绸之路在中外交流中的作用"。统编教材七上第14课"沟通中外文明的'丝绸之路'"是本册教材中唯一在标题部分就明确教材编写组对重大历史事件的评价态度的一课,可见编写者对本课的教育价值的重视,教师在教学时应充分进行挖掘。依据课标要求,可确定本课教学目标之一是通过张骞通西域进程的学习,认识张骞通西域是以"信诺"赢得了沿途国家的尊重。但教材中与这一教学目标有关的史料只有第69页"材料研读"栏目中的"……以为质于外国,外国由是信之",显然不够,因此建议教师适当补充史料,设计一组小问题引导学生进行探究。

材料一 "留骞十馀岁,予妻,有子,然骞持汉节不失。"

——《史记·大宛列传》

材料二 "骞为人强力袁,宽大信人,蛮夷爱之……初骞行时百余人,去十三岁,唯二人得还。"

——《史记·大宛列传》

材料三 "乌孙使既见汉人众富厚,归报其国,其国乃益重汉。其後岁馀,骞所遣副使通大夏之属者皆颇与其人俱来,于是西北国始通于汉矣。然张骞凿空,其後使往者皆称博望侯,以为质于外国,外国由是信之。"

——《史记·大宛列传》

问题:(1)材料一体现了张骞的什么精神?(2)依据材料二,指出"蛮夷"喜欢张骞的原因。(3)依据材料三,指出"西北国始通于汉"的原因有哪些。(4)依据上述三则材料,结合所学知识,说明张骞开通丝绸之路的根本原因是什么。

教师要用好统编教材七上所增加的"北京人的发现"中的考古成果及碳-14年代测定的知识拓展,河姆渡和半坡遗址及历朝历代的大量遗址、文物的图片及文字,并提供对传说与神话的不同史学研究价值的探究,引导学生明白史料的信度和获取可靠史料的方法,培养学生的史料实证素养。

"五育融合"背景下初中历史跨学科教学的逻辑起点、熔点和生长点[①]

——以"绝美时代,气象无双:感受盛唐气象之美"一课为例

福建省厦门市教育科学研究院　江如蓉

随着基础教育课程教材改革的推进,新一轮义务教育课程标准修订工作已然完成,一场改变初中历史课程面貌的重大变革正在悄然发生。这场变革关乎思想理念、技术手段、"教"与"学"方式的转变,它注重学习者学习状态的改变,它指向提升学习者的多元智能并促进学习者德智体美劳的全面发展。驻足历史课程改革嬗变的节点,厦门初中历史教研团队致力于五育融合的探索和实践,着力研讨以跨学科融合教学作为主要路径之一来推动五育融合,促进学生的全面发展。本文拟以我市优秀青年教师刘智彬老师所执教的初中历史七年级下册"盛唐气象"学习主题为例,对初中历史跨学科融合式教学进行剖析,聚焦初中历史跨学科融合教学的逻辑起点、熔点和生长点,分析精进跨学科融合教学的具体策略,从而精准发力,推动五育融合。

一、学生的全面发展:跨学科融合教学的逻辑起点

把历史学科和其他学科进行整合形成教育教学的合力,最终的目的是实现立德树人这一根本任务。所有的教育实践最终都是指向育人,服务于"培养社会主义建设者和接班人"这一整体目标的实现。那么"社会主义建设者和接班人"应该是具有何种特质的人? 2019 年国务院办公厅发布了《关于新时代推进普通高中育人方式改革的指导意见》,提出了五育并举的育人要求,强调了要"培养德智体美劳全面发展的社会主义建设者和接班人"。随着时代的发展,国家对新时代的教育提出了新的要求,不断推进育人方式的转变,逐渐解决五育割裂的现实困境,推进五育并举,走向五育融合。在《关于全面深化课程改革落实立德树人根本任务的意见》中阐释了落实立德树人任务的路径之一,即"加强学科间的互相配合,发挥综合育人功能,开展跨学科主题教育教学活动,将相关学科内容有机整合,提高学生综合运用知识,解决实际问题的能力"。可见,以立德树人为根本任务,在倡导"五育融合"的时代背景之下,跨学科融合教学成为推动学生全面发展的重要教学方式。

历史课程是落实立德树人根本任务的关键课程,它思接千载、视通万里,具有综合性的特质。历史课程本身就关注人类不同领域发展的关联性,注重历史与现实的关联。正如马克·布洛赫所说:"唯有总体的历史,才是真历史,而只有通过众人的协作,才能接近真正的历史。"

[①] 本文第二作者系厦门双十中学海沧附属学校宓翠,第三作者系厦门市海沧区北附学校刘智彬。

要让学生接近"真历史",真正触及人类优秀文化遗产,就需要引导学生综合运用各学科的宝贵智慧,逐步学会综合运用所学知识和方法对历史与社会进行全面的认识,发挥人类优秀文化遗产的育人功能,使学生成为德智体美劳全面发展的社会主义建设者和接班人。

基于教育的根本任务,从"五育并举"走向"五育融合"的要求以及历史课程的性质和要求,在初中历史课程中开展跨学科融合教学实践,其逻辑起点指向学生的全面发展。逻辑起点要求问题的出发点和终点是统一的,也就是说初中历史跨学科融合教学的出发点和落脚点都是学生的全面发展。这就意味着在初中历史教学中开展跨学科融合教学实践时,在教学理念上应该建立全面发展的融合课程观。刘智彬老师"绝美时代,气象无双:感受盛唐气象之美"一课的设计思路就为我们展现了这种课程理念。

【教学设计】

内容分析:盛唐是中国古代社会繁荣、国家强盛和统一多民族国家发展的重要时期,也是中华优秀传统文化形成的重要历史时期。基于学生全面发展的逻辑起点,学生学习"盛唐气象"一课有助于其感受盛唐气象中所体现的中华优秀传统文化,增强文化认同感,进而提升文化自信。本学习主题包含四个板块,即民族交往与交融、开放的社会风气、多彩的文学艺术、唐朝中外文化交流,分别从民族关系、社会生活、文学艺术、对外交往四个方面展开,从不同的侧面共同展现了盛唐的盛世景象。

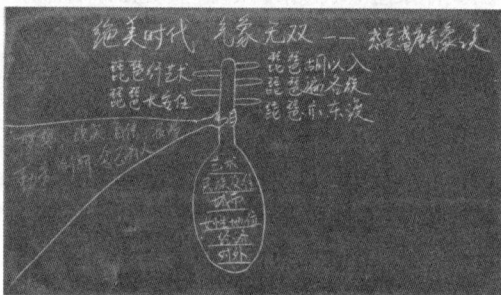

图1 板书设计:琵琶成为盛唐气象的具象化载体

设计思路:基于对课程内容、地位的认识以及对学生认知水平的分析,授课教师以学生的全面发展为教学设计的理念支撑和逻辑起点进行了如下设计:以学生在音乐课中常见到的乐器——琵琶作为线索,把琵琶的"前世今生"作为盛唐气象的具象化载体,讲述琵琶传入、改良、传播、推广的故事,串联起盛唐气象的四块内容(图1)。琵琶作为"胡人之器"传入大唐;经"唐人之技"的改造后,又传入日本,成为世界文化的重要遗产。通过跨学科融合教学,让学生感受盛唐气象中所体现的中华优秀传统文化,增强文化认同感,进而提升学生对于中华民族心理特质的理解。

教师化抽象为具象,将日常与历史勾连,彰显了以学生为主体,体现了对生情的观照;在素材安排上,选取大量文物、绘画作品、唐诗、故事等多学科教学资源,融合美术、地理等学科知识进行跨学科融合教学,激发了学生的学习兴趣,同时有利于培养学生综合分析问题的能力;聚焦学生的全面发展,从琵琶演变的历史分离出"盛唐之象"和"盛唐之气"的表里关系,凝练出本课的教学立意,即"盛唐,不仅有接纳的勇气,更有馈赠的胸怀",从而增强学生对民族特性和民族文化的认同感。

从总体呈现上来看,本节学科融合课不会给人"拼凑""嫁接"的感觉,各学科资源能够自然融合,在跨学科融合教学课堂上形成教学合力的场域,其根本原因是教师树立了以学生为主体、以学生的全面发展为逻辑起点的融合课程观。历史跨学科融合教学以历史学科为主要载体,通过与其他学科交叉、渗透、有机结合,进而达到良好的教学效果。跨学科融合教学不是简单的"学科拼接",不能够生硬地把不同的学科直接"嫁接"到历史课内,它需要以全面发展的融合课程观作为统领,搭建促进学生全面发展的跨学科"云梯"。

二、驱动任务:跨学科融合教学的熔点

熔点是物理名词,是固体的物态由固态熔化为液态的温度。在跨学科融合教学中,不同学科通过知识、方法、思维的渗透互补来实现学科融合。纵观目前的跨学科融合教学实践,存在着各学科之间的貌合神离,有跨学科但缺少"真融合"的现象。这种现象的出现,一方面是由于缺少全面发展的融合课程观的引领,另一方面在于跨学科融合教学缺少能够促成各学科有机整合的"熔点"。

跨学科融合教学设计和实施的目的是实现学生的全面发展,调动学生的多元智能,从知识本位上升为素养本位。这就意味着在一节跨学科教学课堂上,学生仅学习不同学科的知识、方法和思维是不够的,这本质上还是一个盘子上的几颗生豆子,彼此独立,不能果腹。跨学科融合教学需要将这些豆子做成一道大餐,而促成"真融合"的"熔点"就在于科学有效的驱动任务。只有找准了这个"熔点",以历史学科为主要载体,各学科资源才能够实现有机整合,跨学科融合课堂才会从棱角分明的"学科拼接"课堂变为自然有机的学科融合课堂。在这个"由生变熟"的过程中,要求学生运用各学科知识与技能进行更贴近社会、贴近生活的综合探究,进而实现全面发展。因此,对学生而言,研究和解决问题的意识、能力和成效成为评价跨学科融合教学质量的关键;对于教师而言,驱动任务的设计成为跨学科融合教学的关键。

科学有效的跨学科融合的驱动任务一般具有真实性、复杂性的特征,它具有教学价值,可以引发学生的深层思考,学生要解决问题需要调动多元智能,需要打开视域,跳出单一学科的思路,建构完整的知识体系,提高研究和解决问题的能力,并探索出多角度、多途径解决问题的思路和方案,形成对人类历史和社会全面、立体的认识,得到全面的发展(如图2)。

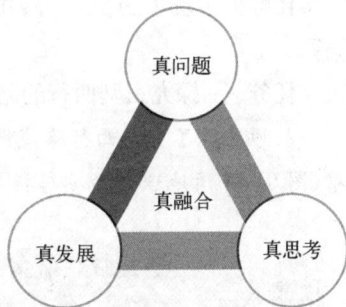

图2

以刘智彬老师"绝美时代,气象无双:感受盛唐气象之美"一课为例,授课教师在驱动性任务的设置上富有特色。

任务一:感受唐人的艺术表达

授课教师手持琵琶来了一段实物演奏(图3),演奏完成后向学生提问:"你能否用自己的语言来形容刚才听到的琴声?"实物弹奏激发了学生的兴趣,学生纷纷举手回答。随后教师追问:"对于这样的琴声,唐人是如何表达的呢?"学生陷入思考,教师呈现白居易的《琵琶行》,引导学生感受唐诗之美,体会唐朝人的艺术性

图3

表达。

在该环节中,教师选用了实物、唐诗激发学生的学习兴趣,入情入境;学生围绕着"唐人的表达"这一驱动问题,深度思考,进而形成历史认识,实现以智立德。

任务二:分析唐人的艺术作品

教师在课堂上呈现了学生的美术作品以及唐三彩等出土文物照片,请美术老师指导学生运用色环等知识分析唐朝艺术作品的特点和唐人的生活面貌(图4、图5)。

图4

图5

学生在完成该任务时运用美术学科知识分析艺术品的釉色、造型等特征,借由对艺术品的文化解析实现了历史解释,由画入史,感受唐人自信、健康、充满活力的精神面貌,以美润德。

任务三:探究玄奘西行的路线

教师呈现了玄奘西行路线图,请同学们分析玄奘西行为何要绕西域,途中会遇到哪些困难(图6),并请地理老师参与指导(图7)。

图6

图7

学生利用地理学科的"地形地势与气候类型"等知识较好地完成了这一任务。在完成路线分析的任务后,教师设置了以下问题链:

(1)玄奘西行历经千辛万苦,为什么以玄奘为代表的西行使者仍然前仆后继出使各国?

(2)这彰显了什么样的社会风气?

（3）这体现了唐人什么样的气质？

在本环节设置上，教师设置跨学科融合探究任务，基于对地貌的科学分析，学生由"史"入"境"，以"境"凝思，加深了学生对玄奘所代表的唐人那种追求梦想、不辞辛劳的精神的体会，进而实现以劳践德。

任务四：遣唐使见闻汇报

教师请学生以小组合作的方式开展"遣唐使见闻汇报"活动（图8），学生围绕两个核心问题进行探讨：（1）作为遣唐使，归国后你会向人民介绍大唐的什么？带什么回国？从哪些方面推动本国发展？（2）学习了唐朝的制度、文化、器物等各方面的经验，日本能够成为盛唐吗？

图8

作为本课最核心的驱动任务设计，该任务是立足学生全面发展、聚焦教学主旨、极富教学价值的"真问题"，这种"真问题"会引发学生的"真思考"，需要学生将所学知识与具体社会问题的解决联系起来。学生在合作探究学习的过程中，实现学习的有效迁移，实现能力与思维的提升，将本课之德、智、美等内容融合锻造、提炼表达，实践五育融合，进而促进全面发展。

透过这些任务环节，我们会看到跨学科融合教学的真正实践。从知识的角度，美术知识的融入丰富了文物的内涵，增添了历史课堂的色彩感，地理知识的融入增强了历史课堂的空间感；从学科方法和思维的角度，我们看到了在解决历史问题、史料实证和完成历史解释的过程中，学生能够综合运用各学科的方法和思维去提取有效信息、分析和解决问题，整个融合课堂的呈现更加深刻、立体。无论是知识层面、方法层面还是思维层面的融合，这节课都实现了自然有机的融合，而这种融合成效的实现就在于找准了各学科融合教学的驱动性任务，提出"真问题"。

三、差异和冲突：跨学科融合的生长点

基于跨学科融合一系列教学实践，厦门初中历史教研团队也一直在思考跨学科融合教学的生长点在何处。我们探索出了一种各学科彼此融合互补的跨学科融合教学方式，是否也存在各学科展现差异与冲突的融合方式呢？为解答这一问题，需要对跨学科融合教学做进一步的思考。

跨学科融合教学开展的基础是承认学科之间的差异性，在此基础之上进行相关学科的优化组合和差异化互动。因为有差异，那么不同学科之间在学习内容、认知方式上也可能存在冲突。在跨学科融合教学中，要如何对待这种冲突？是否对冲突一概不闻不问，只挑选对于本学科、本学习主题内容有明显效益的融合资源呢？

首先,我们要明确在跨学科融合教学中历史学科到底需要什么。在教学实践中,厦门初中历史教研团队发现跨学科融合教学对于历史学科教学在知识层面、方法技能层面和认知层面都可以提供一定的补给和支撑。然而要回答历史学科到底需要什么这个问题,我们有必要回归学科的本质,从学科核心价值上去做思考。张耕华在《论历史学的用途及其滥用和误用》中论证历史的本质时说"史学研究只问其真",可见"求真"是历史学科的核心灵魂。那么跨学科融合教学对于历史学科的支持能否突破知识、能力层面的补给,在学科内涵和价值塑造上有所增益呢?答案是肯定的。而这种突破和增益的生长点就在于差异和冲突。

以"盛唐气象"这一学习主题为例,在跨学科融合教学中,教师使用了地理的地貌等学科知识和方法来分析历史问题,因而引发学生对玄奘这一人物品格的探讨,学生感受到了以玄奘为代表的唐人的开放胸襟和对知识的不懈追求,跨学科融合可谓恰到好处,水到渠成,实现了以"他山之石攻历史学科之玉"的效果。然而,倘若语文老师呈现出《西游记》片段中的玄奘形象,我们就会发现两个"玄奘"之间的形象相差甚远。那么这种冲突的跨学科融合资源是否可以使用?如何使用呢?

我们在进行跨学科融合教学时需要时刻牢记跨学科融合教学的逻辑起点在于学生的全面发展,而不仅仅在于一个学习主题的完整呈现。在进行跨学科融合教学时,可以呈现玄奘在文学作品和历史记载当中的不同形象,这种人物形象的差异和冲突就是一个真实的、有利于学生学习的融合情境。在这个融合情境之下,可以向学生提出驱动探究的问题:(1)哪个玄奘形象才是真实的?(2)你判断的依据是什么?(3)为什么会出现这样的不同形象?在解决这一系列问题的过程中,学生不仅明确了事实是什么,更明确了判断事实的依据是什么,批判性思维由此得到锻炼和养成,而这也践行了历史学科"求真"的核心价值。

基于上述案例,我们不难发现跨学科融合教学的生长点就在于差异和冲突。在初中历史跨学科融合教学中,面对学科之间的差异和冲突,我们一方面要坚守历史学科"求真"的价值追求,直面差异和冲突,分析产生的原因;另一方面要借助差异与冲突,揭示其背后的逻辑、原理支撑,最终做出正确的判断。在这一过程中,可以培养学生的批判性思维,延展历史学科的内涵和价值,促进学生的全面成长。

参考文献

[1] 夏辉辉,李惠军.道在日新艺亦须日新——关于"透物见史——瓦当会说话"一课的启示和联想[J].中学历史教学参考,2019(17):39-42.

[2] 陆启威.学科融合不是简单的跨学科教育——学科融合教育的实践和思考[J].辽宁教育,2017(5):22-24.

[3] 刘月霞,郭华.深度学习:走向核心素养(理论普及读本)[M].北京:教育科学出版社,2018.

打造新课标视域下的"三化"课堂

——以"天下兴亡,匹夫有责"教学为例

厦门双十中学　肖丽萍

2022 年是进入全面建设社会主义现代化国家、向第二个百年奋斗目标进军新征程的重要一年。在这一特殊时期,教育部颁发《义务教育道德与法治课程标准(2022 年版)》(以下简称"新课标"),明确回应"培养什么人、怎样培养人、为谁培养人"教育时代之问,引起全社会的高度关注。面对新挑战、新要求,教师必须紧跟时代步伐,认真研读新课标,并将课程理念贯穿于教育教学全过程,让高立意的新课标高质量落实。为此,对于新课标视域下的初中道德与法治学科,教师必须坚持"三重三不",打造"三化"课堂,以丰富情境充实教学内容、以项目学习促进学科综合、以素养发展彰显铸魂育人。笔者参与指导的青年教师徐惠敏的公开课"天下兴亡,匹夫有责"(以下简称"本课"),入选了福建省第三批中小学思想政治课示范课,这是新课标理念指导教学实践的一次有益尝试。

一、重沉"境",不沉"静"——打造情境化课堂

新课标明确提出以立德树人为根本任务,发挥课程的思想引领作用。为此,道德与法治课教师要把握好思想教育的基本特征,既要说理教育,更要启发引导,绝不能照本宣科或是空洞说教,将教材里的"微言大义"简化为枯燥乏味的知识考点,让学生的思维沉没在一潭死水般的课堂中。

真实情境是书本知识与现实生活的有效联结,能极大增强理论的感染力和说服力,在教学中发挥着越来越重要的作用。教师要密切联系社会生活和学生实际,创设激发学生兴趣的真实情境,让学生沉浸在具有时效性、生动性、新颖性的情境中,真正接受道德与法治学科的思想引领和价值引导。

在本课中,徐老师围绕"劳动教育",精心设置了"感受篇""致敬篇""行动篇"三个环节,借助多媒体技术和活动体验,巧设丰富的课堂情境,有效渗透核心素养,落实课程育人目标。

(一) 借助信息技术,创设课堂"活"情境

徐老师充分利用图片、视频、文字、数据等教学素材,呈现具有典型性的鲜活情境。

在课堂导入环节"感受篇——领略中国美",徐老师播放视频《"天问一号"探测器成功发射背后》,带领学生走近我国航天领域,体验"天问一号"探测器成功着陆火星的喜悦,让学生在感知时代发展的真实情境中,直观感受我国科技领域的杰出成就。

视频播放结束后,徐老师通过两个与视频情境相关的设问,启发学生思考:

(1) 他们(科学家)为什么这么激动,笑得如此开心?

(2) 首次火星探测任务的成功得益于什么?

通过设问,借助视频情境带来的听觉与视觉感知,调动学生的"口""脑",激活学生学科思维,既培养了学生动脑思考的好习惯,也提高了学生的语言表达能力。

接着,学生观看"天问一号""嫦娥5号月球探测器""北京大兴机场""贵州射电望远镜""港珠澳大桥""复兴号高铁列车"等展示祖国伟大成就的图片,增强了民族自信心和自豪感,厚植了爱国爱民情怀。多媒体呈现的真实画面,丰富了课堂教学情境,开阔了学生视野,引发了学生的情感共振和思想共鸣。在思维碰撞中,学生更加深刻地感受到我国取得的每一项成就都是广大人民用劳动换来的,中国人民用实干精神创造了今天的辉煌,从而更加坚定"四个自信",增强政治认同核心素养。

在"致敬篇——致敬中国人"环节,学生看到徐老师展示的"'中国肝胆外科之父'吴孟超院士的双手"的图片,无一不被吴院士的感人事迹所感动。图中这双手,因主刀大量的手术而明显变形,激起了学生们对这位老人"一颗心许党报国,一双手济世苍生"的由衷敬意。接着,徐老师展示不同职业的"劳动之手"图片,让学生"看手识人"。在这一环节,学生再次感受到兢兢业业、艰苦奋斗、无私奉献的劳动者的艰辛,从而更加珍惜今天的美好生活。

以这些典型视频、图片创设的课堂情境,不仅能引导学生认识到劳动的重要性,明白踏实肯干才能取得成功,而且融入了爱国、敬业等社会主义核心价值观教育,让爱国、敬业的种子在学生心中深深扎根。

(二)借助活动体验,创设课堂"真"情境

新课标倡导丰富学生实践体验,促进知行合一。因此,教师应推动课内课外联结、教学与社会实践相结合,引导学生在自主探究和合作探究的活动体验中,关注身边的现实生活。

徐老师课前组建学生采访小组,进行"寻找厦门双十校园里的最美劳动者"采访视频录制活动。徐老师通过三个步骤创设课堂情境。步骤一,播放学生采访双十中学保安金队长的视频,让学生直观了解学校保安的辛勤工作,感受身边平凡劳动者的不平凡;步骤二,教师结合采访视频《保安队长的一天》,多角度创设情境问题,增强课堂实效;步骤三,学生代表宣读采访小组为金队长撰写的"颁奖词",并为金队长颁发"我们眼中的最美劳动者"证书。不论是课前采访活动,还是课堂上撰写"颁奖词"与颁奖活动,都为锻炼学生组织策划、视频制作、语言表达、社会观察、沟通交流、团队合作等能力搭建了平台。学生在这些极具仪式感的活动中,充分表达自己对身边普通劳动者的尊重、感激与敬意,从而有效实现了知识技能与核心素养教学目标。

在"行动篇——共筑中国梦"环节,徐老师先启发学生思考如何为家庭、学校和社会、国家做力所能及的事情,然后,在背景音乐《送你一朵小红花》中,让学生在小红花上写下"我的劳动宣言"并分享:

在家里,我要＿＿＿＿＿＿＿＿＿＿＿＿＿＿＿＿＿＿＿＿＿＿＿＿＿；

在学校里，我要＿＿＿＿＿＿＿＿＿＿＿＿＿＿＿＿＿＿＿＿＿＿＿＿＿＿＿；

在社会中，我要＿＿＿＿＿＿＿＿＿＿＿＿＿＿＿＿＿＿＿＿＿＿＿＿＿＿＿。

通过"我的劳动宣言"分享活动，学生提升了对自己、家庭、集体、社会、国家和人类的责任感，增强了担当精神和参与能力，提升了责任意识核心素养。

在这节课中，我们充分感受到情境化思政课堂的魅力。相比于简单说教，学生更喜欢在真实情境中讲道理、悟真理；相比于作业解题，学生更喜欢运用所学知识去解决现实生活中的真任务、真问题。这启示我们，要重视创设真实情境、真实任务，激发学生学习热情，让学生在主动探究中提升学科核心素养。

二、重跨"界"，不跨"戒"——打造项目化课堂

新课标提倡跨学科主题学习，加强学科间的相互关联，带动课程综合化实施，强化实践性要求。因此，教师要敢于跨越学科之"界"，围绕核心素养培育目标，设置短期的、明晰的、适度的、有挑战性的任务，打造跨学科项目化课堂，调动学生已有体验，培养学生综合素养。

教师可以根据学生在个人参与、小组合作、师生互动中的表现，及时掌握学生的核心素养发展状况，从而及时调整教育教学方式。需要注意的是，教师在组织学生开展跨学科的项目化学习时，应避免教学活动走入误区。

(一)"戒"舍本逐末——要紧扣本学科核心知识

新课标明确提出："道德与法治课程以社会发展和学生生活为基础，构建综合性课程；坚持学科逻辑与生活逻辑相统一，主题学习与学生生活相结合。"这一课程理念对于引导我们做好跨学科项目式学习有重要意义。

一是道德与法治的学科逻辑是"举一纲"，即引导学生学习和掌握道德与法律的基本规范，以提升思想政治素质、道德修养、法治素养和人格修养为主旨。二是道德与法治学科的生活逻辑是"万目张"，即为了更好地培育学科核心素养，倡导在学业质量标准指导下，开展跨学科学习。为此，教师要紧扣道德与法治学科核心知识，开展研究性、合作性、生成性、实践性的跨学科项目化学习，借助不同学科的知识与思维方式，分析、解决现实生活中的实际问题。

例如，本课巧设"万目张"——前面介绍的"寻找厦门双十校园里的最美劳动者"采访活动，就是一次跨学科项目化学习的有益尝试。学生为了顺利完成采访任务和撰写颁奖词，需要调用语文学科的语言运用、思维能力等核心素养；为了制作采访视频，需要借助信息技术学科的相关技术手段；为了设计"我们眼中的最美劳动者"证书和"我的劳动宣言"小红花，需要借助美术学科的审美能力与设计技巧……这个采访实践活动，既有道德与法治学科知识深度，也有跨学科思维广度，呈现出以生为本的项目化课堂新样态。

但是，本课更不忘"举一纲"——教师没有淡化道德与法治学科核心知识，偏离学科教学本位，而是牢记学科立场，紧密围绕学科核心内容开展跨学科学习。如，本课没有将重心放在解决"如何撰写采访稿""如何制作采访视频""如何撰写颁奖词""如何绘制精美证书""如何制

作精美小红花"等非本学科主题探究的问题上,而是紧扣"树立尊重劳动的意识,发扬实干精神"的活动目标,开展学科采访活动,让学生在完成课堂任务的过程中,切实提升学科核心素养。

需要注意的是,有些现实生活问题用单一学科知识就可以解决,教师就没有必要为了跨学科而将简单的问题复杂化。

(二)"戒"越俎代庖——要尊重其他学科的地位

跨学科项目化学习,既能有效弥补课堂情境的时空限制,又能建立起学科与学科、学科与生活的内在联系,促进学生学科思维与学科理解,有助于学生全面发展,是新课标背景下引领学生深度学习、启发高阶思维的重要形式。值得注意的是,每门学科都有其不可替代的学科价值,项目与问题可以跨"界",但知识不跨"界","他山之石可攻玉",但不代表"他山之石可代玉"。

在本课的采访与颁奖活动中,学生需要整合运用语文、信息技术、美术等多个学科的知识完成活动任务,这就好比借他山之石以攻玉。但是,徐老师没有代替其他学科教师讲授其他学科知识,而是在确定了学习主题之后,与其他学科老师加强教研与合作,共同实现了"尊重劳动"的教学目标。这启示我们,应该重视自己的学科和其他学科的融合,引导学生借助其他学科的知识来解决项目化学习中的相关问题,以提升学生的综合素养和学科思维。

实践证明,跨学科学习并不是要取代分科教学。教师要引导学生重视每一门学科,在不同学科教师的引领下全面发展,学会将各学科的思维方法迁移运用到真实问题的解决中来。

三、重减"负",不减"赋"——打造素养化课堂

"双减"政策实施近两年,学校、家庭、社会都从不同维度探索如何发展学生的核心素养,切实提升教育教学质量。在"双减"背景下,教师不仅要重视"减负",更要重视"增赋",回归教学本真,打造素养化课堂。

(一)减少负面能量影响,赋予学生向上向善的动力

学生在成长过程中,难免会受到一些负能量的影响,产生消极的认知与行为。对此,教师要做到政治立场鲜明、价值导向清晰、知行要求明确,努力化负为正,培养可担当民族复兴大任的时代新人。教师要注重教学素材的有效性、活动的针对性,激活学科知识,展示学科魅力,培养学生综合素养、促进学生全面发展,引导学生形成正确的世界观、人生观、价值观。

例如,徐老师针对部分学生中存在"轻视劳动、好逸恶劳,不能脚踏实地,缺乏实干精神"等现象,设计了环环相扣的教学情境。不论是创造奇迹的科学家、治病救人的医生,还是身边朴实的保安,他们的先进事迹,都让"劳动不分贵贱""尊重劳动"等正能量在学生心中油然而生。学生在这些情境探究活动中,提升了道德修养,理解了以爱岗敬业、办事公道、热情服务、奉献社会为主要内容的职业道德,有助于形成奋发向上、崇德向善的浓厚氛围,汇聚起向上向

善的青年力量。

(二) 减轻过重课业任务,赋予学生持续发展能力

"双减"是一场让教育回归育人本质的变革。在这场变革中,不仅要减负,更呼唤提质增效。教师要顺势而为,凸显学科育人价值,加强作业管理,科学命制与布置作业,减轻学生课业负担;强化核心素养导向和实践育人导向,打造高质量的思政课,切实提高教育教学质量。

本课教学设计中,徐老师没有拘泥于"课时目标",而是立足学生的长远发展,提出课外拓展、劳动践行的实践活动目标,努力提升学生持续发展能力,从而实现核心素养培育目标。

道德与法治课堂教学要立足新课标,"胸藏大丘壑"。教师要紧紧围绕核心素养的培育方向,借助高质量的项目驱动和专业智慧,创设情境化、项目化、素养化课堂,持续发展学生学科思维,引领学生从学会知识,走向学会学习、学会做人、学会实践,以彰显和提升学生的生命价值。

参考文献

[1] 中华人民共和国教育部.义务教育道德与法治课程标准(2022年版)[S].北京:北京师范大学出版社,2022.

[2] 石芳,王世光.义务教育道德与法治课程标准解读[J].全球教育展望,2022(6):3-13.

"中国经济发展进入新时代"教学设计[①]

厦门五缘第二实验学校　陈亚专

一、教学设计理念

本节课教学紧跟新课标要求,遵循新课标中"构建以培育思想政治学科核心素养为主导的活动型学科课程"的基本理念,开展基于学科素养的活动型课堂教学。

(一) 迈入社会实践活动的大课堂

"学生的活动体验是其思想政治学科核心素养发展的重要途径。"本节课让学生开展课前实践活动,并制作成 PPT 上台分享实践活动调查成果,教学设计的基本思路为"活动调查—分享成果—问题探究—建构新知"。

(二) 在教学中关注学科素养的培育

本节课通过学习我国进入新时代取得的巨大成就,加强学生对中国经济进入新时代的认同和肯定,增强其政治认同;引导学生学习和掌握我国新时代社会的主要矛盾,注意其中存在的"两个没有变",对新矛盾有深刻的理解,树立科学精神;通过展示小康社会的目标和经济建设的成就增强学生的民族自豪感和自信心,使学生充分体会社会主义优越性,做到遵纪守法,增强其法治意识;引导学生积极参与经济生活,为实现两个百年目标做贡献,培养公共参与意识。

(三) 围绕议题,设计活动型学科课程的教学

本节课围绕"党的十八大以来家乡厦门海沧(人)的变化"的议题开展社会实践活动,实现"课程内容活动化""活动内容课程化"。

二、教学策略选择与设计

本节课让学生在课前合作实践、导学预习中培养实践能力和自学能力,通过"自主学"实现"先学后教",又通过课堂上的合作探究环节开展"小组学",实现"边学边教"和"互学互教",在合作探究中实现师生教学相长、生生互教互学。

[①] 陈亚专,罗文明."中国经济发展进入新时代"教学设计[J].思想政治课教学,2019(6):70-74.

三、学情分析

高一学生独立个体意识增强,愈发关注社会和生活,在学习中对与生活息息相关的经济现象的探究活动表现出强烈的兴趣,态度积极,学习动机强烈,这为课前实践活动、课堂展示等活动型课程的实施提供了有利条件。

然而高一学生经济生活方面的实际经验有限,学习中要让抽象的理论具象化,又要从感性认识上升到理性认识,建构知识原理存在一定的难度,需要充分联系生活中的具体经济现象加以对接、分析、引导。

四、教学目标

(一) 知识与技能

1. 学生能说出十八大以来我国经济社会取得的重大成就。
2. 学生能够陈述新时代的一个"变"和两个"没有变"。
3. 学生认同新征程的奋斗目标。

(二) 过程与方法

通过引导学生开展课前实践活动,并制作成 PPT 上台分享实践活动调查成果,培养提高学生对数据和信息的分析归纳能力及小组合作探究的能力;通过学习新时代的一个"变"和两个"没有变",培养学生全面看待问题的辩证思维能力。

(三) 情感、态度与价值观

通过学习党的十八大以来,我国经济发展进入新时代,开启新征程,充分感受中国特色社会主义制度的优越性,增强制度自信和爱国热情,弘扬社会主义核心价值观。

五、教学重点和难点

1. 教学重点:正确理解和把握新时代条件下我国社会主要矛盾的变化。
2. 教学难点:如何理解两个百年奋斗目标和两个阶段。

六、教学过程

(一)【为有源头活水来】课前准备

1. 要求学生分四个小组收集资料,在活动过程中,教师以成员的身份参与,并指导学生对其所收集的材料进行归纳、总结,并最终形成课堂展示的成果。

"美丽乡情组":收集党的十八大以来,厦门海沧发生的巨大变化。

"探究乡情组"：调查厦门海沧居民对生活新的愿景及其原因。

"资料文献组"：收集整理十九大报告关于中国经济发展进入新时代的解读。

"畅想未来组"：组织本班同学畅想祖国未来、做好个人生涯规划。

2. 编制导学案，指导学生预习，并搜集学生预习中遇到的问题。

设计意图：学生在课前开展调查访问，在实践中形成收集、归纳、处理信息的能力和合作探究的能力。开展预习，增强思考、质疑能力和自主学习的能力，也有利于更好地实现学科逻辑与实践逻辑、理论知识与生活关切相结合，落实新课改和新课标提倡的"活动型学科课程"的思路。

(二)【吾将上下而求索】课堂教学

第一篇章　数中国成就

教师活动：播放视频《数说过去五年成就》。

探究活动1：观看视频，总结党的十八大以来，我国经济社会发生了哪些巨大的变化，取得了哪些成就。

师生互动：归纳出知识。历史性的变革：十八大以来所取得的成就：(1)我国经济建设取得重大成就；(2)人民生活不断改善；(3)生态文明建设成效显著。教师引导学生就相关知识在书本上做好笔记。

教师引导：党的十八大以来，我国经济社会取得了伟大的成就，那么我们的家乡厦门海沧发生了哪些巨大的变化？请同学们跟随着"美丽乡情组"的视频一起进入"海沧的正确打开方式"。

"美丽乡情组"汇报展示：从"活力海沧·激情跨越""幸福海沧·市民同享""生态海沧·美丽家园"三个方面介绍党的十八大以来海沧发生的巨大变化。

师生互动：梳理海沧发生巨大变化的原因。教师引导学生就相关知识在书本上做好笔记。

设计意图：教师让学生进行以"家乡(海沧)美"为主题的成果展示，既可以充分调动学生的学习兴趣，展示学生的自主学习成果，又能引导学生直观感悟党的十八大以来我国经济社会取得的伟大成就。

第二篇章　说中国心声

教师引导：中国特色社会主义进入了新时代，在发展新的历史方位，我们的人民对生活又有哪些新的愿景？请同学们一起来看看"探究乡情组"的调查、访谈材料。

"探究乡情组"汇报展示：围绕"海沧居民对生活新的愿景及其原因"这一议题汇报分享课前社会实践活动的调查成果。

教师引导：组织学生探究。

探究活动2：海沧居民对教育、医疗、居住环境提出了更高的要求，许多居民在消费的时候会选择名牌产品。海淘、代购在居民中非常流行，新西兰奶粉、日本马桶盖、韩国的彩妆等受到一些居民的追捧。

（1）海沧居民对生活的这些新的愿景说明什么问题？如何理解这个变化？

（2）中国特色社会主义新时代是一个"变化"的时代，也是一个"不变"的时代。你如何理解？

学生活动：小组讨论，合作探究，分享结论。

师生互动：归纳总结新时代的社会主要矛盾是什么、为什么。指导学生就相关知识在书本上做好笔记。

设计意图：在问题引导中将知识与生活融合，在合作探究中激发思维；充分利用学生社会实践活动的调查成果，从中挖掘、学习与本课有关的知识，有利于在活动中发现知识，在活动中内化知识，使学生对知识的掌握水到渠成。

第三篇章　聚中国力量

教师引导：党的十九大对中国社会主要矛盾做出了科学的、理性的判断，这样的判断，对党和国家的工作提出了许多新要求。

"资料文献组"汇报展示：【十九大回声|我们读】如何认识我国新时代社会的主要矛盾。

党的十九大指出：我国社会主要矛盾的变化是关系全局的历史性变化，对党和国家工作提出了许多新要求。我们要在继续推动发展的基础上，着力解决好发展不平衡不充分问题，大力提升发展质量和效益，更好满足人民在经济、政治、文化、社会、生态等方面日益增长的需要，更好推动人的全面发展、社会全面进步。

习近平总书记还指出，必须认识到，我国社会主要矛盾的变化，没有改变我们对我国社会主义所处历史阶段的判断，我国仍处于并将长期处于社会主义初级阶段的基本国情没有变，我国是世界最大发展中国家的国际地位没有变。全党要牢牢把握社会主义初级阶段这个基本国情，牢牢立足社会主义初级阶段这个最大实际，牢牢坚持党的基本路线这个党和国家的生命线、人民的幸福线，领导和团结全国各族人民，以经济建设为中心，坚持四项基本原则，坚持改革开放，自力更生，艰苦创业，为把我国建设成为富强民主文明和谐美丽的社会主义现代化强国而奋斗。

师生互动：归纳总结新时代的社会主要矛盾——怎么办：一着力、二坚持。

（1）着力解决发展不平衡不充分问题：大力提升发展质量和效益，更好地推动人的全面发展、社会全面进步。

（2）坚持"两个没有变"：基本国情没有变、国际地位没有变。

（3）坚持党在社会主义初级阶段的基本路线：领导和团结全国各族人民，以经济建设为中心，坚持四项基本原则，坚持改革开放，自力更生，艰苦创业，为把我国建设成为富强民主文明和谐美丽的社会主义现代化强国而奋斗（一个中心，两个基本点）。

探究活动3：知识迁移。从消费、生产、分配、国家战略理念、个人等角度思考如何破解新时代的社会主要矛盾。

学生活动：小组讨论，合作探究，分享结论。

师生互动：归纳总结。

设计意图：回顾旧知识，并在探究中进行新旧知识迁移，既有利于在把握共性中掌握新知，又能提高从不同角度看问题的能力和自主思考的能力。

第四篇章　圆中国梦想

教师活动：播放视频《中国进入新时代》。

教师引导：为不断满足"人民日益增长的美好生活需要"，党和国家为我们勾勒出了奋斗目标，开启全面建设社会主义现代化国家新征程。

"资料文献组"汇报展示：【十九大回声|我们读】科学的理论指导和行动指南。

中国特色社会主义进入新时代，我们要实现什么样的奋斗目标？简单地说就是要实现"两个一百年"奋斗目标、实现中华民族伟大复兴的中国梦。十九大报告指出：从十九大到二十大，是"两个一百年"奋斗目标的历史交汇期。我们既要全面建成小康社会、实现第一个百年奋斗目标，又要乘势而上开启全面建设社会主义现代化国家新征程，向第二个百年奋斗目标进军。

党的十九大综合分析国际国内形势和我国发展条件，提出从二〇二〇年到本世纪中叶可以分两个阶段来安排：第一个阶段，从二〇二〇年到二〇三五年，在全面建成小康社会的基础上，再奋斗十五年，基本实现社会主义现代化；第二个阶段，从二〇三五年到本世纪中叶，在基本实现现代化的基础上，再奋斗十五年，把我国建成富强民主文明和谐美丽的社会主义现代化强国。

师生互动：归纳总结。开启新征程："两个一百年""两个阶段"。

设计意图：通过学生自主学习活动，发挥学生学习的主体作用，让学生自己解读十九大报告，加强其对中国经济进入新时代的认同和肯定，增强其政治认同，有利于培养学生的学科核心素养。

(三)【万紫千红总是春】畅想未来

"畅想未来组"组织学生活动：

(1) 直挂云帆济沧海：到 21 世纪中叶你心目中的中国会是一番什么景象？

(2) 我辈岂是蓬蒿人：2035 年的你会在干什么？2050 年之后的你会在干什么？

师生互动：(略)

设计意图：让学生畅想未来，既达到了学以致用的目的，引导学生积极参与经济生活，为实现两个百年目标做贡献，培养公共参与意识，又对学生进行了情感、态度与价值观的引导，增强了学生的社会责任感，意义深远，升华了主题。

(四)【绝知此事要躬行】课后作业

教师赠送"美丽厦门"明信片，并请学生在"美丽厦门"明信片上写上对祖国未来发展的美好愿景，写上关于建设"美丽厦门、魅力海沧"的创意、建议(指导学生把这些有价值的金点子，通过发送邮件、写信等方式提交给有关部门），写上自己未来的追求目标，圆梦你我，圆梦魅力海沧、美丽厦门，实现伟大中国梦！

(五)【蓦然回首阑珊处】课堂总结

  板书设计：

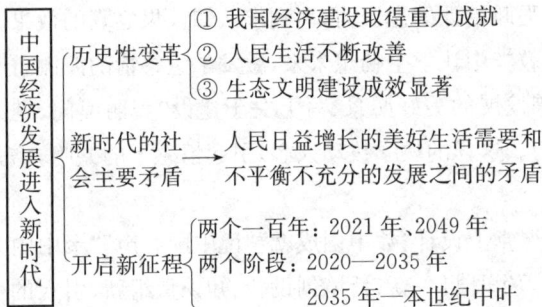

七、活动评价

本节课贯彻"活动型学科课程"思路，围绕"党的十八大以来家乡厦门海沧（人）的变化"的议题开展课前社会实践调查活动、课堂探究活动、畅想未来活动，将学科内容的教学与实践活动相结合。在社会实践、课堂教学活动中，结合下表对学生在活动中的表现加以评价。

维　　　　度	自评	小组评	师评	总分
小组活动目标明确恰当				
小组分工明确合理，积极参与，个人在文献资料搜集、调查访问、探究思考、课件设计中所承担的任务				
主动配合小组同学，调查研究任务完成效果好，有一定的成果				
将调查研究成果以有效的方式总结呈现、分享汇报				
认真听讲、踊跃发言（回答老师的问题或代表小组汇报），做好笔记				
有质量的质疑、提问，具有创新思维				

八、教学反思

本课教学设计紧跟新课标要求，遵循新课标中"构建以培育思想政治学科核心素养为主导的活动型学科课程"的基本理念，围绕"党的十八大以来家乡厦门海沧（人）的变化"的议题开展课堂教学活动。教学设计很好地践行了习近平总书记在学校思想政治理论课教师座谈会上提出的思政课教师"政治要强""情怀要深""思维要新""视野要广""自律要严""人格要正"的新要求。

求真,以真服人。发挥学生学习的主体作用,学生在课前开展调查访问,在实践中收集、归纳、总结,并最终形成自主学习成果的课堂展示,直观感悟党的十八大以来,我国经济社会取得的伟大成就和家乡的可喜变化;让学生自己解读十九大报告,加强其对中国经济进入新时代的认同和肯定,增强政治课的说服力,达到求认知效果之真的效果。

求情,以情感人。教学中让学生畅想未来,激发学生感情的波澜;让学生在"美丽厦门"明信片上写上对祖国未来发展的美好愿景、写上关于建设"美丽厦门、魅力海沧"的创意、建议,激发学生丰富的想象力。这样的教学拨动人心,引起情感上的共鸣,增强政治课的感召力,达到引人入胜之效。

求新,以新育人。课堂上设计"数中国成就""说中国心声""聚中国力量""圆中国梦想"四个环环相扣的篇章,让学生耳目一新;情境创设新、知识重组新、引入的生活素材有新意,充分整合教学资源,增强政治课的新鲜感,贯穿新理、新道、新点、新鲜之教之学。

求活,以活引人。课堂上教师搭台,学生唱戏,在问题引导中将知识与生活融合,在合作探究中激发思维;充分利用学生社会实践活动的调查成果,从中挖掘、学习与本框有关的知识,在活动中发现知识、内化知识。课堂上有笑声、有讨论声、有质疑声、有此时无声胜有声的"思考声",让学生嘴动起来、手动起来、情动起来,增强政治课的鼓舞力。

积极奉献社会

——《道德与法治》八年级上册第七课第二框题"服务社会"教学课例

厦门实验中学　张洋烽

一、课例背景

追求课堂教学生活化一直是教师永恒的话题。尤其是在当前核心素养背景下,更是一个很好的课堂教学策略。本课选取学生熟悉的"七一勋章"的获得者张桂梅老师的优秀事迹贯穿整个课堂。其间,引用发生在学生身边的好人好事、学校组织的义卖活动、学校教职工做核酸检测志愿者的先进事迹、学生参与的社会公益活动等,都是学生熟悉甚至亲身参与的,设置这些学生熟悉的课堂教学活动,容易让学生更好地走进课堂,不仅可以让学生明白本课所需要掌握的知识,更重要的是培养了学生的社会责任意识等核心素养,符合五育并举的要求,促进学生全面发展,培育一代又一代有理想、有本领、有担当的时代新人。

二、教学设计

【本课概述】

"服务社会"是人教版《道德与法治》八年级上册第三单元第七课第二框题的内容,在承接前一节"关爱他人"的基础之上,对服务社会的作用及怎样服务和奉献社会进行理解和感悟。通过本框题的学习,引导学生主动关心社会,积极奉献社会,树立服务社会、奉献社会的意识,培养亲社会行为。

【学情依据】

(1)中学是人生的重要时期,八年级的学生身心在不断成长,有叛逆心理,世界观、人生观、价值观正在逐渐形成,总体倾向于触摸型、运动型学习偏好,同时又喜欢通过"说、看、做"的形式获得知识。

(2)大部分学生有了一定的知识储备,乐于探究思考,主动性和竞争意识增强,具备一定的信息素养;但学生个体差异较大,生活阅历、社会经验不足。受多种客观因素的影响,尤其是对于为他人、为社会主动服务的意识不够强烈。

【教学目标】

(1)情感、态度、价值观目标:主动关心社会,积极奉献社会,树立服务社会、奉献社会的意识。

(2)能力目标:理解服务社会的意义,能积极主动地参与服务社会的活动。

（3）知识目标：知道服务社会的意义，懂得服务和奉献社会的基本做法。

【教学重点与难点】

（1）教学重点：服务社会的意义。

（2）教学难点：践行服务和奉献社会。

【教学方法】 活动探究法、情境分析法、体验式教学法。

【教具准备】 多媒体课件。

【课时安排】 一课时。

三、教学过程

教学内容	教学活动		
	教　师　活　动	学生活动	设计意图
导入篇	播放视频，请学生思考：张桂梅老师为什么能够获得七一勋章？	观看视频并思考	渲染气氛，情感铺垫，激趣导入"服务社会"的课题。
发现篇	【七嘴八舌】说说你经历过或者听过、看过的对他人、对社会有益的好人好事。 【收获平台】在现实生活中，我们每个人的成长都无一例外地享用着社会所提供的生活和学习条件，每个人都有责任回报社会，为他人和社会提供服务。服务社会无处不在。	分享交流	学生分享交流，发现生活中服务社会的现象无处不在。
成长篇（服务社会的作用）	1. 出示《素心托高洁——张桂梅事迹》 　　2002 年，在云南儿童之家工作的张桂梅看到了很多农村贫困家庭的不幸，她希望创办一所免费女子高中。经多方努力，2008 年，华坪女子高级中学成立，这是全国唯一一所免费女高，专门供贫困家庭的女孩读书。她把全部的奖金、捐款和大部分工资共计 100 多万元一同捐献给了教育事业，先后被授予"全国先进工作者、全国五一劳动奖章、时代楷模、七一勋章、2020 年感动中国人物、全国道德模范"等荣誉称号。 　　请学生思考：（1）她身上有哪些优秀品质？ 　　　　　　　　（2）她的优秀品质对我们有什么启示？ 　　教师归纳、总结： 　　张桂梅老师身上体现了扶贫济困、助人为乐、与人为善、投身公益事业等优秀品质。 　　张桂梅老师的事迹给我们的启示：学习张桂梅老师的优秀品质；服务社会，得到社会、他人的尊重和认可；服务社会，体现人生价值。只有积极为社会做贡献，才能得到人们的尊重和认可，实现我们自身的价值。 　　2.【垃圾分类始于心，持之以恒在于行】 　　出示李晨参加此次社会实践活动的感想： 　　在这次活动中我感触很深，我进一步了解了垃圾分类的有关知识，而且在宣讲过程中明白了很多为人处事的道理，增强了组织能力，学会了与人沟通的技巧。通过对当地	思考回答 思考回答	采用张桂梅老师的事迹及学生身边的社会实践活动，引导学生理解服务社会的作用。 引用本校学生参加社会实践的感悟，学生熟悉，让学生明白服务社会可以促进我们全面发展。

教学内容	教学活动		
	教　师　活　动	学生活动	设计意图
成长篇 (服务社会的作用)	社区公民进行垃圾分类知识的耐心细致的解读,增强了才干,锻炼了自己的意志和耐心,增强了观察、分析、解决问题的能力,这也为我提供了一个接触社会的机会,提供了一个锻炼自己的机会,从而促进自身的全面发展。 　　思考:从李晨写的感想,你发现他得到了什么? 　　归纳、总结:服务社会能够促进我们全面发展,使我们的视野不断拓展,知识不断丰富,道德境界不断提高,人际交往能力不断提升,观察、分析、解决问题的能力不断提升。 　　【收获平台】服务社会利人利己。		
践行篇 (奉献社会我践行)	1. 展示材料《年轻人正接过接力棒》 　　"如今,华坪女高的毕业生已遍布全国各地。许多学生告诉我,上大学后第一件事就是申请入党,要成为一名光荣的共产党员,毕业后哪里需要就到哪里去。"张桂梅说,女高学生有的成为乡村教师,有的成为乡镇卫生院的医生,还有的主动报名到艰苦地区当兵。"学生们能够用知识改变命运,有能力去帮助需要帮助的人,把革命先辈的旗帜传扬下去,这就是我对她们的期望。"张桂梅说。 　　思考:张桂梅老师的话体现了什么? 　　归纳、总结:服务和奉献社会,需要我们青年敢于担当。 2. 展示我校教职工参加核酸检测志愿者工作 　　疫情发生以来,厦门实验中学党委与下辖的 2 个总支、7 个支部共 150 名党员闻令而动,冲锋向前,在疫情防控中践行共产党员的初心与使命。理科第二党支部党员、体育教师卓志超,理科第二党支部党员、体育教师周硕林,理科第二党支部党员、物理教师张加兴积极响应市委组织部、市委教育工委和学校党委号召,主动请缨,驰援西柯镇潘涂社区、官浔社区,"5+2""白+黑"在岗,完成核酸检测信息录入、路口卡点执勤、现场秩序维护等一系列工作。理科第三党支部党员、生物教师孟杨从早到晚在社区核酸检测现场参与组织、协调工作,守护居民群众健康。 　　文科第三党支部党员、政治教师林艳婷连续两天参加学校防疫志愿服务,又作为社区第二轮核酸检测志愿者,提前到场粘贴一米线,提醒等候的民众保持距离,引导完成核酸检测的民众及时离场,避免扎堆。现在,她已报名参加社区第三轮核酸检测志愿服务。行政后勤直属党支部党员张旭辉同志主动参与居住地大嶝街道双沪社区疫情防控的全民核酸检测工作,检查外来施工人员的健康码、行程码和身份证明,筑起疫情防控第一道防线。 　　教师小结:疫情发生以来,我校教职员工积极作为,参与核酸检测志愿者工作,有担当,大力弘扬党员教师先锋模范作用,为疫情工作做出应有的贡献。 3. 出示共青团新团员入团誓词 　　我志愿加入中国共产主义青年团,坚决拥护中国共产党的领导,遵守团的章程,执行团的决议,履行团的义务,严守团的纪律,勤奋学习,积极工作,吃苦在前,享受在后,为共产主义事业而奋斗。 　　(1) 性质:中国共产主义青年团是中国共产党领导的先进青年的群团组织,是广大青年在实践中学习中国特色社会主义和共产主义的学校,是党的助手和后备军。	思考问题 观看事迹	选取张桂梅教师的素材,贴近学生生活实际,让学生直面生活素材,同时,展示我校教职工参加核酸检测志愿服务的先进事迹,从而引导学生明白服务和奉献社会,需要我们青年敢于担当。

教学内容	教学活动		
	教 师 活 动	学生活动	设计意图
践行篇（奉献社会我践行）	（2）作用：始终站在革命斗争的前列，有着光荣的历史。中国共产主义青年团带领青年在经济社会发展中发挥生力军和突击队的作用。 （3）使命（责任）：在新时代，共青团要组织青年参加改革开放和社会主义现代化建设的实践，为发展社会生产力、提高人民生活水平，为实现"两个一百年"奋斗目标建功立业。 4. 展示材料《行善助学》 　张桂梅没有子女，也没有财产，至今和学生一起住在女生宿舍里。她的钱都去哪儿了？30 万元的"兴滇人才奖"奖金，一次性捐给华坪县丁王民族小学建教学楼；昆明市总工会专门拨给她治病的 2 万元钱，最终也捐了。张桂梅把全部的奖金、捐款和大部分工资累计 100 多万元，捐献给了山区有需要的人。 　思考：张桂梅老师的行为给你什么感悟？ 　归纳、总结：张桂梅老师以身作则，积极地用自己的行动践行社会公益活动，比如捐款给困难的孩子等。为此，我们应服务和奉献社会，积极参与社会公益活动。 5. 让爱不闲置，旧物有情传爱心 　为提高全体学生关爱他人的意识，使其养成乐于助人、乐于奉献的良好品质，在团委的号召下，2021 年 12 月 5 日下午，我校青年志愿者协会组织全体学生举行"旧物有情·承载爱心"义卖活动。本次义卖活动是让学生将个人闲置的玩具、书籍、文具等带到现场进行义卖，实现闲置物品的循环利用。 　值得一提的是，在本次义卖活动中，学生会以节气为主题、采用预售的形式推出了帆布包、尺子、笔记本等精美的文创产品，陈列在京剧艺苑，吸引了众多学生到场围观。冬日的阳光温暖明媚，活动的组织精细有序，义卖的场面热情火爆，"售卖员们"热情地推销着自家的商品，叫卖声此起彼伏。 　温暖的微笑、有创意的产品、热情的叫卖，大家都用自己的方式诠释着爱心的真谛。学生所捐出的每一份物品，其负载的价值，不仅仅是知识，更是爱与希望的传递，既奉献了爱心又践行了低碳环保的理念。这样的暖冬义卖活动，既充满了温情，又创新了教育形式，充满了教育意义。通过这样的活动，学生能够感受到温暖教育、美好教育，并感恩教育的力量，从而努力学习，积极进取，在今后的成长路上，关心公益、关爱他人、反哺社会。 　教师小结：通过学校开展的义卖公益活动，让学生更加理解服务社会需要参加社会公益活动。 6. 材料《九死亦无悔》 　多年来，张桂梅老师一直住在学生的宿舍，每天清晨 5 点多，学生还在熟睡，她就从床上爬起来，第一个来到教学楼，打开楼道里的灯；白天巡课，监督学生做操、自习，她总是通过小广播喊"快点"，催学生抓紧学习，早点休息；直到深夜，学生都已入睡，她才拖着疲惫的身躯，躺倒在宿舍的单人床上。学生说她是最优秀的教师、最优秀的妈妈。 　"只要还有一口气，我就要站在讲台上，倾尽全力、奉献所有，九死亦无悔。"张桂梅在"七一勋章"颁授仪式上说。 　思考：为什么学生说她是最优秀的教师、最优秀的妈妈？ 　归纳、总结：服务和奉献社会，需要热爱劳动，爱岗敬业。	思考回答 观看材料 思考回答	引用张桂梅老师以身作则、积极地用自己的行动践行社会公益活动的事例，引导学生明白服务和奉献社会，需要积极参与社会公益活动。 采用学生身边开展的义卖活动作为教学素材，学生亲身经历，这样可以让学生明白服务社会要从身边小事做起，不断提升自身素质。 引用张桂梅老师的先进事迹，学生比较熟悉，可以起到榜样作用，让学生感悟到服务社会需要热爱劳动，爱岗敬业。

教学内容	教学活动		
	教　师　活　动	学生活动	设计意图
提升篇	播放 2021 年温暖视频。 公布优秀方案评选结果，并颁奖。 小组分享公益活动方案。 【收获平台】服务社会从我做起。 播放视频《有爱的厦门》。	观看视频 思考回答	学生分享优秀公益方案，明白践行服务和奉献社会要从小事做起，从身边做起，做到知行合一。
板书设计	体现人生价值　　　　　　　　　　　　青年担当 　　　　　　　　　助成长　　服务社会　我践行　参与公益活动 促进全面发展　　　　　　　　　　　　爱岗敬业		

四、教学反思

　　本课引用获得"七一勋章"的优秀教师张桂梅的事例贯穿整个课堂，紧跟时政热点，贴近学生的生活，一例贯穿，层层递进；又以播放视频《有爱的厦门》提升课堂的参与度，落实学生的责任意识核心素养的培养效果立竿见影。通过本课的学习，进一步引导学生理解服务社会的意义，树立服务社会、奉献社会的意识，从小事做起，从身边事做起，服务社会和奉献社会，促进学生成长成才。

高中音乐鉴赏：中国百年歌声的变与不变

厦门市教育科学研究院　林培荣

一、单元教学内容分析

人民音乐出版社《高中音乐鉴赏》第十单元"新音乐初放"的教学内容旨在引导学生认识、了解 20 世纪初我国音乐历史上学堂乐歌的产生与发展，进而认识、了解我国近代早期专业音乐创作的一些情况，以及我国新音乐运动及其代表人物的情况，并联系音乐作品和社会音乐生活现象认识和了解这些音乐家对中国近现代音乐，以及新音乐发展的巨大贡献和影响。

人民音乐出版社《高中音乐鉴赏》第十一单元"光荣与梦想"包括"峥嵘岁月"和"共筑中国梦"两节内容，选用了不同题材、体裁的优秀音乐作品反映自长征到中华人民共和国成立和建设初期，以及改革开放以来中国历史发展不同阶段的一些重要事件、代表人物等，讴歌了中国共产党带领人民英勇奋斗，以一往无前的进取精神谱写了中华民族壮丽史诗的丰功伟绩，歌颂了中华民族自强不息的伟大精神，展现了中国共产党带领海内外中华儿女，走上了中华民族伟大复兴之路的光荣梦想。通过本单元的学习，一方面可以让学生通过音乐回顾历史、展望未来，感受音乐所表达的深厚情感与思想内涵，激发他们的爱党、爱国之情，对他们形成正确的价值观、人生观和世界观起到积极的影响作用；另一方面也可以让学生了解音乐与社会生活的关系，理解音乐的社会功能和社会价值，并对我国当代反映时代特点和社会内容的音乐创作情况有一定的了解。

二、单元教学目标分析

审美感知：聆听《送别》《春游》《义勇军进行曲》《黄河大合唱》《祝酒歌》等，感受、体验音乐的情绪和情感；在感受、体验音乐的基础上，认识和理解音乐要素在表达音乐情感和思想内涵、塑造音乐形象、形成音乐风格等方面所起的作用，体验音乐语言所带来的感受，并对音乐与时代的关系产生纵向与横向的结构化理解。

文化理解：认识音乐所反映的时代特点和社会内容，了解音乐的艺术价值和社会价值。了解歌曲的创作背景和创作过程，反映的时代精神，以及这些歌曲在我国现代音乐史上的重大的意义。

三、学习者特征分析

高中学生的认知水平相对较高，判断能力逐渐成熟，但仍处在需要引导的阶段。

歌曲的情感表达要通过肢体语言,既不直观也不够深刻。网络时代增加了人们沟通的方式,同时也带来了另一个弊端,即情感表达的缺失。学生的情感是丰富的但缺乏表达和沟通,即使有沟通也往往是低效甚至无效的。

学生渴望了解音乐作品的内涵,但本身对音乐时代中的音乐的喜好局限在当下的音乐,而且偏好流行的情感表达。学生对百年来歌曲的历史脉络也是模糊的。

四、教学策略

大单元概念形成策略:通过单元作品逻辑梳理,发展学生的可视化思维,运用结构化思维建构结构化学习模式。

音乐认知发展策略:深度挖掘作者的音乐创作思维,聚焦音乐作品的表达形式与内涵的关联。站在学习认知视角,使用能推动学生从感性学习走向理性学习的认知策略。

五、单元教学实施

(一) 环节 1

创作歌曲:《人民记住你》

人民记住你

(献给中国共产党成立 100 周年)

作词:林培荣

你把一颗心埋在土里

用那深情滋润大地

让心的暖意慢慢凝聚

有希望就有奇迹

你把一份爱捧在手里

青山绿水和谐气息

新时代号召再次应响

有你就是胜利

你把一颗心种在地里

历经苦难依然清晰

让心的敬意再次燃起

有你就有奇迹

复兴之路正在崛起

使命召唤奋进学习

新时代号角已经吹响

再一个百年还是胜利

人民记住你

百年的沧桑铸就共和国冉冉升起

人民记住你

一草一木都在蓝天下自由呼吸

人民记住你！

设计意图：情境化设计，站在创作者角度去理解音乐作品的表达形式与内容，关注字里行间的内涵。

（二）环节 2

单元课题思辨：中国百年歌声的变与不变。

百年中国经历了辛亥革命、新中国成立、改革开放等历史事件，时间年轮如下图所示：

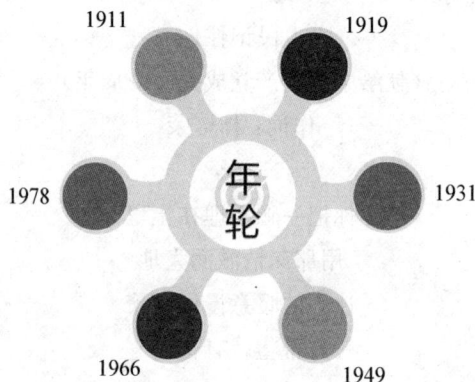

设计意图：厘清基于时代的多个历史事件，使历史事件框架从模糊变清晰，为结构化认知搭建做铺垫。

学堂乐歌是清末民初学校里的音乐课所教唱的歌曲。20 世纪初，随着资产阶级新文化与封建旧文化的斗争，废科举、办新学，蔚成风气。当时所建新学校通称学堂，学堂里开设有乐歌课，教唱新歌曲，传唱学堂乐歌一时成为社会文化生活中的一种新风尚。（"拿来主义"成为开辟的手段）

古人云"丝不如竹，竹不如肉"，充分说明了歌曲是最能直观表达我们的心声和情感的，歌曲也是百年中国音乐的开端。教师接下来用歌曲的例子说明百年来的中国音乐是如何变迁的。也请学生把百年来的七次变化归类到这个历史事件框架中。

第一变：社会变革的"变"（20 世纪初学堂乐歌时期）

回顾历史来到 20 世纪初,百废待兴,举国上下都在追求新的理想,也都在积极探索救国之道。其中音乐文化更是贫瘠和落后,一些文人积极开辟中国音乐的道路,但道路是坎坷的。

案例:《送别》——美国歌曲的旋律,李叔同笔下如诗的词。

特点:歌词规整,符合中国诗的特点,起承转合。当时刚刚从封建社会转变而来,白话文还未兴起。

案例:《祖国歌》作于 1905 年,是作者根据民间曲调老八板填词而成,也是我国学堂乐歌中为数不多的有人文积淀的歌曲,唤醒广大民众的爱国情怀,号召国民传承民族精神、同仇敌忾,为和平而战,为胜利而庆。

特点:在当时举国无人能曲的情况下,改编成这样的歌曲风格来激发人民群众爱国不失为一种选择,但也折射出国家的落后。

第二变:尝试变化的"变"(20 世纪 10—20 年代)

这是尝试性音乐创作的开始,寥寥无几的中国音乐时代开辟者艰难地在音乐的土壤里播下自己的种子,期待能在文化贫瘠的中国大地上开花结果。看看这位中国流行音乐的先驱——黎锦晖,努力开拓中国流行歌曲和歌舞剧音乐,且已经有音乐剧的雏形了,说明跳开时代去开创音乐的天地需要多大的勇气。

李叔同的《春游》同样是初探性创作,也比较成功,是中国的第一首合唱曲。分析这首歌曲的节奏、歌词的变化,能发现活泼的旋律、通俗化的歌词,同样是李叔同的歌但已经看出变化和发展了。

第三变:不得不变的"变"(20 世纪 20—30 年代)

幻灯片放映:这个时期在不同条件下音乐的形态。

这个时期的流行音乐体现了一种殖民地式的畸形的"繁华",对于当时尖锐的民族矛盾、阶级矛盾采取了暧昧的回避态度。它的"暧昧性"体现在救亡与沉沦的冲突、群体性与个体性的冲突。

救亡歌曲唱出了时代的最强音,与当时的靡靡之音形成了鲜明的对立。当时涌现了一大批优秀的作曲家和作品,如聂耳的《毕业歌》《义勇军进行曲》《铁蹄下的歌女》,麦新的《大刀进行曲》,冼星海的《黄河大合唱》,等等。

歌曲《问》是萧友梅百余首创作歌曲中最有影响力的代表作之一。

作品《黄河大合唱》有八个乐章,它的结构是完整而富于变化的,每一个乐章都有它独自的形象特征。从《黄河船夫曲》《黄河颂》《黄河之水天上来》到《怒吼吧,黄河》,给予大合唱的主题思想以总的更高更深的概括,发出了强大无比的战斗的号召,表达出觉醒了的中国人民已经团结成一个无比坚强的整体。要联合全世界革命人民,向法西斯侵略者发起总的攻击,战斗的口号震天动地。

在以上海为代表的地区,流行爵士音乐,娱乐性较强(在烽火的年代里就自然而然被称为靡靡之音,当然也不排除确有歌词低俗的歌曲)。

小结:(1)国统区里也有救亡的呼声但大多被镇压或是假呼声;

(2)救亡的歌曲以实用性、号召性为主要特点。

第四变：理所当然的"变"（1950—1966年）

中国音乐文化开始进入社会主义的初级阶段，歌唱社会主义国家的景象。

（1）历史的过去时——《洪湖水浪打浪》：第二次国内革命战争时期，洪湖赤卫队在保卫湘鄂西革命根据地红色政权的战斗中屡建功勋。《洪湖水浪打浪》从旋律到歌词都淋漓尽致地把洪湖人民的那种热爱家乡、乐观开朗、淳朴可爱的个性表现了出来，很有感染力。

（2）建设的进行时——《老司机》：这首歌曲是为了纪念一汽解放牌卡车出厂并在北京接受国庆典礼的检阅而谱写的工人歌曲。

（3）希望的将来时——《梁祝》：虽然故事是久远的，但所表达的内涵却是追求未来的自由爱情、突破旧社会的枷锁，所以说它是将来时更贴切。

第五变：特定时期的"变"（文化大革命时期）

这一特定时期的音乐形态说教感强，旋律高、强、硬、响，歌词常用毛主席语录。

八大样板戏：京剧《智取威虎山》《红灯记》《沙家浜》《海港》，交响音乐《沙家浜》《奇袭白虎团》《白毛女》，舞剧《红色娘子军》。

音乐具有较浓的革命色彩。《山丹丹开花红艳艳》改编于1972年，是一首以陕甘民歌作为表现形式，颂扬红色政权的歌曲，此歌由陕北民歌《信天游》和陇东民歌《揽工调》改编而成。两首民歌交替演唱，前者悠扬高亢，后者激情奔放，全曲有变化对比，又相互融合，浑然一体。作品以开阔高亢、清新明丽的旋律，富有地方特色的音调，赞美了陕北地区的风土人情，生动、恰如其分地描绘了中央红军到达陕北的革命历史史实，唱出了陕北人民对红军到来的激动与期盼。

第六变：梦寐以求的"变"（改革开放时期）

这个时期人们追求精神自由的愿望更加迫切。改革开放时期的音乐的到来如久旱逢甘露，尽管这个时候还有点争议，但似乎不管是什么样的音乐（区别于样板戏的）总是能带来新鲜感并流行开来。

《春天的故事》是一首民族风格浓郁的叙事歌曲，以深厚的寓意、优美的旋律和独特的艺术表现手法，讲述了亿万中国人民在邓小平理论的指导下，满怀信心地走上改革开放的道路，中华大地发生历史性巨变的传奇故事。这首歌曲记录了中国改革开放的历史进程，是改革开放的标志性、代表性歌曲，打上了鲜明的时代烙印。

第七变：为了未来的"变"（新时代）

这一时期的音乐特点：（1）百花齐放，百家争鸣；

（2）大融合、大发展、多元多样化；

（3）中西结合、古今结合，新民族音乐出现。

思考：纵观百年，音乐为什么会变？那不变的是什么？

音乐的"变化"是指音乐一定会随着时代的变化而变化，会烙上历史的痕迹；不变的是音乐一定是时代的反映、不变的是音乐总会表达爱国情怀，不管音乐以什么形式出现，不变的是音乐是心灵的启迪和大众的呼声。歌曲要立言、立德、立志，反映时代的心声，为民族的伟大复兴而歌唱。

设计意图：再次强化认知结构化的重要性，在横向与纵向、时间与空间、点与线的全方位理解中进行巩固。学生既理解结构化也能跨学科或情境化学习。（音乐与历史的关系、音乐与时代的关系、音乐与生活的关系）

六、单元教学反思

本节课紧紧围绕"中国百年歌声之变与不变"这条主线，依据学情创设真实的学习情境，设计七个主题的思辨活动，旨在丰富学生的体验和感受，让学生在实践中搭建学习支架，促使学生结合历史观理解，自信表达自己的想法，主动地参与歌曲的体验活动，让核心素养真正落到课堂中。

导入中将课时任务前置，创设创意实践的任务情境，让学生带着问题进行学习，而后引导学生分析歌词内容、理解文本内涵、以转盘为支架进行分析，层层递进的教学活动不断强化学生对单元和课时大概念的理解。

在本单元的实践过程中，对课堂教学感触最深的两个方面，一是重视培养学生结构化思维的关键能力，在课堂中立足于学生的主体地位，结合他们对历史史料的掌握情况，给予他们在艺术层面自由地表达见解的空间，促进学生对单元大概念的理解，帮助学生提高艺术实践能力，培养学生适应未来发展的能力。二是立足现实，面向未来。本单元教学立足中国百年歌声的发展历史，逐步延伸到对艺术、对美的体验、探索、构思、实践，既体现了艺术教学对文化价值的引领，又赋予时代气息，帮助学生领会中国人民对艺术之美和内涵的价值追求，开阔艺术视野，逐步提升审美和人文素养。但由于时间跨度长、教学容量大，学生缺乏充足的艺术体验经历，在学习内容的选择上无法囊括中国一百年以来的所有经典歌声。大单元的结构化无法充分保证完整聆听音乐的时间，教师需要在大单元的音乐案例中做一定的取舍和节选。同时也要注意大单元教学和结构化理解的呈现具有系列化和跨课时运行的必要性。只能在相对典型的作品中找到学习的线索，帮助学生理解中国一百年来歌声的变与不变的本质以及辩证思考价值。学生对容量大、跨度长的学习还在适应与理解的过程中，相信在结构化的教学中他们会取得一定的突破，逐步走向核心素养的学习，形成正确的价值观和关键能力指日可待。

感知审美，实践创意

——以居家网络学习中情绪疏导之音乐调节方法为例

福建省同安第一中学　张晓燕

一、居家学习期间心理健康的调查分析

我校心理组教师在防疫期间对学生的心理健康状况进行了调查（见图1），从反映的情况可以看出，对于"疫情期间觉得自己的心理健康状况如何"这一问题，回答"非常好"的学生比例为 46.68％，"比较好"的为 35.98％，"一般"的为 14.51％，"比较不好"的为 1.91％，"非常不好"的不足 1％，比例为 0.92％。整体来看，学生的心理健康状况良好，但仍有部分同学在疫情期间心理健康状况受到了影响，这极少部分同学的心理健康状况值得家长、老师关注，必要时可以求助同学、家长、老师以及专业人员。疫情初始我市教育部门就开通了心理健康咨询援助热线和心理辅导网络平台，为广大师生提供免费、专业、耐心的心理援助服务。

从防疫期间情绪状况调查分析中看出学生情绪总体是稳定的（见图2），主要的情绪集中在"无聊""平静""愉悦"这种中性或者积极情绪上，无聊、平静两种情绪可能跟宅家太久没办法出门以及较少接收新鲜刺激的信息有关，而愉悦可能反映出学生对宅家的生活整体而言是满意的。其次，学生的负面情绪主要为"焦虑"和"厌烦"，焦虑和厌烦情绪的产生可能是没办法及时开学导致的。最后是"恐慌""愤怒"和"亢奋"，恐慌和愤怒的主要原因可能来自有关疫情的新闻报道，在家中发生一些比较激烈的事件容易让学生亢奋。

学生出现"焦虑""厌烦""恐慌""愤怒"和"亢奋"这些负面情绪，在居家学习中如何进行排解成为很多学生、家长亟待解决的问题。

我国著名教育家陶行知先生认为，生活即教育，教育来源于生活，教育要依靠生活，更要改造生活。基于此，面对现实生活中居家学习期间产生的各种情绪问题，可从音乐学科核心素养进行分析，探寻用音乐教育疏导情绪的方法，即用教育改造生活。

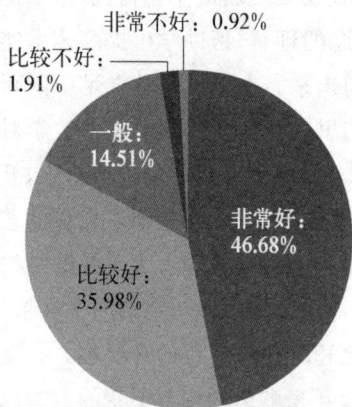

图1　初高中学生心理健康整体情况

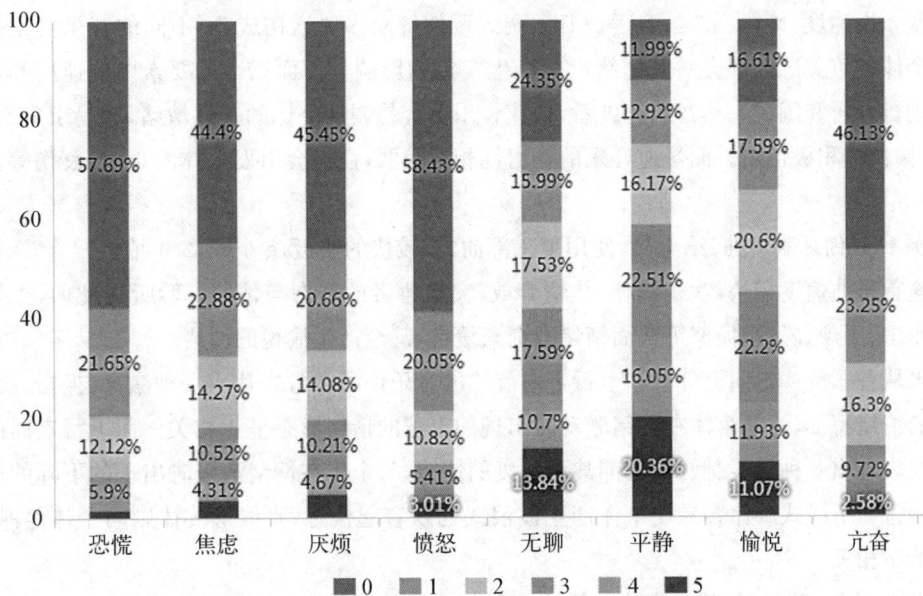

(注：0表示无此种情绪，1—5：1表示体验最轻、5表示体验最深刻)

图 2 初高中学生情绪状况

二、音乐要素特点对情绪的影响

(一) 情绪的定义

某种刺激作用在个体身上产生的身心激动状态被称为情绪。情绪并非自发，大多数与个体相关环境中的人、物、事有关，它们的变化会对个体情绪产生较大影响。但这并不意味着刺激不能是内在的，比如，生理器官功能性异常、联想记忆等心理活动会引发潜在的刺激，从而使个体体验情绪产生差异。当外部环境、客观事实达到个体的期望和需要时，就能够引发积极的、肯定的情绪；反之则会产生消极的、负面的情绪。

(二) 音乐要素特点对情绪的影响

音乐伴随着每个人。古言道："子在齐闻韶，三月不知肉味。"音乐借助影响个体情绪感知的方式来影响个体的心理发展过程。它是能够诱发情绪，直击心灵，直接展现情绪的特殊的艺术表现形式。每个人在接受音乐刺激后，都会产生不同的情绪体验，而这种体验不是受过专业音乐教育或训练的特殊人群才会有。艺术课程要培养的核心素养主要包括审美感知、艺术表现、创意实践、文化理解等。审美感知是对自然世界、社会生活和艺术作品中美的特征及其意义与作用的发现、感受、认识和反应能力。审美感知的培育，有助于学生发现美、感知美，丰富审美体验，提升审美情趣。学科核心素养中艺术表现的培育，有助于学生掌握艺术表现的技能，认识艺术与生活的广泛联系，增强形象思维能力，涵养热爱生命和生活的态度。创意实践的培育，有助于学生形成创新意识，提高艺术实践能力和创造能力，增强团队精神。

音乐由速度、旋律、节奏、音程、和声、调式调性等众多要素构成,而不同的音乐要素变化通过个体的审美感知都会对其情绪反应产生一定的影响。下面以音乐要素中的速度和旋律为例进行分析和阐述。从音乐速度看,快速音乐更容易调动个体的正性情绪,容易引发兴奋、高兴、愉快的积极情绪。而慢速音乐的动力性相对较弱,往往会引发个体的难过、哀伤等消极情绪。

例1 《匈牙利舞曲》第五号,使用复三部曲式,较快的快板,g小调,2/4拍。

这首乐曲速度稍快,欢乐淳朴、热情奔放,突出舞者的姿态与情绪。聆听完此曲,个体出现的焦虑、厌烦、恐慌、愤怒等负面情绪会渐渐缓解,甚至产生愉悦的情绪。

再从音乐旋律走向上分析。上行走向旋律的音乐作品常常表达出一种激昂、振奋、愉悦、积极的情绪特征,这与个体在情绪激动时出现的上涨的情绪形态呈正相关。而下行走向的旋律往往表现出一种轻柔、低沉、阴郁甚至颓废的情绪,与个体在情绪消极时出现的下降的情绪状态相符。折线式旋律容易使个体产生波浪式的跌宕起伏感,直线形旋律则与个体停滞、平静的情绪相关。

例2 冯·苏佩《轻骑兵序曲》,管弦乐合奏,4/4拍。

此乐曲将战场的情景描绘得相当完美,由两支小号吹出的引子拉开了一段戎马生活的序幕。马蹄的奔跑、整齐的队伍、激烈的战斗、紧张的巡视,还有对死者的哀悼一应俱全。它的基调总体上是乐观向上的,在辉煌的高潮中结束。同样,聆听完此曲,个体出现的焦虑、厌烦、恐慌、愤怒等负面情绪将得到缓解,会渐渐产生积极向上的乐观情绪。

三、居家学习期间适合聆听的音乐

当个体出现烦躁、焦虑或厌烦情绪时,一般会选择聆听音乐来缓解。聆听什么样的音乐也是有选择的,除了上面介绍的容易让人产生快乐和兴奋等正性情绪的快速音乐,以及表现出愉悦、高昂、积极、具有张力等情绪特征的上行走向旋律音乐作品,还可以选择聆听大家感兴趣的舒缓的、安静的、甜蜜的、温暖的轻音乐、世界音乐或New Age音乐,以释放和排解抑郁、焦虑等负面情绪,帮助个体调节身心。个体在情绪波动时,尽量不要去聆听带有歌词的音乐,因为歌词太过于具象,会有明确的指向性。播放音乐的时候,音量小于60分贝,声音过大会变成噪声,起到相反的效果。

例3 林海的《琵琶语》,4/4拍。

作品以世界音乐、Jazz、古典音乐、New Age音乐等的编曲手法,加上深受大家喜爱的乐器琵琶"泣泣私语诉衷肠"的特点,以及上洞箫、钢琴、小提琴、中提琴等乐器时隐时现,很好地发挥了和声的作用,再配上一段天籁般吟唱的女声,一步步牵引,最终让人沉醉在音乐意境里,达到情绪宣泄的目的。

情绪的产生到消退,是一个伴随时间变化的过程。音乐是时间的艺术,与时间紧密相连。音乐对个体情绪的影响,在一定程度上能解决个体的心理问题,有助于学生发现美、感知美,进而提高生活质量。

四、居家学习期间运用音乐进行自我调节的方法

陶行知先生提出"教学做合一",要求"教"与"学"同"做"结合起来,同实际的生活活动结合起来。教育必须走进生活,要为学生提供更多亲自动手、动脑的机会,鼓励学生依照自己的兴趣、需求,开展实践、探索、创新活动,使个性得到全面发展。结合音乐学科特点、现代信息技术教学媒体手段以及居家生活的条件,提出以下利用音乐进行自我调节的方法。

(一) 利用聆听音乐过程中的体态律动对情绪进行排解和调节

个体在聆听音乐的过程中,感受到音乐所传递的情绪,生理节律与音乐节奏不由自主地产生共鸣,外部动作及面部表情都会自然而然地伴随音乐的速度、节奏、旋律轮廓、信息变化而做出外显的行为反应,如用手打拍子、哼唱旋律、身体跟随节奏舞动等,无形中个体艺术表现得到了培养,这其实是在心理层面上引发的情感交流和共鸣。这些反应更有利于排解负面情绪,调节身心健康。

(二) 亲历角色扮演,感受音乐魅力,对情绪进行转移或调节

寻找经典的音乐作品,在熟悉后,扮演作品中的一个或多个角色,亲身融入,从剧中角色的角度唱出或表演作品。这种体验式学习可以让学生体会到音乐和生活的关系,也能意识到音乐的魅力来源于生活,生活是音乐魅力的源泉。这个角色扮演的过程既能满足学生对音乐的需要,又可满足学生的好奇心,借此转移负面情绪,增强对音乐美的追求。

(三) 借助网络平台

可借助网络平台,如 QQ 群、微信群、腾讯会议等,参加社团活动,进行 K 歌比赛、小型合唱排练、乐器演奏、乐队合作等。借助丰富多彩的社团活动,引导学生积极参与、合作交流,在音乐的海洋中得到锻炼,感受音乐中蕴含的感情,放松身心,愿意表达自己的感受,愿意通过音乐去结识更多志同道合的朋友,增进同伴之间的友谊。在活动中激发学生的正面情绪,培养学生的团结、自信、上进等心理品质。

(四) 举行家庭音乐会

此外,还可以在家里举行家庭音乐会,共同欣赏优秀的音乐作品,或是演唱一些脍炙人口的歌曲,互相表达感受,加深对彼此的理解,产生更多的共鸣。以音乐为主题的情绪疏导方式,能给亲子沟通的内容增加一些缓冲地带,缓和因沟通内容单一而引发的激烈冲突,有效地缓解学业压力和家长居家陪伴的焦虑,有利于营造和谐温馨的家庭氛围,改善亲子关系。

综上所述,居家进行网络学习的学生正处在生理叛逆期,面对网课的不适应和来自家长的压力,使他们容易变得抑郁、焦虑、暴躁、易怒。这给学生的发展造成很大的障碍,甚至严重地影响了日常的生活学习。教师应该积极发挥音乐对学生情绪调节的作用,推荐学生欣赏、

感受、体验有利于调节心理的优秀音乐作品,引导学生调动多种感官体验音乐,加强艺术表现和创意实践的培育,帮助学生树立积极正面的生活态度,理性认识音乐的健康功效,并将这种情感体验扩展到自己的学习生活中,打造健康的心理世界,塑造高尚的审美情趣与人文素养。

参考文献

［1］郭德俊,刘海燕,王振宏.情绪心理学[M].北京:开明出版社,2012.

［2］孟绍兰.情绪心理学[M].北京:北京大学出版社,2005.

［3］蔡黎曼,黄虹.关于大学生音乐学习与偏好的调查研究[J].星海音乐学院学报,2006(4):15-18.

［4］高静.浅谈音乐教育对中学生的影响[J].商,2015(6):294,262.

［5］Juslin, P. N., Harmat, L., & Eerola, T. What makes music emotionally significant? Exploring the underlying mechanisms. Psychology of Music, 2013, 42(4), 599-623.

美育融于学校体育"教、学、练、赛、评"中的思考
——体育学科美育资源开发与整合运用

福建省厦门集美中学　万　虹

一、课例背景

2018 年习总书记出席全国教育大会并发表重要讲话:"要树立健康第一的教育理念,开齐开足体育课,帮助学生在体育锻炼中享受乐趣、增强体质、健全人格、锤炼意志。"这为学校体育工作指明了方向、目标。学生喜欢运动但不喜欢体育课,不喜欢体能练习,然而,体育课是学校体育的重要组成部分,体能是运动的基础,是中考体育、高中学业水平考试的必考项目。为使学生能够正确认识体育课、体能练习,激发学生的学练兴趣,笔者在送教柑岭中学时为初一年级40 名学生开设了一堂"体能运动之美"理论课,并在课后进行问卷调查了解课堂教学效果。

二、课例描述

第一部分,导课环节从教师向学生抛出的问题开始:"同学们,你们认为运动美吗？美在哪里？""什么是体能？ 同学们参与的体能学习和练习有哪些？""你愿意参加体能练习吗？"然后,请学生带着问题开始今天的课堂。接着,用近期火爆的抖音视频导入(图 1):一群人围着单杠为正在做引体向上的男子数个数,场面气氛异常热烈,字幕显示:"不同国家不同民族,对于男人魅力认知的差别为何会有如此之大？"教师引导学生认识到,男性之美应是有着健硕肌肉的阳刚之美,同时用图片显示运动对人的形体的影响(图 2)。

图 1　视频导入

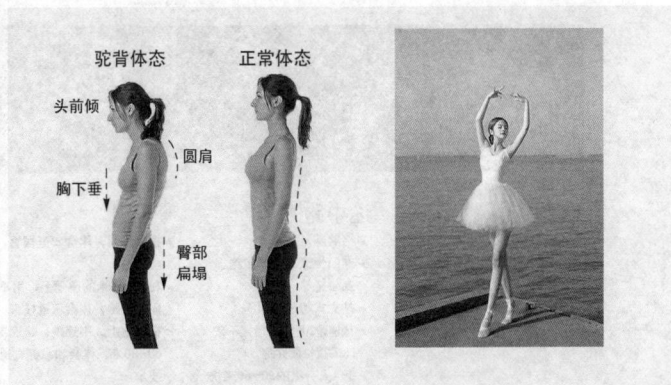

图 2　运动带来的形体美

第二部分，以讲授的方式告诉学生什么是体能、体能练习的功效。体能使练习者肢体协调灵活，能够较好较快地掌握技术动作，列举身边优秀体能锻炼者的案例，指出他们可以兼顾多个运动项目，如学校田径队员可能篮球也打得很出色，排球运动员可能羽毛球打得也很棒等，类似现象比比皆是。体能知识的掌握让人终身受益，能够较快学会趣味性较强的篮球、排球、足球等运动项目，也能够较快学会自己感兴趣的网球、高尔夫、壁球等新兴运动项目；从长远发展看，能更高质量地融入社会生活，可以优雅地跳广场舞、灵巧地踢毽子，让羽毛球在场地上翻飞，练太极稳健步伐等，比起"蹭树、吊脖子、甩鞭子"等"野路子"健身方式更显科学、更具健身实效性。

第三部分，结合田径竞赛项目、规则（图3、图4），引导学生欣赏与体能项目密切相关的田径赛事。苏炳添短跑起跑、起跑后加速、途中跑、终点冲刺跑的完美技术，莫有雪、谢震业、苏炳添、张培萌组成的团队在接力比赛中行云流水、配合流畅，刘翔跨栏技术精湛等令人振奋。在欣赏中国优秀运动员的比赛、增长知识的同时，厚植爱国主义情怀。

第四部分，体能练习的方法介绍（图5）。借鉴国内、国外知名院校新兴的场地器材、技术练习的手段等开阔学生视野，为学生的课外练习提供思路，在给学生带来官能享受的同时，激发了学生的学练兴趣。

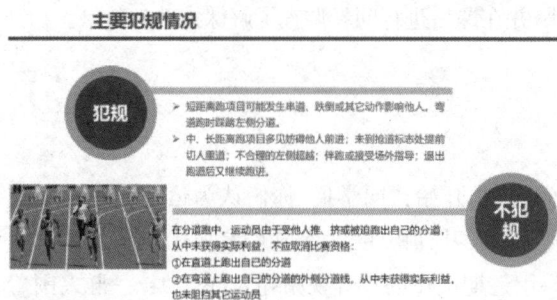

图3　了解田径竞赛规则

图4　学会欣赏体育比赛

短跑练习方法

起跑
➤ 提高快速反应能力：游戏
➤ 采用各种姿势，听不同信号起跑练习
➤ 蹲踞式起跑、让距离等练习

途中跑
➤ 摆臂练习
➤ 专门性练习：小步跑、高抬腿等练习
➤ 站立式起跑练习
➤ 加速跑20~40米后接不减速的放松惯性跑
➤ 3~4人一组的50~60米快速跑

弯道跑
➤ 摆臂练习，体会弯道摆臂技术
➤ 在10~15米的圆圈上，用不同速度跑，体会弯道技术
➤ 在场地上，中速跑、快速跑60~80米，体会和掌握弯道技术

冲刺跑
➤ 在走动和慢跑中做撞线动作
➤ 中速跑后做冲刺撞线动作
➤ 50米全程终点撞线练习

图5　了解体能练习方法

三、课例效果

体育课结束后教师对学生进行问卷调查,内容包括以下两部分:(1)对体育之美的认识:在观赏田径比赛中,对苏炳添的短跑技术动作、中国队的接力跑技术、刘翔的跨栏技术以及科学合理的技术动作的认识。(2)对自身的影响:在今后的学习中是否努力锻炼,提高自身运动能力、塑造良好体形。具体内容见表1。

表1 对"体育之美"的认识

内容	问　题	"是"的人数	"否"的人数	"是"的比率
对体育之美的认识	1. 运动员在赛场上的拼搏是否是体育之美	37	3	92.5%
	2. 是否觉得苏炳添的短跑技术动作美	37	3	92.5%
	3. 中国队接力跑队员间配合默契,是否让你觉得震撼和兴奋	36	4	90%
	4. 刘翔精湛的跨栏技术是否带来美的感受	36	4	90%
	5. 合理的技术动作是否更具观赏性	39	1	97.5%
	6. 合理的技术动作是否更有利于成绩的提高	37	3	92.5%
	7. 运动员形体是否健美	35	5	87.5%
对自身的影响	8. 是否希望拥有健美体形	37	3	92.5%
	9. 体能学练是否重要	33	7	82.5%
	10. 是否会认真学习运动技术动作	32	8	80%
	11. 是否愿意养成锻炼的习惯,保持良好身材	32	8	80%

从课堂上学生欢愉的表情看,学生很享受"体能运动之美"课堂,对运动员的精彩表现发出阵阵喝彩。从数据分析上看,学生对"运动之美"有正确的认识:有87.5%的学生认为运动员形体健美;有92.5%的学生认为赛场上的拼搏也是一种美,即"体育运动之美"不仅包括了运动员形体健美、运动技术之美,还包括了体育精神的拼搏之美;有90%的学生为运动员在赛场上的完美表现而感到震撼、兴奋。同时,从对学生的影响看:希望拥有健美体形的占92.5%,认为体能学练重要的占82.5%;会认真学习运动技术动作,愿意养成锻炼的习惯、保持良好身材的均占80%。可见,对学生认识"体育运动之美"的引导有效激发了学生进行体能学练的欲望。

四、课例反思

体育有其独特的运动之美,基于课堂教学实例,探讨将运动之美融于课堂教学,落实于

"教、学、练、赛、评"的环节中,既是学生系统掌握知识的需要,也是激发学生自觉参与体育锻炼的动力。

(一)教——欣赏运动之美

体育带给人们的艺术享受古来有之,两千多年前的古代奥运是体育盛会,也是艺术盛会,古希腊奥运会为人类留下了大量的艺术珍品,有雕刻家米隆的掷铁饼者,有土罐上的长跑者,有瓷瓶画上的角力比赛、画像上的拳击比赛等。在当代厦门最美的马拉松赛道上,雄健的马拉松运动员雕像不仅是艺术品,更是一种精神,激励市民积极参与健身运动。在运动项目中,极具观赏性,体现体育与艺术高度融合的项目有艺术体操、体育舞蹈、竞技体操、花样滑冰、花样游泳等,人们在观看比赛的同时,也在享受艺术盛宴。

运动之美有技术的深度也有范围的广度。运动赛场上的竞技是力与美的结合,是技战术的完美运用,是人类不断挑战极限,是有深度的运动之美。运动赛场布局合理,裁判员着装整齐、入场有序,手势、旗语等规范有力等是运动之美的延展。体育课上教师语言精准、示范优美,学生队列整齐,竞赛活动中运动健儿奋勇争先、顽强拼搏、服从裁判、尊重对手,是校园体育中的运动之美,教师应带领学生认识并感受身边的运动之美。因此,本课的教学结果反馈也充分体现了这一点。学生对体育之美的七项认识中,除了认为"运动员形体健美"的占87.5%外,其余各项指标均达到90%及以上。

(二)学、练——体验运动之美

运动项目不仅具有观赏性,更有实践性。"纸上得来终觉浅,绝知此事要躬行。"短跑让人体验风一样的速度,长跑带给人不断超越的体验,跳跃让人有飞翔的感觉,投掷是力量的展示;"开、绷、直、立"的形体训练让音乐成为动作的指令,达成身与心的融合;球类项目灵敏的步伐、娴熟的球技,与同伴的默契配合,这些运动技术、战术看似简单轻巧,但要经过无数次练习,才能形成正确的肌肉记忆、完美的团队配合,如古语所言"台上一分钟,台下十年功"。尽管运动训练很辛苦,但运动产生的多巴胺和内啡肽让人心情愉悦,吸引无数人不断挑战自我,享受运动带来的喜悦和畅快。

在体育教学中,以多种手段和方法,使学生明确技术动作的规格、要求和练习方法,并通过课内外的练习让学生体验到合理、规范的运动技术动作不仅是运动技术之美的展示,更有利于成绩的提升。本节课,学生对于学练的反馈也均达到80%以上,也提示我们未来需要进一步加强对学生学练的引导和实践。

(三)赛——享受运动之美

体育比赛不仅展示着运动技术之美,更展示着体育精神之美。在课堂教学中进行系统化知识和技能的构建,实施深度教学,让每一位学生都能享受到这份美好。比赛是多种多样的,按照项目分,有田径、篮球、排球、足球、网球等,按照参与人数分,有个人比赛、集体比赛等,每个人总能在众多项目中找寻到适合自己的运动项目。比赛是有趣的,体育比赛本身就是游戏。比赛是有规则的,在规则面前人人平等。比赛的结果是不确定的,在终场哨声没有吹响之前,结果都有可能被改变,没有任何人有放弃的理由。比赛不仅比体力,还拼智力等。这些都让体育比赛拥有无穷的魅力。

(四)评——助力运动之美

奥林匹克格言"更快、更高、更强、更团结"不仅在竞技比赛中不断被极致追求,对个体而言也是激励自己在人生道路上披荆斩棘、勇往直前,向更好的自己努力的指引。学生生而不同,但各自有光,苏霍姆林斯基说:"一个孩子的思维进程迅速、敏捷,另一个孩子则缓慢,但这不是说一个孩子比另一个孩子聪明,或比另一个孩子劳动得多一些。"[1]体育教师是学生学习锻炼的引路人,教师的评价要基于学业质量标准,也要关注学生的成长与进步,以鼓励为主让学生更好地感受运动的美好,保持锻炼热情,让优者更优,劣者变优。

五、课例结语

现代奥林匹克运动的创始人顾拜旦在《体育颂》中赞叹:"没有匀称协调,便谈不上什么美丽。""啊,体育,你就是美丽!""体能运动之美"教学意在以"运动之美"拨动学生积极参与运动之弦,使学生感受运动之乐,树立自觉参与体育锻炼的意识;探讨课堂教学中"教、学、练、赛、评"环节的运动之美,推动体育学科美育资源的开发与整合,促进学生养成自觉锻炼的习惯,做有责任、有担当、有情怀、德智体美劳全面发展的社会主义建设者和接班人。

参考文献

[1][苏]苏霍姆林斯基.育人三部曲[M].毕涉芝,等,译.北京:人民教育出版社,1998:180.

信息化环境中美术课堂学习资源的获取与应用[①]

——以"读书、爱书的情结"单元学习为例

厦门市第三中学　杨耀东

在传统意义上，人们认为教学资源就是为有效开展教学活动所提供的各种可被利用的素材，如案例、影视、图片、课件、教具、教学设施等。狭义的教学资源，主要是指学习资源，包括教学材料和教学环境等[1]。美术课堂上，优质的数字化教学资源比较短缺，很难真正满足课堂教学需求，以至于通常会出现这样的情况：一般性的美术教学资源较多，但促进学生美术素养全面提升的优质课程资源较少；满足教师教学应用的课程资源较多，涉及学生个性化学习、小组探究性学习的资源较少。

随着现代信息技术与美术教学的不断深入融合，利用智能终端，特别是用平板电脑等移动终端开展课堂教学活动，可从技术层面辅助师生对美术课程资源的获取与应用，丰富美术教与学的过程性数据资源，产生大量伴随式的过程性学习数据。这已经成为美术课堂资源的重要组成部分，它打破了传统课堂资源获取的藩篱，构建了智能化获取课程资源的新模式。

本文基于各种智能终端，以人教版美术八年级上"读书、爱书的情结"单元课堂教学为例，谈谈以个性化、智能化为核心的美术课堂资源的获取与应用。

一、向在线平台要调查、测评、投票资源

问卷星是比较专业的在线问卷调查、测评、投票平台，专注于为用户提供人性化的在线问卷设计、数据采集、自定义报表、调查结果分析等服务。

美术课堂上，借助在线问卷星平台具有的快捷、易用等优势，教师能快速地获取课前、课中、课后等不同环节的学情资源。平台操作很简单，其简易、快捷的特性，为教师课堂教学活动的顺利开展提供了保障，有效促进师生交互资源的生成，并为美术课堂教学提供精准的过程性资源。

课前环节，教师选用"问卷调查"功能模板，轻松预设调查题。比如，设置"你学过哪种书籍的设计形式和方法？A. 中国古代书籍 B. 世界现代书籍 C. 外国古代书籍 D. 手工书籍（附各种书籍的图片）"。整个问题设计过程方便快捷，问卷星平台自动将"问卷调查题"生成

---

① 杨耀东.信息化环境中美术课堂学习资源的获取与应用——以"读书、爱书的情结"单元学习为例[J].中小学数字化教学,2020(5)：86－89.

"二维码"，学生通过扫码即可获得调查问题在线完成。调查结果自动生成精确的、数字化的分析图表，供教师课前进行学情分析，了解学生知识储备情况，发现学生的学习兴趣点，关注学生的学习需求，从而设计更加符合学生学习需求的教学策略。可见，问卷星的智能分析、提供精准数据等优势，为教师课前分析学情提供了优质的数据资源。

课中环节，妙用问卷星的"在线测试"功能，简便、及时地检验学生的知识掌握情况，为教与习的评价提供交互平台。比如，设置一道主观测试题："结合本单元的学习内容，选取下列书籍中的一种（附书籍图片）进行设计与评价。"教师引导学生完成线上测试与评价，之后应用问卷星的"统计＆分析"功能，对学生回答情况进行智能统计、归类等，生成可视化的图表。当教师将数据分析图表同步推送到学生端时，师生可以基于测评分析结果，进行交流沟通，优化师生交互、生生交互的效果，师生同步找差距、共促进。可以说，问卷星在课堂评价、知识内化等环节中，发挥了巨大作用。

课后环节，巧用问卷星的"投票"功能，为学生作品提供展示、交流的平台。比如，将学生的手工书作品拍照上传到问卷星，借助这一既能展示又能投票的平台，形成虚拟的作品浏览空间。通过在线投票功能，学生在线上浏览同学的作品后再投票。这虽以投票为名，但实为作品的展示与交流。参与投票的学生越多，学生作品的传播范围越广，形成的交流、互动与评价资源就越丰富。

现在，问卷星已成为美术教师课前备课、随堂测试、课后拓展的重要工具。它不仅改变了教师的教学方式，推动教育革新，而且优化了学生的学习方式，不断提高学习效率并增强学习效果。

二、向订阅器软件要聚合、个性、持续性资源

RSS 是一种信息聚合的技术，是站点之间共享内容的简易信息发布与传递方式。它能够使某个网站方便快捷地调用其他提供 RSS 订阅服务的内容，从而形成高效的信息聚合，让网站内容在更大的范围内传播。

当今，面对网络上海量、纷繁复杂的数字化教学资源，RSS 订阅器软件为美术课堂提供着能聚合、跟踪和发布的资源，为课堂教学带来及时、持续、个性化和精准的教学资源。把 RSS 智能推送应用到美术课堂上，在获取与整合美术教学资源时，能够呈现出独特的优势。

首先，RSS 革新了通过浏览器检索的方式。RSS 阅读推送平台没有附加广告，其清新简洁的图片标题或文章概要，有助于师生快速阅读，不必阅读全文即可知晓文章主要内容，节省资源获取时间，提高课堂教学效率。教学本课时，笔者将 RSS 引入课堂，通过其客户端"ireader"，把本课相关资源提交给 RSS 网站，不但带来一定的网站流量，而且加快了搜索引擎的收录与信息推广，为学生学习书籍设计、获取相关学习资源提供了便利。

其次，利用 RSS 自动聚合新的教学资源。采用 RSS 预定网站推送，不必花费大量时间用搜索引擎检索，RSS 阅读器会自动推送更新的资源，保证获取的教学资源是最新的。比如，教学"书林漫步"一课时，RSS 阅读为美术课堂量身定制了教学资源，支持学生的持续性学习。

学生可以自助式订阅国家典籍博物馆、中国设计在线、随园书坊等网站,借助阅读网站中不断推送与更新的相关信息,把学习素材和学习对象直接整合到学习活动中,为数字化学习提供便利。同时,精准推送能为学生的持续学习提供丰富的网络资源,解决教材中中国古籍装帧资源不足的问题。

最后,建设学生学习资源。应用 RSS 技术建设网上学习资源,基于频道对信息进行分类。比如,本课运用 RSS 技术对古今中外书籍等不同知识点建立不同的知识频道,归纳相关美术学习资源,设置信息条目,便于阅读,提高效率,建设高质量的网络学习资源库,把资源有序地整合到单个 RSS 中。随着单元学习的不断深入,收集的书籍资源内容广、形式多,需要对伴随性的学习资源进行整合,为本课的深度学习与持续学习提供便捷的学习条件。

通过 RSS 推送,集合美术课堂教学素材,使阅读器成为个人的资料库,体现以资源整合为核心的美术课堂智慧教学。

三、向录屏软件要过程性微课资源

多媒体技术的普及应用,为美术课堂教学提供了丰富的资源。网络化和碎片化学习存在时间碎片化、知识冗余等问题,教学改革则须借助新媒体、新资源革新教学。微课成为当今时代的教育"新宠",在一定程度上助力学生的个性化学习,推进数字化学习资源建设模式的转换,从而开辟新的路径[2]。微课既有别于单一资源类的教学课例、教学课件、教学设计、教学反思等教学资源,又是在其基础上继承和发展起来的新型教学资源[3]。除了从网络、生活中获取微课资源外,在美术课堂教学过程中,教师还可以通过智能存储,再度开发供学生持续学习与运用的优质生态微课资源。这提升了美术课程资源获取与应用的多元性和规模。

可提供微课录屏制作的软件有很多,如 Camtasia Studio、PowerPoint2016 等。这些软件具有录屏存储、智能生成视频的功能,实时录制形成微课资源,辅助学生的课堂学习。例如,教学"手工书设计"时,教师借助 PowerPoint2016 进行录屏操作,记录自身教与学生学的全过程,同步生成微课资源,为各环节活动提供优质的教学资源。

智能记录功能为学生提供可反复学习的微课资源,改变传统课堂上学生紧张地做课堂笔记的情况,让学生"一心一意"地投入教学活动,解决因教师快速播放 PPT 课件或师生交互无法及时记录的问题。利用 PowerPoint2016 录屏软件,教师将 PPT 课件自动生成章节索引,方便课上播放微课视频时能够查找所需资源并快速跳转。课后,学生则能通过视频资源的快放、慢放、定格等,对教学活动进行反复观摩和反思,并用他人身份审视自己的课堂学习过程,及时发现学习中的不足。

实时录屏功能为美术课堂提供了生态化的过程性资源。开启录屏软件的同步界面与实时录制按钮,师生互动、生生互动的过程就会被实时录屏,形成多方位、交互的过程性资源。教学活动中,为了实现学生信息资源与知识的内化,教师让学生在平板电脑上启动录屏操作,这样课堂上的师生、生生活动就被实时记录成过程性微课,形成原生态的学习资源。

例如,本课教学中,为了让学生了解更多的具有闽南特色的手工书素材,教师将学生收集的各种素材通过同步界面进行交互分享,并启动实时录制操作,将学生的互动学习过程记录下来。不同的终端记录不同的视频,生成宝贵的师生交流、生生交流的成果资源,让学生都有属于自己的微课资源,为下一阶段的学习提供帮助,创建新型的学习资料库。

因此,信息技术可以作为生成工具,也能为生成性教学提供资源,体现生成的个性化[4]。

四、向虚拟技术软件要 DIY 资源

随着现代信息技术的不断进步,辅助课堂教学的美术专业软件逐渐增多。精选并运用适合的美术专业软件制作教学资源,优化美术教学,创新美术表现手段,激发学生的学习兴趣,成为每位美术教师需要认真思考的重要问题。

虚拟技术软件的使用,改变了传统的美术表现与创作方式,激发了学生的学习兴趣。随着各种绘画软件、美术制作软件的开发和应用,教师在运用美术专业软件进行艺术表现时有了一定的自由度。例如,教学本单元内容时,可以利用"抖音"软件,创设虚拟现实的美术教学视频,如虚拟一位神秘嘉宾——"白鹭女神"。课前,教师用手机音频软件录制一段"白鹭女神"介绍闽南文化的音频,音频里有讲述,有与学生的对话,有闽南语的歌曲等,再用 PS 绘画软件制作各种含有闽南元素的图片,最后把音频与图片导入"抖音"软件进行加工,创设情境化教学所需的虚拟现实的视频素材。课堂上,教师播放这一视频,让学生感到"白鹭女神"就在身边,从而激发学生学习兴趣,引导学生发挥想象力,提高创新思维。虚拟技术软件的应用,对视觉艺术与听觉艺术进行有机整合,改变了美术欣赏学习单一的教学模式。

借助虚拟的媒介工具,还可催生丰富的数字化美术作品。信息技术的运用,让美术课堂资源异彩纷呈,取之不尽,用之不竭。学生完成作品的具体步骤都是课堂上"活"的资源。例如,教学本单元内容时,借助平板电脑上的剪纸游戏软件"Pumppy",则能对"手工书"进行设计、剪裁,从而防止使用剪刀时学生手被划伤的情况,还可轻松创作出漂亮而富有创意的书籍作品,并进行修改、剪裁与重组等。这种用"手"代替"剪刀"的新型表现手法,激发了学生的学习兴趣。借助录屏功能,会形成一段段原生态的 DIY 视频素材,让学生私人定制出表达自我的"DIY"手工书作品来。

巧妙运用智能移动终端上的各种软件开展教学活动,不断形成丰富的美术课程生态资源,有助于架构美术课堂智慧平台,开发可持续的美术课程资源。

基于智慧课堂的美术课程资源的获取与运用,要求我们不断丰富并优化美术课程生态资源,特别是构建数字化的生态资源,积极探索新的数字化美术课程资源,促进学生的个性形成和全面发展,提高学生的综合思维水平。

参考文献

[1] 廖力.智能时代的课堂教学:从知识课堂到智慧课堂[M].广州:广东高等教育出版社,2019:24.

［2］徐韧刚.玩转 App 的美术课堂教学［M］.上海：上海教育出版社,2018：5.

［3］孙曙辉,刘邦奇.智慧课堂［M］.北京：北京师范大学出版社,2016：25.

［4］谢幼如,邱艺.走进智慧课堂［M］.北京：北京师范大学出版社,2019：26.

打造"融趣创美，以美化人"主张下的创意实践美术课堂

——"翔安现代民间绘画文创衍生品"教学尝试

厦门市翔安第一中学　林提升

《义务教育艺术课程标准(2022年版)》指出：聚焦审美感知、艺术表现、创意实践、文化理解等核心素养，以任务驱动的方式遴选和组织课程内容。[1]"融趣创美，以美化人"主张下的教学，必须紧贴时代脉博，注重课程的融合性，打造趣味智慧课堂。"翔安现代民间绘画文创衍生品"最让笔者着迷的地方，或许就在于它从生活实景中选取素材，以"让学生创造着长大"的理念与方式，通过"融趣创美，以美化人"主张的运用，在"立体的纸"上，以创新思维理念构建创意实践教学，将地方文化"资源"与现代流行"创意"设计理念嫁接融合，带着对问题的思考追寻，文创经典，经典文创，实现对"美术问题生活化、生活问题时尚化"的移植创新。

创意实践的培育，有助于学生形成创新意识，提高艺术实践能力和创造能力。[2]本课例设置图像运用、因形会意、创意转换三个教学环节，整合学习资源、学习情境、学习方法，设计连贯的、有逻辑的活动，从维度、技艺、材质、风格等方面引导学生感知、理解和创造，经历"识读文创衍生品经典图像信息、感知衍生品多维美感、生发基本审美判断、分解提炼现代民间绘画图像符号、运用符号创造时尚美观的文创衍生品"的学习过程，感受艺术的生活及生活的艺术魅力，着力打造"融趣创美，以美化人"主张下的创意实践美术教学新样态。

一、"融趣创美，以美化人"主张下的创意实践美术教学实施路径

(一) 统整编制实施教学正确定向的核心素养目标

明晰的目标定位，是开展"融趣创美，以美化人"教学实践的基础。依据学业质量标准，主题式美术课堂目标定位为指向核心素养的"丰富审美感知""加强艺术表现""激发创意实践""增进文化理解"等可观可测的核心目标，教、学、评同步思考，形成可迁移的认知。

(二) 课例实践流程与策略评析

学习活动一：图像运用，在经典作品甄别中呈现关联

图像的审美感知，重要的不在于教师讲得多么高深，而在于学生对图像的感知与理解是否到位。因此，以"趣味"视角对资源融会贯通，精准遴选最能打动学生的经典民间绘画衍生品，采用情境预设、问题驱动、赏析评述等方法，引导学生在问题追寻中形成对既有艺术性又兼实用性的民间绘画文创衍生品的初步感知，逐渐形成审美趣味和审美判断。

教学镜头1　问题情境导向，识读经典图像信息

（1）情境预设：以生活实用品与精致的现代民间绘画文创衍生品形成的对比（图1、图2、图3）为主线，逐步递进，引发学生对现代民间绘画衍生品产生强烈的兴趣和好奇心，直入主题。

图1　手机壳　　图2　手机壳——现代民间绘画文创衍生品　　图3　手机壳——农民漆艺文创衍生品

（2）问题驱动：不同的设计带来不一样的情趣，如果你来选择，你会选择哪种形式？为什么？

（3）梳理启发：赋予了创意的时尚衍生品引领着日常生活风尚，因为审美趣味独特的文化内涵的渗透，衍生出的形象更有美感并富有趣味，带给学生的是一种美的享受，更容易受到青睐。

（4）教学策略评析：只要引导得当，就能吸引学生参与。上课伊始，首要任务就是感知美点，以"赏"为突破口，借助衍生品的视觉冲击，引领学生融入真实的情境，由问题情境导向图像识读，学生通过自主对比、感知，发现文创衍生品赋予生活"不一样"的形式美，认识文创衍生品的构成，这样的设计传递给学生一种创新理念，引发学生对创造性转化的兴趣。

教学镜头2　观图寻式，生发基本审美判断能力

（1）情境预设：展示民间绘画衍生品范例（图4、图5、图6），引导学生对比分析、找寻特点，品味、感受衍生品的韵味。

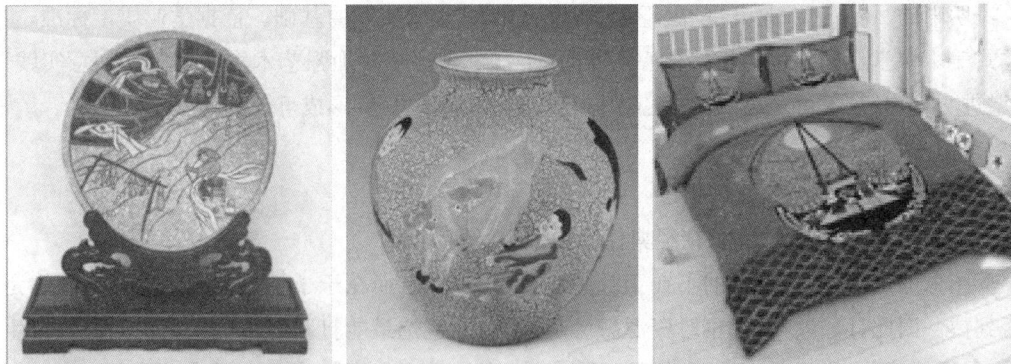

图4　装饰瓷盘　　图5　文兴瓷民间绘画文创衍生品　　图6　纪小兰　海上明月床上用品

（2）并置比照：“文创衍生品”是高高在上的“艺术品”吗？生活实用品结合现代民间绘画元素，可以产生什么样的美感？

（3）梳理启发：它既不应该"高"，也不应该"上"，现代民间绘画造型元素既是日常生活的真实写照，又经过了画家的艺术性处理，更加富有美感。

（4）教学策略评析：与经典佳作零距离接触，感受多元的美。引导学生动眼观察，通过主体视觉形象描述，从形式特点感受现代民间绘画衍生品；从艺术语言角度，借助民间绘画作品点、线、面、色彩、明暗、空间等主观造型元素，引导学生动脑诠释并简单描述，学会运用美术本体知识对民间绘画衍生品进行分析、比较、判断；引导学生从内涵的深度感受民间绘画造型元素的独特性，形成初步的审美判断能力。

学习活动二：因形会意，在经典图像识读中催生创意

创新要适应新的生活方式，唤起平常生活文化的美学价值，唤醒传统美学精神、生活态度。[3]学生的知识与能力各不相同，教学中只有明确目标，找寻到不同的侧重点和方法，创意才更有方向，"生本观念"才更有可能落实。顺应学生认知水平，引导学生在多元信息环境下，观察、分析现代民间绘画主题文创衍生作品的构思技巧，完成对创意衍生品的原始积累。之后，让学生自主决定作品呈现形式，进行产品创意设计，使所学与所用相互贯通，从生活"实用"中学习，又能在视觉"唯美"中品味。这一过程，可以激发学生从创意的角度审视与品评文创衍生品的意识，使其提高审美品位，形成创新意识。

教学镜头3　解构求意，催生尚美创新思维构想

（1）情境预设：展示现代民间绘画创意题材的系列文创衍生品（图7、图8、图9、图10），引导学生评述创意衍生品的巧妙之处，体验衍生品本真情感表达的创意美。

图7　谢燕　便携化妆镜　　　　　　　图8　黄微　防烫马克杯

（2）作品代言：你喜欢这些文创衍生品吗？它们有什么特点？怎样运用图像元素？你认为它们哪部分设计得好、值得借鉴？

（3）各显其美：不同的文创衍生品带给我们意想不到的美，很重要的一个原因是作者具有原始的创新思维和新颖的艺术构思，在形象加减中提炼，以高度概括的形式呈现典型的趣味美。

图9　纪小兰　陶瓷茶具套装

图10　潘志坚　手机充电宝

（4）个案详解：当我们把现代民间绘画设计元素衍生出来运用在不同载体上，是进行局部解析再进行重构创意，还是一成不变地把整体画面全部移植？

便携化妆镜：选择乡土气息浓厚的特定民俗和特殊用品，将现代民间绘画元素提炼出来，将画面的某个元素进行平面的构成和应用，更显和谐。

防烫马克杯：巧妙地把现代民间绘画局部转换到立体空间造型中，经过位置经营，给人一种视觉上的乐趣，也满足了个性化的喜好需求。

陶瓷茶具：提取现代民间绘画局部图形符号进行解构重组，再重新构图，作品既带有浓厚的民间气息，又充满了现代感，画面更显和谐。

手机充电宝：乡土气息和装饰趣味相辉映的现代民间绘画，与备受青睐的时尚品，巧妙嫁接，显示民间艺术与时尚潮流的"互动"。

（5）教学策略评析：设计认知的过程是学生生成学科本体知识的历程，技法上求创意是绕不过去的一个关卡。本环节侧重"创意应用与传统文化艺术相融合给现代生活带来趣味"的主题，引导学生具身探究、分析、解构文创衍生品设计创意，领会有限的技法加上无限的创意，能创造出变化无穷的衍生品；通过理性思考、借鉴、发现、综合、转化出适合于制作创意衍生品的形式语言，既提高学生多角度观察、多方位思考的能力，又潜移默化地影响学生的审美心理，促进了创新意识的养成，实现创造能力的生成。

学习活动三：创意转换，在构筑形象中融入时尚元素

纯真的回归，时尚的创意，极具乡土气息的文创衍生品，无不彰显出创意带来的惊喜。在融入时尚元素时，把创意根植于本土，将创意跨界移植，使现代民间绘画变成手提袋装饰，变成平面设计创意品……通过嫁接与融合，让生活实用品迸发新活力，呈现美观时尚的创意，展现出人意料的艺术效果，获得全新的艺术表现形式和实用价值，提高综合记述能力。

教学镜头4　触类旁通，理解图像符号设计之美

（1）情境预设：如果想在"立体的纸"上创作具有现代民间绘画元素的创意衍生品，你会怎样构思？准备选取哪些细节表现主题？

（2）特色呈现：展示不同题材的文创衍生品，引导学生分析、领略设计创意，启迪创意思维。

（3）打开视野：好的文创衍生品设计是怎样的？衍生品最打动你的是什么？给了你什么启示？

（4）教学策略评析：只有生成吸引，才能主动探究，才能运用得更好。本环节借助经典创意衍生品进行牵引，让学生直观感受图形元素运用到生活实用品上产生的美，从自己的角度评价作品，在创意技法上，以追问的形式与学生对话，关注学生的个性需求与学习方式，引导学生在借鉴中"触类旁通"，增强学生对独创和个性化的理解，发展学生的空间想象能力，使其能解决实际问题。

教学镜头5　尽善尽美，运用符号再现创意新机

（1）别样视角：你能比他们更有想象力和创造力吗？你能用什么样的设计符号和装饰手法把画面内容表现出来呢？

（2）个性呈现：出示现代民间绘画作品与生活实用品（图11、图12、图13），请学生选择一种生活实用品作为设计对象，运用文创衍生品的创意方法，设计一款具有地域风情特色的现代民间绘画文创衍生品。

图11　露天咖啡馆文创衍生品　　　图12　余东农民画衍生品拎包　　　图13　翔安农民画漆瓶

（3）教学策略评析：艺术从生活中来，最终还是要回归生活。创新不是简单的拼接移植，只有求新求异，在具体实践中寻找解决问题的思路和方法，才能提高学生的艺术创造力和表现力。本环节把创意融入生活，引导学生从不同视域展开想象，以多元方式进行文创衍生品的个性表现，在这一学习过程中，培养学生关注生活、关注设计的创意素养，提高学生设计能力，增强学生的逻辑思维能力和视觉空间能力。

二、"融趣创美，以美化人"主张下的创意实践美术教学启示与探讨

北京的赵明茹老师指出，美术核心素养包含在教学的整体过程中，存在于一节课或一个教学环节中的某个素养可能会有明确的指向，但每个素养能力的达成，都是基于对美术学科"视觉形象"特点的观察、联想、比较和判断实现的。"融趣创美，以美化人"主张下的创意实践

主题式美术课例,聚焦问题任务,融合地域资源,构建美术思维课堂,有情境、有问题、有思考、有创意,较好地体现了艺术实践课堂的"融""趣""创""美",最大限度地唤醒学生的学习潜能。

(一) 融:以"融"为基点,构建对课程知识结构化的融会贯通

基于课标,从资源选编与聚焦融汇的角度出发,寻找和学生的共情点,将原生价值认知结构完美呈现出来,在师生、生生融洽和谐的互动中,直观准确地感知教学重点,实现知识的重组、重构,在"教学评一体化"的课堂教学中,将问题植入"情境",依次递进设置认知梯度、问题梯度,在认知冲突中引领学生结合生活经验、美术思维、表达能力去解决具体问题,通过观念的变化带来行为上的变化,让不同层次不同需求的学生都得到和谐发展。

(二) 趣:以"趣"为着力点,引领学生养成追求高雅生活情趣的人文素养

基于学情,创设生动、趣味的生活情境,关注知识与技能的条件化生成。引导学生精心审视情境、精准解读信息、精确判读图像、精细分解问题、精析设问指向,培育学科趣味,学生获得了有序地体验学习、分析问题和解决问题的能力,焕发乐学、乐思、趣学活力。

(三) 创:以"创"为原点,实施对学习情境、路径、方法的创新变革

基于行为,打造"构建学习场域、创生有效对话"的课堂生态环境。运用典型范例,创设思维可视化的学习场域,把原始思维过程充分展现在学生面前,学生真实经历了"提出问题—做出假设—制订计划—收集证据—处理信息—得出结论—表达交流—反思评价"的知识建构与探究过程,实现学习过程的可视化,是对学生的认知改观与思维变换更为形象地化为"创"与"思"的反馈,达成本真情感表达的创意美。

(四) 美:以"美"为远点,以显性作品的方式创造美好生活

基于素养,带领学生掌握思考、分析、推理、判断、表达等思维方式与关键能力,实现对美好生活的艺术创生。

新课标、新教育场景下,"融趣创美,以美化人"的创意实践美术课堂,聚焦课程资源的选编、教学情境的预设、教学方式的调整,形成问题驱动意识,领悟学科核心素养导向下教学的价值取向和方法特征,不断地通过美术教学去论证和实践,实现丰富审美感知、加强艺术表现、激发创意实践、增进文化理解的素养目标,落实学科核心素养的培育。

参考文献

[1] 中华人民共和国教育部.义务教育艺术课程标准(2022 年版)[S].北京:北京师范大学出版社,2022:3,6.

[2] 潘鲁生.传统工艺振兴重在设计创新[N].人民日报,2018-05-06(12).

构建"目标觉醒"特色课程，美育教学落实核心素养

厦门市国祺中学　张明亮

美育是素质教育中不可或缺的重要组成部分，对于学生整体素质的培养具有无可替代的作用。美术学科核心素养教学既包括绘画技能教学，也包括个人能力和思想品德培养。美术新课程标准强调要发展学生的想象能力、实践能力和创造能力，进而促使学生的综合艺术感知能力得到提升。然而，从以往教学实践中发现：现今美术教育尚存诸多不能适应素质教育要求的地方，影响了学生学习美术的兴趣及创作热情，且没有充分考虑地区、城乡、民族各方面条件的差异，束缚了学生创造力的发展，制约了美术素质教育事业的长足发展。面对这样的现实情况，我们倡导在课程实践中对美的"目标觉醒"，构建符合学校实际的特色课程，落实核心素养，实现人生价值的"目标觉醒"。

一、构建学校特色美术课程的必要性

核心素养，助力学生综合素质的提高，关注学生的全面发展、长远发展和个性化需求，归属综合性评定范畴。美术能陶冶情操、净化灵魂。加快美术特色课程群建设，是提高学生核心素养的必然要求。在学校教育中，美术课程与其他课程相辅相成、渗透融合，对学生的思想品德、行为举止、知识技能等方面的提高有着重大作用。比如"留白"和"工笔"，它们并非专属语文一家，美术课堂上更是频频见之。从"知识核心时代"走向"核心素养时代"，必须改变中小学评价以知识掌握为中心的局面，必须建立完善的符合核心素养要求、符合学生实际的校本课程体系，以及配套的课程评价标准。

（一）构建学校特色美术课程，更好地落实国家要求

学校特色美术课程是继中央、地方规划课程之后的、结合学校创办特色或地域特点而建议实施的补充性课程。1993年颁布的《中国教育改革和发展纲要》明确要求"中小学要办出各自的特色"。《国家中长期教育改革和发展规划纲要（2010—2020年）》中也指出："树立以提高质量为核心的教育发展观，注重教育内涵发展，鼓励学校办出特色。"这都说明"办出特色"是国家对学校的要求。研究本课题是为了进一步提高我校的办学水平，解决目前制约学校发展的"瓶颈"，提高教师专业水平，提升教师科研水平，逐步形成"文化立魂，特色立校"的办学理念，引领学校朝着"规范化、现代化、特色化"三化方向发展；研究本课题也是为了实现学生最好的发展，培养有个性、有特长的学生。充分挖掘学生美术方面潜能，促进学生得到最大限度的发展，为学生未来发展奠基；传承学校优秀文化传统，顺应教育变革，实现学校可持续发展。

《基础教育课程改革纲要（试行）》中就明确指出："为保障和促进课程适应不同地区、学校、学生的不同要求，实行国家、地方和学校三级课程管理。"这就意味着，基层学校有了更大的自主权和灵活性，来开发或设计自己的课程。其目的也是提倡教师在教学实践过程中，充分挖掘本土文化资源，开发校本美术课程，弥补国家课程开发的弊端和不足，使教学活动更具地方性，更能贴近学生生活实际，更能激发学生学习的兴趣，也能更好地展现学生的个性特长；同时也调动教师教学的积极性，为教师创设了展现自己才干和特长的舞台，增进了学校教育工作的人文性和灵活性。

(二) 构建学校特色美术课程，更好地落实核心素养

构建学校特色美术课程，不仅有助于更好地落实国家要求，而且有助于更好地落实核心素养。

1. 构建指向核心素养的美术特色课程，将有利于实现学科融合，有助于打破学科界限，促进跨学科能力素养的培养，发挥育人合力。校本课程可分为基础型校本课程、研究型校本课程、拓展型校本课程。其中，基础型校本课程体现人文化，研究型校本课程体现生活化，拓展型校本课程体现特色化。

(1) 实施基础型美术特色课程是真正落实基于校情的学生核心素养培养的重要途径。在这当中，一是做好学科课程整体设计，二是研究基于校情的学科教学标准，三是实施学科分层教学。

(2) 研究型美术特色课程是基于学生的直接经验，学习内容来自生活的世界、真实的世界，学生运用研究性学习方式，发现和提出问题、探究和解决问题，培养自主与创新精神、研究与实践能力、合作与发展意识的课程。生活化是研究型课程的显著特点。

(3) 拓展型美术特色课程以培育学生的主体意识、完善学生的认知结构、提高学生自我规划和自主选择能力为宗旨，着眼于培养、激发和发展学生的兴趣爱好，开发学生的潜能，促进学生个性的发展，是具有一定开放性的课程。特色化是拓展型课程的显著特点。拓展型校本课程可分为限定拓展校本课程和自主拓展校本课程。自主拓展美术特色课程，是学生自主选择修习的课程，包括学科拓展课程、生活技能课程、实践创新课程、人文素养课程、国际交流课程、社团活动课程等。

2. 构建指向核心素养的美术特色课程，将有利于促使课堂教学重构。新课标颁布之后，各学科在教学过程中不仅要传授知识和技能、过程与方法，还强调培养学生的情感、态度、价值观。然而在以学科知识体系为核心的课程标准中，教学内容规定得十分明确、详细，教学过程和教学建议却较为弱化、模糊；知识与技能有清楚的规定，而过程性的价值观教育却没有提供明确的指导。基于核心素养体系的校本课程可以弥补这方面的不足，提出较为具体的教学建议和教学关键过程，使教师在教学实践中有章可循。如教学建议可采用"以学定教""少教多学""合作探究"，教学过程可采用在线学习平台等，重构课堂教学。

3. 构建指向核心素养的美术特色课程，将有利于促进教学方式的改变。以往的教学教师教得多，学生主动学习得少。长此以往，学生主动探索得少，创新思维难以培养。如核心素养中的"科学精神"这一要素，主要是培养学生在学习、理解、运用科学知识和技能等方面所形成

的价值标准、思维方式和行为表现,包括理性思维、批判质疑、勇于探究等基本要点。又如核心素养中的"实践创新"这一要素,主要是培养学生在日常活动、问题解决、适应挑战等方面所形成的实践能力、创新意识和行为表现,包括劳动意识、问题解决、技术应用等基本要点。基于核心素养的要求,在校本课程开发的过程中,可以采用不同的教学方式有效地培养学生的"科学精神"和"实践创新"等,如采用"学生成长团队"建设,通过同伴互助、共同学习,不仅能够提高学生学习的参与度和效果,而且可以培养他们的团队精神、组织能力、表达能力、竞争意识,让他们在学习过程中形成懂交往、能分享、会聆听的品质。

二、"目标觉醒"的内涵及推行价值

"目标觉醒",即为实现价值而觉醒,指一个人开始寻找自己的人生目标,并努力去做一件或多件对自己和他人有用的事,让自己成为很有价值的人。保持"目标觉醒",就要避免盲目忙碌,时刻注意,当发现所作所为偏离目标时,就要用科学、系统、结构化的课程及时指引,确保课堂向着教学目标前行。用美育的大目标铺设的实现人的发展目标的"跑道",是学校为实现教育目标而规定的学习科目以及校内外一切影响学习成长的教育因素的总和。

用"目标觉醒"驱动学校美育课程建设的认知,用美和审美知识铺设实现美育目标的"跑道"。艺术是表达美的最典型的方式,因此艺术课程也是美育的主要渠道。面向全体普通学生、承担美育功能的艺术教育,与培养专业艺术人才的艺术教育,显然有不同的教学目标、教学内容和教学方法。所以,后者称为艺术教育,前者就应该称为艺术美育。面向全体学生的学校美育,必须有支持其落地生根的核心和主线,这就是面向全体学生开设的学校艺术课程体系或艺术美育课程体系。

三、"目标觉醒"具体实施架构

(一) 有一个长远、有意义的目标

我们确立了"指向核心素养的美术特色课程群建设与实践研究"这一课题,旨在通过一系列教育实践活动,提升学生核心素养,实现六大核心素养培养目标,建构以"跑道"为语源的课程群的形象,转换为以知性、文化为经验的快乐之"旅途"。关注学生学科核心素养的培养,通过课堂教学渗透、主题活动体验、学生社团实践等形式,培育学生成长路上必备的爱国、正直、积极、乐群等品格,训练学生不断提高阅读、分析、创新、思维等关键能力。具体目标:(1)加强美术教学方式方法和美术特色课程群建设与实践研究,培养有个性、有特长的学生;(2)加强校园美术特色课程群建设与实践研究,打造美术特色课程群研究品牌。

(二) 想一些达成目标的方法与策略

"目标觉醒"让方法与策略行之有效,既仰望星空又脚踏实地,围绕学校教育教学管理历程中发生的变化,明确构建学校艺体教育特色的新时代内涵。具体的方法与策略有:(1)分

析、建构适合学校的美术教学模式和教学方法；(2) 驱动美术校本特色课程与美术教学特色的跨学科研究；(3) 目标指向文化育人，建构校园美术特色文化建设研究体系。

(三) 让目标的觉醒成为认知驱动

教师作为课程的领导者和参与者，要以新课程标准为依据，创造性地设计课程教学环境，有效实施课程教学，全面提升课程质量。在"目标觉醒"的价值观影响下，我校建立全员、全面、全过程、全方位的育人大格局。关注全体学生，从学生视角出发，以学生为出发点，全面发展"德、智、体、美、劳"，五育并举；全程规划校内与校外、课内与课外，做好各学段的衔接；全方位思考学习时空、学习内容、学习方式、学习经历等。

四、"目标觉醒"助推美术课程群研究的实施与应用

在教学实践中，我校结合实际情况，以"目标觉醒"开展了"指向核心素养的美术特色课程群建设与实践研究"课题研究。

(一)"目标觉醒"——明确课题研究的目标

"指向核心素养的美术特色课程群建设与实践研究"课题研究法为"课程要素＋系统思考＋目标导向＋合理适切"，打造美术特色课程群。如：学校在历史传承的基础上，基于办学主体的理性认识，通过对美术资源的整合与优化，有意识、有计划、有组织地实施管理，形成有明确内涵的美术特色课程群。已开发的校本课程"家乡的船"围绕家乡"送王船"的民间习俗开展，该习俗为国家级非物质文化遗产活动保护项目，颇具闽南地方民俗特色，可触发学生的情感共鸣。该课程力图从美术鉴赏和运用的角度，引导学生自主探究，发掘表现传统美和现代美的异同点。

(二)"目标觉醒"——建设美育的结构化课程

课程群通过素描、速写和色彩的运用，以及农民画、纸雕、泥塑、标志设计、服饰彩绘、手提袋设计、陈列室布置等传统和现代美术技能训练，培养学生基本的动手、动脑的美术能力，从而使其提高美术技能、增长美术常识，最终达到学以致用的目的。

校本课程"家乡的船"列举了家乡木质帆船的制作工艺过程，学生实地考察其民俗运用，这对于教育学生从小爱护民俗、保护民俗、传承家乡传统文化精华具有一定的现实意义。

(三)"目标觉醒"——让价值有"产值"

"目标觉醒"是教师最需要建立的课程观念，即认清课程经典性的价值（忠于课程），认清课程发展性的意义（发展课程），认清课程创造性的运用（创新课程），并使之在实践中落地。

在课程教学实践中，践行对美的"目标觉醒"，构建符合学校实际的特色课程，有助于落实核心素养培养，让学生实现人生价值的"目标觉醒"。

"基因控制生物的性状"教学设计

厦门市槟榔中学　林慧娜

一、课例概述

　　本课是人教版教材八年级下册第七单元第二章第一节"基因控制生物的性状"的内容。生物的遗传是在生殖过程中完成的,本节内容主要探讨了生物的性状以及生物性状的控制,而生物的性状都是遗传物质在发育中和环境相互作用的结果。因此,本节内容与第一章的生殖和发育紧密衔接,探讨生命得以延续和发展的重要内因,又为后面知识的学习做铺垫,起了承上启下的作用。本节内容教学共需 1 个课时。

二、教学目标与重难点分析

(一) 教学目标

　　1. 举例说出生物的性状以及亲子代间在性状上的延续现象。
　　2. 举例说出生物的相对性状,能用相对性状的概念判断实例。
　　3. 分析"转基因鼠的启示",知道生物的性状是由基因控制的。
　　4. 通过小组的"性状调查"活动,提高观察、判断以及合作能力。
　　5. 关注转基因技术给人类带来的影响。

(二) 教学重点

　　1. 遗传、变异、性状、相对性状等专有名词。
　　2. 基因控制生物性状。

(三) 教学难点

　　1. 基因控制生物性状。
　　2. 转基因技术对人类的影响。

三、学习者特征分析

　　1. 初二年级学生具备一定的判断观察能力,对生物的性状有浓厚兴趣,能进行观察分析。
　　2. 知道遗传与变异的现象,但对"基因与性状的关系"不清楚。
　　3. 有一定的合作学习经验。

四、教学策略选择与设计

1. 提供大量图片以及各种实物,从比较亲子代的各种特征开始,观察生物的性状,然后由表及里逐步深入到基因水平,符合学生的认知规律。与学生一起感受、体验自身的一些性状,提供大量资料、事例,逐步引导学生从调查表中归纳出生物的性状;通过"同桌性状"调查表,促进生生互动、师生互动;结合启发谈话法、讨论法,设置层层递进的问题,在任务驱动下,学生分析、模仿表达,最后归纳出生物的相对性状。

2. 利用学生已有的知识、经验,成为"先行组织者",尝试表达出基因与性状的关系;根据学情,分步演示转基因鼠实验过程,结合讲授法,引导、启发学生推断出二者的关系;在此基础上组织学生合作讨论,突破难点;教师及时通过练习进行评价,培养学生对知识的迁移运用能力。

五、教学资源与工具设计

教师准备:希沃白板、性状调查表,胡萝卜、白萝卜,橘子。

六、教学过程

教学内容	教 师 活 动	学 生 活 动	设 计 意 图
遗传和变异	1. 课件展示狗一家和一窝小猫的图片,引导学生观察其相似性和差异,引出遗传和变异的概念,引导学生举例。 2. 出示"种瓜得瓜""种豆得豆""一猪生九仔,连母十个样"等俚语。	观察照片 思考、举例 判断属于哪种现象	创设情境,建立概念 学以致用
生物的性状	问题引入:生物的遗传和变异会体现在生物的性状上,那么什么是性状呢? 1. 展示一个橘子,请一位同学描述橘子的特征。 展示课本 P25 资料 1 的四幅图片。 质疑:这四幅图研究的分别是什么性状? 示范:以番茄为例(研究的是番茄果实的颜色这一性状),引导学生依此类推说出答案。 2. 引导学生举出自身性状的例子。 课件(图片)补充展示人的一些常见性状。 示范体验这些性状。 3. 展示"同桌性状"调查表(见附件)。 引导学生尝试对所调查的性状进行分类。 引导学生根据调查表概括出性状概念:遗传学上把生物的_____、_____和_____统称为**生物的性状**。 指导学生在课本上画出概念。 补充:性状包括生物体所有特征的总和,有些性状是可见的,有些性状是难以观察到的(如血型)。	观察,尝试表达,品尝橘子 观察与思考 说出另外三幅图研究的性状 举例说出一些常见性状 亲身感受体验(卷舌情况、拇指竖起时的弯曲情况、食指长短、双手手指嵌合情况) 同桌互相观察,完成调查表 尝试对调查表中的性状进行分类 从调查表中提取信息,尝试建构性状的概念 画出相关概念,对概念有深入的认识	对未知概念有个感性的认识 以自身为例,激起探究欲望 师生互动,活跃气氛 合作活动,观察分析记录 训练分析能力和判断能力 从活动中建构概念 回归教材,强化重点

教学内容	教 师 活 动	学 生 活 动	设 计 意 图
生物的相对性状	1. 以"豌豆种皮"这对性状为例，引导学生依次回答："研究的对象：?；研究的性状：?；表现形式：? 和?" 给出示范例子，引出相对性状这一名词。 人的双眼皮和单眼皮是一对相对性状。 要求学生根据上述例子进行模仿。 引导学生从实例中抽象出概念。 **相对性状：____生物的____性状的不同表现形式。** （填"同种"或"不同种"；"同一"或"不同"） 2. 当堂检测，完成相对性状练习题。	观察调查表 思考，回答问题 模仿说出相对性状的其他例子 思考，抽象出相对性状概念的关键词 完成练习并进行分析	分步引导，启发思维，化难为易 提供示范 任务驱动，学会表达 训练从实例中抽象出概念的思维方式 及时评价反馈 学以致用
基因控制生物的性状	问题引入：我们的一些性状总是与自己的父母相似，父母究竟是把什么传给了后代呢？ 1. 引导学生阅读课本P26"转基因鼠的启示"，尝试表达自己的观点（有难度）。 不反馈学生的答案，分解演示过程，结合讲授，帮助学生理解以下几点： (1) 小鼠的输卵管中有两种受精卵，一种是导入了大鼠生长激素基因的受精卵，另一种是输卵管中原有的未转基因的受精卵。 (2) 超级鼠个体大这种性状是大鼠生长激素基因作用的结果。 2. 展示本片段内容标题：____控制____。引导学生推断基因与性状的关系。 3. 组织小组合作讨论课本P27(1)—(4)。 巡视，适时点拨、指导。 根据学生反馈情况进行补充。 再次强调结论：**基因控制性状**。 前后呼应，回到刚才的问题：父母把____传递给子女，才使子女的一些性状与父母相似。 4. 学以致用，分析"克隆牛例子"。 5. 提出问题："生物的性状完全受基因的控制吗？" 展示白萝卜实物，引导学生分析。	以"自身眼皮性状"为例，思考自己与父母的差异 阅读资料，进行分析，了解实验过程，尝试表达 观看动画，理解实验过程 在了解实验过程的基础上，推断两者的关系 观看视频，理解"基因控制生物的性状" 小组合作讨论，完成讨论题 分析解答 尝试回答，举例 学生观察分析 得出结论：生物的性状也受环境的影响	设难质疑，引起思考 自主学习 分步呈现，演绎原理，启发思维，化解难点 知识重建，纠正之前的错误观点 形象直观，加深理解 自主学习和合作学习相结合 突破难点 学会迁移运用 实物形象直观
转基因技术	导入：刚才转基因鼠的实验就是利用了转基因技术，现在转基因技术的运用已经非常广泛。 介绍转基因技术，展示各种转基因生物。	了解更多转基因生物，分析转基因技术给人类带来的好处及潜在的风险，学会辩证地看待转基因技术	承上启下 拓宽视野，关注转基因技术给人类带来的影响
课堂小结与练习	小结本堂课内容，课件辅助展示知识点。 出示练习。	回顾本节内容 完成练习	梳理知识点，形成整体知识框架，巩固知识

七、板书设计

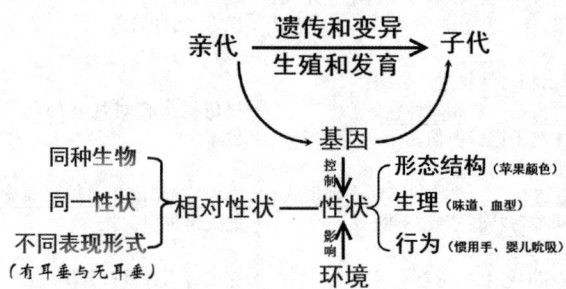

相对性状 —— 性状

亲代 —遗传和变异 / 生殖和发育→ 子代

基因（控制）

环境（影响）

同种生物
同一性状
不同表现形式
（有耳垂与无耳垂）

形态结构（苹果颜色）
生理（味道、血型）
行为（惯用手、婴儿吮吸）

"DNA 是主要的遗传物质"一节应用 iPad 的教学设计①

一、设计思路

　　根据课程标准,普通高中教育要发展学生的科学素养与人文精神、创新精神与实践能力,科学素养重在培养学生的科学思维、对科学方法的掌握和科学精神。本节教学应充分利用三个经典实验,以其为主线,让学生"重走探索之路",体验科学探索过程,领悟科学研究方法。

(一) 通过 iPad 实现个性化教学

　　本节教学内容多且较难,学生在接受和理解能力上的差异一直是显而易见的。使用 iPad进行互动教学,便于教师在课堂上针对学生个体差异进行有效的、个性化的指导。

(二) iPad 在课堂学习性评价上的运用

　　学习性评价(Assessment for Learning)是针对帮助学生更有效地学习,提高学业成就的形成性评价。课堂学习性评价,能及时反馈教学效果,但实施起来耗时费力,对教师评价素养的要求较高,这使得广大教师对其敬而远之、望评兴叹。iPad 课堂的兴起打破了课堂学习性评价的困局,使之变得全面、轻松,且反馈及时、准确。

二、教材分析

　　"DNA 是主要的遗传物质"是新课标人教版必修 2 第 3 章第 1 节的内容,参考课时数为一课时,因教学内容多且有一定难度,所以需要求学生做好课前预习。本节是在前面学习了细胞学基础知识(有丝分裂、减数分裂和受精作用)、阐明了染色体在前后代遗传中所起的联系作用、分析了染色体的主要成分是 DNA 和蛋白质的基础上来学习的。在相当长的时间里,人们一直把蛋白质作为遗传物质,那么,遗传物质是 DNA 还是蛋白质呢? 教材在此埋下伏笔,然后通过三个经典实验证明了 DNA 是遗传物质,最后列举少数生物只有 RNA 而没有 DNA的事实,得出"DNA 是主要的遗传物质"这一结论。

　　本节内容在结构体系上体现了人们对科学理论的认识过程和方法,是进行探究式教学的

---

① 潘俐."DNA 是主要的遗传物质"一节应用 iPad 的教学设计[J].中学生物学,2016(8):26 - 27.

极佳素材。在教学中,优化课堂结构,妙用科学史实例,把知识的传授过程优化成一个科学的探究过程,让学生在探究中学习科学研究的方法,从而渗透科学方法教育。

三、教学目标

(一) 知识目标

概述格里菲思的肺炎双球菌体内转化实验、艾弗里的肺炎双球菌体外转化实验、赫尔希和蔡斯的噬菌体侵染细菌实验的原理和过程;总结出 DNA 是主要的遗传物质。

(二) 能力目标

分析实验的设计思路,提高逻辑思维的能力;通过探讨"同位素标记法"的作用,认识到科学与技术之间相辅相成的关系,训练由特殊到一般的归纳思维能力。

(三) 情感态度与价值观目标

亲身体验科学研究的思路和方法,学习科学家的严谨态度和合作精神。

四、课前准备

(一) 上传课件和视频

登录相应教学智能平台,进入个人主页,先设置授课班级、增加课程——"DNA 是主要的遗传物质"。进入"备课室",从"备课室的课程管理列表"中进入本节课程着手备课,在"本课资源"中新增"课件:DNA 是主要的遗传物质""视频一:法国坠机现场无完整遗体 DNA 鉴定展开""视频二:噬菌体侵染细菌的过程、赫尔希和蔡斯的实验"。

(二) 上传课堂练习

首先在"我的题库"中一道一道上传编辑习题,每题分别编辑题干、难度值、答案加解析,有些题还要附图。学生回答选择题时直接点击所选序号,教师在设置问答题的"答案选项"时则应选用"答题纸方式",这样学生作答时可直接手写或通过输入法作答。

随堂练习可以让学生及时巩固所学知识,第一时间向教师反馈教学效果,帮助教师发现并收集学生所存在的知识缺漏和情感偏好。本节课笔者设计了两份练习,题库建好后,进入"备课室"中的本节课程,在"本课练习"中新增"练习一"和"练习二",编辑每份练习时点击"题库列表"中的绿色"+"号添加所需题目即可。

练习一:(五道单选题,略)。

练习二(问答题):[课后拓展]回顾本节课的内容,请写下你的"收获"或"疑问"。课后接着思考,我们下节课一起探讨。

五、教学过程

图1为iPad功能界面,左下角能观察全班学生上线情况,可兼作点名用;右下角为教师课前导入资源展示;左上角为控制学生练习收发;右上角为学生互批,包括对课堂练习解析的自主学习。

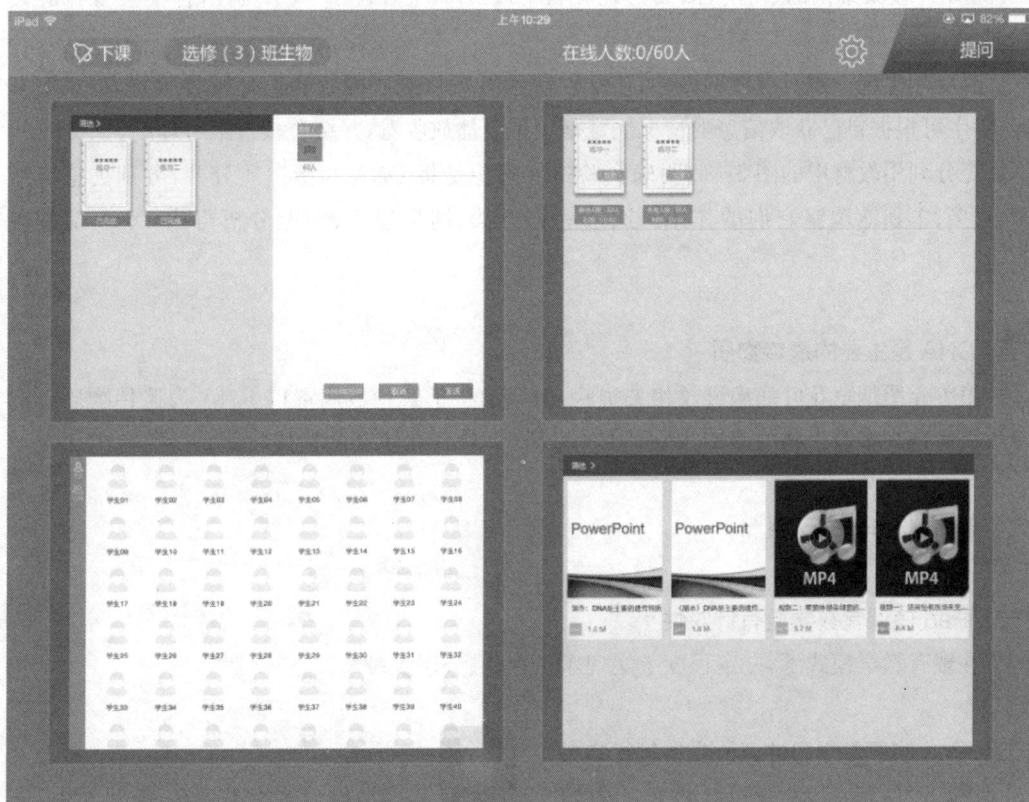

图1

(一) 创设情境,导入新课

播放"视频一:法国坠机现场无完整遗体DNA鉴定展开":隶属"德国之翼"航空公司的一架客机,在法国南部阿尔卑斯山附近坠毁,机上150名乘客和机组人员无一生还,现场没能找到一具完整的遗体,那么应该用什么方法来确定这些遗骸的个人身份呢?

(二) 格里菲思的肺炎双球菌体内转化实验

首先通过课件简单明了地介绍肺炎双球菌、菌落、S型、R型,为随后的学习做好铺垫。引导学生对格里菲思所做的四组实验进行对比分析,体会其巧妙与创新之处。

（三）艾弗里的肺炎双球菌体外转化实验

结合教材中的图 3-3，思考艾弗里的实验最关键的设计思路是什么。引导学生分析实验结果，得出只有 DNA 具有转化作用的结论。

（四）赫尔希和蔡斯的噬菌体侵染细菌实验

这个实验是本节的教学难点，教师先介绍噬菌体，再指导学生进行自主学习：观看"视频二：噬菌体侵染细菌的过程"；阅读讨论教材 P44—45，并在图 3-6 中画出各实验步骤的关键词。

改变学生统一观看视频的做法，让学生自行用 iPad 观看视频和用耳机收听解说，互不干扰，学生可根据自己获取信息的情况决定是否重复播放收看，并结合教材学习理解。

充分利用教材中的图 3-6，明确实验指导思想是将 DNA 与蛋白质分开，分别去感染细菌，直接、单独地观察它们的作用。通过标记方法、结果思考、误差分析得出 DNA 是遗传物质。

（五）DNA 是主要的遗传物质

简单介绍烟草花叶病病毒及相关实验，引导学生了解少数病毒以 RNA 为遗传物质。推导出因为绝大多数生物的遗传物质是 DNA，所以 DNA 是主要的遗传物质。

六、教学体会与反思

（一）iPad 使课堂教学更有针对性

在现有教学模式下，一定程度上实现了个性化、分层次教学。

（二）iPad 使课堂学习性评价变得轻松有效

iPad 的使用在课堂学习性评价上的优势尤为明显：① 可以做到全员评价、全批全改、同步反馈且学生能根据提供的各题解析有针对性地自主反思；② 收集整理学生在课堂中表现出的问题快捷，也便于统计、归类、评价；③ 展示课堂作品方便，轻松做到全员互评。

（三）iPad 在现有课堂教学中主要起辅助教学作用

iPad 课堂不仅需要充足的经费、发达的网络、成熟的技术支撑，还需要教师在备课中收集整理资源、课前精心编辑并上传资料，以及完成课堂预案的预设。因此目前 iPad 课堂的使用着重在发达城市、部分学科的部分课程，iPad 课堂如果要推广和普及还需要相当长的一段时间。目前，传统教学仍因其简便、受限少、操作性强而不可取代。

无论如何，iPad 课堂正悄悄改变人们对学习的观念，给我们描绘了一个美好的画面：iPad 因其便携、在线和储存信息量大使得学习变得"随心所欲"——在独处时、聚会中，在学校、家庭，甚至旅途中打开 iPad，学习都是一件信手拈来的事。也许那就是我们将来学习的主要方式!

注：本文是以下两个课题的研究成果。

（1）全国教育信息技术研究"十二五"规划 2013 年度重点课题"数字教育资源有效开发及教学深度融合的研究"，课题立项号：133021531。

（2）福建省省级重点课题"优化中学教师课堂评价素养的实践研究"，课题编号：FZJJ20130200067。

初中生积极身体意象心理课程的开发及实施①

厦门市思明区教师进修学校　龚　洁

一、积极身体意象课程开发的背景及意义

身体意象是指个体形成的对自己身体的心理图画,包括对身体生理心理功能的认知、态度(如情感、评价)以及对行为的影响[1]。身体意象作为身体自我的一个部分,对个体自我概念的发展至关重要,一个拥有积极身体意象的人才可能拥有积极的自我概念。处于青少年早期的初中生,正经历着青春期生理的剧烈变化,对于自我和他人评价的关注度高,而社会文化中又充斥着大量的关于理想美的宣传,这导致青少年对自我身体不满意的现象显得普遍和突出[2],以至于有研究者采用"常态性不满"这一术语来形容对身体不满意的发生率之高。消极身体意象严重影响了青少年的身心健康,并引发一系列的心理和行为问题,如节食行为、暴食症、情绪压力和低自我价值感等。在一线的教育教学实践中,笔者也常常观察到,处于青春期的学生对身体的关注度高,包括对体重、身高、肤色、青春期生理特征的发育(乳房发育、长痘痘)、运动能力等方面的关注,部分学生出现了对身体不接纳的现象,从而导致情绪低落甚至影响心理健康水平。因此,积极身体意象心理课程的开发对于处于身体迅速变化并易于受到环境、媒体影响的青少年而言是具有重要意义的。

二、积极身体意象的提升方法

(一) 饮食控制与身体锻炼

有关饮食控制和体育锻炼对身体意象的干预的研究表明,体育锻炼与饮食控制能有效提高对身体的满意度,例如体育舞蹈运动的试验干预或体育教学方式干预,可以显著提高女大学生对身体自我概念各维度(如整体身体自我、外表、身体力量)的认知,降低状态焦虑水平,提高身体自我满意度[3]。但也有一些研究者提出,参与体育活动会增加个体对自身的体重和身体外貌的关注,这样反而会提高身体不满意的水平[4]。

(二) 改变个体认知

改变个体认知是一种通过改变不良认知来矫治不正常行为的治疗方法,该方法认为,认知是客观条件或外部刺激与个体情感和行为的中介因素,是造成个体情感和行为上诸多心理

---

① 龚洁.初中生积极身体意象心理课程的开发及实施[J].江苏教育,2020(16):33-35,43.

问题的重要原因。因此要解决心理问题就必须以个体的认知,主要是认知方面的偏差和失调为干预的对象和切入口。它鼓励人们在自我价值认知中给予身体外表较少的重视,减少理想形象内化,建立更广泛的自我观,并指导个体在生活中提高身体满意度,教授降低身体焦虑和担忧的方法以及应对消极体验的技巧[5]。认知取向干预作为一种手段已经逐渐应用于青少年学生在学习、生活等方面遇到的各种心理问题,潘晨璟等[6]、杨江丽[7]、刘香华[8]、胡适[9]均采取认知取向或认知行为取向,以中学生身体意象不满意的预测模型为依据,对于中学生的身体意象进行干预,取得了较好的效果。

(三)提升个体对媒体宣传的批判意识

媒体对身体意象的影响机制在于使个体相信媒体中宣扬的拷贝世界等同于现实世界,继而将媒体中宣扬的"瘦理想"身体形象当作现实存在的。个体随着接触媒体时间的延长,在认可了媒体宣扬的"瘦理想"身体形象之后,便会产生对身体不满意和消极的情感体验。媒体知识干预侧重于采用教导的方式,使个体认识到媒体中的理想身体意象对他们身体意象的消极作用,激发个体的媒体意识和促使个体对媒体意象进行批判性分析[8],如玄艳丽从社会文化和社会比较的视角探讨了社会规范与媒体干预对女性身体意象的影响,结果发现这两种干预都能有效地降低女性的消极身体意象[10]。

(四)家庭干预协助提升个体身体意象满意度

已有的家庭干预大多只是针对母亲进行的干预。大量研究表明,母亲对孩子身体意象的发展和饮食态度及相关行为起着重要作用,尤其对女儿的影响更明显[4]。潘晨璟等人的研究加入了父母因素,结果显示,干预可以有效防止初中女生身体不满意度的增加,并且大部分父母对干预活动都比较满意[6]。

(五)同伴之间的干预提升个体身体满意度

大量研究表明了同伴之间的互动对青少年身体意象和饮食行为的重大影响,如同伴间关于体重和身体外貌的谈话、同伴对自己身体的嘲笑等因素对青少年身体满意度都会产生影响。周天梅和陈红的研究发现,中学生的身体不满意与同伴嘲笑之间存在显著的正相关[11]。

三、积极身体意象课程的开发及实施

(一)确立课程目标

《中小学心理健康教育指导纲要(2012 年修订)》指出心理健康教育的具体目标是:使学生正确认识自我,提高自主自助和自我教育能力。积极的身体意象的课程目标也以此为依据,主要是帮助学生客观地认识身体自我,了解影响身体意象的因素(个体生理、心理因素,社会文化因素),提升学生对于身体意象的满意程度。在这个总体目标的基础上,设置了具体的课程目标:(1)"我和身体做朋友",帮助学生了解身体每个部分的重要性,学习和身体连接,倾听身体提供的信号；激发学生爱惜和保护身体的意识。（2）"健康生活知多少"的目标是使学生了解睡眠和运动、饮食（包括主食、零食、饮料）、五官卫生的健康知识，有意识地主动调整和维持健康的生活方式。（3）"觉察家庭对身体意象的影响"的目标是帮助学生觉察家庭对相貌、身材、服饰特征、饮食习惯以及身体美观念的影响，使学生能够为身体意象负责，继承积极影响，学会应对消极影响。（4）"同伴嘲笑防御术"的目标是使学生能够了解开（体貌）玩笑者的心理状态，用理性的态度和合适的方式去面对（体貌）玩笑行为。（5）"应对社会比较"的目标是帮助学生觉察到身体意象比较的存在以及比较以后可能带来的影响，学习建立多元的社会比较观和全面的自我认识。（6）"揭开媒体的神秘面纱"的目标是使学生明白身体审美受到主流媒体文化的影响，激发学生的媒体意识，促进个体对媒体意象批判性的分析。（7）"审美成长录"的目标是使学生从服饰与装扮、体态与样貌两个角度了解中外审美的变迁发展史，了解不同历史文化中对身体美的定义，树立多元的审美观。（8）"I am Beautiful"的目标是引导学生进行适当的健康管理，改变可以改变的（体貌），接纳不可以改变的（体貌）。（9）"我型我秀——悦纳身体自我"的目标是使学生学会客观、全面地了解身体自我，提高对身体意象的满意度。九个课程目标环环相扣，紧紧围绕中学生身体意象的特点和发展规律进行设计，其中健康饮食和健康运动的知识教育是针对个体生物因素方面的设置，个体应对家庭、同伴、社会比较的课程是针对社会文化因素方面的设置，个体自我接纳的课程是针对个体心理因素的设置。

（二）明确课程内容

根据课程目标和初中学生身体意象的成长需要，我们设计了一系列具有心理学理论依据且贴近学生生活经验的课程内容。

夯实理论基础。为保证积极身体意象系列课程的科学性，每个课时的设计均以心理学的理论为依据，例如"应对社会比较"一课，讲解了社会比较的类型、社会比较的影响、何种类型的社会比较最有利于青少年的身心健康；"同伴嘲笑防御术"一课，明确了同伴嘲笑对于身体意象的影响、应对嘲笑的策略和方法等。

贴近生活经验。积极身体意象课程始终贯彻以学生为中心的理念，课程中所选取的素材来自学生的真实生活。例如"健康生活知多少"选取了学生在平时的学习生活中，不注意护眼、不吃早饭等素材；"觉察家庭对身体意象的影响"选择的素材来自父母对孩子身体意象的真实评论；"揭开媒体的神秘面纱"从学生日常接触到的广告入手来呈现广告对于"美的价值观"的影响和渗透。

（三）设计课程环节

积极身体意象的课程环节，包括暖身活动、主题活动、分享讨论、总结延伸四个部分。

切合的暖身活动。暖身活动的目的往往是帮助团体成员尽快进入上课主题，同时活跃课堂氛围。例如，"我和身体做朋友"这节课设计的暖身活动包括游戏"拍一拍"，教师提到身体的哪个部分学生就拍身体的那个部分，帮助学生学习和身体连接；"觉察家庭对身体意象的影响"这节课设计了暖身活动"连连看",让学生将明星和明星的父母连线。

体验性的主题活动。为了让课程更具体验性,采用了冥想(和身体连接)、情境教学法(应对同伴的嘲笑、应对父母对于身体意象的评价)、心理游戏(身体罢工、他人眼中我的形象)、视频教学(服装的变更、《奇迹男孩》片段)等一系列的活动形式。

参与性的分享讨论。提升课程有效性很重要的方式是分享和讨论,身体意象系列课程中教师首先要重视课堂安全性的建立,其次要精心设置课堂上讨论的问题,最后采取小组讨论、集体汇报等多种形式鼓励学生积极参与讨论。

有效的总结延伸。恰当的总结延伸能够给课程带来画龙点睛的效果,身体意象系列课程中采取教师总结、学生代表总结、布置课后任务等多种形式提升总结延伸的有效性。

(四) 收集课程评价

心理辅导课的课程评价侧重于学生的体验和收获。课程结束时,学生对身体意象课程进行了小结。从小结中可以看出,大家对身体意象系列课程都很认可,比如有学生表示"上了这个课程,我的收获很大,我才是我身体的主人""以后看到广告里或者同学恶意开身体的玩笑,我明白怎么应付了""原来在不同的朝代、不同的地区,美的标准都不同,我要自己定义美,做最美的自己"。

参考文献

[1] 陈红.青少年的身体自我:理论与实证[M].北京:新华出版社,2006:125.

[2] 平凡.高中生身体意象的特点及其影响因素[D].武汉:华中师范大学,2008.

[3] 尹剑春,柏建清.情绪调节体育教学模式对初中女生身体自我概念、状态焦虑的影响[J].体育学刊,2009,16(9):78-82.

[4] 鲁媛,曹佃省.青少年身体意象干预[J].中国校医,2014,28(6):472-474.

[5] 刘香华.青少年身体意象干预模式探索[J].福建论坛(人文社会科学版),2011(S1):105-106.

[6] 潘晨璟,陈红,蒋霞霞,杨江丽,王春.中学女生身体不满意的认知取向干预[J].心理发展与教育,2010,26(2):169-175.

[7] 杨江丽.中学生身体不满意的特点、影响因素及干预研究[D].重庆:西南大学,2011.

[8] 刘香华.高中生身体意象的认知干预研究[D].福州:福建师范大学,2011.

[9] 胡适.初中生消极身体意象的心理干预研究[D].乌鲁木齐:新疆师范大学,2014.

[10] 玄艳丽.社会规范及媒体知识干预对女性身体意象的影响[D].苏州:苏州大学,2009.

[11] 周天梅,陈红.四川省中学生负面身体自我与同伴嘲笑的关系研究[J].中国学校卫生,2009,30(4):339-341.

初中信息技术主题式单元教学的实践与探索[①]

——以"走进程序世界"单元教学为例

厦门市金尚中学　邹　斌

信息技术主题式单元教学以某一主题或内容为教学核心,将单元内容整体化,在一定的情境化教学背景下,让学生自主完成信息技术知识建构,深入探究学习某一特定学习主题。笔者以"走进程序世界"单元教学为例,探讨初中信息技术学科的主题式单元教学。

一、制定教学方案

在实施信息技术单元教学前,根据信息技术课程标准、教材和学生的具体情况,关注单元教学目标和课时教学目标,结合信息技术学科的特点,做好单元教学活动设计和单元教学评价设计。

(一)统整单元教学内容

教材等文本材料是教学资源的重要组成部分,做好文本研读是整合单元教学内容的前提条件,是形成教学材料的必做选项。"走进程序世界"单元是福建省义务教育教科书(2020年修订版)《信息技术》七年级下学期的学习内容,主要由编程基础、程序设计的三种基本设计思想和综合活动三个部分组成。

学生之前学过文字处理、图片处理、动画制作,少部分学生学过 scrach 等,绝大多数学生有一定的数字处理基础,对解决事物的算法表达有一定的认知基础。但学生对于编程的认知很少或仅仅停留在操作与实践层面,缺乏对程序实现方法的设计与思考。通过研读综合实践课程指导纲要和教学文本材料以及教学基本要求,笔者确立了这一单元的教学主旨:结合具体事例情境,利用流程图描述简单的实际问题解决的算法,运用三种主要的程序结构编程解决简单的实际问题,培育学生的计算思维,提升学生的思维品质。

(二)描绘单元知识图谱

"走进程序世界"单元由程序设计基础、程序设计三种基本结构和设计一个小游戏三个板块组成,明线是学习程序设计基础和三种基本结构后,能将所学知识运用于"猜价格游戏""石

---

① 邹斌.初中信息技术主题式单元教学的实践与探索——以"走进程序世界"单元教学为例[J].中学教学参考,2022
(17):85-87.

头、剪刀、布"游戏的项目设计。也就是采用"基础知识＋基本结构＋综合活动"的项目化学习方式,体现活动与体验、迁移与应用的深度学习特点。基础知识部分要求的关键知识或技能是两个"了解"(即了解程序与指令、程序设计语言及其编译)、一个"掌握"(即掌握C语言的基本语法)、一个"运用"(即运用自然语言和流程图描述算法)及一个"动手操作"(即实践编写第一个简单程序)。三种基本结构中,顺序结构要求的是两个"了解"(即了解数据类型、常量与变量的定义及使用)、一个"掌握"(即掌握算术运算与赋值运算)和一个"运用"(即输入函数与输出函数);分支结构要求的是两个"了解"(即了解关系运算、逻辑运算,逻辑判断与三目运算)、两个"运用"(即单分支结构、双分支结构)和一个"理解"(即理解多分支结构);循环结构则是要求会运用 for、while 循环。暗线是问题的解决、算法的描述。描绘这一单元结构知识图谱后,笔者又列出了本单元的预设教学方法、学科能力的教学设计要点。

(三) 制定单元教学目标和重难点

这一单元教学中,通过学习编程的基本常识、C语言的变量等基本概念和 printf 等基本语句以及顺序、分支、循环三种语句的表达应用,学生会逐步认识到程序和算法是计算机自动化的重要基础工具,并对整个计算机软件工作的原理有一个全局性的认识,逐步建立起计算思维,对信息技术学科特点的理解也会达到一个新高度,这正是本单元学习的价值。具体来说,这一单元的教学目标是通过日常生活中实际问题的解决,使学生掌握如何利用流程图描述简单的算法,提高解决问题的思维品质和学科素养。在教师的引导下,学生运用流程图的思维习惯及元认知都得到有效训练,学生经过这一学习的历程获得了"会学"的体验。

经过对初中综合实践教学纲要、课程特点和教学单元的分析、归整和理解,可以理出这一单元的教学重点就是:了解C语言的基本语法结构、程序及其执行过程;理解数据类型、赋值运算、算术运算;掌握关系运算以及 if 语句、for 语句、while 语句,能进行简单的程序功能需求分析、设计流程图。教学难点是:运用流程图描述算法;编译和调试程序;掌握输入输出函数、逻辑运算符及"/、％、＋＋、－－"的功能;运用 if 语句、for 语句、while 语句编程解决实际问题;综合应用分支语句、循环语句进行编程和调试。

二、预判学习困难

根据往常的教学实践、相关教研交流和必要的循证分析,预判学生学习本单元过程中将会碰到的主要困难,在此基础上优化教学中问题的设计,在问题设计上做足文章,启发、引导、点拨学生进行深度学习。

(一) 语法失误

比如将半角英文状态的字符输入成全角的逗号、分号、圆括号、双引号;句末";"、大括号、头文件漏输或输入不全;if(条件语句)后直接加";"变成空语句。

（二）调用的函数输错

例如调用 C 语言标准库函数格式输出函数 printf、格式输入函数 scanf 时会习惯性地少输入字母"f"；printf 中有的格式化字符串出现多个输出控制符，但在输出列表中没有对应好或列表中的变量个数少了；前后的数据类型没匹配好或是不一致，导致出现输出控制符弄错的提示；scanf 的变量地址少了"&"，同 printf 的控制符混淆；调用随机函数时忘记先通过类似 srand［(unsigned) time (NULL)］用时间来获取随机数种子而变成伪随机数。

（三）条件表达式理解和运用偏差

如理解"或""与"的关系时容易混淆，得出不同的取值范围；对于取模的运算的理解不到位，不清楚为什么要取模，什么情况下要用模运算，忽视取模只能是整数运算，不自觉地带小数进行模运算；对除（"/"）运算中整数除整数得整数转不过弯。这些问题的解决需要在实践操作中反复地强化，并在程序设计中巧妙地运用。还有运算符优先级在条件判别中的运用，可让程序更加清晰、简洁、明了。

三、设计教学活动

（一）预学反馈，精准教学

本单元教学中程序设计基础部分的程序与指令、程序语言及其编译，可以通过教师课前提供微课程、自主学习单及相应的辅助理解练习等，让学生预学，以便教师依据学情调整教学策略。流程图的学习可让学生参与完成一项家务活动，比如在家长的指导下煮一道菜，把这道菜的烹饪过程用流程图形式画出来，在班级群里交流。针对学生交流过程中暴露的问题，教师有针对性地花时间重点讲解，扫清后续学习障碍。此外，数据基本类型、变量和常量、算术运算、逻辑运算、关系运算的学习都可通过学生自主预学完成，教师设计一定量的巩固练习来帮助学生理解和掌握。课堂上教师运用希沃等平台上的双人比赛、填空、连线等形式的游戏活动，来了解学生的自主学习情况，再精准精讲相关重要、核心概念。

（二）紧抓主线，前呼后应

笔者以第一个程序设计为切入点，引导学生通过 printf 这个函数，"说出""HELLO WORD"或者其他带各种图案的"话语"，学生在活动中逐步明白相关的环境参数设置和程序基本语句表达要求。对于顺序语句，引入随机数生成的程序，进一步生成随机数种子，由 rand 语句随机生成规定范围的随机数。对于分支语句，以曹天元《上帝掷骰子吗》一书以及一个关于随机数生成的小程序，承、转、启地引入人机单个骰子的掷骰子游戏，由于骰子的点数是随机生成的，引入"随机"大概念，建构骰子点数这一具体事物抽象化成随机数、由计算机自动产生的计算思维，判断人机骰子点数大小后显示输赢结果。再以闽南博饼游戏活动为例，由单个骰子过渡到三个甚至六个骰子，根据学生不同学力层次进行分层要求，引导学生自主学习。让学生展示编程，在纠错与改进程序、不断生成新认知的活动中进入深度学习。此后再逐步融入,完成交换变量值、分糖果游戏、打车计费、青蛙益智接龙、猴子摘桃、韩信点兵、竞猜价格、"剪刀、石头、布"游戏等经典编程实例,激发学生的学习兴趣。

(三) 综合活动,自我诊断

本单元教材提供的综合活动是设计"猜价格游戏"和"石头、剪刀、布游戏"的程序。为此,既可以项目式活动来组织教学,也可以真实情境的活动形式提炼出问题,以问题为导向驱动教学。在活动中引导学生运用一定的编程技能,编写结构清晰、结果正确、界面友好的程序。学生从中进行理解、应用、迁移,自我诊断评估运用核心概念解决问题的能力和不足;评估针对具体问题形成解决的算法,通过流程图可视化表示,以程序语言来正确表达,把所理解的算法通过程序表达出来。课堂上有的学生在判断语句中把"if a>b==1"作为条件表达语句,这一课堂生成尤为珍贵,教师组织学生讨论其中的"==1""有错吗""有必要吗",从而加深学生对逻辑运算的理解,训练其计算思维,达到深层次学习。

四、开展循证分析

笔者对一学年以来任教的三个班级的教学过程、结果和学生的问卷调查进行循证分析,得出以下结论。

(一) 以真实的游戏情境推进教学,有利于学生计算思维的培育

在游戏过程中,引导学生形成解决问题的算法,在此基础上完成流程图的建立,通过流程图转化成计算机语言的表达,把分析出来的需求通过计算机程序语言"说"出来,实现问题的解决。学生在真实游戏情境的熏陶下,一步一步寻求问题的解决途径,程序在学生解决问题的过程中得以完成。这样的教学必定有利于培育学生的计算思维。

(二) 培养和提高学生的高阶思维能力

本单元教学以掷骰子游戏为主线,把各个零散的知识点串联起来,在"问题—活动"的情境中探讨程序设计基础知识、三种主要的程序结构编程,学生主动建构知识框架、有效迁移知识,培养和提升了探究精神以及批判性、发散性、开放性思维。另外,教师提供给学生的分层拓学单,既拓展学生的视野,又让教学游刃有余,学生进入深度学习的新境界。

参考文献

[1]《信息技术教师用书》编写组.信息技术教师用书[M].福州:福建教育出版社,2021.
[2] 薛继红.课堂教学诊断与主要教学问题例析[M].北京:北京师范大学出版社,2016.
[3] 汪昌华.教师教育专业实践教学中循证方法的应用[J].现代中小学教育,2010(5):64-66.

劳动教育背景下的通用技术学科单元项目学习设计[①]

厦门市集美区灌口中学　潘琼芳

通用技术学科在学校的劳动教育体系中发挥着重要作用,有助于提升学生的劳动素养。在通用技术教学中围绕单元项目学习主题、目标、策略、活动、评价和作业等方面设计,推进学生在单元项目学习中实现深度学习和劳动教育融合,促进体力与脑力劳动的结合。

通用技术学科以其立足实践的学科特点,整合了劳动技术、实践能力、劳动精神[1]。在通用技术教学目标中嵌入劳动素养的培育,通过项目式、过程性、单元化的教学体系,即以劳育为背景、以单元为逻辑、以项目为载体、以教师为主导、以学生为主体,有助于实现知行合一的知识学习、技能训练与劳动实践过程,提升劳动素养。单元项目学习设计,包括单元项目学习主题、单元项目学习目标、单元项目学习策略、单元项目学习活动、单元项目学习评价及作业。本文以 2019 年版苏教版《通用技术·必修一·技术与设计 1》第二单元"技术世界中的设计"展开实践,研究劳育背景下的通用技术学科单元项目学习设计。

一、确定单元项目学习主题,树立劳育意识

合理地确定单元项目学习主题,可以为单元项目学习内容起到定向作用,树立劳育意识。根据《普通高中通用技术课程标准(2017 年版2020 年修订)》和教材中的相关概念与要求,首先确定"技术世界中的设计"为单元项目学习主题,即:收纳架的设计与制作。该主题源于老师的办公桌上,堆满了 6 个班级的学生上次的作业本,老师批阅完常会错放,要找出哪个班级的作业本在哪里很浪费时间,为此确定了分类收纳架的设计与劳动实践任务。其次,对学习内容之间的逻辑关系进行分析与梳理(图 1),初步明确单元项目学习的脑力劳动任务,以便对学习内容及学习活动进行合理有序的组织及体力劳动实践。

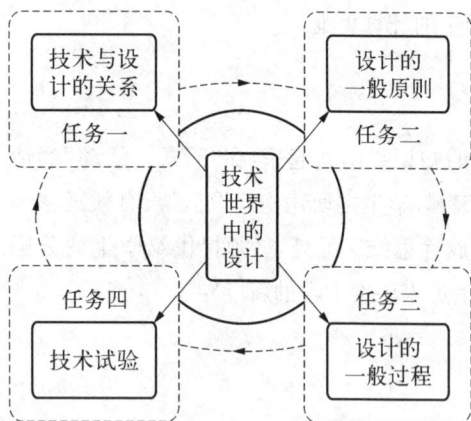

图1

---

① 潘琼芳.劳动教育背景下的通用技术学科单元项目学习设计[J].中学课程资源,2022(7):42-46.

二、梳理单元项目学习目标,挖掘劳动价值

单元项目学习目标是学生完成单元项目学习过程后学科核心素养达成的方向,是劳动价值的体现。它是单元项目学习设计的关键,以及单元项目学习活动、学习评价方案设计的重要依据[2],包括单元项目学习总体目标和任务学习子目标。

鉴于学生已学习并掌握"技术及其性质"的相关内容,本文重点说明"技术世界中的设计"单元学习总体目标的设计,即进一步学习技术与设计的相互关系、运用设计的一般原则、经历设计的一般过程、开展一定的技术试验,初步掌握设计的基本知识和技术实践的基本方法[3]等重要内容。根据课标的内容要求与学业要求、教学建议,确定总体目标如下:

(1)通过主题活动案例分析、技术试验和实践活动,理解设计的丰富内涵,并能阐述技术设计的特征,促进人与世界、技术与设计的相互关系的基本观念,以及正确的技术观、积极的劳动观的形成;

(2)通过技术调研等方式,了解设计的一般原则,分析原则之间的相互关系,培养人机理论综合分析能力,追求更好品质的技术态度,培养劳动习惯,增强劳动创造人的意识;

(3)结合任务提出设计、制定多样化解决方案,能说出技术设计的简单过程与方法,发展创新的方案构思和筛选能力,以创新思维丰富劳动智慧,增强劳动思维;

(4)针对产品设计方案,选用恰当的图样方式给予表达、制作模型或原型,设计实施简单的技术试验,能写出完整的试验报告,培养实事求是、严谨细致、安全操作的技术品质,实现创意物化,形成正确的劳动习惯,以技术实践增强劳动能力。

三、施展单元项目学习策略,创新劳动思维

单元项目学习策略的施展,为单元项目学习目标的实现提供组织方案,便于更好地重组教学内容、运用教学方法开展教学活动等。通用技术学科中结合实际学情,通过对单元项目学习任务的具体设定,开发合适的资源,将指定的教材内容置于特定的情境中,逐步让学生的学习与技术劳动实践过程实现做中学、学中做,即单元项目学习策略应基于学生认知规律,引领学生反思,在具体的挑战性任务中不断激发学生的探究欲望,并在核心问题的聚焦过程中逐步分层解决,激发学生创造性劳动思维,为智慧劳动提供方向。

在"技术世界中的设计"的"技术设计理念和设计一般原则"内容教学中主要采用基于教学问题的建构与启发策略(结构框图见图2)。让学生以"收纳架的设计"展开一系列学习,对技术设计理念的概念建立后,进行设计一般原则的学习并实现意义建构,为的是进行知识迁移,解决收纳架的需求设计,基于约束条件形成多种解决方案,增强解决问题的劳动思维,为劳动素养的培养奠定基石。

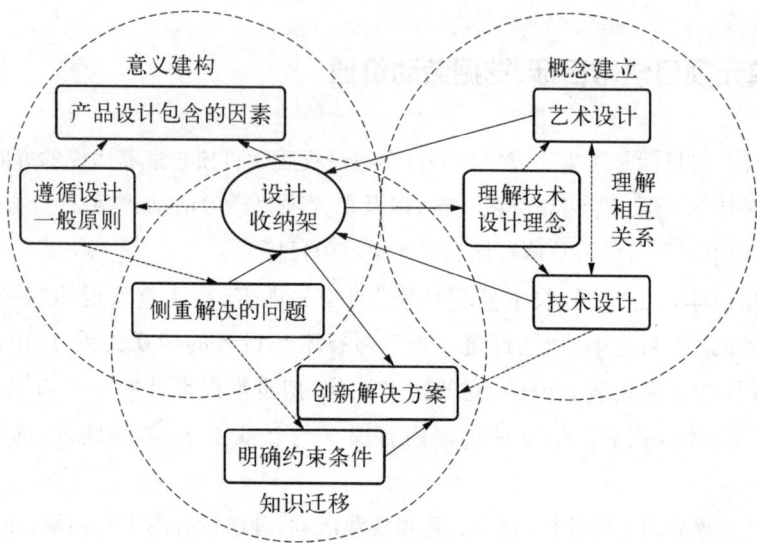

图 2

四、设立单元项目学习活动，丰富劳动成果

　　单元项目学习活动的设计，可促进单元项目学习目标的达成；单元项目任务的分层和单元项目劳动成果(学习资源)的生成，可推动学生在项目学习活动中开展深度学习、丰富劳动过程，践行学科理念和落实劳动教育，推进与丰富劳动成果。单元项目学习活动设计，主要包括任务分层、活动名称、活动目标、活动内容、素养体现和劳动(资源)成果六大方面。其中，单元活动目标的确定为单元活动内容的设计与实施提供方向，单元活动内容又为单元活动目标的实现提供媒介，二者共存，互益而生。

　　根据总目标确立活动子任务目标，在"技术世界中的设计"单元教学中结合教材相关内容，确定相关的单元项目学习活动及劳动成果(资源)表(表1)，使得单元项目学习活动紧紧围绕主题，分层扎实开展，保证活动开展的有效性、劳动成果的递进性。

表1　"技术世界中的设计"单元项目学习活动及劳动成果(资源)表

单元活动	学习活动一	学习活动二	学习活动三	学习活动四
任务分层	厘清收纳架设计中的技术与设计的关系	以收纳架设计为实例，探析设计的一般原则	通过收纳架的设计与制作，体验设计的一般过程	走进技术试验，对收纳架进行测试
活动名称	1. 调查生活产品的发展变化历程 2. 讨论收纳架设计中技术与设计的关系 3. 了解技术设计的丰富内涵	1. 分析设计的一般原则 2. 辨析设计原则之间的关系	1. 经历问题的发现、需求的确定，设计收纳架 2. 根据问题提出方案，制作收纳架原型或模型	1. 调查、区分技术试验方法 2. 对收纳架进行测试 3. 撰写试验报告

单元活动	学习活动一	学习活动二	学习活动三	学习活动四
活动目标	1. 初步学会通过实体、网络等渠道对产品进行调查的方法，学会对信息的整理，归纳产品的发展历程 2. 结合不同的收纳架产品，提出人类需求的变化，说明技术与设计的相互关系 3. 以技术设计的眼光对产品分类，听取意见，感悟技术设计的魅力	1. 针对不同产品，说明其体现的设计的一般原则（创新、实用、经济、美观、道德技术规范、可持续发展） 2. 能合理地解释产品的设计意图	1. 亲历设计的一般过程，针对收纳架，通过调查等方式了解用户的需求，明确需解决的主要技术问题，从技术设计角度分析制定设计方案 2. 根据方案选择合适的材料和工艺，制作收纳架原型或模型	1. 知道技术试验的重要性，明白不同技术试验方法在不同产品中的运用 2. 选用合适的试验方法对收纳架原型或模型进行试验 3. 客观、科学地完成试验报告的写作
活动内容	1. 调查产品发展变化 2. 调查、说明各类收纳架的差异 3. 归纳分析技术与设计的关系	列举公园座椅、洗衣机、汽车、收纳架等的设计原则并说明意图	1. 设计收纳架 2. 制作收纳架	1. 列举不同技术试验方法及案例 2. 测试收纳架 3. 撰写收纳架试验报告
素养体现	技术意识、图样表达		图样表达、创新设计、物化能力	
	劳动精神、劳动思维		劳动习惯、劳动思维、劳动能力	
劳动（资源）成果	技术产品（如手机、电风扇）发展变化历程表、艺术产品和收纳架产品图片/视频	上述产品的图例/视频/实物，图表体现原则差异	收纳架的设计报告、原型或模型实物、制作过程的图片/视频	技术试验方法图表、收纳架模型或原型实物、试验报告表、测试图片/视频

五、实施单元项目学习评价，夯实劳育过程

劳育过程的扎实程度影响劳动素养的形成，而劳育过程需要对单元项目学习进行观察与评价，包括学生在整个单元项目学习活动中的过程表现和最终成果，这有助于学生检测自己每个阶段的具体情况，更利于教师进一步对教学行为做调整，达到教学相长的目的。

持续地、系统地对学生单元项目学习情况做评价与即时反馈，对多元评价主体的确定及其评价方法的多样选择，可促进教与学的精准化。本单元项目学习主要采用过程（表现）性和终结性评价相结合的方式，通过学生自评、学生互评和教师评价来实现评价主体的多元化。其中，学期总评＝60%＊终结性评价＋40%＊过程性评价，评价总分为100分，终结性评价主要以单元纸笔测试结果为主，而学生参与单元项目学习的一系列表现（如设计过程的经历、工具的选择和使用、技术试验和活动参与等劳动情况）作为过程性评价内容，并由此生成一些劳动成果（如设计报告、调查表、展示小板报等），形成素养分级（参见表2）。

表2 "技术世界中的设计"单元项目学习的过程性评价表

评价指标	素养水平层次
劳动精神 （实践的态度）	水平3：用心观察技术生活问题，了解需求，热爱劳动教育，以积极主动的态度参与劳动教育，对劳动有一种崇高的敬仰态度，追求工匠精神，以劳动为荣 水平2：能观察日常生活问题，有通过劳动创造去实现需求的想法并付诸实践，以劳动为荣 水平1：需要借助力量去发现问题，通过教育引导劳动创造
劳动习惯 （活动的 参与度）	水平3：任务完成过程中，具有很高的积极性，与组员充分交流意见，遇问题寻解决途径，坚持不懈，合理地分工与合作，爱护工具，树立"做好分内事，能帮助他人，争做集体事"的意识 水平2：任务完成过程中，具有较高积极性，与组员交流与分工，做好分内事，能帮助他人 水平1：任务完成过程中，具有一定的积极性，遇到困难就逃避，很少交流
劳动思维 （设计过程 的经历）	水平3：能根据任务要求，收集并整理出相关丰富的信息，完成设计报告，经历并创新地实现合理的设计过程（先构思一个方案，然后绘制图样，写出加工工艺，再进行制作并测试优化），时间分配合理 水平2：能根据任务要求，收集和整理相关信息，写完设计报告，经历合理的设计过程（先构思一个方案，然后写出加工工艺，再进行制作），但时间分配不合理（例如构思方案时间过短，导致方案不完整，或过长而导致制作时间不够），图样不清楚；或者时间分配合理，但设计过程个别地方不合理 水平1：能根据任务要求，收集较多信息填写设计报告，个别地方不合理，时间分配不合理
劳动能力 （工具的选择 和使用）	水平3：能根据设计方案，选择合适的工具并安全、正确、规范、熟练地使用工具，完成项目 水平2：能根据设计方案，选择工具，个别工具选择错误但经尝试后能正确选择，且安全、正确地使用工具，完成大部分项目 水平1：能根据设计方案，选择工具，部分工具选择错误但经尝试后能正确选择，能安全、正确地使用工具，但个别工具的使用有问题，完成少部分项目

六、设计单元项目学习作业，助推学业达成

单元项目作业是基于单元项目学习目标对学生完成单元学习的进一步反馈，是单元学习评价的重要组成部分。因此，灵活设计单元项目作业，必须关注要掌握的必备基础知识、要培养的关键能力和要培育的核心素养三大方面。作业的真实情境问题要密切联系生活、生产实际来创设，聚焦学生的知识、技能的综合分析与运用能力，检验学生解决实际问题的能力。通用技术的单元项目作业题不宜过多，一般为10道题，且根据课程内容设计选择题、作图题和设计题等题型，其中选择题7—8题，作图题、设计题2—3题。作业可以个人完成，也可以小组合作完成，以此减轻学生的作业负担。总之，要突出作业的情境性、科学性、适用性、劳动性和校本化等。下面举例说明。

1. 疫情以来，机场、医院、学校及公共商场等门口启用了测温安检门，其主要采用自动红外测温门技术，在人流量大的情况下快速抓取温度数据，并有声音警报提示体温异常，有效防止疫情扩散、减少人员感染。下列说法不合理的是（　　　）。

（A）红外测温门技术有利于现代产品的设计

（B）测温安检门使测温手段多样化、高效化

(C) 红外测温门技术可与人脸识别技术等结合开发出功能更好的测温设备

(D) 自动测温门的设计不受任何制约

该题基于社情创设情境，研究技术与设计的关系，解答要从题干中提炼意思。解这类题目要做到：一是判断陈述的事实，到底是先有了某项技术，还是有了某种设计思想；二是分析逻辑关系，是因为有了某种技术（设计）从而出现了新设计（技术），以此推动了社会发展，还是一种倾诉，想要做出什么设计（技术），但做不出，因为没有相关技术（设计）。通过对此题的分析与解答，提升学生的对技术问题的理性判断，并激发学生进行劳动创造的兴趣。

2. 李明同学想帮爸爸设计一款笔记本电脑支架，在搜索资料时，发现一款支架及其评价：① 采用可回收材料比较环保；② 让眼睛与显示器保持安全距离可保护视力；③ 无须低头操作，可预防颈椎病；④ 可折叠，便于携带；⑤ 支架角度可调，便于操作者选择舒适的使用角度。请根据上述评价回答以下问题：

(1) 上述评价体现了设计的 ＿＿＿＿＿ 、＿＿＿＿＿ 、＿＿＿＿＿ 原则（① 实用原则；② 经济原则；③ 美观原则；④ 可持续发展原则；⑤ 创新原则）（填序号）；

(2) 上述评价是对 ＿＿＿＿＿ 的评价（① 设计过程，② 设计成果，选择序号填）；

(3) 为了检验笔记本电脑支架的质量，以下试验方案中不合理的是 ＿＿＿＿＿（填序号）。

① 在支架上适当施力检查支架的强度；

② 为检查支架处于不同角度时的稳定性，调整支架角度；

③ 为检查支架的防滑性能，将笔记本电脑放在支架上，然后适当施力；

④ 将支架拆开后重新组装，检查连接部分是否损坏。

根据以上描述，你觉得还有什么可以改进的？（至少说出一点）

该题是关于笔记本电脑支架的设计分析题，对综合能力的要求较高，有一定的难度，主要考查设计的原则、技术试验方法和设计的评价，需要学生发现问题，并对原方案进行改善，能综合提升学生的技术意识、创新设计能力，增强其劳动思维和劳动能力。

总之，经过实践与研究，教师以单元设计为切入点，从整体出发[4]，开展单元项目学习设计，以真实的问题情境引入，以适切的单元项目为劳动载体，探索多元化的技术设计与劳动实践活动，对技术与设计的知识进行建构与综合运用，开展循序渐进、潜移默化、螺旋上升的学习与实践过程，促进学生深度学习和劳动思维的培养，落实学科素养。在单元项目学习设计过程中，存在备课资源匮乏、项目载体匹配性差、劳动教育背景单一等问题，可尝试加强所在片区、市及以上区域的合作与研究，集广大智慧，共同合作探究，开展劳育背景下通用技术学科的智慧教学，以促进单元项目教学的深入发展。

参考文献

［1］金丹丹.劳动教育与通用技术课程统整推进的路径探究——以苏教版普通高中《通用技术（必修）·技术与设计》为例［J］.中小学班主任,2021(2)：9-11.

［2］吕国裕,王瑞."基因突变及其他变异"单元学习设计［J］.福建基础教育研究,2021

(04)：125 - 127.

［3］顾建军,吴铁军.普通高中通用技术课程标准(2017 年版 2020 年修订)解读[M].北京：高等教育出版社,2020.

［4］中华人民共和国教育部.普通高中通用技术课程标准(2017 年版 2020 年修订)[S].北京：人民教育出版社,2020：4.

求学问道：课题研究

基于课程标准，追求"教—学—评"一致性①

——2020 年福建省中考语文试题特点及教学导向

厦门市集美区教师进修学校　李　涛

2019 年 11 月，教育部发布《关于加强初中学业水平考试命题工作的意见》(以下简称《意见》)，指出初中学业水平考试(以下简称"中考")应坚持正确导向：一是落实立德树人根本任务，二是依据课程标准科学命题，三是发挥引导教育教学的作用。2020 年福建省中考语文试卷(以下简称"福建卷")是如何贯彻《意见》精神的？试题呈现出哪些特点？对初中语文教学具有怎样的导向作用？本文将结合试题和评卷情况具体分析。

一、试题特点

《意见》明确指出，取消初中学业水平考试大纲，严格依据义务教育课程标准命题，不得超标命题。同时，我们注意到，2019 年初，教育部启动了义务教育课程标准修订工作。据此，我们不妨把近两年视为初中语文教学、考试的"过渡期"。从 2020 年的福建卷看，其命题依据是《义务教育语文课程标准(2011 年版)》(以下简称"义务教育课标")，同时又渗透了《普通高中语文课程标准(2017 年版)》(以下简称"高中课标")中"学科核心素养""教学与评价建议"的相关要求，还对接了"一核四层四翼"的高考命题要求。具体来说，呈现出以下三大特点。

(一) 坚定文化自信，紧贴时代生活

在考试核心功能上，福建卷落实立德树人根本任务，体现了鲜明的民族性和时代性。

一是引导学生理解传统文化的当代价值和世界意义。中华优秀传统文化是重要的语文课程资源，广泛而深刻地影响着学生的精神世界。福建卷密集运用中华优秀文化资源，将其有机融入试题。全卷涉及的古代经典著作有 4 部，分别是"四书五经"中的《礼记》《论语》，"二十四史"中的《魏书》和"四大名著"中的《西游记》。考查的古代诗歌有 8 首，既有北朝民歌，又有唐诗宋词。现代文阅读(一)《拜谒李时珍》带领学生走近中医药文化，感受"国之医者"李时珍的伟大。现代文阅读(二)聚焦网络文学发展，启发学生思考传统文化、时代精神与网络文学的关系。语言运用题以"《离骚》评析"为情境，为学生开启了领略抒情长诗风采的另一扇窗。

二是引导学生坚定理想信念、提高品德修养、增长知识见识。福建卷从学生认知水平和

---

① 本文发表于《福建教育》(中学版)2020 年第 9 期，被人大复印报刊资料《初中语文教与学》2021 年第 3 期全文转载。

生活实际出发,将鲜活的时代生活引入试题。非连续性文本阅读以志愿服务为话题,以记者访谈、图表、微信群聊为情境,将学生带入真实的生活场景,使其切身体会奉献、友爱、互助、进步的志愿者精神,并深入思考如何提升志愿服务的质量。作文题材料将"有字之书"(读书学习)与"无字之书"(生活智慧)并列,意在引导学生从学习、生活等层面切入,回顾有价值的经历、体验,表达对学习与性格的关系的思考。"学以成人"是东西方文化的一种共识,孔子和苏格拉底对此都有过经典阐释。此题把学生带入这一传统而充满活力的话题之中,让学生贴近自身学习、生活实际去感悟和思考,有助于学生逐步形成良好个性和健全人格。

(二) 基于课程标准,突出关键能力

在考查内容上,福建卷最大的特点是依据义务教育课标命题,突出对关键能力的考查。

一是突出了对信息整理能力的考查。义务教育课标指出:"阅读是运用语言文字获取信息、认识世界、发展思维、获得审美体验的重要途径。"在信息化高度发展的时代,信息整理是一项重要能力。福建卷主动顺应时代特点和学生发展需求,突出了对信息整理能力的考查。以非连续性文本阅读为例,聚焦"志愿服务",引导考生从三则材料中获取关于志愿服务的注册方式、活动类型、项目需求等相关信息,并在此基础上提出改进志愿服务的建议。

二是突出了对审美鉴赏能力的考查。义务教育课标指出:"文学作品阅读的评价,着重考查学生感受形象、体验情感、品味语言的水平,对学生独特的感受和体验应加以鼓励。"福建卷诗歌阅读题是对两首唐诗作比较阅读,选择题综合考查修辞、描写角度、意象(景象)、意境(气氛、情景);简答题围绕两首诗的共同意象"月",考查情感表达的不同之处。现代文阅读(一)紧扣散文体式特点,既考查理解、分析、概括能力,又考查鉴赏能力。如赏析"在沉重的呼吸里,枯瘦的村庄摇摇晃晃"一句中"枯瘦"一词,要求考生把村庄的情态与人的情态联系起来,还原到具体语境之中,通过联想、想象,体会作者用词的巧妙。又如赏析"李时珍的脊梁始终那么高,又那么低"这个句子,不仅要读懂原文,深刻理解李时珍的形象,更要在审美鉴赏之中加入辩证思维,理解"高"与"低"对立统一的关系。

三是突出了对分析性、应用性写作能力的考查。福建卷的作文题是对历年福建省中考作文命题的一个突破。一是强调分析性。既要分析"学习"的内涵,又要分析"性格"的内涵,还要分析"学习"与"性格"二者之间的关系,认识和体会"学习"(含"生活")在塑造(影响、改变)性格方面的作用。二是应用性。"文章合为时而著,歌诗合为事而作。"本题写作情境和要求为"在主题班会上与同学交流分享",这就意味着写作时应充分考虑文章的应用场合(主题班会)、受众(同学)、功能(交流分享)。严格来说,这个作文命题是属于交际写作范畴的,无论记叙还是议论,都应该具备发言稿或演讲稿的文体、语体特点。显然,这一命题思路与近年来高考作文命题范式高度契合。正如张开所说:"写作能力是指在特定情境中,运用语言文字构建语篇进行表达和交流的能力。"

(三) 巧设情境任务,整体综合考查

在考查方式上,福建卷基于真实问题情境,设计典型任务,综合考查考生语文素养。

义务教育课标指出："语文课程评价要体现语文课程目标的整体性和综合性,全面考查学生的语文素养。"要实现考查的整体性和综合性,就必须以真实、典型、具体的语文实践活动情境为载体。福建卷试题情境主要有三种:一是个人体验情境。如名著阅读的填空题,设置了学生阅读名著的体验情境,考查考生对《红星照耀中国》《西游记》《简·爱》三部名著的熟悉和理解程度。二是学科认知情境。如语言运用题,设置了一个阅读情境,考查考生在阅读情境中识字、辨义及分析段落中句子之间关系的能力。三是社会生活情境。如前所述,非连续性文本阅读设置了记者访谈、图表、微信群聊等社会生活情境,作文题设置了主题班会的情境,都是为了考查考生运用祖国语言文字参与社会实践的语文核心素养。

二、教学导向

(一) 以培育学生学科核心素养为根本目标实施教学

高中课标提炼和概括了语文学科核心素养的四个方面,即"语言建构与运用""思维发展与提升""审美鉴赏与创造""文化传承与理解"。从福建卷试题特点分析可知,考查考生学科核心素养已成为命题的明确导向。这就要求我们以培育学生学科核心素养为根本目标实施语文教学。

首先,要深刻理解学科核心素养四个方面的关系。王宁指出,语言建构与运用是语文学科独特的课程素养,也是其他要素的基础;语文课程思维指的是与语言密切联系在一起的思维;语文课程审美首先是针对言语作品的审美;而语言文字是文化传播和文化生活建构不可取代的基础工具。这四个方面不是一个一个地分别实现和落实,而是有侧重地综合实现的。从福建卷看,无一题不是考查语言建构与运用,而在考查这一独特课程素养的同时,也就考查了理解、分析、概括等与语言密切相关的思维能力,对审美、文化的考查又自然融入其中,充分体现了综合性的特点。

其次,要有问题解决的整体观,善于创设真实的问题情境。学科核心素养是学生通过语文实践活动来形成和发展的,而这个活动必须在真实语言运用情境中实现。杨向东认为,培育核心素养,主要通过发现学习、探究学习或者建构学习来实现。这就要求教师要有问题解决的整体观,善于创设真实、复杂的问题情境,关注学生发现问题、解决问题过程中的学习活动,素养的培育其实就蕴含在这个过程之中。从福建卷评卷情况看,现代文阅读(一)第14题"文章最后一段有什么含意? 请结合全文简要分析"的得分率较低,暴露了学生面临复杂的个人体验情境、学科认知情境时的窘境。具体原因:一是没有读懂全文,不能结合全文;二是没有"分"开"永远的经典""符号""民族的魂魄",来"析"各自的含意;三是概括不到位。由此可见,在日常教学中,教师要有意识地设置较为复杂的问题情境,并巧妙设置问题解决支架。

(二) 以评导教、以教促学,追求"教—学—评"一致性

"教—学—评"一致性是一种"目标导向"任务驱动式的教学思维。通俗地说,就是以结果"倒逼"过程的思维。其流程大致如下:首先,从学科核心素养出发,结合单元、文本、学情,明

确学生要达到的学习目标有哪些。其次,明确为了衡量学生是否达成学习目标,要设置怎样的情境任务来引发学生的语文活动。再次,明确怎样证明学生达成了学习目标,即学生要留下怎样的学习成果。最后,明确为了帮助学生达成学习目标,教师需要做什么。例如,提供怎样的概念性知识、程序性知识,提供哪些学习资源。

这种教学思维,既可运用于单篇课文的教学,更可运用于单元整体教学、项目教学。高中课标给学习者呈现了 18 个学习任务群。每个学习任务群都融合了学习情境、学习目标内容、学习方法、学习资源,以学生的语文活动为主线,主要通过阅读与鉴赏、表达与交流、梳理与探究等具体学习活动完成项目任务的学习。学习任务群是一种典型的基于"教—学—评"一体化的项目学习,是学科核心素养落地的重要途径。2020 年秋季高中新教材在福建省开始使用。高中语文教学方式的变革,势必辐射、影响义务教育课程标准修订和初中语文教学改革。初中语文教学,可借鉴高中学习任务群的方式,整体推进单元教学,把单元当作一个微课程,一个撬动课堂转型的支点。

福建卷作文题写记叙文的多,写议论文的少;写记叙文,大部分考生停留在浅层的学习、考试,少部分考生能挖掘出"生活"是丰富的学习宝藏;写议论文,论证思路不清晰,抓不住"性格"的内涵,多理解为情绪或精神状态。至于写成发言稿或演讲稿的就更少了。无论写成哪种文体,许多考生都不能揭示"学习"与"性格"二者之间的关系,多写"学习",少写"学习"对"性格"的塑造。

反思考场出现的这些问题,如果能从基于"教—学—评"一致性的单元整体教学入手,或可找到解决之道。例如统编教材九年级上册第二单元,都是议论性文章,但是文体各不一样,有演讲稿、书信、"书简"、哲理散文;写作板块的内容是"观点要明确"。如果教师能在本单元教学中整合阅读与写作教学,通过"以读促写""以写促读"的双向互促,可有效提高学生议论性文章的阅读和写作能力。可把"写作"板块第三题(青少年应该如何对待时下流行的各种电子游戏)作为单元学习主任务,首先,引导学生阅读单元中的四篇课文,明确每篇文章的观点是什么、是怎么提出来的、是怎么论证观点的;再体会每篇文章不同的文体和语体特点,理解"交际写作"的内在规范。其次,引导学生根据主任务,深入思考、确定自己的观点,用简洁的语言明确表达出来;再围绕观点,选择恰当的材料支持自己的观点;然后模仿本单元中任意一篇课文的文体和语体特点,下笔成文。如果能在单元教学中打通读写,并坚持做下去,考场作文出现的那些问题,就必定不会大面积存在了。

(三) 读书,提升学生语文核心素养的治本之道

从试题分析可知,福建卷取材多样,涵盖古今中外,人文色彩浓厚;试题的情境性、综合性特点显著;虽然文本难度和阅读量适中,但是思维含量较高。因此,贯彻义务教育课标提出的"提倡少做题,多读书,好读书,读好书,读整本的书"是提升学生语文核心素养的治本之道。所谓厚积而薄发,不积跬步焉能至千里?统编初中教材的"名著导读"、统编高中教材的"整本书阅读",都传递出"语文课是读书课"的强烈信号。

在实际教学中,我们往往陷入"知易行难"的境地,学生阅读的数量和质量都令人担忧。

要扭转这一现状,需要多方发力,打"组合拳",单就语文教师来说,应该坚守语文课堂这方读书阵地,并不断影响、延伸到学生的课余和课外。温儒敏曾说,语文教师应当是一粒读书种子。这话道出了语文教师在语文教育中的关键作用。在培养学生产生读书兴趣、掌握读书方法方面,很多教师做出了很多有益的尝试,取得了很多有益的经验,诸如群文阅读、对比阅读、1+X阅读等。毛泽东在《实践论》中说:"感觉到了的东西,我们不能立刻理解它,只有理解了的东西,才能更深刻地感觉它。"我想,读书也是一样。只有当我们真正把学生引入读书之门,学生增长了知识见识,理解了书中蕴含的情、理、趣,才能从内心感觉到读书的无穷妙趣,也就不会视读书为畏途了——这或许就是语文教育孜孜以求的一种境界吧。

核心素养视域下的读写贯通课例研究

厦门市翔安区实验学校　沈河拢

阅读与写作教学，几乎承担着语文课程的基本教学任务。其教学质量关乎整个学科课程目标的落实。读写方面的教学研究，一直是老师们研究的焦点。尤其，阅读教学领域的研究，随着大概念、大单元、项目化等主题的融入，更是一波接一波地推进。实际上，读写教学在落实学科核心素养方面，仍存在需要改进的地方，需要我们进一步深入研究。

一、研究背景

随着课程改革不断深化，老师们也不断更新理念，但是现行语文教学仍然存在以下两个问题：失衡与失联。

我们通过调查与访谈，以及文献研究，发现农村学校初中语文教学中的阅读与写作仍然难以合理统筹，主要存在以下问题：

(1) 阅读教学与写作教学"失衡"：阅读教学课时占比大，写作教学课时占比小。阅读教学，多以课文的阅读分析为主，了解写作背景，感知文本思想情感内容等，这仅停留在引导学生感知文章"写了什么"的层面。虽有部分教师进一步地引导学生探索文章"怎么写"，以获得审美体验和写作技能，但是学生在课堂上的写作表达训练还是比较少。而写作教学，安排的课时少，且以评点学生习作作为课堂主要内容。部分教师遵循统编教材的写作教学能力点进行序列化的写作技巧教学，但是囿于课堂时间，课堂上讲授写作知识多，写作实战训练少，导致理论和实践脱节。尽管布置了课后作文作业，学生也难以有质量地完成写作任务。无论是教学课时占比还是阅读教学、写作教学内容的选择都存在失衡，导致学生的读与写无法很好地融通，制约着语文素养的提升。

(2) 阅读教学与写作教学"失联"：在随堂观察的过程中，发现一个很明显的现象是教研活动中所呈现出来的公开课设计会比常态课更加重视将读写融通于课堂，大都实现了较好的教学效果。尽管部分课堂在表面上有"读"有"写"，却无法达到深刻，究其原因，"读"与"写"的活动缺乏联结点，呈现如水油分离的特征，二者并未有效反应，不能够统一地去服务课堂目标。课堂上的"读"和"写"失去联结，没有实现相互促进和有机融合，导致阅读、写作能力的提高效率低下，还会使课堂活动缺乏聚焦点。无指导、无意义的写作成果也可能削弱学生的写作兴趣。

基于此，提出读写贯通课例研究，将阅读与写作统整起来，实现贯通以解决失衡和失联的问题。

二、读写贯通与核心素养

《义务教育语文课程标准(2022年版)》，明确指出课程育人价值以目标、问题、创新为导向，聚焦中国学生发展核心素养，培养学生适应未来发展的正确价值观、必备品格和关键能力，引导学生明确人生发展方向，成长为德智体美劳全面发展的社会主义建设者和接班人。义务教育语文课程培养的核心素养，是学生在积极的语文实践活动中积累、建构并在真实的语言运用情境中表现出来的，是文化自信和语言运用、思维能力、审美创造的综合体现。这是一体四面的关系，都是基于语言的学习与运用，在语言的学习与运用过程中，发展语言能力，包括理解和运用、言语思维能力、审美与创造能力，促进文化积淀和发展，从而坚定中华文化自信。

义务教育语文课程标准，以六个任务群组织与呈现。这六个任务群虽然分成三个层面设置，但仍然以第二层面三个发展型学习任务群为重，无论是"实用性阅读与交流""文学阅读与创意表达"还是"思辨性阅读与表达"，其活动外延都是阅读与表达，可以理解为阅读和写作教学活动。只不过，文本类型不同，所承载的语言运用、思维能力和文化内涵不同而已，学习的核心素养有所侧重而已。再说，基础型学习任务群，也是依托具体的不同文本的学习与运用得以落实。整本书阅读，跨学科学习等拓展型学习任务，依然需要基于不同类型的文本进行课外拓展，和关联不同学科的知识进行文化的创新与表达，融通各类知识、创意解决语言文字、文学、文化等方面的实际问题。

基于任务驱动理念，建构主义学习等理论的运用，在实际课堂教学中，应把阅读与表达统整起来，以一个完整的系统来构建课堂教学，使阅读与写作教学贯通起来。

读写贯通既是策略，也是目标；既是内容，也是途径。以读写视角统整阅读教学和写作教学，把阅读教学和写作教学视为一个有机体，把阅读教学和写作教学置于整体设计理念中，融合、贯通起来，使其摆脱单一与割裂的困境，使其共生发展。阅读教学中，引导学生以写作思维视角切入，既获得读者审美维度的价值，也获得作者写作维度的价值，在语言文本阅读过程中获得言语创意表达的范式，并整合、内化成自己的话语体系。在语言活动中，获得语言运用的基本知识、基本技能、基本方法、基本经验，并以此丰富自己的语言表达素养。同时在写作教学中，引导学生以积累的语言智库为基础，以写作的思维去观察、体验、思考事物与事理，并学着以自己的方式文从字顺地表达自己的观感、体悟和思想情感等。读写贯通教学就是要促进学生通透地阅读文本，通畅地完成写作文本，以此实现学科育人价值。

三、读写贯通课例行动研究

在研究过程中，我们选取不同文体的叙述性文本作为课例研究，以读写贯通视角进行教学设计，并以此作为样本进行反思。

小说方面，我们选取常规小说和科幻小说。不同类型的小说其特质不同，阅读的途径也不同，以读写思维对文本进行解读，既能读出传统小说的架构，也能读到具体作家文本独到的艺术魅力。比如《孤独之旅》的教学设计为"品味诗意孤独，话说成长旅途"，由"创设学境，感受作品""文题解读，孤独之旅""孤独四境，鱼骨图示""品读文本，诗意孤独""拓展阅读，话说成长"等构成读写课堂环节，贴近文本，既关注到了小说的三要素，也透过对心理描写和景物描写的赏析，引导学生聚焦语言运用，徜徉字里行间，训练语感，提高对那些富有诗意和内涵的语言具有敏锐的感知能力。科幻小说《带上她的眼睛》，则让学生从读者的视角感知小姑娘身上的精神内核，这一层面还属于常规小说的人物形象解读，那么从科幻小说的独到特质以及刘慈欣的科幻小说的写作思维入手，可以解读出本文科幻元素不多的情况下作者所要呈现给读者的是隐藏在文本深处的悲情艺术魅力，以唤起读者对人性的思考。

散文方面，我们选取游记、回忆性叙事散文、写景散文来探究读写教学，我们得出：不同的写作内容，决定了不同的读写思维。比如《壶口瀑布》的教学设计，抓住游记散文的文脉即"所至"——"所见"——"所悟"，由《黄河颂》的歌词导入，聚焦文本，设计三个教学环节即"以词入手，品瀑布之美""以水为喻，悟黄河精神""由读促写，呈黄河文化"；运用对比教学品文字之妙，教师分享下水文激发学生习作，在读写课堂中将语言、思维、文化等核心素养的培育落到实处。而《灯笼》的教学则尝试以宫灯图示，将文本文脉结构化；"缘"起，叙事"提灯迎祖父、挑灯上灯学、挂灯慰孤客、张灯跑龙灯、描红赏宫灯、联想挑灯名将"，汇聚"愿做灯笼下的马前卒"，以此悟情，即个人、文化、家国情。由此，理解形散神聚的散文特色，以及以灯笼作为叙事线索，以小见大的艺术张力。结构化思维，让散文的文脉可视化，再进行微观的探究，品悟出言语之下作者独到的人生况味。

文章合为时而著，歌诗合为事而作。叙事诗，以凝练形象的语言叙事，营造意境，抒发情感。教学设计上，宜聚焦诗眼，一字立骨，以可视化思维将诗脉立起来，同时将学生的学科核心素养立起来。如《茅屋为秋风所破歌》一诗的教学设计，以"破"字设计核心学习主题，支撑起课堂框架。领会"破"的三重含义："风雨破茅屋"，设置赏析景物描写，分析人物心情的任务；"丧乱破家国"，引导学生调动已有知识经验，说说战乱对百姓生活的影响，进一步引导学生探究文中的细节，理解这隐秘的时代；"理想破现实"，引发学生美丽的思想碰撞。通过"破"字立学习路径之骨，明晰"破"贯通诗意、诗人、思想、文化、应用的学习路径。以"破"字立思维发展之骨，由直觉、形象思维，走向理性、辩证、创造性思维。以"破"字立学科育人之骨，培养合作精神，坚定理想信念，传承家国情怀。

四、读写贯通教学策略

以贯通的理念进行教学定位和教学设计，在整个教学的过程中，始终以读写活动、读写思维贯通整个课堂教学。从学习目标的制定，到学习任务、活动的设计，策略的选择，教学评价的实施等方面，都以"贯通"为轴线，拎起整个读写教学，促使阅读和写作这两条逆向的思维路径得以贯通。并通过课例，提炼读写贯通教学策略。

(一) 思维可视化策略

思维可视化，是指以图示或图示组合的方式，把原本不可见的思维结构、思考路径即方法呈现出来,使其清晰可见的过程。[1]这是聚焦思维、发展思维的有效策略,是以发展学生思维能力为教学着力点,以思维可视化为手段,将系统性思维训练与学科有效教学实践融为一体的效能导向型教学策略。阅读与写作教学,是以语言的解构与建构为学习任务的,都是基于文本的呈现,其文脉隐秘于文本之下,思维较为抽象。对于理清文脉、贯通思维,可视化策略是良策。在读写教学中,运用可视化策略,以图示或图示组合的方式,将由具象化文本概括提炼出来的文意连缀起来,使原本不可见的文本思维结构、作家写作思路、思考路径及方法,一一呈现出来,使其清晰可见。依清晰的文脉、贯通的思维,将文本具象化,完成写作任务。读写可视化学习活动,有利于发展学生思维,赋予学生读写的思维能力。

(二) 思维结构化策略

思维结构化策略依赖结构化意识、思路和方法,"以构建学生的心理结构为中心",基于建构主义理论和元认知理论以及脑科学发现,基于课程内容及教材文本,协助学生构建完整的知识结构,促进学生对知识的内化和迁移,以此促进学生思维结构层次的不断提升和思维能力的有效发展。[2]以思维结构化贯通读写教学,引导学生通过梳理、整合、概括、提炼、抽象,真正对零散的知识赋予意义,从单点结构到多点结构,再到关联结构、抽象拓展结构,[3]从而构建学科知识结构,落实学科核心素养培育。学生在教师的引导下,根据当前的学习活动去联想、调动、激活以往的读写经验,以融会贯通的方式对学习内容进行组织,对学习内容本身所具有的关联和结构进行个人化的再关联、再建构,从而形成自己的知识结构。

(三) 读写互涉策略

读写互涉,即以读者的审美思维和作者的写作思维的相互映射,贯通读写教学,既能获得阅读的深度与厚度,又能获得读与写的关联度。读写互涉既能促进学生汲取文本精神涵养,又能引导学生借鉴名家的写作技法,融合发展自己的言语表达智慧。读写互涉策略的运用,能有效发展学生的读写能力、思维能力、审美创造能力等多重能力,从而实现语文学科核心素养的有效培养。

读写互涉通体式,即通晓不同文章样式的表达思维路径,如散文教学,以语言为体,同文章、文学、文化形成四面,实现由"语言经验"到"人生经验"的深层学习,从而获得审美体验。

读写互涉通文脉,依言会意,以隐喻、对比等思维透视作家文本之下的深层意蕴,实现深度理解,提高学生深层次理解文本的能力。如小说教学,先关注表层叙写的事实行为,进而理解情感、观念、期待、渴望以及观点,最后整合对事件、人物的深刻认知与评价。如《简·爱》的经典台词:"你以为,就因为我贫穷,低微,不美,矮小,我就既没有灵魂,也没有心吗? ——你想错了! 我跟你一样有灵魂,——也完全一样有一颗心! ……就如我们站在上帝跟前是平等的——因为我们是平等的!"依凭读写互涉策略我们可以了解表层事实即简·爱对话罗切斯特,进而理解她在情绪上有不满,观念上认为男女平等,期待得到男主的理解,渴望真爱与平等。依凭话语中的关键词"一样""平等",整体感知建构简·爱不卑不亢、自尊自强、重视自我、追求真爱平等的新女性形象。

总之,核心素养视域下的读写贯通课例研究,契合实际问题,聚焦学科核心素养,以多种策略开展课例研究,贯通读写教学,有效提升学生读写能力,培养其学科核心素养。

参考文献

［1］刘濯源.当学习力遇到思维可视化——基于思维可视化的中小学生学习力发展策略[J].基础教育参考,2014(21):7-10.

［2］张习芳.高中语文结构化教学实践策略——以《谈中国诗》一课为例[J].当代教育与文化,2021,13(4):82-86.

［3］陈家尧.实现结构化:初中语文大单元教学设计的核心[J].语文建设,2022(1):41-44.

基于互文理论的语文单元教学策略

福建省厦门第一中学　林　明

2020 年秋季开始,福建省开始全面实施新课程、使用新教材。高中语文统一使用统编版新教材,切实落实 2017 版高中语文新课标的理念。在新课程、新教材、新课标背景下,那种"单一性"文本阅读模式已难以适应时代发展的走势,急需一种更加契合多元化解读要求的阅读理念与实践模式。但群文阅读教学还处于初期实践阶段,广大一线教师在概念认识、实施形式、价值定位等方面存在不同看法。

一、研究背景

随着高中语文统编版新教材的使用,探索新时代语文核心素养发展的新路径,有很多尝试,"互文性理论"不失为一种构建单元教学的好方法。"互文性理论"是在西方结构主义和后结构主义思潮中产生的一种文本理论,关注一个文本与其他文本之间的关联。它力图挖掘不同"文本"之间显性或隐性的密切联系,构建起新的文学批评、解读图景。

根据互文性理论倡导者们的基本观点,互文性理论与传统的文学研究的差异可初步归纳为如下几点:第一,传统的文学研究以作品和作者为中心,注重文本与文本作者的作用;互文性理论则注重读者与批评家的作用。第二,传统的影响研究注重前文本对文本意义的影响;互文性研究则更关心文本"内容被组成的过程"。第三,传统的文学研究一般都力图最终找出文本的正确意义,互文性理论则拒绝明确那种所谓的固定不变的意义,而主张语义的流动性。第四,传统的影响研究注重一个文本对其他文本的具体借用;而互文性理论的网撒得大得多,它还研究那些"无法追溯来源的代码",无处不在的文化传统的影响。第五,与传统的文学研究相比,互文性理论的最大特点,是十分注重文学与非文学的其他种种文化因素的关系。这种文学主张大大拓宽了文学研究的范围,对于目前开展的语文群文教学有积极的作用。

高中语文新教材的单元教学,也多是围绕一个或多个议题,选择一组结构化文本,在单位时间中通过集体建构,达成共识的方式进行教学。这就需要一个"议题",即一组群文文本中要蕴含一个具有开放性和可议性的话题;需要"结构化文本",即体现为一组文本围绕议题这个核心线索形成一个整体性的"理解结构"。在这一背景下,采用互文理论进行单元内容整合,可以更好地完成新课程的教学任务。

二、课题成果及创新

(一) 创建教学范式

本课题以学生为中心，从学生需求出发，以互文性理论为基础，结合新课标精神和统编教材篇目，设计单元教学的议题与选文。在进行单元设计时，尽量选取多元化的阅读材料，并在活动开展中引入两面思辨(现象与本质、物质与精神、形式与内容、个人与社会等)、多面思辨(视点的多面、角色的多面、联系的多面)、发展性思辨(重长远、重主流、观条件、同生思辨等)等思维方法，帮助学生思考分析不同材料的写作立场、态度倾向等，从而形成自己的观点。这就要求前期学生要能独立学习，自主预习，提出问题，教师再结合学生的困惑设计学生活动，进行过程性评价等。具体环节如图1。

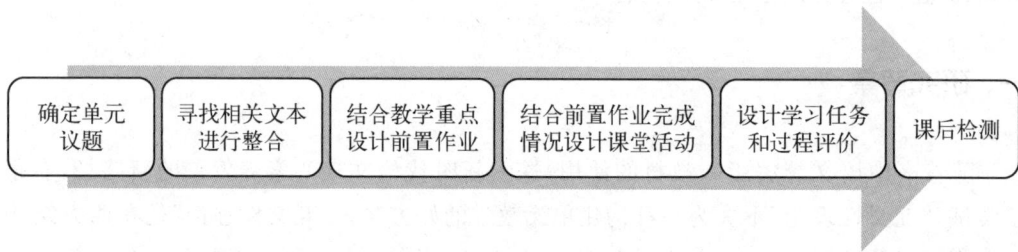

| 确定单元议题 | 寻找相关文本进行整合 | 结合教学重点设计前置作业 | 结合前置作业完成情况设计课堂活动 | 设计学习任务和过程评价 | 课后检测 |

图1

(二) 构建不同文类的教学范式

以"互文性理论"为基石，从文本层面、主题层面、文化层面多角度解读文本，关注文本的来源及其所受其他文本的影响、创作主体与文本的关系及在历史长河中传统文化对文本的影响，帮助学生加深对文学作品的理解。以"互文性理论"指导单元教学，具有促进多元创造性解读、拓展学生对世界的认知、提升阅读量和速度、提高提取信息与提炼问题的能力、培养比较鉴赏与反思批判能力等教学价值，但也要根据不同的文体特点进行调整。下面试举几例。

1. 整本书阅读

高中阶段的整本书阅读聚焦于《乡土中国》和《红楼梦》两本书，一本是学术著作，一部是长篇小说，分属两个文类，构建的思路不太相同。

《乡土中国》作为学术著作，最主要的学习任务是理解书中的核心概念，因此，关联当时的乡土小说或者关联当今社会仍然留存的乡土观念，是最好的互文式阅读图景。如以乡土中国的影视书写进行互文整合，选取电影《霍元甲》《白鹿原》《武侠》《投名状》等，设计"你怎么看待你从父亲那里继承的姓氏?""对于书中描述的，国人走到哪里都会种地，你怎样看待?""你如何看待农村家族中的包庇罪?""你认为婚姻应该遵循门当户对吗?"等问题，引导学生对中国乡土社会进行深入的了解，认识到社会学不是离自己很遥远的领域，而是与自己的生活息息相关的。当学生觉得这门学科不那么空洞了，自然对这类学术性著作不再抗拒，进而发现书中的知识可以解决自己的困惑，自然而然对《乡土中国》这类学术性著作产生浓厚的阅读兴趣。

《红楼梦》作为长篇小说，最主要的学习任务是把握小说的人物、情节、主题、细节等要素，因此结合小说的特质进行互文阅读，是较好的构建方法。

如关键事件互文法。小说第七回《送宫花贾琏戏熙凤，宴宁府宝玉会秦钟》是关键的一回，该回前半部分写周瑞家的送宫花，后半部分写凤姐和宝玉做客宁国府遇见秦可卿的弟弟秦钟等，这些事件都是极为细小、极为琐碎的，而恰恰是这种貌似碎片化的叙述，对读者的想象力提出了挑战，当读者运用互文性的建构去应对这一挑战，可以隐约揣摩到作者的一点玄思妙想。第七回后，既有第八回的主要内容与之衔接，比如宝玉去宝钗处探病，黛玉紧跟其后；也涉及第九回的内容，比如相约上家塾引发的顽童大闹学堂等。几个回目细节肌理上前后勾连，内容相当丰富，设计活动引导学生发现与体验，更贴近小说阅读的本质。

如人物"命""运"互文法。《红楼梦》中"命"与"运"是两个不同的概念。命，是指与生俱来的宿命，比如你的出身，你的长相，你出生的时刻（即生辰八字），这些都属于"命"的范畴。运，是运数，指人出生之后的遭际。曹雪芹曾用"有命无运"来形容英莲（香菱）。她出身高贵却结局悲惨，从某种意义上说，香菱的有命无运，使她自然获得了现实意义上也是小说世界里的生命长度，能够从甄家穿越到贾府，演绎着漫长而又艰难的人生历程，凸显了女性在男权社会里的痛苦遭遇，成为女性应该得到来自社会的同情可怜的"应怜"（英莲）。而"有运无命"的秦可卿短暂出场，在小说世界里匆匆走过，在人际交往中曾经的如鱼得水，也许仅仅是一种表象。因为，当张太医论其病因而点破她"不如意事常有，思虑太过"时，似乎又暗示了她掩盖在表面受宠下的内心焦虑感。好运无法获得好命支撑，似乎又不完全是自然生命力的问题，它或多或少还暗示了一个女性好运的获得，其实是需要以生命的透支为代价的。这样，"有命无运"和"有运无命"，才成了互文足义的关系互补，指向了女性命运无常背后的那种不幸的恒常性。用此种互文法阅读可以更深刻地理解小说的主题。

2. 古诗文阅读

《普通高中语文课程标准（2017年版2020年修订）》提出了18个学习任务群，其中"中华传统文化经典研习"任务群占2个学分，36个课时，除此之外，"文学阅读与写作"任务群也选编了大量的古诗文。无论是从时间上看还是从心理上看，古诗文因为字词句的理解困难及内容的久远，让学生有较强的疏离感。教师宜结合相关专题，以互文理论设计单元教学内容，增强教学的趣味性和实效性。

如以传统节日民俗整合古诗文。在学习《青玉案·元夕》时，设计以"元宵节的前世今生"为主题的班级研讨会。这样自然就把《正月十五夜灯》《正月十五夜》《上元竹枝词》《生查子·元夕》《清风寨小鳌山》等体裁多样、内容丰富的古诗文做了关联组合。引导学生把与元宵节有关的古诗文与现实生活中的元宵佳节联系起来，还可以设计以下问题，如随着时代的演变，哪些传统习俗已经消失了？哪些传统习俗依然存在着？元宵节的传统习俗在今天有哪些现实意义？甚至可以进行跨学科的研讨，将语文与历史有机结合，进一步探讨节日背后的精神文化内涵。

3. 实用类文本阅读

作为高中语文18个任务群之一的"实用性阅读与交流",旨在引导学生学习当代社会生活中的实用性语文,包括实用性文本的独立阅读与理解,日常社会生活需要的口头与书面的表达交流。实际一线教学中,很多学校和老师因为教学时间紧张,压缩了此类文章的学习。此任务群涵盖社会交往类、新闻传媒类和知识性读物类等多种文类,对学生提升信息社会的公民素养很有意义。如何让课文内容落地,将语文课堂变成有生命力的课堂,需要教师进行思考。

如围绕"苏格拉底不越狱是否值得欣赏"开发阅读资源,整合《人应当坚持正义》《苏格拉底的理想与悲悯》《苏格拉底的反问法和产婆术》等篇目,组织学生进行研讨、辩论,可以巩固学生对"正义与责任"的理解,也把语文教学与逻辑思辨活动结合,有效提升学生的思维品质。

再如围绕"论说文的语言风格",联读《社会历史的决定性基础》《改造我们的学习》《人的正确思想是从哪里来的?》《实践是检验真理的唯一标准》《修辞立其诚》《怜悯是人的天性》《人应当坚持正义》,通过对比、朗读、讨论、画图等方式,引导学生感受经典理论文章在用词严谨、思维辩证、文风朴实基础之上的不同语言风格,也是一种互文理论的应用范式。

(三)教学成果及创新

在互联网＋的时代,信息技术迅速发展,各种移动终端不断更新,阅读载体和阅读习惯随之变化。基于此,纸媒阅读与电子阅读之间,也要找到一种恰切的结合方式,既适应时代需求,也能契合新课标所提出的跨媒介阅读的要求。互文性阅读教学,可以集合数据、文本、音像等多种元素,可以为学生提供鲜活的直观材料,使得抽象的文本具象可感。课题组成员录制的系列微课,有的在厦门市优质微课评选中获奖,如"年少咏凤凰,垂老歌自苦——比较《登高》与《登岳》""悲金悼玉一梦空——品评《红楼梦》钗黛关系"获2021厦门市第九届优质微课资源比赛二等奖,有的古诗阅读系列微课正在"学习强国"福建平台上进行播出。

在互文性理论指导下的单元教学设计,更关注学生对文本的理解,能否通过相关、相近或相反、相对等对文本某方面的要素进行比较、归纳、综合、分析、判定,逐步形成较高的文本鉴别能力,发展批判性思维。学生可以在信息的提取与整合中,获取更深层的理解,提升审美鉴赏能力。研究团队目前已完成10个单元教学设计,其中本人参与指导的必修下第二单元教学设计、《红楼梦》整本书阅读教学设计获得2021厦门市第二届高中单元教学设计一等奖,必修下第四单元教学设计、必修下第五单元教学设计,获得2021厦门市第二届高中单元教学设计二等奖。

任何的教育形式所要传递给学生的知识经验都是成年人整合过的,现代社会环境下的学校教育也是如此。目前的语文单元教学中,几乎所有的议题都是专家、学校以及教师所要传递给学生的概念。但源自统整课程的单元教学讲求从学生的需求出发,包括需要引导学生对某个问题进行深入研究的功能性阅读和满足学生生活需要的生活性阅读。某个程度上,单元教学成功与否的重要基准点之一就是是否考量统整了学生的想法,而不仅仅是专家、学校以及教师的想法。

当然，我们也要看到学生的需求有时候过于"兴趣化"，甚至"平面化"。如何改进呢？赵镜中先生曾经提出教师应该从以下四个方面去考量单元教学的选题：文学特质的讨论、阅读形式与阅读理解的练习、语文与生活的联系、读写结合的操作。在此基础上，结合"互文理论"，构建学习课程，将有助于学生形成广阔的智力背景，对人和事物各不相同的特性给予由衷的尊重，从而摆脱各种束缚与惯性，学会就当下生活进行负责任的个性表达。我们相信，经由互文理论构建的单元教学，可以有效培养学生的批判性思维能力，让学生在积极的语言实践活动中积累与建构起语文核心素养，从而培养全面发展的人。

向闲处设色

——小说"闲笔"教学例谈

厦门市翔安区实验学校　叶志明

所谓"闲笔","就是用点缀穿插的手段,打破描写的单一性,使不同的节奏、不同的气氛互相交织,从而增加生活情景的空间感和真实感"。

"闲笔"一词,出自明末清初著名的文学批评家金圣叹之口,是其在点评《水浒》时所提到的关于小说非情节因素描写的一种文法。它虽然不直接关联小说的中心情节,但能够延宕小说故事情节,凝聚作者在小说氛围渲染、情节建构、中心人物形象刻画和主题内涵理解方面的构思与晕染。

金圣叹指出,"闲笔"就是"向闲处设色"。其意旨即借助对小说"闲笔"的理解与领悟,梳理小说的情节,探析小说人物形象,进而理解小说的深刻主题,丰富小说的审美意趣,增强小说的艺术感染力,从而实现对小说的有效教学。笔者试以初、高中"人教课标版"必修教材中部分小说文本为基础,对中学小说文本中的"闲笔"作些教学策略方面的例谈。

一、"主题性闲笔"教学

所谓"主题性闲笔",就是小说中那些非直接、正面表现主题但又与主题内涵关系密切的内容。

《林教头风雪山神庙》中,"那雪下得正紧"一句就以"伏笔"的形式隐藏在林教头离开草料场前往市井沽酒的情节描述中。一个"紧"字,境界全出。而且是"正紧"。作者想表达的主题内涵深蕴其中:"紧"字,既是林冲所处恶劣的社会环境及危机四伏的曲折呈现,又是林冲"性格裂变"进程的内隐,也有我们读者内心的"步步惊心"的委婉折射。通过"那雪下得正紧"的"闲笔"处理,作者含蓄地传达出了小说的一条"暗线"——"官逼民反"正在进行中。《药》中"瑜儿"的坟头平添的"花环"和《孔乙己》中"伙计"所说的孔乙己"大约已经确定是死了",均是极其漂亮的"闲笔",它们往往富有语言嚼劲与主题内涵隐示性,前者体现了作者鲁迅"听将令"呼唤革命、赞成革命的主观愿望,后者则曲折、深刻地表现出了人们对孔乙己命运的漠视等主题内涵。《祝福》中"祥林嫂"的"眼神"的前后变化,一样是很典型的"主题性闲笔",它很生动地反映出"祥林嫂"对时代、社会、世俗、礼教进行反抗的过程中不同的人生境况和一次比一次程度更深的悲惨。

关于"主题性闲笔",在课堂教学中可以在"导语""主问题"和小组合作讨论活动等教学环节中予以重点而有效的处理。譬如,教学《孔乙己》《祝福》等课文时,教师可以这样来导入新课,那就是先问学生"孔乙己""祥林嫂"与其所处时代的"人们"的关系是亲是疏,是得到赞美、批评,还是冷处理的。这样的发问,可以一下子让学生进入课文情境,快速引入教材的主题探究环节;教学《林教头风雪山神庙》《装在套子里的人》时,教师可以就"'风雪'与林冲的命运""'教员们'与别里科夫之死"的关系进行主问题探析和小组合作讨论分析。

主题性闲笔的教学,最好能够形成一个"由'闲笔'进,再回到'闲笔'"的课堂教学结构,使课堂教学呈现出"闲笔不闲""向闲处设色"的教学效果。再以《祝福》的教学为例,教师可以以祥林嫂"絮叨""阿毛故事"时常用的表达——"我们的阿毛"导入,再指出鲁镇"平民群像"与之颇具情感区隔的表达——"你们的阿毛"来设置课文矛盾研讨点,进而结合文本解读环节引导学生认知《祝福》中"平民群像"对祥林嫂的冷漠式"助杀"的残酷性,接着揭示出《祝福》中"永远给不了祥林嫂祝福"的时代悲剧与封建礼教的悲剧这一小说主旨,从而实现"主题性闲笔教学"牵一发而动全身的美妙的教学效果。

二、"情节性闲笔"教学

在小说情节的推进过程中,作者、文本与读者思维交汇的情节画面永远无法等同于实际生活画面,作者对情节画面的叙述也做不到处处完整、精准。所以,小说情节的叙述就有了显隐、详略、先后、大小等的不同处理样式,其中一些隐性的"不经意间的叙述"就是所谓的"情节性闲笔"。这样的闲笔,属于非情节因素,但对情节的推动作用极大。

《林教头风雪山神庙》中关于草料场、山神庙和市井的位置及林冲沽酒行程方向与陆谦一行人的行走路线的"情节性闲笔"处理,就很值得咀嚼、玩味。文章交代得很清楚:沧州城"城东门外十五里"有"大军草料场",草料场"投东大路去三二里"有市井,"草料场"和"市井"中间有一座"山神庙"。林冲先买酒,之后到山神庙,都是往"东边"走的;而同一时间陆谦等人到草料场来放火、陷害林冲是由草料场"西面"而来的,这样"敌我双方"就不可能在路上相遇了。这看似无关紧要的细节,却至关重要,使情节发展入情入理。又如《林教头风雪山神庙》里,林冲"入得庙门,再把门掩上。旁边止有一块大石头,掇将过来靠了门"。这个情节细节的描写就为下文陆谦等人"用手推门,却被石头靠着了"埋下伏笔,陆谦等人只好站在庙外一边看火一边说话,林冲躲在庙内则将这些话听得一清二楚,从而知道了陆谦等人谋害自己的真相,进而完成了其性格上的重大转变。

这些"情节性闲笔",读者初读时往往不以为意,但经过多遍阅读、适度分析后读者往往又会体会到其中的绝佳"妙处"。在课堂教学中,"情节性闲笔"教学可以放在课堂质疑、探究环节中,引导学生从情节叙述合理性的角度予以讨论、分析;还可以在延伸教学环节中以课外研究性学习的形式,启发学生作一番课后研究性学习,从而加深对课文情节合理性与巧妙度的深刻理解。

笔者在一次市级公开课教学中就曾以"假若山神庙旁边没有那块大石头,或者那块大石头没有被林冲'掇将过来靠了门',《水浒传》中林冲的'故事'又将如何改写"的话题让学生在课堂上进行小组合作质疑、探究,并让学生在课外以研究报告的形式作出自己的推衍、想象,结果学生们纷纷呈现出了极其有认知深度的理解——诸如"总要一个物件,不一定是'大石头',要推动林冲性格突变,走上梁山,也许还得在其他章回","如果那不是一块大石头,而是轻点的东西,作者是没有机会创设一个环境让林冲'知情'的,那么林冲的'革命'行为可能还得延后",等等。这样的"情节性闲笔"教学设计,其目的还是让学生深刻领会小说中情节叙述的显隐、详略、先后、大小等方面的生态区别与不同意趣,进而理解小说闲笔"闲而不闲"的艺术效果。

三、"人物式闲笔"教学

在小说作品中,有一些人物形象,它们与中心人物或者主人公的描写的关联性不是很强,但却又能对中心人物起到很好的陪衬作用。这些人物形象,就是"闲笔人物"。小说中撰写他们的文字,就叫"人物式闲笔"。

《林教头风雪山神庙》开篇部分借对"李小二"的介绍、叙述,侧面写出主人公林冲在东京时接济"李小二"的正义感与侠气,同时又通过"李小二夫妇"对林冲被发配充军这一遭际的询问与林冲的毫无反抗意志的"答问"——"我因恶了高太尉""罪囚"等的叙述,含蓄且巧妙地表现出林冲善良安分、苟安忍辱的个性,为全文主体情节——"林教头风雪山神庙"做了很好的性格、环境上的铺垫,使全文的情节显得缓急有致且跌宕生姿。可以说,"李小二夫妇"这对"闲笔人物",是主人公林冲的陪衬,对全文的情节的引入和主人公林冲的个性的介绍起到至关重要的作用。

《祝福》中的"柳妈",也是一个"闲笔人物",她与"祥林嫂"一样,也是封建礼教社会中的一个底层人物,作者对其着墨极少,只在"祥林嫂""再到鲁镇"因"一女事二夫"而成为一个"不吉之人"后,作者"派"她这样一位吃素的"善女人"来"点化"祥林嫂到"土地庙"里"捐门槛"以期改变命运。然而作者在这一"闲笔人物"身上所设的"创作旨意"可是相当深远的。因为,"柳妈"其实也是"鲁四老爷"家里一位普通得不能再普通的"佣工",也是当时的"劳苦大众",但她对同一社会阶层的"祥林嫂"不是呵护、同情、关心,而是借"祥林嫂"的肉体创伤和精神创伤进行嘲讽、嬉笑、揶揄,作者借这一"闲笔人物"的行为举止所要表达的恰恰就是,那个时代的农村贫弱者之间互不理解、互不同情、互不关心的社会现实,借此表达"辛亥革命"的"不彻底性"这一主题。

其实,《药》中的"花白胡子""驼背五少爷"何尝不也是这样的"闲笔人物群像",作者鲁迅在这些"闲笔人物群像"身上一样寄寓了类似于"柳妈"但又远甚于"柳妈"的深刻的主旨、内涵——"花白胡子""驼背五少爷"同"华小栓"一样是"夏瑜"发动革命所要解救的"社会贫弱者",但却"敌视"、嘲讽自己的"救星"。还有《孔乙己》中的"店伙计",也可视为"闲笔人物",他在"大约孔乙己确实已经死了"这句答话中所传达出来的对"孔乙己"命运的漠视,一样让阅读者刻骨铭心。

我们在进行小说教学时,对这些"闲笔人物"及"人物式闲笔"的教学价值一定要充分地重视与挖掘。这些"闲笔人物"可能没有小说中的中心人物或主人公那样个性突出、形象饱满,他们只是一些边角人物,作者往往对其着墨不多。但是他们或是陪衬,或是视角,或是线索,都不"闲"着。教学《林教头风雪山神庙》时,教师可以试问学生:"课文开头对'李小二夫妇'的介绍,有人认为是'闲话',可以删除,你以为呢?"这样激趣导入,学生对课文内容的思考与兴味就会瞬间深烈,学生的注意力一般就会一下子集聚,教师最后就能自然地引导学生明白"李小二夫妇"这一对起陪衬作用的"闲笔人物"对小说情节的推进、林冲人物形象的塑造以及社会环境的创设的重要作用。教学《祝福》《药》时,教师可以将"柳妈"及"花白胡子""驼背五少爷"是否是"祥林嫂"和"夏瑜"的"对立面"这一问题作为课堂主问题加以探讨,最后引导学生领悟"柳妈"及"花白胡子""驼背五少爷"也是小说的一个第三人称视角,同时也加深学生对小说主题深刻性的理解。教学《孔乙己》时,也可以将"人们"对"孔乙己"的态度如何作为全课教学的一个线索来处理。

此外,小说中还有很多的"闲笔",是以语言细节、外貌细节、动作细节等形式出现的,它们依然也是可以"向闲处设色",学生可借助"闲笔"梳理小说情节,探析小说的人物形象,进而理解小说的深刻主题。《林教头风雪山神庙》中"林教头"刀枪等武器始终不离其身,这既符合他"教头"的身份,也表现了他的细心与谨慎,又为后文他"挺着花枪"冲出门去杀死仇人的情节埋了伏笔。《祝福》中"鲁四老爷"书房里"一边对联"的"脱落","松松的卷了放在长桌上",以及其"窗下案头""一堆似乎未必完全的《康熙字典》……"都十分形象地暗示了其"假道学"的形象。这些,都是很好的细节教学点,都很值得我们教师用心去体会,尽心去挖掘其教学内涵。

参考文献

[1] 王承升.课文"闲笔"运用举隅[J].山东教育,2017(Z3):54-55.

[2] 张天明.文本细读:中学教材选文中的"闲笔"探析[J].教学月刊(中学版),2011(9):36-39.

以主题意义为核心的读后续写教学实践①

读后续写是结合阅读理解进行写作练习的一种方法[1]，是基于语篇理解的语言综合运用和内容创造，主要考查学生把握短文关键信息和语言特点的能力、语言运用的准确性和丰富性、对语篇结构的把控能力、创造性思维能力[2]，旨在提高学生语言综合运用能力[3]。就语篇类型而言，读后续写的阅读材料多为记叙文，情节设置来源于生活，故事性强，主题突出。续作则应直接呈现故事主题，或将其隐于字里行间。就命题方式而言，读后续写要求学生所续内容应能和所给材料构成情节和结构完整、具有逻辑性的文章[4]。然而，在当前学生的读后续写中，由于未能准确把握续写的主题意义，写作存在主题不够聚焦、内容缺乏深度、逻辑性等问题。

主题是观念、意义，是贯穿于作品的对生活深刻而又统一的观点，是对人或事的诠释[5]。主题意义形成于个人与文本、个人与他人、个人与自我的积极互动中，具有开放性和多元性[6]。课堂教学的目标、内容与活动应围绕一定的主题意义展开[7]。可见，主题意义是构建完整语篇的必需品，也是教学的抓手。

厦门市 2020—2021 学年第一学期高二年级质量检测读后续写试题属于"人与自然"主题，讲述了一名 14 岁男孩 Oliver 力图保护濒危稀有动物 gray owl 的故事。下面以该续写教学为例，探究以主题意义为核心的读后续写教学实践。

一、巧用视听资源，导入主题

在设计主题探究活动时，教师要注意激发学生参与活动的兴趣，调动学生已有的基于该主题的经验，帮助学生建构和完善知识结构，深化对主题的理解和认识[8]。教师在导学时可使用现代信息技术或结构图、流程图等可视化工具，以视频、图片、文字等多模态语篇形式呈现立体场景，利用与主题相关的生活中的现象创设问题情境，引发学生共鸣[9]。

在导入环节，笔者首先借助多媒体技术播放 BBC 纪录片 *Acoustic Predators: Great Gray Owls* 的片段，并提出问题 Q1—Q3，引导学生探究主题。

Q1：What can you see from the video?

Q2：What do you think of the gray owls?

Q3：How would you feel if you found a great gray owl in your surrounding neighbourhood?

Q1 旨在引导学生初步认识 gray owls。Q2 引导学生在体会 gray owls 身姿矫健而机敏、

---

① 林小燕.以主题意义为核心的读后续写教学实践[J].教学月刊·中学版(外语教学),2022(5)：55 - 58.

对幼雏充满关爱的同时,注意到环境变化对 gray owls 的生存造成威胁。Q3 不仅有助于激活课堂气氛,而且可以使学生基于已有图式展开想象。上述三个问题环环相扣、层层递进,在引导学生逐步认识 gray owls 的基础上,引入主题"gray owls 的生存困境"。

二、研读语篇,提炼主题意义

《普通高中英语课程标准(2017 年版 2020 年修订)》指出,语篇赋予语言学习以主题、情境和内容,并以其特有的内在逻辑结构、文体特征和语言形式,组织和呈现信息,服务于主题意义的表达。因此,深入研读语篇,把握主题意义、挖掘文化价值、分析文体特征和语言特点及其与主题意义的关联,对教师做好教学设计具有重要意义,是教师落实英语学科核心素养目标、创设合理学习活动的重要前提。研读语篇就是对语篇的主题、内容、文体结构、语言特点、作者观点等进行深入的解读[10]。

读后续写是问题—解决型记叙文,围绕人与动物、社会发展与环境的关系两个子主题展开。笔者引导学生从 Who、What(Objects & Events)和 Why 三个层面梳理故事结构和情节(详见表1)。

表1 语篇内容及主题意义探究

Who		Oliver (14-year-old);Dad;the president
What	Objects	owl;eggs;crutches;cellphone;old camera
	Events	camped & took photos → read news (a new mall was to be built where the owls were) → biked to the council meeting → information denied → developed a plan → showed up again on crutches
Why		nature / animal conservation vs. human activity

基于上述文本分析,笔者引导学生关注阅读材料首段关键词"rare and endangered",理清语篇模式、写作背景和故事起因(To build or not to build?)、行文方向(How to resolve the conflict and strike a balance between human activity and wildlife protection?),构建主题意义相关结构图(如图 1 所示)。

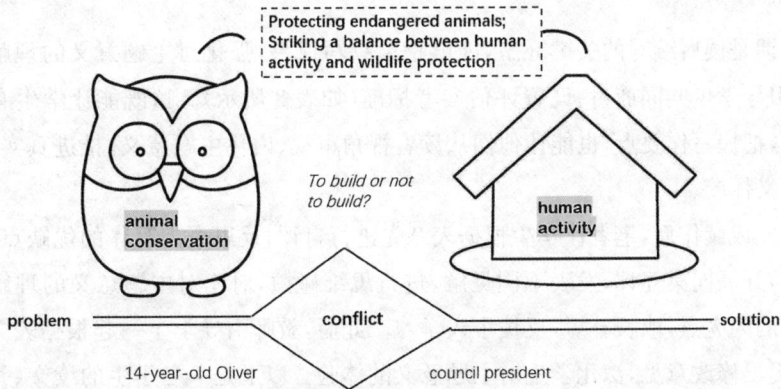

图1 主题意义相关内容

由图 1 可知,学生逐步了解到 gray owl 所处的困境、经济发展与动物保护间的矛盾,以及感知到 Oliver 保护自然、保护动物的行动,进而提炼出"保护濒危动物,追求人与自然(动物)和谐共处"的主题意义,为续文的"设立计划、采取行动、保护动物"等情节奠定基础。

三、立足主题意义,预测故事发展

主题意义引领故事情节发展。续写应以主题意义为起点,借助聚焦主题的问题,筛选、加工信息,把握内容要点、设计合理情节、塑造人物形象、凸显情感态度,彰显内蕴价值。

在这一环节,笔者结合原文所给的提示句,提出问题 Q1—Q5,帮助学生抓住故事核心,推测不同时空下情节和人物的变化。

Q1: What did Oliver plan to do?

Q2: What could happen during the three days?

Q3: Why did Oliver show up at the town council meeting again?

Q4: How would Dad/the council president react?

Q5: How might Oliver feel?

Q1—Q3 助推故事主要情节梳理。学生锁定主题意义,预测 Oliver 保护 gray owls 的具体措施和手段,理清续作基调和思路。其中,Q2 和 Q3 通过"three days""again",暗示了过程的艰辛,让学生感悟 Oliver 保护自然、保护动物的坚定信念以及付出的不懈努力。Q4 引导学生判断人物态度,学生预期 Dad 和 the council president 最终会支持 Oliver 的保护计划,追求人与自然和谐相处。Q5 引导学生剖析人物情绪情感,推动对主题内涵的立体思考。学生能够体悟 Oliver 的想法,产生共鸣,做好积极正面的情感预设。这五个问题均由主题意义引领,互相关联,有助于学生把握行文脉络,避免天马行空;有利于学生识别关键问题,在遣词造句中画龙点睛,为创造合理完整的故事打好基础。

四、开展评价反馈,深化主题意义体验

评价反馈是读后续写的关键环节,能够检验续写成果,强化对主题意义的理解。学生写作前,笔者引导学生共同商讨、设置评估参考标准(如表 2 所示)。这既能让学生有清晰明确的续写目标,把握写作要点,也能让他们从读者视角审视、内化主题意义,推进真实、丰富而强烈的主题意义体验。

在学生完成续作后,笔者让学生根据表 2 先进行自评,反思个人写作的优缺点,进行初步修正。其后,开展同桌互评,发表不同见解,进行思维碰撞,对比对主题意义的理解;同时,发掘同伴作品的闪光点,取长补短,反拨个人学习。此后,教师引导学生一起根据表 2 对续文进行评价,并提出修改意见,深化学生对主题意义的体验。以下是一名学生的续文(斜体部分为给定的提示语):

表 2 评估参考标准

Aspect	Detail	Self-evaluation	Peer evaluation
Theme	1. Is the theme well-revealed? 2. Does it highlight animal conservation?	☆☆☆☆☆	I would like to give _____ stars to this article because _____. What I want to improve is _____.
Content	Is it complete and sensible?	☆☆☆☆☆	
Structure	Is it logical and coherent?	☆☆☆☆☆	
Language	1. Does it serve the theme? 2. Is it aligned with the given text?	☆☆☆☆☆	
Overall	☆☆☆☆☆		☆☆☆☆☆

On the way home, *Oliver's mind was busy developing a plan*. ① All of a sudden, an idea hit him. ② "Why don't I take one egg to show that the owls are really breeding?" ③ Thinking of this, he biked back to the campsite, climbed up the tree and reached out his hand to the nest. ④ Unfortunately, he fell off the tree when climbing down. ⑤ Tears welled out but he managed to hold them back.

Three days later, *Oliver showed up at the town council meeting on crutches*（拐杖）. ⑥ Everyone looked curious, wondering what would happen. ⑦ "I fell, but at least, the eggs are all right. I'll show them to you." ⑧ Finally, everyone agreed to cancel the project. ⑨ Never had Oliver been so happy in his life. ⑩ What we couldn't look down upon is the person who has firm decision. ⑪ Oliver's deed deserves our full respect.

根据表2,学生发现如下不足之处:一是句⑩、⑪在主题上存在偏离,即续作应重点体现保护珍稀、濒危动物,追求人与自然和谐共处,而非褒赞Oliver的优秀品质,为此应将其修改为"Thanks to his efforts, the rare and endangered owls were saved! He would always keep in mind the importance of protecting animals and safeguarding nature.";二是句②、③、⑦虽意在保护gray owl,寻求问题的解决,但所采用的保护手段不太妥当,内容合理性稍弱。也即,直接拿珍稀鸟蛋为证这一做法不太到位,而应采用更为环保、间接、妥善的施救方法。为此建议修改②、③为"'Why don't I borrow a new camera and take photos again?' Immediately he got the new camera, he biked to the campsite, climbed up the tree and took a bunch of photos."。相应地,修改⑦为"Oliver clearly presented his photos of the owl eggs and pleaded, 'Please look at the magnificent creatures! Would you mind reconsidering the construction project?'"。

修改后的续作紧扣人与自然主题语境,情节合理,行文连贯,语言表达流畅,体现了保护动物、追求社会发展和生态平衡的主题内容和价值意义。学生在续写、评价、修正的过程中,实现了对主题意义的学习进阶,并在对主题意义的深度体验中提高了语言学习能力和综合素养。

读后续写是一项语言能力、思维能力、组织能力综合互动的学习活动,提升读后续写能力需要经过长期、具体且有明确方向的努力。以主题意义为核心的读后续写,能促使教师重新审视教学内容、步骤和方法,使续写有深度、有高度,让学生在理解语篇内容以及潜在思维特征、文化意蕴的基础上,紧扣主题意义,进行合情合理的续写。这一过程有助于培养学生正确的价值观念,促进学生形成共情和迁移能力,以实现深度学习和素养发展的目的。

参考文献

[1] 王初明.读后续写——提高外语学习效率的一种有效方法[J].外语界,2012(5):2-7.

[2][4] 刘庆思,陈康.关于一年两考高考英语试卷中读后续写设计的研究[J].中小学外语教学(中学篇),2016,39(1):1-5.

[3] 王初明,亓鲁霞.读后续写题型研究[J].外语教学与研究,2013,45(5):707-718,800.

[5] 葛文山.读后续写题的情节设计[J].中小学外语教学(中学篇),2022,45(2):1-9.

[6] 张金秀.主题意义探究引领下的中学英语单元教学策略[J].中小学外语教学(中学篇),2019,42(7):1-6.

[7] 程晓堂.基于主题意义探究的英语教学理念与实践[J].中小学外语教学(中学篇),2018,41(10):1-7.

[8][10] 中华人民共和国教育部.普通高中英语课程标准(2017年版2020年修订)[S].北京:人民教育出版社,2020:16,59.

[9] 马黎,董姣.基于主题意义的单元导学策略[J].中小学外语教学(中学篇),2020,43(8):13-17.

基于大单元教学的初中英语教学评价研究

福建省厦门双十中学思明分校　陈　榆

《义务教育英语课程标准(2022年版)》提出了注重"教—学—评"一体化设计的课程理念，强调将评价贯穿英语课程教与学的全过程，实现以评促学、以评促教。学生要发挥主观能动性，成为各类评价活动的设计者、参与者和合作者，同时自觉运用评价结果改进学习。与此同时，教师要科学运用评价手段与结果，针对学生学习表现及时提供反馈与帮助，反思教学行为和效果。坚持形成性评价与终结性评价相结合，逐步建立主体多元、方式多样、素养导向的英语课程评价体系。

课题组成员根据"基于大单元教学的初中英语教学评价研究"，探索不同类型评价工具的开发、评价形式与内容的创新，以期推动更多教师把握教、学、评在育人过程中的不同功能，树立"教—学—评"的整体育人观念。

一、课题研究背景

随着教育现代化的推进，英语课堂学习的内容与方式已经发生变化。单一的、浅表的、零碎的学习已过时，多维度、深层次、有整合的学习才能促进学生综合语言运用能力的发展，满足社会对英语课程的要求。学生英语学科核心素养的提出，倒逼英语教学的变革，初中英语教学需要关注学生能否运用知识做事、持续地做事、正确地做事，强调知识点的理解到应用，重视知识点之间的联结及其运用。同时，评价对于初中英语教与学的重要意义也得到了广泛的认同。

《普通高中英语课程标准(2017年版)》指出，英语课程的评价应反映以人为本的教育理念，着重评价学生的学科核心素养发展状况，以核心素养的内涵与水平划分为依据，涵盖教学内容的各个方面，体现学业质量的指标要求，采用科学、合理的评价方式和方法，对教学过程实施有效监控，对学习效果进行适时检测。《义务教育英语课程标准(2022年版)》提出，在实施教学和评价的过程中，教师要通过观察、提问、追问，以及合理、科学的测试等方式，收集学生学习是否真正发生的证据，及时诊断学生在学习过程中的问题，根据需要提供必要支架和及时反馈，帮助学生达成预设的教学目标，以评促学，以评促教。

基于落实英语学科核心素养的背景，英语教学评价的主体由"教师"转向"师生"已成共识，英语教学在关注教师教学设计是否合理，教学目标是否达成，教学成绩是否优异的同时，更关注学生是否掌握了目标语言知识及技能，是否提升了整体学习能力，是否获得了文化体验与思维拓展，从而突出学生在课堂评价中的主体地位，激发学习内驱力，达到"学会"与"会学"并驾齐驱的效果，即实现终结性评价与形成性评价相统一的目标。

如何真正发挥评价的"促学"及"促教"效果,实现教—学—评一致性是英语教育教学领域的关键课题。就初中英语课堂教学而言,一线教师们也开始思考如何依据学情,适时地让学生从机械、浅表的学习方式中跳脱出来,进行有深度、有意义的英语学习,同时重新审视教—学—评之间的关系,设计并实践科学、合理、有效的课堂评价方式,促进初中生的英语深度学习,实现英语学科核心素养的落地。

二、项目成果及创新

课题组经过研究与实践,初步构建以"评价主体""评价内容"和"评价形式"为要素的初中英语教学评价体系框架(图1)。

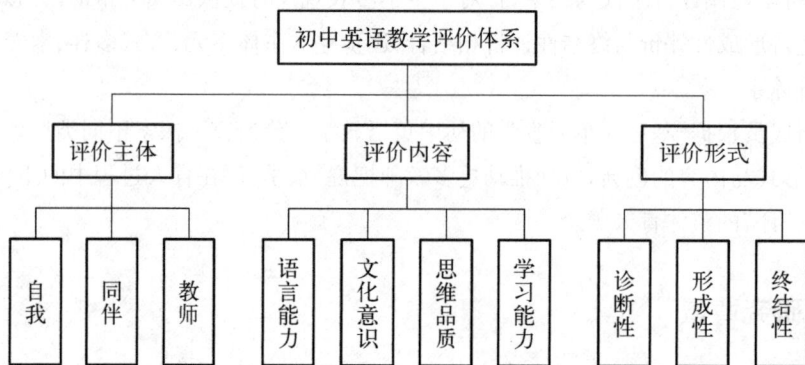

图 1 初中英语教学评价体系

(一) 初中英语教学评价体系构建

多元化的评价主体激发学习动机。《义务教育英语课程标准(2022 年版)》的核心素养导向要求教学必须承认学生的教学主体地位,因此学生应作为学习主体独立自主地参加教学活动,静态的内容,经由"学生经验"(学生的主动活动),才能活化;而原本外在、现成的学科的知识、技能、价值取向,也才能转化为学生自己的知识、技能、能力、品格、价值观。根据社会构建理论,学习需要"交流、分享、协商",因此同伴在群体学习活动中具有一定的相互影响力。学习过程中,同伴的评价更容易被理解与接受,从而碰撞出灿烂的思维火花。课堂是师生共同构成的学习场,教师作为受过专门教育训练的技术人员,可以根据教学目标评价学生各方面表现;学生可以从受教育者的角度为教师的教学行为提出意见和建议,有助于高效课堂的打造。

具象化的评价内容护航核心素养落地。英语课程要培养的学生核心素养包括语言能力、文化意识、思维品质和学习能力等方面。"教—学—评"一体化的教学过程中,通过"评价"考查学生参与各项具体学习活动的表现和完成系列学习任务的质量,重点评价在学生核心素养形成和发展的过程中,其语言知识与技能的发展、文化知识的建构、核心策略与方法的掌握和运用的程度,以及思维能力表现等。通过研究能在教学工作中建立好学科核心素养与学科核心内容之间的关系,依据课程标准选择有利于培养学科核心素养的教学内容和情境素材,制定学习目标、选择学科内容、设计学习活动、开展课堂教学、进行学习评价,环环紧扣,使学科核心素养具体化,可培养、可干预、可评价。

针对性的评价方式提升教学质量。本研究着眼于"评价"二字,但并非对任意的初中英语课堂教学进行任意的评价,而是通过实践"教—学—评"一体化的理念,融评价于教学的全环节,将其与单元目标、真实情境或任务充分结合,探索出一种较为科学、合理、有效的课堂评价形式。本研究在传统纸笔测试、评价量表、口头检查等基础上,借助现有的在线评价平台,做到定性、定量相结合,体现多渠道、多视角、多层次、多方式的特点。形成性评价与终结性评价相辅相成,让课堂评价活动贯穿教学的全过程,评价全面、准确、灵活,为检测教学目标服务,以发现学生学习中的问题,并提供及时的帮助和反馈,促进学生更有效地开展学习。

(二) 编制不同课型评价量表

教学评价应根据单元教学目标,围绕核心素养综合表现进行设计,通过多元主体参与的方式,采用多种手段和形式组织实施。其中,量化评价和质性评价是我们研究的内容之一。量化表可用于评价教学活动参与度,语言的准确性、流畅性等方面。评估量规(Rubrics)是教育评价中的专业术语,由于理解和观察的视角不同,国内外学者对其所下的定义并不一致。Goodrich 认为,量规就是对某件学习作品或作品中的重要部分所制定的评估标准。评估量规是由教学参与人员开发的用于评价师生表现的工具,特别是针对学生参加的活动详细设定了具体的评价标准或要素,旨在促进学生学习行为的改善和学习效果的提升。

因为一个量规很难评价学生在学习中所有的行为表现,所以在教学中,我们针对不同的课型设计相应的评价量规,而且在不同发展阶段,量规的一些评价项目都要进行调整,或改变某些评估项目在整个量规中的权重。评价量表包含能够衡量学生各类课型活动表现的所有重要项目,评估的项目根据语言能力的理论模式来制定。量规是由教师和学生一起商讨后制定的某种合约或契约,操作时按事先的"约定"全面、系统地进行评价,因此具有约定性。教师和学生在制定量规时进行充分的酝酿和沟通,确保量规的所有使用者领悟和掌握其中所有术语的含意。

以下以 Unit 2,Year 8,Book 3(Go for it!)不同课型的评价量表作为示例(表1至表7)。

表1 听力理解评价表

项目	评 价 标 准	自我评价(1—5分)
1	能听懂表达愿望的交际用语并选出志愿地点	
2	能获取志愿行动的关键词组	
3	能听懂志愿服务相关话题的简单语段并能选出志愿计划的关键词组	
4	能记录志愿计划的关键词组	
说明	目标评价为各项目评价总和 评价分五个等级:优秀5分;良好4分;中等3分;较弱2分;很弱1分。	

表 2　口语表达评价表

项目	评 价 标 准	自我评价	同伴互评
1	能利用幻灯片中所给提示,运用所学句型完整表达想要做志愿服务的地点。(2分)		
2	能在教师的指导下,熟练运用所学句型与同伴进行角色扮演对话,并根据同伴选择的地点提出志愿活动的建议。(3分)		
3	能根据图片及提示词,熟练运用制定计划的词组,并灵活地根据不同的志愿地点制定不同的计划。(5分)		
4	能够在校庆主题下,简单介绍自己设计的校庆志愿者 logo 的含义。(2分)		
	能够在志愿者话题中,用简单的语言表达自己愿意做的志愿活动。(4分)		
	能够根据所学内容,制定志愿活动的计划并进行表达。(6分)		
语音面貌	在上述口语活动中声音响亮、语调准确、表达流利。(8分) 优秀8分;良好6分;一般4分;待提高2分。		
说明	请根据评价项目和评价标准,通过自我评价和同伴互评对学习过程的效果选择相应的得分做出评价。目标评价取各项目均值总分。		

表 3　阅读思考评价表

评价项目		评 价 标 准	自我评价 (1—5分)	同伴评价 (1—5分)	教师评价 (1—5分)
基础类	1	能在读的过程中,概括文章主题,了解小狗 Lucky 帮助残疾人 Ben 的细节信息			
	2	能识别、分析和梳理感谢信的结构特征,并对主要内容进行整体理解和简要概括			
	3	能使用略读、寻读等策略解决语言学习中的问题,积极进行拓展性运用			
提高类	1	能在读的过程中,利用词性推测词义,总结词汇规则			
	2	能领会阅读语篇中蕴含的人文精神,感悟诚实、友善的传统美德,关爱他人,尊重他人,有社会责任感			
迁移类		能提取、整理关键信息、思想和观点,依据不同信息进行独立思考,评价语篇内容,并说明理由			
说　明		1. 请根据评价项目和评价标准,通过自我评价、同伴评价和教师评价对学习过程的效果选择相应的得分做出评价。目标评价取各项目均值总分。 2. 评价分五个等级:优秀5分;良好4分;中等3分;较弱2分;很弱1分。			

表 4　单元语法学习评价表

在本节课后,我能	1	2	3	4	5
使用目标语言表达想要帮助他人的意愿并为他人提供相关建议。					
理解动词不定式的表意功能,并运用动词不定式表达自己的意愿与想法。					
正确看待志愿服务,养成帮助他人、乐于奉献的良好品德。					

单元综合产出任务评价表(角色表演)

请在相应项目中打分,评价分五个等级:优秀 5 分;良好 4 分;中等 3 分;较弱 2 分;很弱 1 分。

表 5　学生自评表

评　价　项　目	评　价　等　级
我能够回想起本单元学过的志愿服务活动相关词汇和表达。	
我能够借助思维导图或流程图设计、梳理角色对话信息。	
我能够准确、流利地用英语表演角色。	
我能够积极参与讨论、发表意见。	
我能够认真倾听其他组员的意见。	
我完成了所负责的小组任务。	
我能根据临场情况,随机应变。	
我们小组和我在以下方面还需要改进: _____ _____	

表 6　小组角色表演反馈表

你认为该小组在角色表演中还有哪些需要改进的地方? 为什么?	
你最喜欢哪个小组的角色表演? 为什么?	
你认为哪个小组的表演创意最佳? 为什么?	

表7　单元整体评价

维度			评价标准描述	评　价
语言能力	语音		我能够运用发音规律准确辨音并有效记忆单词。	□是　□否
	词汇		我能够正确使用下列单词： sign, notice, feeling, satisfaction, joy, owner, journey, wheel, letter, Miss, difficulty, door, training, kindness, interest, sir, madam, cheer, volunteer, raise, repair, fix, imagine, open, carry, train, understand, change, lonely, strong, broken, disabled, blind, deaf, excited, clever, alone, several	请在单词上打钩
			我能够正确使用下列词块或句型： clean up, cheer up, give out, come up with, put off, hand out, call up, used to, care for, try out, fix up, give away, take after, set up, make a difference	请在词块或句型上打钩
	语法		1. 我能分辨动词不定式在句中作宾语、宾补和状语时的作用和意义，并能正确使用动词不定式。	□是　□否
			2. 我能使用情态动词 could 表达建议。	□是　□否
	语篇		1. 我能够阅读书信文本，总结出其文体特征及语言特点。	□是　□否
			2. 我能够运用书信这一常见文体结构和展示自身能力、兴趣及喜欢某一志愿活动的理由的表述，写一封争当志愿者的自荐信。	□是　□否
文化意识			1. 我能够谈论中外志愿服务和慈善行动的内容，表达助人为乐、增强社会责任感的重要性。	□是　□否
			2. 我能够通过对比审视自己的初中学习和生活，树立良好的心态，承担社会服务，为社会发展尽自己的一份力。	□是　□否
			3. 我能够有意识地积累本单元主题文化知识，了解并比较中外青少年志愿服务活动的异同，感知中外文化差异，初步形成跨文化意识。	□是　□否
思维品质			1. 我能够提取、整理教材语篇中与志愿服务有关的关键点、思想、观点，依据不同信息进行独立思考，评价语篇内容，并说明理由。	□是　□否
			2. 我能够客观、理性地分析志愿服务过程中可能遇到的困难，并提出解决方案。	□是　□否
学习能力			1. 我能够在听前通过阅读问题和选项预测将听到的内容。	□是　□否
			2. 我能够利用语篇标题、图片、关键词、主题句等获得语篇大意。	□是　□否
			3. 我能够理解词语的词性，并利用词性解读词汇的意思。	□是　□否
			4. 我能够通过小组合作学习等方式提高学习效果。	□是　□否
			5. 我能够在情境引领下，积极参与对话续写创编，并合作完成角色表演，以口头产出呈现、检验所学。	□是　□否
			6. 我能够利用多种资源，根据学习需要进行取舍以提高学习效果。	□是　□否
			7. 我能够对自己的学习进行反思，并调整学习状态。	□是　□否

三、效果与反思

(一) 提升教师"教—学—评"一体化的教学理念

在评价的过程中,教师们能做到注重各教学要素间关系的分析,设计并实施目标、活动、评价相统一的教学。明确教什么、为什么教、怎么教、怎么评等方面的内涵和要求,建立相互间的关联,体现以学定教、以教定评,使评价融入教学,成为教学的有机组成部分。通过研究,教师能科学运用评价手段和结果,针对学生学习表现及时提供反馈与帮助,反思教学行为和效果,教学相长。

(二) 引导学生主动参与指向性明确的学习

学生理解评价的内涵和功能后,能明确学习的内容和标准,从而正确地评价自己和他人。当他们知道自己的学习将如何被评价时,他们会自觉地调整自己的学习方式以适应师生约定的评价标准,实现学习目标的有效达成。此外,在评价标准的指导下,营造同伴间互相学习、互相帮助的学习氛围,可以促进合作学习的真实发生。

(三) 促进学生素养的养成

嵌入课堂的评价不仅测评学生不断达成标准的进阶过程,而且以天衣无缝的方式将基于目标的课堂教学与评价实践连接起来,两者不断互相渗透,从而改善实际教学。在评价的引领之下,学生主动地深度参与到基于真实情境的任务中,并通过评分规则获取有效反馈,明晰预设的素养目标、现阶段的素养水平以及如何进一步发展等问题,最终通过自我反思实现核心素养的形成。

(四) 对课题研究的反思

随着课堂结构的丰富,评价手段也愈加多样,如何在有限的课堂时间中最大化评价的效果是我们需要进一步探索的问题。此外,如何让评价发挥全面育人的作用,在核心素养的培养上更上位地使用评价手段,也是课题需要延展的方向。

指向深度学习的问题链教学设计

——以"指数函数的概念"教学为例

福建省厦门第一中学　徐小平

一、引言

数学学科核心素养是数学课程目标的集中体现,是具有数学基本特征的思维品质、关键能力以及情感、态度与价值观的综合体现,是在数学学习和应用的过程中逐步形成和发展的。[1]

问题链教学是指教师为了实现教学目标,针对教学过程中学生可能出现的困惑和障碍,将教学内容分解为层次分明、相互联系的一系列教学问题。深度学习强调高阶思维发展,与问题链教学的理念相契合,问题链教学是能够发展核心素养、有效实现深度学习的一种教学方式。

本文以"指数函数的概念"为例探讨如何精心设计指向深度学习、促进核心素养发展的进阶问题链教学。

二、"指数函数的概念"问题链教学设计

(一) 教材问题 1、问题 2 及指数函数概念的教学

教材问题 1: 随着中国经济高速增长,人民生活水平不断提高,旅游成了越来越多家庭的重要生活方式。由于旅游人数不断增加,A、B 两地景区自 2001 年起采取了不同的应对措施,A 地提高了景区门票价格,而 B 地则取消了景区门票。比较两景区游客人次的变化情况,你发现了怎样的变化规律?(教材用表格给出了 A、B 两景区 2001 年至 2015 年的游客人次以及逐年增加量的数据)

对于教材问题 1,设计由如下 4 个问题构成的问题链。

问题 1:用什么方法来表示表格中的数据能使表格数据更加直观呢?

问题 2:根据你的方法,你能发现两景区游客人次的变化规律吗?

问题 3:年增加量是对相邻两年的游客人次做减法得到的,能否通过对 B 地景区每年的游客人次做其他运算发现游客人次的变化规律呢?

问题 4:我们把增加量为常数的变化方式称为线性增长,增长率为常数的变化方式称为指数增长。如果我们假定 B 地景区每年的游客人次的增长率均为 0.11,并设经过 x 年后的游客人次是 2001 年的 y 倍,y 与 x 是函数关系吗?如果是函数关系,能求出解析式吗?

设计意图：

首先抛出问题 1,引导学生利用图像(散点图)定性分析数据。

紧接着给出问题 2,学生通过思考得出：由图表可知,A 地景区的游客人次近似于直线上升(线性增长),年增加量大致相等(约为 10 万次);B 地景区的游客人次则是非线性增长,年增加量越来越大,但是从图像和年增加量都难以看出变化规律。

再给出问题 3,引导学生理解增加量和增长率是刻画事物变化规律的两个很重要的量,并通过类比用减法计算增加量得出用除法得到增长率。然后再通过运算得到 B 地景区每年的游客人次符合增长率为常数的变化规律。

最后通过问题 4 引导学生对实际问题进行理想化假设,并从特殊到一般研究从 2001 年开始,x 年后 B 地景区的游客人次与 2001 年的倍数关系,发现 B 地景区游客人次的变化规律可以近似地描述为：如果设经过 x 年后的游客人次是 2001 年的 y 倍,则 $y=1.11^x$,$x \in [0,+\infty)$。通过用函数关系进一步刻画 B 地景区的变化规律,从而引出用函数刻画指数增长的问题,为抽象出指数函数作准备。

通过这几个递进的问题的设计,引导学生从利用散点图直观感知的定性分析的方法,升华到更深层次的借助运算发现数据中蕴含的变化规律的定量分析的方法,引导学生学会将实际问题进行理想化处理,学会从特殊到一般地研究变化规律,数据处理的能力得到了初步提高,数据分析、数学建模和数学抽象的素养也得到了初步的发展,思维从浅表走向深层,促进了学生的深度学习。

教材问题 2：当生物死亡后,它机体内原有的碳 14 含量会按确定的比率衰减(称为衰减率),大约每经过 5 730 年衰减为原来的一半,这个时间称为"半衰期"。按照上述变化规律,生物体内碳 14 含量与死亡年数之间有怎样的关系？

指数函数的定义：函数 $y=a^x$($a>0$ 且 $a \neq 1$) 叫作指数函数,其中 x 是自变量,函数的定义域是 **R**。

对于教材问题 2 及指数函数概念的抽象,设计由如下 5 个问题构成的问题链。

问题 1：能否根据碳 14 含量的半衰期求出死亡生物体内碳 14 含量的年衰减率？

问题 2：生物体内碳 14 含量与死亡年数之间有怎样的关系？

问题 3：像这样衰减率为常数的变化方式,我们称为指数衰减。比较两个实例：B 地景区游客人次增长与碳 14 衰减,它们所反映的变化规律分别从数据、图像和解析式来看,有什么共同特征？

问题 4：我们把上述函数 $y=1.11^x$ 和 $y=\left[\left(\dfrac{1}{2}\right)^{\frac{1}{5\,730}}\right]^x$ 称为指数函数,观察这两个函数形式上的特征,你能否给出指数函数的定义？

问题 5：在定义中为何规定 $a>0$ 且 $a \neq 1$？

设计意图：

学生有了解决教材问题 1 的基本活动经验,为了使学生能够进一步将之迁移到教材问题 2 的解决,即研究"生物体内碳 14 含量与死亡年数之间有怎样的关系？"这一问题,设计问题 1

引导学生从特殊到一般,发现年衰减率 p 满足 $(1-p)^{5730}=\dfrac{1}{2}$,在解方程的过程中复习指数的运算性质,渗透数学运算的素养,求得 p 后,学生便能进一步解决问题2,得出死亡 x 年后,生物体内碳14的含量 $y=\left[\left(\dfrac{1}{2}\right)^{\frac{1}{5730}}\right]^{x}$,$x\in[0,+\infty)$。接下来通过3个进阶问题进行指数函数概念抽象的教学,首先通过问题3引导学生从数据、图像、解析式等角度进行归纳概括,发现刻画问题1中的指数增长和问题2中的指数衰减的函数的共同特征。接着借问题4引导学生通过分析、比较两个实例,概括它们的共同本质特征,从而得到指数函数概念的本质属性,得出指数函数的定义。最后通过问题5进一步深化学生对指数函数定义的理解。通过这5个问题进一步渗透数学建模、数学运算、数学抽象等核心素养,实现指数函数概念抽象的深度学习。

(二) 指数函数模型应用的教学

例2 (1) 在问题1中,如果平均每位游客出游1次可给当地带来1 000元门票之外的收入,A 地景区的门票价格为150元,比较这15年间 A、B 两地旅游收入变化情况。

(2) 在问题2中,某生物死亡10 000年后,它体内碳14的含量衰减为原来的百分之几?

教材主要通过例2研究指数函数模型的应用,教学时对于例2的处理,建议以(1)为主进行教学,(2)则留给学生课后探究,对于例2(1)的教学,设计由如下4个问题构成的问题链。

问题1:可以用我们学过的什么关系来表示这15年间 A、B 两地旅游收入变化情况。

问题2:如何求 A、B 两地旅游收入与所经过的时间(年)的函数关系。

问题3:要比较这15年间 A、B 两地旅游收入变化情况,可以比较哪些方面? 如何比较?

问题4:设原有量为 N,每次的增长率为 p,则经过 x 次增长,该量增长到 y,则 y 与 x 的关系是什么?

设计意图: 对于这一例题,学生只要对(1)研究清楚了,完全可以自主研究(2),由于本节课的教材内容较丰富,因此在教学时要注意突出重点,着重研究(1)。如果直接就问如何比较两地旅游收入变化情况,那么对于学生而言,难度较大,之前没有相关的活动经验,因此将原问题分解为问题1、问题2和问题3,引导学生逐步分析出比较的方法和比较的角度,即可以比较初始状态、中间趋势以及终止状态;可以通过运算和图像进行比较,在同一直角坐标系中作出两个函数的图像,利用信息技术工具(几何画板、Geogebra 等)数形结合地分析数据,得出结论等。根据学生回答的情况,再让学生阅读教材中关于这一问题的表述,使学生了解这类开放题的答题角度和答题规范。学生通过这一系列问题的解决,就能掌握这类开放式的应用题的分析思路,并学会清晰规范地进行表达,更深层次地发展数学建模、数学运算和数学抽象的核心素养。问题4则进一步升华,将模型一般化,并在学生得出 $y=N(1+p)^{x}$,$x\in\mathbf{N}$ 后,进一步总结出形如 $y=ka^{x}(k\neq0,a>0,$ 且 $a\neq1)$ 的函数是刻画指数增长或指数衰减变化规律的非常有用的函数模型,并展示教材章引言中的良渚遗址的例子,从而进一步巩固学生对指数函数概念的理解,进一步让学生感知指数型函数的应用,实现指数函数模型应用的深度学习。

(三) 课后作业拓展思考问题的设计

基础性作业: 教材 P115 练习 3 及教材 P119 习题 2,4,5,7,8。

拓展性作业:

思考题 1:2020 年新高考全国 I 卷第 6 题。

思考题 2:研究指数型函数 $f(x)=ka^x(k\neq 0, a>0,$ 且 $a\neq 1)$ 从 x_0 到 $x_0+\Delta x$ 的函数值的变化规律。

实践题: 阅读教材 P115"阅读与思考",请你通过上网查询,给出一个倍增的指数函数模型实例。

设计意图: 基础性作业能让大部分同学巩固知识,增加学习的信心,而拓展性作业则是为思维层次更高的同学提供挑战性的任务,能让他们在解决富有挑战性的问题中提高兴趣,提升思维。这些不同层次的作业有助于让不同层次的学生都能得到相应的发展。

三、指向深度学习的问题链教学设计建议

问题链教学为核心素养的发展和深度学习的实现提供了抓手。那么,该如何设计有效的问题链更好地实现深度学习呢? 笔者建议在进行问题链教学时要注意做好以下几点:

一是要精准把握课标要求、教材意图、学生思维水平及思维生长点。教师只有理解了课标和教材,才能更好地用好教材,最大程度地挖掘教材的价值,做到用教材教,而不是教教材。教师只有充分了解学情,才能根据学生现有的思维水平,设计出符合学生思维发展特点的问题,调动学生的积极性,发挥其潜能,超越其最近发展区而达到下一发展阶段的水平,然后在此基础上进行下一个发展区的发展。

二是要不断学习,深入研究,根据课标要求以及学生思维水平和思维生长点用好教材,设计难度合适的起点问题,逐层深入、紧密关联的过渡性问题,具有挑战性的最终问题以及体现批判性思维的发展性问题。如何设计出这样的问题链呢? 首先,教材是专家们经过多次打磨形成的成果,教师在教学中要立足教材、深挖教材意图,对教材的问题情境进行加工,对教材问题进行创造性的整合和改造,设计出指向深度学习的好问题,构成问题链。以本节课为例,笔者所设计的问题均依托教材并对教材的问题情境进行了深度加工。另外,由于不同学生之间的思维水平存在一定的差异,教师必须设计一些更具有挑战性和发展性的问题任务供思维水平较高的学生思考,这样才能促进这一群体的素养提升和深度学习。因此,还需要寻找教材之外适合的素材进行加工,这就需要教师不断学习,深入研究适合的挑战性任务。思考题是很好的形式,在教学中,笔者在每节课中都会留适当的思考题给学生课后思考,在日积月累中,有效地提升了学生的思维,发展了他们的核心素养。

三是问题的解决要让学生充分思考、充分表达。只有让学生充分思考和表达,才能让学

生在学习的过程中,不断产生思维冲突,进而在教师的引导下逐步解决问题,学会用数学思维思考,从能解题升华到会解决问题。教师也只有将课堂的时间还给学生,以学生为主体,为学生的学习指引方向、指导方法,才能成为学生深度学习的领路人,才能让他们的核心素养得到培养。

总之,问题是数学的心脏,好问题是数学教学的催化剂。作为新时代的数学教师,我们要在教学中努力设计由若干好问题构成的问题链,以此提高学生的分析和解决问题的能力,还有发现和提出问题的能力,引导他们更好地用数学眼光观察世界,用数学思维思考世界,用数学语言表达世界,促进他们高阶思维的发展,提升他们的数学核心素养,促使他们学会像数学家一样深度思考。

参考文献

［1］中华人民共和国教育部.普通高中数学课程标准(2017 年版 2020 年修订)[S].北京:人民教育出版社,2020.

基于学习共同体的青年教师专业成长的校本策略
——以厦门一中为例

福建省厦门第一中学　陈燕梅

近年来,由于城市化进程加剧以及人民群众对优质教育资源的强烈需求,厦门市不断扩大优质中学的办学规模。厦门市委市政府提出"名校跨岛发展"战略,厦门一中作为一所百年名校率先践行,2018 年新校区在马銮湾新城惊艳亮相。据统计,厦门一中近 3 年共入职新教师 240 多名,占全校教师的近 40%,这些青年教师专业成长的质量是学校师资队伍建设的关键,是学校可持续发展的保障,关系着学校教育教学质量,关系到一批又一批学子的成长。因此,我们亟须寻找一条新型的校本研修之路,促进青年教师专业成长。

一、学习共同体：教师专业发展的新模式

学习共同体是教师专业发展的一种新模式,是学习型组织的一种新样式[1]。20 世纪 90 年代,以"专业学习共同体"为主题,美国西南部教育发展实验室(SEDL)的专家研究了 9 年。该研究表明:"若一个学校有形成专业学习共同体,老师们在此共同工作,探索并变革课堂教学方式,学生在教师的引领下完成高智力水平的学习任务,相比于传统教育学校的学生,他们将在多方面获得更大的成绩,如数学、科学、历史和阅读等。而且,家庭背景不同的学生的学习成绩差异也会变得更小。"[2]该研究归纳总结了专业学习共同体的五个显著特点:相互支持和共同领导,共享价值观与愿景,集体学习与实践,提供支持性的条件,分享实践经验。此五方面内容的缺失,恰是当下青年教师专业成长中集中存在的问题。围绕着这些特点去开展校本研修的实践,有助于形成学习共同体的学校文化。

2012 年,教育部原副部长刘利民在"首届全国教研系统负责人联席工作会议"中提出"要探索建立多种形式的教学研究共同体"。教研共同体为教师队伍建设拓宽了道路,是一种新的实践路径。由教师同行所组成的共同体,同事之间的相互切磋、对话,能促进青年教师在实践中成长[3]。2017 年教育部颁布的《义务教育学校管理标准》明确提出:"引导教师加强学习,阅读经典,提高修养;鼓励教师利用网络学习开展教研活动,建设教师学习共同体。"建设"教师学习共同体"已成为我国教育政策的顶层设计。

国内外学习共同体的研究为促进教师专业的发展奠定了坚实的理论和实践基础。将学习共同体理论运用于教师专业发展,是将教师群体作为一个整体来发展。教师参加学习共同体,为某一教育目标集合,组成团队,交流、实践共同的理念、目标和活动[4]。

基于此,厦门一中依托学习共同体,探索促进青年教师专业成长的校本研修策略。

二、依托学习共同体，实践教师成长的校本策略

(一) 共同愿景：追求卓越，共筑教育理想

学习共同体是一种愿景。愿景可以持续不断地成为个人成长和组织学习的原动力，也是建设"学习型组织"的首要任务。专业化培训正是学校共同愿景形成的一部分，为建设学校的共同愿景，教师专业化培训要走出仅"重视技能培训"的低阶目标，而追求将教师专业发展规划为共同愿景的建立过程，重塑理念的价值[5]。

厦门一中是持续变革、追求卓越的学校，更多地关注学校共同愿景的形成、学校的发展与未来，以共同的价值观支持那些指导教与学的行为规范。2018年底，厦门一中成立青年教师成长沙龙，名为"厦一智会"，即厦门一中青年教师智慧课堂的简称，"一智"谐音"一致"，"智会"谐音"智慧"，旨在希望青年教师通过"厦一智会"博采众长，见贤思齐，成就自我。基于此，2021年9月，厦门一中海沧校区推出"子衿师说"青年教师成长共同体系列活动。青青子衿，悠悠师心。求道问学，明德致远。结合"经验分享""自我反思""同伴互助""专家引领"多位效能之力，为青年教师的成长搭建交流信息、解决困惑、拓展思路、沟通感情、相互学习的共同体平台。当个人的愿景得到发展和分享，集体的愿景与每个成员的愿景相吻合并由此得到强化，将造就一支师德风尚高、业务水平精、群体意识强的师资队伍。

(二) 共同学习：博慧读书，走向深度思考

新教师如何快速成长？"为学之道，莫先于穷理；穷理之要，必先于读书"，如何针对不同年龄层的教师发展需求，设计有针对性的阅读内容，采用多样化的、有趣的阅读方法，让不同年龄层的教师都可以在阅读中自主发展？厦门一中"启程领航，厦一智慧"学习共同体开展系列读书活动。有同品一本书，如在咖啡厅共读《一个学期打造优秀班集体》，以"如何平衡严格与爱"展开研讨，深度讨论，唤醒心灵；也有共谈一个话题，如"同心抗疫情，转角有书香"，以抗疫为主题进行读书分享，理性思考，深度交流；还有推荐一个精品，在线上分享自己喜爱的一本书，扩展阅读，拓宽视野。让共同体的阅读与分享，启迪青年教师深度思考，激发教师的教学创造力，走教研、科研的专业化发展之路。

(三) 共享实践：教研盛宴点亮教学智慧

共享教学研究实践成果是促进教师专业成长的有效战略。基于学习共同体，厦门一中青年教师成长沙龙开展"与你同行"优秀教案漂流活动暨厦门一中青年教师"一课一优案，一课一反思"活动，青年教师自己设计一份教案，并在指导教师的帮助下进一步优化，而后进行上课实践与教学反思，最后和同伴分享交流。活动以"写—改—践—思—享"逐步推进，引导青年教师与优秀的伙伴同行，坚持在实践中探索、在困惑中学习、在研讨中反思、在领悟中创新。好的教案可以成为校本知识，它的生产、贮存与分享机制将对学校的发展提供实际的支撑[6]。教案的内容体现教师对教材的理解，对学生的理解，对教学的理解，只有备得深，才能讲得透，

析得准，练得精。

为推进信息技术与数字教育资源在教学中的合理有效的应用与深度融合，提升教师综合素养，以黄昌毅、杨凯和林淑洁等教师为主导的学习共同体开展优质微课程分享，以创优质微课促有效教学，加快青年教师专业发展的步伐。

无论是教案漂流或是微课程学习共同体，都是日常教研的一种形态，是点亮教学智慧的明灯。学科主题沙龙系列活动在厦门一中持续推出，如"如何进行校本作业规范编写""如何上好主题说播课""如何进行试卷分析与讲评""高效复习策略的研讨"等。学校通过建立学术型教师学习共同体，以备课组、课题组、读书会、教研组、名师工作室等为载体，秉承着"自主""专精""共好""共美"等发展理念，在教学研同期互动中提升青年教师的专业水平。

(四) 共同研究：校本研究引领专业成长

研究能力的提升是实现教师自主成长的重要机制。厦门一中邀请名师走进校园，为教师开展课题研究专题讲座，不断提升教师的研究能力。

青年教师学习共同体关注课堂教学中的现实问题，梳理教学中的困惑。"问题即课题，教学即研究"，厦门一中教研室推出以备课组为单位的校级课题研究活动，立足解决日常教育教学中的重要问题，以课题研究深化认识和理解，探索提升教学有效性的策略。学校邀请福建省教育科学研究所的郭少榕主任、《福建基础教育研究》的赖一郎主编等专家走进厦门一中，向"厦一智会"的青年教师开展"新课改背景下中学教师如何进行课题研究""教育行动研究——以学习共同体为例"等专题讲座，帮助青年教师更深刻地理解课堂教学的本质，共同讨论如何应对教育的变化和发展，如何进行教育实践的研究。这些讲座既有理论又有实践，实用与创新同在，启迪与收获并存，既有高位的引领，又有手把手的指导，引领青年教师在教研的道路上不断攀登，将教研序列化，常态化，促进教师专业成长。

三、反思学习共同体运行现状，促共同发展

厦门一中探索并实践青年教师学习共同体，取得了显著成效。不少青年教师在共同体平台上专业快速成长，2020年底，厦门一中43位教师在"厦门市第五届中小学幼儿园教师教学技能大赛"中获奖，获奖人数在全市遥遥领先；2021年11月，厦门一中在厦门市"基础教育精品课"遴选活动中取得全市最好成绩。在各类教学比赛获奖的教师中，大部分是入职五年内的青年教师。然而，反思学习共同体运行现状，仍有待完善之处。

(一) 增强自我学习意识，提升工作效能

学校以不同的学习共同体为基础，尊重教师专业发展的需求，设计丰富的活动。但面对繁忙的教育教学工作，个别青年教师以工作太累、事情太多为由，参与活动不够积极，或者在活动中没有专心地学习，导致业务水平没有明显的进步。

教师个人对专业的自觉追求是专业发展的关键因素。若提高教师专业发展的自主性，便

能有效地促进教师专业能力的提升。教师的专业自主发展意识是在教育实践过程中逐渐形成的[7]。青年教师应加强自我学习与反思,在学习中提升能力,在反思中探索优化的策略。

厦门一中长期以来一直关心青年教师的工作与生活,努力提升青年教师在一中的幸福感。一方面从学校的角度进一步规划和梳理,优化工作部署,尽可能地减少重复的工作;另一方面优化学习共同体的活动设计,指导青年教师如何提升日常工作的效能,如时间的整合、效率的提高、任务的规划等,让青年教师从每一次的活动参与中有实实在在的收获,因为收获而期待,追求新的学习、新的突破。

此外,学校充分发挥师徒带教的导师制作用,在教育实践中,以导师的专业指导引领青年教师追求更高的专业水平,同时在青年教师共同体中营造群体专业发展的氛围。

(二) 鼓励多元参与,促进和谐善治

学习共同体是一种多元、民主、平等而安全的开放式学习环境。然而在运作过程中,多数青年教师只喜欢参加与自己专业相关的学习共同体活动,如有的数学教师认为参加"阅读共同体"的应为语文教师,这是对学习共同体的狭隘认识。学习共同体是指由具有共同信念、共同目标的学习者及其助学者共同构成的团体[8],而非局限于同专业的教师群体。在共同体活动中,应向青年教师渗透学习共同体的意义,通过共同点的联结,找到合作和交流的伙伴,建立有效的学习团队。学校持续探讨优化学习共同体以及科学建构的方法,以团体智慧应对复杂的教育教学问题,在推动青年教师专业成长的同时关注教师的身心健康。

鼓励教师多元参与,学校可充分利用信息技术,将共同体的活动及详细介绍推介给更多的青年教师,并提供一种民主、平等、宽容、和谐、自由、接纳的氛围。在这样的氛围中塑造教师的自信、尊重、理解等优秀品格,充分开展学术问题的研究、讨论和争论,实现团队共同发展的目标。

任何教育改革或课程改革想要成功,唯一的途径就是创造条件让教师在教学活动中彰显自身生命的本质。尊重他人的愿景,坚守自己的愿景,努力创建共同的愿景及与此相一致的发展目标。学校将坚持开展学习共同体的实践活动,加强深入研讨,不满足于现状,不断地寻找改进之道。鼓励具有共同愿景的青年教师积极参与,逐步深入学习共同体实践,在学习共同体中有效互动,向美而行,从而实现自我与群体的共同发展。

参考文献

[1] 段艳霞.学习共同体:教师成长的心灵家园[M].厦门:厦门大学出版社,2020:3,6,177.

[2] [美]霍德.学习型学校的变革:共同学习,共同领导[M].张智,胡咏梅,孙晨,译.北京:中国轻工业出版社,2004:12.

[3] [美]帕克·帕尔默.教学勇气:漫步教师心灵[M].吴国珍,等,译.上海:华东师范大学出版社,2005:142.

［4］徐静.教师专业发展共同体建构研究［D］.长春：东北师范大学，2019.

［5］［美］Jane Bumpers Huffman，Kristine Kiefer Hipp.学习型学校的文化重构［M］.贺凤美，万翔，王大凯，褚保堂，译.北京：中国轻工业出版社，2006：6－7.

［6］董姝娜.试论青年教师专业成长的培养路径［J］.长春师范大学学报，2018，37（6）：158－161.

［7］钱海婷.构建学习共同体是校本研修的必由之路［J］.西北成人教育学院学报，2014（2）：83－85.

"在场"的数学阅读与"不在场"的学科核心素养[①]

厦门五缘第二实验学校　李生华

史宁中教授认为,数学教育的终极目标是"会用数学的眼光观察世界,会用数学的思维思考世界,会用数学的语言表达世界",这也是数学核心素养的内涵。我们项目组历经三载的中小衔接数学阅读实践和评价改革研究,对于发展学生的"四基""四能"和"三会",以及促进核心素养落地于课堂方面,做了一些探索,取得了较好的效果。

培养学生的阅读能力是教育的应有之义,这不仅包括基本的语文阅读能力,而且还包含外语、数学、科学等学科的综合阅读能力。其中,数学阅读更注重学习对象在认知过程中所领悟的数学精神、数学情感与数学意义。

一、读本与核心素养：编写中主动渗透

中小衔接数学读本在设立之初就确立了以下四个目标：传承中国传统数学文化；拓宽学生数学知识广度；激发数学学习兴趣；开辟高阶思维能力培养的新途径。

(一) 传承中国传统数学文化

以我国卓越的传统文化为背景的数学阅读教材,不仅能促进年轻一代的思想认识,还能为他们的数学知识的学习作好充分的准备。教材积极渗透我国优秀传统数学文化,使学生能在潜移默化的过程中进一步认识数学的精髓,培养强烈的数学文化认同感,产生发扬我国数学文化的使命感。特别是我国古代数学成就和近现代数学家的优秀研究成果,如中国人最先使用负数、《九章算术》、珠算、圆周率、杨辉三角、鸡兔同笼、田忌赛马等,应予以详细介绍,使学生能够引以为傲。

(二) 拓宽学生数学知识广度

数学阅读课程的内容包含了古今中外人类数学智慧的结晶,在拓展学生理论认知的同时,还能辅助学生将新知纳入自己的知识框架,对发挥数学学科的育人价值起着重要作用。通常,学生在其生活背景下构建认知框架,因此,在编写数学阅读校本课程时应考虑其内容的真实性、生活性与时代性。贴近学生生活的数学材料更能引起他们的注意,激发其学习欲望。因此,教师在数学阅读课程中设计了"生长点""立足点"和"延伸点"三种学习情境。比如新增

---

① 李生华,蒋永棋."在场"的数学阅读与"不在场"的学科核心素养[J].基础教育参考,2022(1)：71-74.

了"2020年全国人民齐心协力共抗疫情"的背景,也根据此情境设计了"新型冠状病毒知识知多少""14天体温数据如何分析处理"等内容。选择的材料大部分都是依托现实背景,同时接近学生实际生活,这些材料极大地拓展了学生的知识广度。

(三)激发数学学习兴趣

顾明远教授认为,没有兴趣就没有学习。以浓厚的兴趣积极参与学习是提高学习质量的根本保证。学生对数学阅读的兴趣直接影响数学活动的开展和教学效果。丰富数学阅读内容的表征方式可以提升学生探究的兴趣。可以引导学生从不同角度理解数学家的故事、数学谜语与数学史的发展历程,让学生接触与平时不一样的课堂,产生强烈的探究欲望。数学阅读课程使学生产生了耳目一新的感觉,带来了与以往完全不同的学习体验。设计者对数学阅读素材进行了灵活恰当的处理,尽量使教材内容生活化、故事化、趣味化、新鲜化,如"古诗词中的数学问题""百钱买百鸡问题""购物节来了"等素材便具有焕然一新的感觉。

(四)开辟高阶思维能力培养的新途径

数学阅读有很强的思辨性。基于核心素养提升的数学阅读课程,所选内容皆来源于教材,但又高于教材,整体难度适中,不同水平的学生所见不尽相同,能够各取所需,最终都能够有所收获,提升数学思维水平。数学阅读结合当下数学学习所需,将数学发展历程中的精彩内容融入教材的讲解,让学生深刻理解那些如今看起来很简单的公式定理,是前人经过艰难探索才得出的结论,这种艰辛不仅加速了数学的发展进程,也促进了整个时代的发展。学生深刻体验了知识形成过程,才能更好地发挥主观能动性,将知识转化为素养。例如,以"中国人最先使用负数"为背景引导七年级学生认识负数,使刚升入初一的学生能通过阅读课理解数域扩充的变化会带来法则内容的变化,用类比的方法研究数的运算到式的运算,正确理解如"$-2-2=-4$"这种运算是怎样产生的。

二、评价与核心素养:促进师生共同成长

数学阅读校本课程的实施促进了学生学习方式的转变,提升了教师专业成长水平,提升了思维可视化的阅读教学功能,阅读质量评价则有力地提升了课程目标的达成度。

(一)促进学生学习方式的转变

设置数学阅读课程绝不仅仅是为了多加一节数学课训练学生的解题能力,而是要拓宽学生的知识面,提升其理性思维能力。通过多元化的数学阅读情境,让学生沉浸其中,在学习数学的过程中获得乐趣,改变学生对数学的固有认识,增强其学好数学的信心,在一定程度上带动了学习方式的转变,使学生从被动听课转变为主动探索。

如针对六年级学生开展导学式阅读,要充分发挥学生的主观能动性,引导学生对数学阅

读材料做到学思行结合,即除了阅读之外还需要有自己的思考,并能够将阅读内容联系实际生活及活动[1]。七年级数学阅读课程以"数学文化""衣食住行""数学思考"等主题开展授课,指导学生学会读题、读图、读定义、读公式,对关键词逐一进行解读,帮助学生消除对数学阅读题目的恐惧,并在每天的练笔中强化阅读能力。又如成立数学阅读小组、数学小论文撰写小组,定期开展以数学教材章节阅读材料为载体的深度学习活动,其中,林琪涵、于墨冉、黄致臻三名学生的数学小论文《幻方突破的几种方法》、李子奕的数学小论文《从高斯算法引出的自然数列 k 次方和的新解法》还获得了省级、市级科技创新一等奖。充分发挥学生的主观意识,使学生能够在多元学习情境中主动构建知识框架,促进思维发展。

(二) 提升教师专业成长水平

课程实施以来,教师对数学阅读课程的认识有了极大的转变,从开始时无系统、无教材的教学,发展到积极研讨教与学、积极撰写校本教材,教师实现了角色的蜕变,形成了可供借鉴交流的教师培养模式。个人反思是教师专业成长的第一要素,学校的教师对该门课程的教学进行了扬弃与反思,不断深入探索本门课程的教学形式,根据不同阶段学生的认知特点,设计形式多样的联系和对比环节,让学生在主动学习的情境下掌握了新知识。通过中小衔接数学阅读"同质异构"活动促进六年级、七年级数学阅读授课教师的高效课堂建设,做好阅读教学研修的行动教育。比如授课年级不同的王崇英老师、黄樟连老师"基于思维进阶的鸡兔同笼"的同质异构阅读专题教研活动取得了很大成功,开启了新的数学教研方式[2]。

(三) 阅读专项质量评价有力提升了课程目标达成度

专项质量评价旨在科学评估课程目标的达成度,为完善、修正课程目标和内容提供依据。科学的评价有助于改进和提高教学质量。因此,对于阅读教学的评价可以依据知识与能力、规范与潜能两大指标进行。专项评价的检测项目是依托义务教育数学课标来确立的。为了检测学生所具备的阅读能力,需要依次考查学生对信息的辨别与提取、整合与应用,且这种考核方式并非单纯地运用于数学学科,而是要在以数学学科为主的多学科交叉中进行。对于学生来说,在规定时间内完成一定字数的阅读,对其阅读能力有一定的要求。阅读能力的专项测试评价是在学生系统详细地完成阅读课程后进行的。这些数据能够从不同角度反馈学生在学习方式、学习质量方面所存在的问题,并对这些问题的改善起导向作用。如图1所示,从其所呈现的数据中,可以发现学生达到了预期目的。想要顺利通过阅读能力专项测试,需要具备辨别与提取、整合与运用的综合能力,这也就意味着学生需要在有限的时间内,完成一定数量的阅读和应用,这既是一种挑战,也是一种提升。图2所呈现的是2021年的测试结果,从中可见,阅读能力的平均分达到68.68分,优秀率为24.71%,优良率为54.37%,及格率为76.81%,这些数据能够

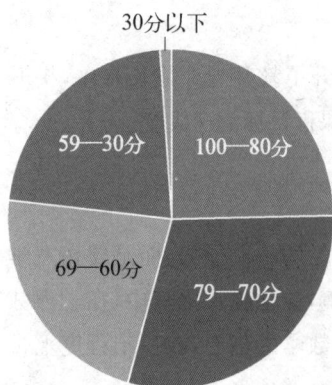

图1 阅读能力专项评价分布

反映本次测试的试卷对学生而言难度较大,与此同时,提升空间也较大,教师还需要对选题、测试时长等方面进行推敲[3]。

平均分

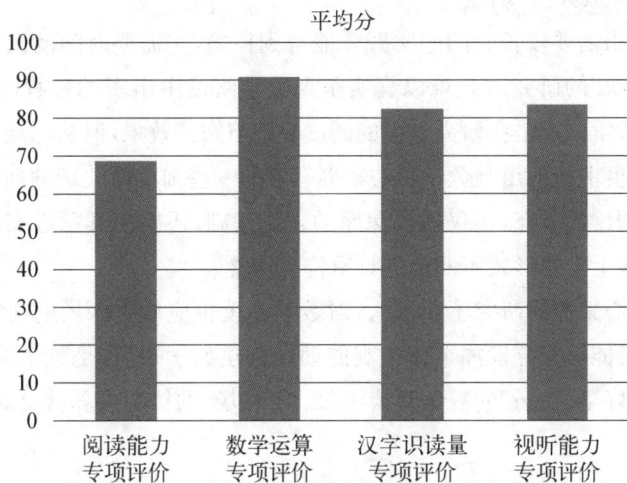

图2　各项测试平均分

(四) 提升了思维可视化的阅读教学效能

　　阅读教学中由于大多数教师没有理解效率与效能的区别,容易陷入"注入式"的教学模式,耗费精力的同时也无法达到较好的教学效果。要摆脱这种高耗低效的教学模式,就必须厘清高效阅读教学的标准:首先,阅读要指向学生心理,即教师要深入了解学生的阅读需求,将学生感兴趣的阅读内容呈现给学生,不仅能够提高学生的阅读效率还能够提升整体的阅读素养;其次,优化阅读内容,即要适当地减轻学生的阅读负担,对阅读内容要精心筛选,将最有含金量的内容呈现给学生;最后,阅读内容要以多元化的形式贴近学生的实际,即这样的阅读内容不仅丰富学生的认知还能够为学生的发展提供强有力的支持。中小学生的"三读一拓"(识读、理读、品读、拓读)就是高效阅读策略模型与可视化思维运用的经典案例,取得的经验可以积极进行辐射[4]。

三、反思与核心素养:向前发展的力量

(一) 人人均能在数学阅读课程中受益

　　教师在实践中发现,数学阅读课的思维量和思维难度比正常的数学新课更大,对于一部分学有余力的学生而言,课堂学习的积极性更高,掌握得也较快较好;但是也会有一部分学生游离于课堂之外,且课上的知识如果没有及时巩固,也容易遗忘,所教的阅读内容和阅读技巧也得不到强化,教师不仅需要思考这一问题的原因,更需要思考解决这一现象的策略和方法。

　　为改善这种情况,需要教师转变教学观念,设置能让不同层次的学生得到收获的教学内容,争取人人都能获得良好的数学阅读教育,不同水平的学生都能在数学上获得发展[5]。同

时可以考虑在每天的校本作业中融入不同层次的数学阅读题目,使学生可以有选择地完成。

(二) 利用阅读提升"放大镜"功效

数学阅读的效果需要较长时间的实践才能得到检验,它需要时间的沉淀,更需要对现实的反馈,以"短、平、快"的研究方式难以真实呈现数学阅读中出现的各种问题及其背后的原因。从表面上看,数学阅读是在研究学生的阅读心理与阅读效果,但从深层次上看,数学阅读水平能够在一定程度上折射出与数学核心素养有关的一些细小而关键的问题,正是因为这样的特殊性,对数学阅读的研究,不仅需要深厚的理论基础,还要使其贴近实际,与实践密切结合,更需要以螺旋式上升的形式不断地进行重构与检验。

随着对数学核心素养的研究不断深入,对数学阅读也应做更深入的研究,使学生具备良好的阅读能力,并且能够充分发挥个体主观能动性构建数学知识,是数学阅读教学的应有之义。只要我们处理好了"在场"的数学阅读,那么"不在场"的核心素养就会真正伴随学生的全面发展。

参考文献

[1] 阙锦添.数学因"悦读"而精彩——开展同步"数学阅读"教学初探[J].数学教学通讯,2017(25):18-19.

[2] 李生华,冯元进.九年制学校中小衔接课程设置及专项质量评价的实践与思考[J].福建教育学院学报,2020,21(2):118-120.

[3] 石锡伍.基于课程建设的九年一贯制学校发展实践探索[J].福建基础教育研究,2016(08):7-10,13.

[4] 刘濯源.基于思维可视化的教学效能提升策略[J].基础教育参考,2016(19):3-7.

[5] 中华人民共和国教育部.义务教育数学课程标准(2011年版)[S].北京:北京师范大学出版社,2012.

新高考背景下高三物理方法导优教学策略的案例研究成果公报

福建省厦门第一中学　杨学切

一、研究内容与方法

(一) 研究内容

1. 调查分析

针对 2022 届优秀生(竞赛班、实验班)开展了"高中物理方法的教学现状调查问卷(有效问卷 270 份)""高三物理导优教学需求调查问卷(有效问卷 276 份)"两项调查。

收集了数据,做了初步分析,调查初步结论是:① 绝大多数学生都知道物理方法的重要性;② 学生认同按物理方法(如整体隔离法、极限与微元法等)为主线进行导优辅导;③ 学生对物理方法的理解不够深刻,迁移运用能力不足。

通过本次调查,我们意识到挖掘高中物理方法的内涵与价值,提出高三物理方法导优教学的具体策略是很有必要的;通过物理方法教育落实科学思维的教育,是提高学生的应试能力的一种有效途径。

2. 高三物理方法导优教学模式和策略

(1) 在导优教学的实践中我们探索出其教学模式如图1。

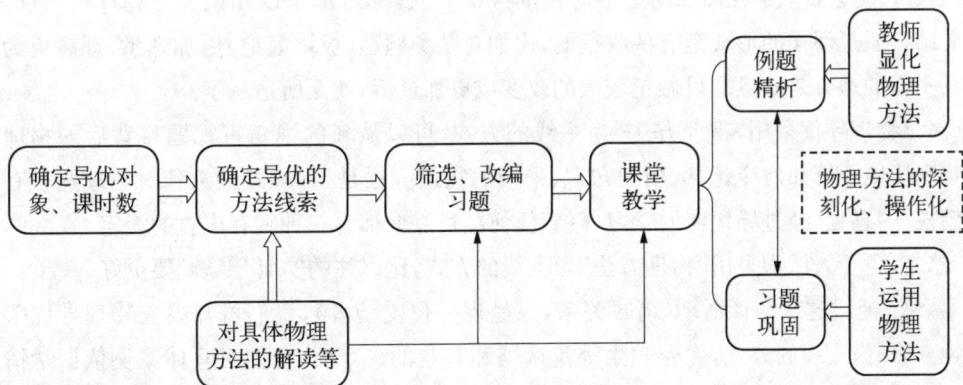

图 1

(2) 通过本课题研究,对物理方法的导优教学提出以下策略。

第一,隐性渗透与显性呈现并行。新高考实施以来,注重让学生亲身经历相应的科学思维活动过程,从中体验和认识一些普遍的、具体的、典型的物理方法。高中物理导优教学中,应根据实际的教学内容和学生的水平,并根据显性教育与隐性教育相结合的原则对学生进行物理方法教育。

第二,物理知识与物理方法并重。教学实践早已证明,物理方法只有与物理问题解决过程相结合,并融入真实的问题解决过程中的独立思考、相互交流、提升认识方式,才能为学生所理解和运用。

第三,多种教学途径并举。高三物理导优教学是实施物理方法教育的一条有效途径。在新高考背景下选编、设计物理习题、课堂教学、讲评课等,都要融入物理方法的要素,让学生全方位体验和学习物理方法的精髓,也是让学生领略物理方法的精妙的过程,提升学生科学探究素养。

总之,高中物理是系统化的知识体系,也是一种方法论体系。物理教学既要授予学生"鱼"(物理知识),更要授之以"渔"(物理方法),从而使他们掌握科学方法这一利器,最终达到"教"是为了"不教"的目的。

3. 高三物理方法导优教学的效果访谈

访谈时间:2022 年 6 月 26 日

访谈地点:福建省厦门第一中学行敏楼读书角

访谈对象:2022 届高三物理导优班不同层次学生(8 人)

记录者:杨学切

访谈者 1:蔡同学(男)

访谈过程:

问题一:请问你对自己的物理高考成绩满意吗?

答:我考了 96 分,不是特别好吧,还算满意。

问题二:你认为高三物理导优采用"物理方法"为主线的方式,对高考有帮助吗?

答:我们这届同学在高二时已经有每周导优一次,那时都是以知识为专题进行训练、分析、总结。通过那样的形式是有些收获的,比如对某类题型(板块模型)更加熟悉、理解更为透彻;其不好的地方是一旦题目做了较大的改变或更加灵活,就无所适从了。

高三物理导优采用"物理方法"为主线的方式,可以从新的视角审视题目背后的物理方法,物理情境不管如何变化,运用的知识、采用的物理方法是一样的,感觉到对物理题目有一种"俯视"的感觉,经过导优课的学习,碰到任何题目好像都有一种胸有成竹的淡定。

总之,我个人认为采用"物理方法"为主线的方式,比以往的"知识专题"要更好一些。

总结:通过这次访谈活动(篇幅关系,只呈现一位受访者),我们可知高三物理导优采用"物理方法"为主线的方式,优秀学生都是认同和喜欢的。今后,我们对具体案例依据学情进一步完善,思考如何以学生为中心编选典型的题目作为载体,提升学生对物理方法的理解与应用;教师自身对"物理方法"的理解也要进一步加深,教学方式也需要多样化。

4. 高中物理方法导优教学案例研究

在 2020、2021 届高三学生的导优资料基础上,经过 2022 届高三学生的导优教学整理出 10 讲、60 课时的内容。如"基于整体隔离法"的导优教学案例(具体案例见课题报告),展示在高三物理导优教学中,如何彰显物理方法的内涵与课堂教学过程。许多教师对整体隔离法的理解,仅仅停留在分析研究对象或研究过程。其实,用新视角审视,整体隔离法是体现"系统论"的思想方法,是综合与分析的科学思维能力,用整体隔离法研究带电粒子在磁场中的运动,可以带来豁然开朗的领悟和收获。

在实际解决问题的过程中,面对多种多样的物理情境,让学生体会到"整体隔离思维"不仅仅指研究对象和研究过程的整体与隔离,而是面对问题的认识方式和系统论的思想。这种整体思维方式,强调物理对象与过程的相互联系及整体功能,这是我们学习整体隔离法的底层逻辑所在! 也与中华民族追求"天人合一""天人和谐"的传统大局观思维,有着异曲同工之妙。

开展新视角下的物理方法导优教学,要将物理方法升华到物理的认识方式,提升学生的科学思维,从而培育学生的核心素养。还可以将物理方法迁移到其他领域中去,这正是我们学习物理方法的真正意义所在!

(二)研究方法

● 行动研究法:行动研究的第一个循环为 2021 届高三物理导优教学的总结、反思;第二个循环为 2022 届高三物理方法导优教学的改进、再反思;第三个循环为针对高三物理方法导优教学案例的梳理、总结,提出相应的物理方法导优教学策略。

● 问卷调查法:在每一届高三开学之初,在开展高三物理导优工作之前,发放"高中物理方法的教学现状调查问卷""高三物理导优教学需求调查问卷",了解学优生对物理学科的掌握现状,以及导优教学需求。分析这些问卷调查结果,为下一步的行动研究提供真实的、第一手的佐证材料。

● 个案研究法:对高三优秀生,在高三一整年用物理方法教学与导优教学融合的时间里,连续进行调查、访谈,研究其物理学科关键能力、解决问题能力的变化,从而对物理方法教学案例进行分析、反思。

● 访谈法:与个别学生交流物理方法导优教学的优化措施,如时间安排、教学方式、训练量等;与备课组教师、兄弟学校的同行和教研员交流、探讨物理方法导优教学的心得;向班主任、心理老师咨询优秀学生群体的内在特质和外在表现。

● 文献研究法:通过中国知网查阅文献,了解高三物理方法教学、高中物理方法等研究的现状,借鉴部分成熟的研究成果,学习高三物理导优教学的理论依据,借鉴高三物理导优教学具体实施方法,为课题研究指明方向。在导优案例研究中,为资源的筛选、优化提供依据。

二、研究结论

(一)悟物理方法,育科学思维

在高三物理方法导优教学中,要引导学生领悟物理方法,培育物理学科思维,参悟物理之道,这里的"道"可以是对物理方法的追寻,也可以是对物理学科思维的感悟,并影响我们的价值观、人生观。

(二) 窥一斑而知全豹

中学物理教材中涉及的物理方法种类繁多,对于高三物理方法导优教学而言,严格按照定义的方式去介绍众多的物理方法,显然是不可能的,也没有必要;还有,解决一个问题不一定运用单一的物理方法,也可能是多种物理方法共同作用的结果。本课题研究披沙拣金,撷取少数常见的物理方法,以教学实践的视角,阐述物理方法教学策略,以案例方式展示物理方法教学的设计,为高三物理导优教学中的物理方法教育提供一种参考。

(三) 寓方法于知识之中

教师要有整体、系统的观念,挖掘物理教材中蕴含的丰富的物理方法教育素材,并系统化设计高中物理方法教育。从隐性使用,到讲解该物理方法的内涵,再到组织学生使用该物理方法,系列化、系统化、循序渐进的设计更有助于学生理解和掌握物理方法。

总之,物理方法的学习是一个不断发展、深化的过程,教学时应根据物理课标需要及学生认知规律来进行。不同学习阶段选择与学生的心理发展、认知能力相适应的方法;同一种方法的学习,其内容和目标需要不断深化,而不是一次性完成。因此,要善于挖掘课标、教材中的物理方法教育素材,并制定物理方法的系列化教育。

三、研究成果与影响

(一) 论文、课题

《初探试题不同解法赋分不同》发表于《教学考试》2022 年第 1 期。

《习题教学中培养学生科学思维的问题与对策》发表于《中学物理参考》2021 年第 12 期。

《新视角下的物理方法专题复习——以整体隔离法专题复习为例》发表于《理科考试研究》2022 年第 6 期。

市级课题"高中物理学科课程育人的策略研究"(厦门市教育局)2021 年 1 月结题。

(二) 专著

编写《初高中衔接教材——物理》,福建教育出版社 2021 年 7 月出版。

(三) 省、市级相关讲座

践行高中物理单元教学设计的思考,福建教育学院(闽教办师[2021]7 号),2021 年 10 月。

基于科学思维的高考复习建议,福建教育学院(闽教办师[2021]7 号),2021 年 10 月。

基于新高考的高三物理冲刺应考策略,福建教育学院培训中心,2021 年 4 月。

高三物理复习背后的物理方法,福建教育学院培训中心,2020 年 12 月。

物理讲评课的讲与评,厦门市教育科学研究院,2022年2月。

新高考背景下高三物理二轮复习的教学建议,三明教育学院,2021年12月。

物理单元教学设计的思考与实践,莆田市教师进修学院,2021年12月。

探索新高考下高三物理后期备考,厦门市教育科学研究院,2021年3月。

(四) 省、市级公开课

省级公开课"验证动量守恒定律"(福建省教育教学研究室),2021年12月。

市级公开课"超重和失重"(厦门市教育科学研究院),2021年8月。

(五) 课题影响

与本课题相关的《初高中衔接教材——物理》自2021年7月由福建教育出版社出版以来,深受师生的欢迎,在2022年5月修订后二次重印。

与物理方法教学相关的省、市级讲座辐射全省高中物理教师,每场听课教师约200人,还依托教育厅"送教下乡"活动,将课题研究成果,推广到外地。

在疫情期间,课题组3位成员,在厦门电视台的《名师课堂》,分别开了一节关于"物理方法"的电视直播公开课,课堂点击率突破1万人次。

在本课题研究过程中,借2021、2022届厦门市高三学科指导组的工作,在厦门全市高三物理复习会议上讲演、推广,将物理方法教学渗透到高三物理复习之中,取得良好的效果。2021届的厦门一中高三毕业生的高考物理成绩平均分全省第二,全市第一,物理高分段人数居全省第一。大力助推了近两届的厦门一中高三毕业生中有40多位考生被清华、北大录取。

四、改进与完善

物理教材是一线教师进行物理导优教学活动的最主要的文本依据,在课题研究过程中,尤其在对导优教学案例的分析过程中,我们强烈意识到:高中物理现有的教材对于物理方法的体系,或者说物理方法的教学逻辑线索,仍处于说不清道不明的状态,使得教师有物理方法教学的意识,但缺乏物理方法教学的抓手。

教师是教学信息的主要提供者,学生是否"悟理",是否真正体悟到物理方法的内涵,是物理方法教学的关键。本课题组认为:通过听课、观摩录像课并讨论,探测教师个体对物理方法的认识。就当前而言,教师缺乏系统、深入的对高中物理方法的研究,对很多物理方法,教师自身都理解不到位,教学中常常表现为"无意识""一提而过""有法不依",在教学中有意识地凸显物理方法的教师凤毛麟角。

由于物理导优教学也是个系统的工程,需要多方面条件的支撑。高三物理方法导优教学也不例外,在实践中存在许多"说不清道不明"的因素。从策略层面上,物理教学实践中,要想将高中物理方法导优教学做得更加有效,还有很长的路要走,我们也期待新一轮课程改革给我们带来新契机。

指向科学思维培养的化学可视化教学策略：数字化实验视角

厦门市翔安区实验学校　蔡辉舞

一、问题的提出

新课程倡导素养导向的化学教学，呼唤课堂为思维而教。《义务教育化学课程标准（2022年版）》指出：化学课程核心素养包含化学观念、科学思维、科学探究与实践、科学态度与责任四个主要内容，其中科学思维是化学核心素养的核心和基础。[1]"思维的发展比知识的获取更重要！"这是个不争的事实，而且思维能力又是学习能力的核心。化学教学以科学探究和学科实践为途径，培养学生逐步形成适应未来终身发展所需的正确价值观、必备品格和关键能力，充分发挥学科的育人功能是教育教学的追求。科学思维是隐性的，形成缓慢、难以考查，在当前课堂教学中仍然存在着重视知识的灌输而忽略科学思维能力的培养，如复习课中机械化的"题海战术"为主的学习手段等。因此，科学思维并未在课堂教学中得到充分的重视和落实。

化学是一门以实验为基础的自然科学，化学反应通常伴随着明显的现象，通过实验现象理解化学反应的本质。但是，也有些化学反应真实发生却观察不到明显的现象。利用科学探究与实践，可将隐性的原理借助显性的实验表征出来，基于证据，证实或证伪。通过分析、推理等方法认识物质和研究化学反应，从而使内隐的思维直观化、形象化。宏微结合是研究化学学科的独特视角，建立微观模型认知，运用类比、推理、模型等思维方法认识物质的微观本质，构建"宏观—微观—符号"三重表征的思维方式以探究物质及其变化规律，增进学科理解。初三是学生学习化学的启蒙阶段，基于学科特点和学生的认知规律，利用可视化工具，以提升学生思维能力的深度。

二、科学思维与思维可视化策略的关系

(一) 科学思维的内涵

科学思维是化学核心素养的核心和基础，处在化学核心素养的中心地位。科学思维是在化学学习中基于事实与逻辑进行独立的思考和判断，对不同信息、观点和结论进行质疑与批判，提出创造性见解的能力；是从化学视角对物质及其变化规律进行研究的思路与方法；是从"宏观—微观—符号"结合的视角探究物质及其变化规律的认识方式。[2]

科学思维主要包括三个层级的内容：一是在解决化学真实问题中所运用的比较、分类、分析、综合、归纳等一般的基本科学方法；二是基于实验事实进行证据推理、建构模型并推测

物质及其变化的思维能力;三是在解决与化学相关的真实问题中形成的质疑能力、批判能力和创新意识的高阶思维。[3]

(二) 思维可视化策略

"思维可视化教学策略"是指以发展学生思维能力为教学着力点,以思维可视化为手段,将系统性思维训练与学科有效教学实践融为一体的效能导向型教学策略。而所谓的"思维可视化"是指以图示或图示组合的方式把原本不可见的思维结构、思考路径及方法呈现出来,使其清晰可见的过程。[4]

初中生的思维较多地依靠形象思维和视觉思维,正在经历从具体的形象思维向逻辑思维阶段过渡。美国实验心理学家赤瑞特拉用大量的实验证明了:人类获取的信息其中有83%来自视觉方式,有11%来自听觉方式,而且通过多种感官刺激所获取的信息量比单一地听教师授课多得多。由于大脑对"图"比较敏感,因此通过实践体验、借助形象直观的图形图表等手段,在形象思维与抽象思维之间架起可视化的连接桥梁,充分发挥二者之长,能有效地化解教学重难点,达到优化教学内容的目的,增进学科理解,促进科学思维的培养。

三、利用数字化实验的可视化策略促进科学思维发展

(一) 概念构建中巧用数字化实验,提升科学推理与论证的思维能力

化学实验是一种重要的学习方式,学科实践是化学核心素养形成的路径。传统实验的特点是仪器成本低、操作简便,主要从定性角度对实验结果进行分析,侧重于培养学生对实验的规范操作和对现象的观察分析能力。随着现代信息技术的发展和当下新课程理念对学生科学探究和创新能力的要求,数字实验(DIS)在化学学科中的应用范围越来越广,越来越普及。数字实验的组成包括传感器、数据采集器、数据传输线和计算机等,其中传感器主要用于测量化学实验过程中的浓度、温度、pH、压强等的数值变化,利用技术手段来表征化学变化中的某种(些)物理量的变化。

例1　探究过氧化氢分解制取氧气

[科学探究与实践] 探究二氧化锰在过氧化氢制取氧气中的作用

活动1:在试管中加入5 mL 5%过氧化氢溶液,观察,将带火星的木条伸入试管中。

活动2:将上述活动1中的试管微热,观察,将带火星的木条伸入试管中。

活动3:在另一支试管中加入5 mL 5%过氧化氢溶液,加入少量二氧化锰,将带火星的木条伸入试管中。

活动4:探究二氧化锰在反应前后的质量变化。

活动5:待试管中没有气泡时,重新加入过氧化氢溶液,将带火星的木条伸入试管中,重复多次实验。

活动6:利用数字化实验的压强传感器,同时测量活动1、活动2和活动3中的压强变化(图1),并对此进行分析。

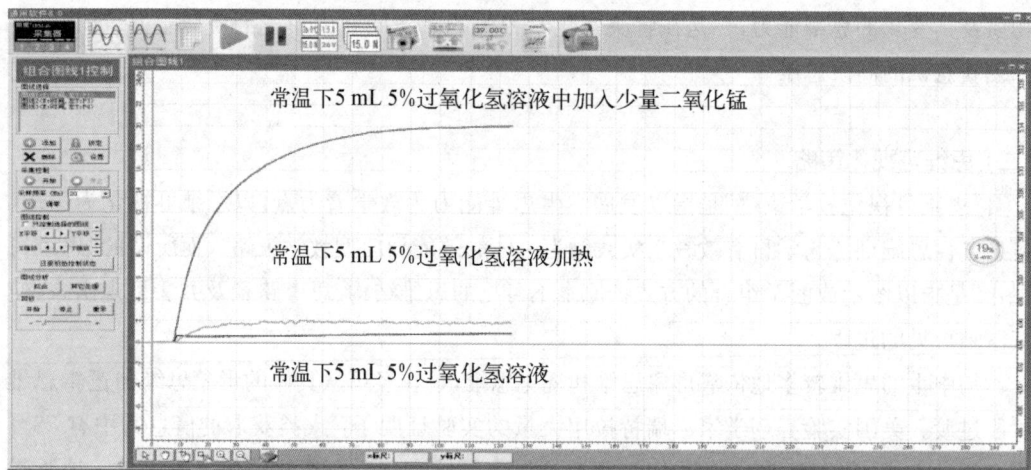

图1 数字化实验探究二氧化锰在过氧化氢制取氧气中的作用

在探究实践中,设计层层递进的学生活动,以问题驱动,建构催化剂的概念,促进思维能力螺旋式上升。手持技术与化学学科深度融合运用,使实验过程可视化、直观化。虽然常温下,过氧化氢的分解不明显,但借助手持技术的曲线变化能直观感受到压强的变化。加热和加入二氧化锰,过氧化氢溶液的分解速率依次加快,气压变化更明显。实验过程中,运用控制变量法,借助手持技术呈现三条曲线的对比,有无催化剂对化学反应速率的影响一目了然,数字实验能够将一些较复杂的实验或数据变得简单化、直观化和定量化,其优势明显。在化学学科实践中,融合技术手段,建构化学的实证观。

在学科实践中,学生了解到有些化学反应需要一定的条件才能发生,认识到催化剂对化学反应速率的影响,明确可以调控化学反应的条件使化学更好地为人类服务,促进化学"变化观"的发展。学生在"做中学"的过程中学会获取化学事实,运用比较、分析、综合、归纳等基本思维方法认识物质及其变化,形成科学证据推理和论证能力,提升了解决真实情境问题的思维品质,展现了完成实践活动的能力,从而促进学生科学素养的发展。实验结束后对催化剂的回收与再利用,凸显了"绿色化学观"和"科学态度与责任"素养的培育。

(二)探究"有反应无现象"中借助数字实验多角度表征物质变化

《普通高中化学课程标准(2017年版2020年修订)》中明确指出:化学是在原子、分子水平上研究物质的组成、结构、性质、转化及其应用的一门基础的自然学科,其主要特征是从微观层面认识物质,以符号形式表征物质,在不同的层面创造物质。[5] 宏微结合是化学学科独特的思维视角,借助微观本质有利于对宏观现象的理解。"宏观—微观—符号"三重表征是化学学科特有的思维方式,化学三重表征正在向多重表征拓展延伸,这不仅促进了学生对化学知识的深度理解,使其能灵活建构知识间的内在联系,而且提升了学生用化学独特视角解决真实问题的能力,实现高阶思维的发展。

例2　酸和碱的中和反应

[科学探究与实践] 探究酸和碱之间是否会发生化学反应。

[问题1] 向氢氧化钠溶液中滴入稀盐酸，观察不到明显的实验现象，那么氢氧化钠溶液与盐酸之间是否发生了化学反应？借助酸碱指示剂，能否证明上述问题？

[问题2] 向滴有酚酞的氢氧化钠溶液中加入稀盐酸，观察到红色消失，红色消失可能是哪些原因引起的？

[问题3] 如何借助实验来证明这些猜想呢？

[问题4] 借助手持技术，反应的过程中，利用 pH 传感器可以观察到溶液 pH 的变化如图2所示，曲线上的 a、b、c 三个点所示的溶液中溶质的成分分别是什么？

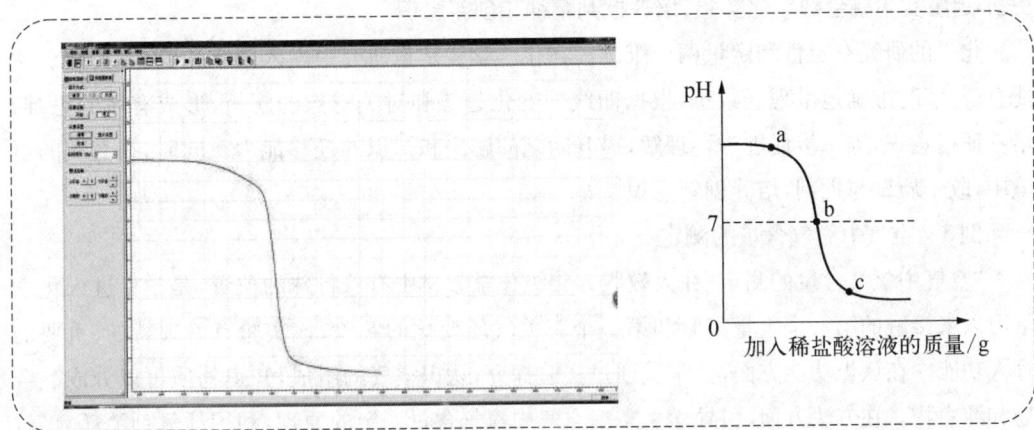

图2　数字化实验测定氢氧化钠溶液中加入盐酸时 pH 的变化曲线

[问题5] 如图3所示，当实验进行到什么时候，酸与碱恰好完全反应？从能量变化的角度看，如图3所示，该反应属于"放热"还是"吸热"反应？

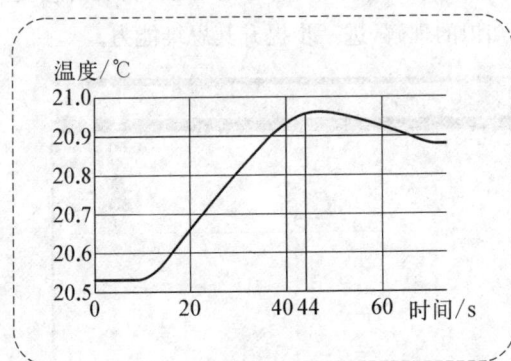

图3　中和反应过程中温度的变化

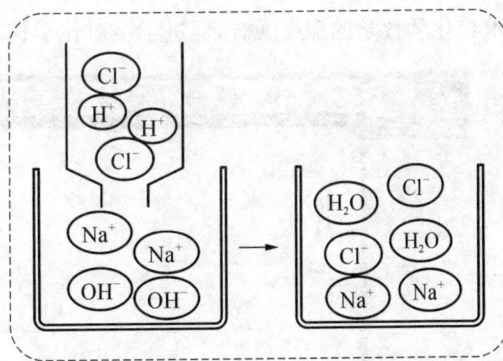

图4　中和反应的微观实质

[问题6] 动画模拟如图4所示，氢氧化钠和盐酸反应的微观实质是什么？

[问题7] 如何用化学语言表征氢氧化钠和盐酸的反应？

[问题8] 评价（略）。

以问题解决为导向,利用数字化实验结合多重表征,将酸碱中和反应中的宏观物质变化、微观反应实质、化学符号表征、曲线变化趋势直观地诠释出来,形成了认识化学反应的独特视角。借助中和反应的微观动画模拟,使反应过程可视化、趣味化,降低了学生学习酸和碱之间反应的抽象思维成分,为学生形成微粒观、变化观奠定了基础。数字化手持技术将宏观的物质变化转化为量化的数据证据,让学生对于酸和碱能否发生反应有一个直观、理性的认识,形成证据推理意识。数字化手持技术优化了学生的认知方式,实现了化学过程的场景化、直观化。同时,实施过程性评价,结合诊断评价,实现"教—学—评"的一致性。利用"宏观—微观—符号—曲线"多重表征,实现了多角度认识物质的化学反应,促进科学思维的深度发展。

(三) 定量实验融合数字化实验,培养批判精神和创新意识

化学的研究有定性和定量两个维度。在化学学科定量研究中融入数字化实验,实验更便捷直观,实时准确地呈现场景感,根据曲线的变化趋势和对关键点的解析,形成有序的思维,培养证据意识,进一步促进学科理解,提升问题的解决和知识的迁移能力。同时,在真实的情境中,敢于质疑与批判,培养创新意识。

例3 空气中氧气含量的测定

"空气中氧气含量的测定"在人教版九年级化学教材中有着特殊的位置,是学生进入化学学习以来接触的第一个定量实验和第一个有关气压变化的实验,该实验有着独特的、重要的育人功能。在认识功能方面,让学生通过实验探究,认识空气的组成,知道物质可以分成混合物和纯净物。在方法方面,引导学生掌握空气中氧气含量测定的原理,利用耗氧剂消耗氧气,产生"压强差",利用"等量替换思想"化无形为有形,将隐性化为显性,促进高阶思维的发展。在教学方面,以史为证,促进学生辩证地分析问题的能力,定量研究、误差分析的能力以及对装置进行评价和改进的创新能力。利用数字化手持技术实时、定量、直观、可视的显著特点,将压强传感器融入实验过程中,有利于学生更深刻地理解"等量替换"思想方法,实现信息技术与化学教学的深度融合,促进学生对化学核心知识的理解,进一步提升其思维能力。

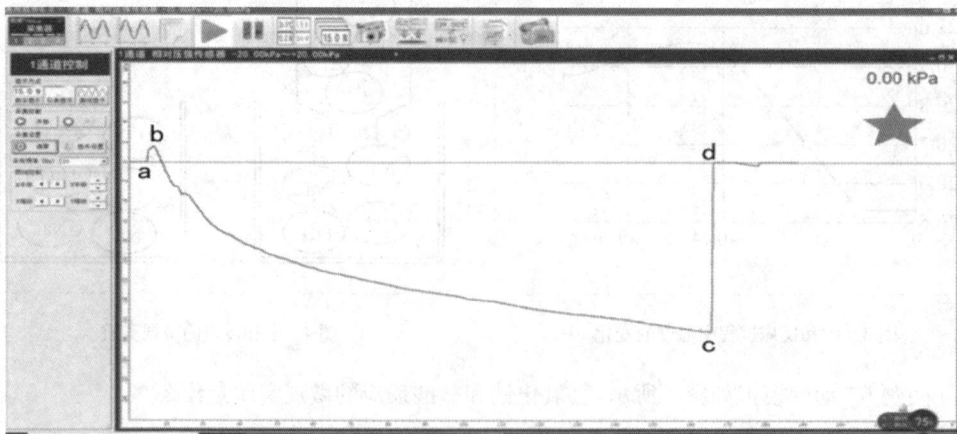

图5 数字化实验测定空气中氧气含量的压强变化曲线

[问题 1] 描述三颈瓶中观察到的现象。

[问题 2] 结合气压变化曲线,分析图 5 中曲线 ab、bc、cd 段压强变化的原因分别是什么。

[问题 3] 该实验中哪些因素可能引发实验误差?

[问题 4] 如图 6 所示,利用多种传感器进行空气中氧气的含量测定实验,那么曲线 X、Y、Z 分别表示温度、压强和氧气浓度中的哪一个物理量?[6]

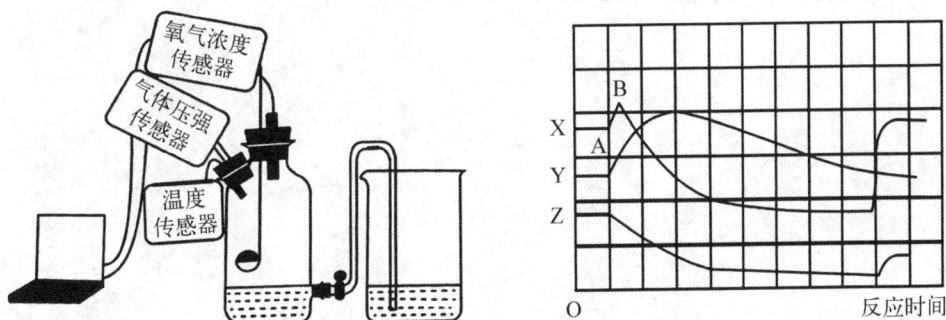

图 6　使用多种传感器测定空气中氧气的含量

[问题 5] 从环境保护的角度出发,对该实验的装置提出怎样的改进建议,或设计怎样的新型装置,使之更好地符合绿色化学理念?

在真实的问题情境中,经历与挑战性问题的思维碰撞,问题梯度逐层上升,指向问题解决,凸显思维发展轨迹。经历讨论交流、表达评价,基于实验事实进行证据推理。从定性到定量,从教材到课外拓展,从传统实验到手持技术,从单一到多种传感器,从常规到绿色实验,从质疑批判到创新尝试,从低阶思维到高阶思维,在学科实践中逐步地丰富认知,深化探究能力,深刻理解实验背后的学科本质,促进科学思维宽度和深度的发展。

四、结语

初中化学教材中,很多实验都可以融入数字化实验,如金属锈蚀探究、活泼金属与酸反应的探究,等等。课堂教学中,将数字化实验作为教学的有益补充与拓展,促进了信息技术与学科教学的深度融合。多维度表征化学反应,不仅丰富了课堂的教学表现形式,拓宽了教学的表达途径,而且进一步促进了学生的认知发展。素养导向的教学评价,大大增进学科理解,提高课堂教学效率。可视化的教学媒体,基于实证的证据推理,增进了学生对实验原理的理解,引发课堂学习的真正发生,促进了思维的深度发展,使化学核心素养在课堂上真正地落地生根。

参考文献

[1][2][3] 中华人民共和国教育部.义务教育化学课程标准(2022 年版)[S].北京:北京

师范大学出版社,2022.

〔4〕刘濯源.基于思维可视化的教学效能提升策略[J].基础教育参考,2016(19):3-7.

〔5〕中华人民共和国教育部.普通高中化学课程标准(2017年版2020年修订)[S].北京:人民教育出版社,2020.

〔6〕史育萌.融入传感器技术的初中化学实验探究教学设计——以"空气中氧气含量测定的再探究"为例[J].化学教与学,2021(4):90-93.

基于真实情境的项目式学习课程构建与实施[①]

厦门市教育科学研究院　江合佩

学者提出 PBL 教育理论,旨在解决真实情境中的非良构问题。打造基于真实情境的项目式学习课程,教师要从身边所要解决的问题、工业生产问题、社会性议题、学术前沿问题中遴选有挑战性的真实复杂情境,建立与学生生活的有效关联。学生则要利用结构化的学科知识参与科学工程实践,通过合作找到问题解决方案,运用技术工具学习科学,侧重实物作品的创作和思维产品的物化,形成创新人格,发展 21 世纪 5C 素养的核心——创新素养。

笔者及团队成员围绕"基于真实情境的项目式学习课程"教学范式的建立、课程体系的构建、教学实践的落地等,进行了 10 年不间断的探索,有幸获得 2020 年福建省基础教育教学成果特等奖。

一、项目背景

2019 年 6 月国务院办公厅发布的《关于新时代推进普通高中育人方式改革的指导意见》在"深化课堂教学改革"部分指出:积极探索基于情境、问题导向的互动式、启发式、探究式、体验式等课堂教学,注重加强项目设计等跨学科综合性教学。在"深化考试命题改革"部分指出:创新试题形式,加强情境设计,注重联系社会生活实际,增加综合性、开放性、应用性、探究性试题。2020 年 10 月,中共中央、国务院在《深化新时代教育评价改革总体方案》中则进一步指出:加强科研创新能力和实践能力考查。

北京师大王磊教授在《外显学科核心素养促进知识向能力和素养的转化》一文中指出:核心素养是学生在面对真实、陌生的和不确定的问题任务时所需要的关键能力、必备品格和正确态度价值观。化学学科核心素养一方面需要在真实问题情境下才能表现出来,另一方面也只有在分析和解决真实问题任务的过程中才能得到培养和发展。《普通高中化学课程标准(2017 年版 2020 年修订)》(以下简称"2020 年修订版课标")也强调:重视创设基于真实情境的问题解决任务,将核心知识、核心概念与情境、活动和问题解决等学习活动联系起来,以促进学生化学学习方式的改变,使学生在解决问题的活动中逐步发展化学学科核心素养。

在陌生复杂的真实情境中发展学生的学科核心素养,项目式学习无疑是很好的落地教学模式。有鉴于此,我所带领的项目组自 2011 年起进行项目研究(见图 1),在实践中开发出基

[①] 江合佩.基于真实情境的项目式学习课程构建与实施[J].福建教育,2021(24):26 - 29.

于真实情境的发展学生高阶思维、实现深度学习的项目式学习课程,提出了基于真实情境的项目式学习理论。

图 1　项目研究历程

二、项目成果及创新

(一) 项目式学习教学范式的建立

项目组自 2011 年开始精研国际教育发展趋势及国家对未来创新性人才的要求,汲取"情境教育"及"项目式学习"等理论的营养,积极进行理论构建并尝试进行教学实践,于 2015 年形成基于真实情境的项目式学习教学范式(见图 2)。

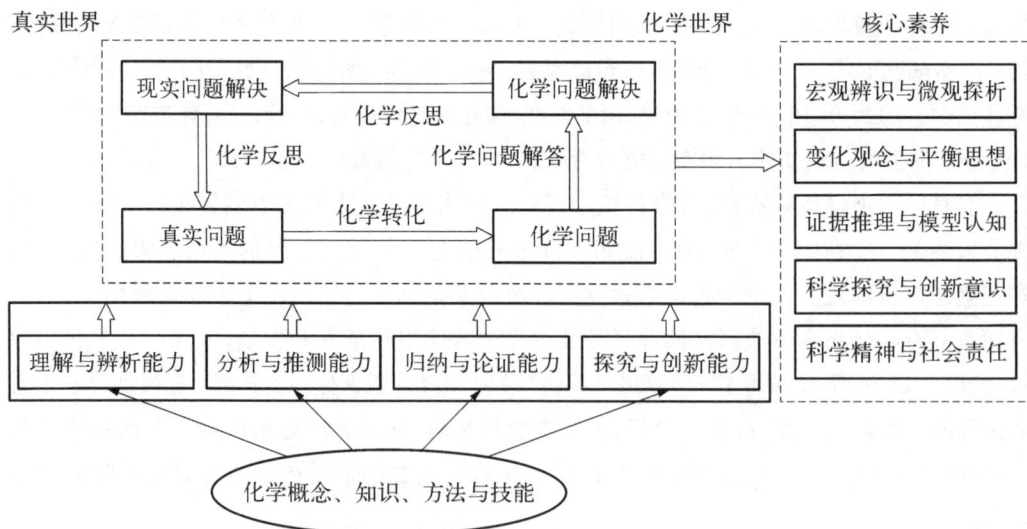

图 2　基于真实情境的项目式学习教学范式

基于真实情境开展项目式学习,学生先要将真实问题抽象简化为化学问题,即提取有效信息并进行整合,后进行化学抽象(初步的化学建模过程),在过程中发展理解能力与辨析能力。接着,学生要借助学科大概念的统摄、迁移功能,解决抽象出的化学问题,在过程中发展分析与推测能力、归纳与论证能力。最后,学生要归纳解决问题的经验,进行思维建模,优化模型后迁移解决类似的现实问题,在过程中发展探究与创新能力。

2020年修订版课标提倡在教学过程中加强"情境、活动与问题解决的一体化设计",并在每个主题下增加了情境素材建议。项目组敏锐地发现了这个重大的变化,对每个模块每个主题的情境素材建议都进行了深入的解读,随后开发出相应的实践课例。经过项目组成员反复研磨、锤炼,专著《走向真实情境的化学教学研究》于2019年面世。

(二) 课程体系的构建

如何实现情境、活动与问题解决的一体化设计? 项目组设计了基于真实情境的项目式学习操作流程(见图3),情境线与建模线双线并行,情境解构是明线,思维建模是暗线。根据2020年修订版课标要求、教学需突破的难点及学生经验状况,项目组遴选合适的真实情境,从真实情境中抽提出必备知识、关键能力、学科素养、核心价值,将其转化为学科问题并设计教学活动。在真实情境转化为学科问题的过程中,项目组抽离出情境的关键要素,构建其逻辑关系,形成思维模型。该操作流程图将宏观的教学范式进一步落地为中观的教学流程,将内隐的化学学科核心素养的培育外显出来。

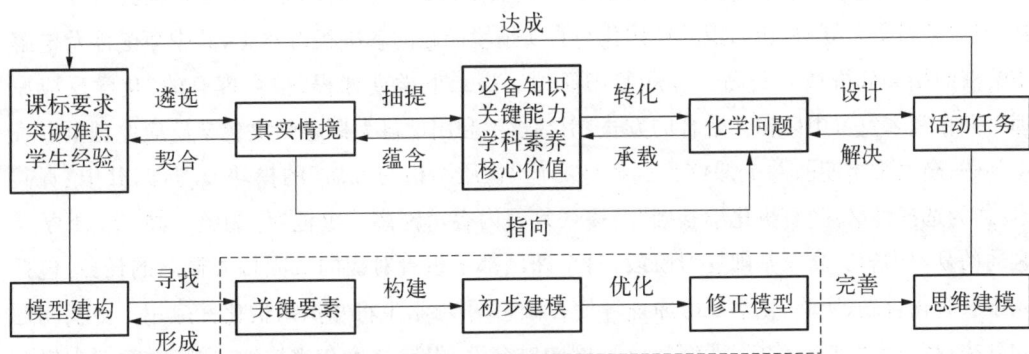

图3 基于真实情境的项目式学习操作流程

自2015年项目式学习课程体系理论框架成熟后,项目组开始研发实践课例,每一个课例都经过三轮试教、三轮磨课、三轮物化的过程,成熟一个课例推广一个课例。历经5年实践,项目组终于构建起含有32个课例的课程体系,并分别于2019年、2020年出版了著作《基于真实情境的项目式化学教学》《走向真实情境的项目化学习》。课程体系内容见图4。

课例选择基于课程标准要求、学生经验和当前科技热点。如诺贝尔奖所涉内容,2010年的石墨烯,2015年的青蒿素,2019年的锂离子电池;学生生活实践中遇到的问题,含氯消毒剂的制备,净水剂的制备;环境保护问题,水体污染的治理与防治,汽车尾气处理;传统文化中蕴含的化学问题,砷资源的处理及利用,中医药研究对世界的贡献。课例承载了学科核心知识、思想方法、重要价值观念,体现真实性、应用性、逻辑性、综合性、实践性、体验性、复杂性与开放性。整个课程体系采用情境线、活动线、知识线、问题线、认知线五条线索齐头并进、相互融

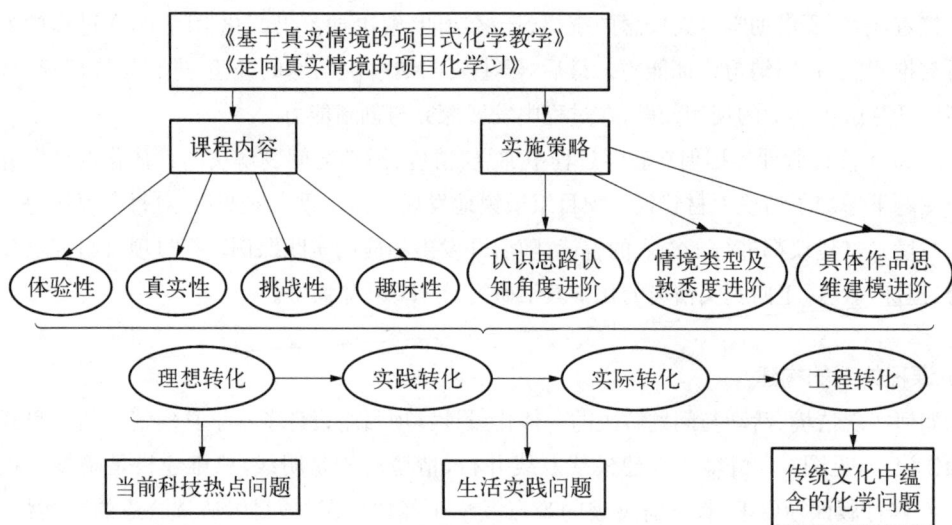

图4 基于真实情境的项目式学习课程体系

合、螺旋上升的结构,引导学生利用化学学科知识,在真实问题的解决过程中培育学科关键能力,发展学科核心素养,形成正确的价值观念和必备品格。

课程设计基于每个学段的学生的认知特点及阶段教学目标:高一年级课程的设计与实施,对应教材章末复习,让知识的结构化与真实情境问题的解决相得益彰,其中草酸涉及电解质溶液的相关分析被移到高三专题复习阶段。高二上学期课程,整合现有的"化学反应原理",并在章末复习中以相互融合的方式,引导学生利用学科大概念解决化学反应原理重点难点问题;高二下学期前两个课例为选择性必修"物质结构与性质"的模块复习课,其中"青蒿素"作为选择性必修"有机化学基础"的模块复习内容,"锂离子电池"作为整个高二上下学期融通的复习内容。高三基础复习阶段,每个课例都承担着对应的巩固核心概念的任务,包括元素及其化合物、实验、化学反应原理等核心概念,引导学生将知识结构化并应用于真实问题的解决;高三专题复习阶段,课例具有高度的融合性,引导学生在挑战性、趣味性学习中提升学科关键能力。

项目组在国家课程的基础上,开发出针对不同学段、不同阶段学生的分层课例。课程通过调控认识思路、认知角度,实现"理想转化→实践转化→实际转化→工程转化"的学生认知流程进阶;通过调控情境的类型和内容,实现"学习探索→生活实践→学术研究"的学生学习流程进阶;通过调控情境的熟悉度,实现"熟悉原型→简单变式→复杂陌生"的学生解决问题流程进阶。学生不断将点状的知识结构化,进阶到关联结构甚至拓展抽象结构,其能力也由"应用实践"进阶到"迁移创新"层次。

(三) 教学评一体化模型的构建

项目组整合化学学科核心素养的内涵与高考评价体系,得出基于真实情境的项目式教学的3个评价视角,即核心价值、关键能力、必备知识。真实情境是有效连接教学内容与问题设计的重要载体。项目组通过设置真实情境,将教学内容、学业要求融为一体,构建出基于真实情境的项目式学习教学评一体化模型(图5)。

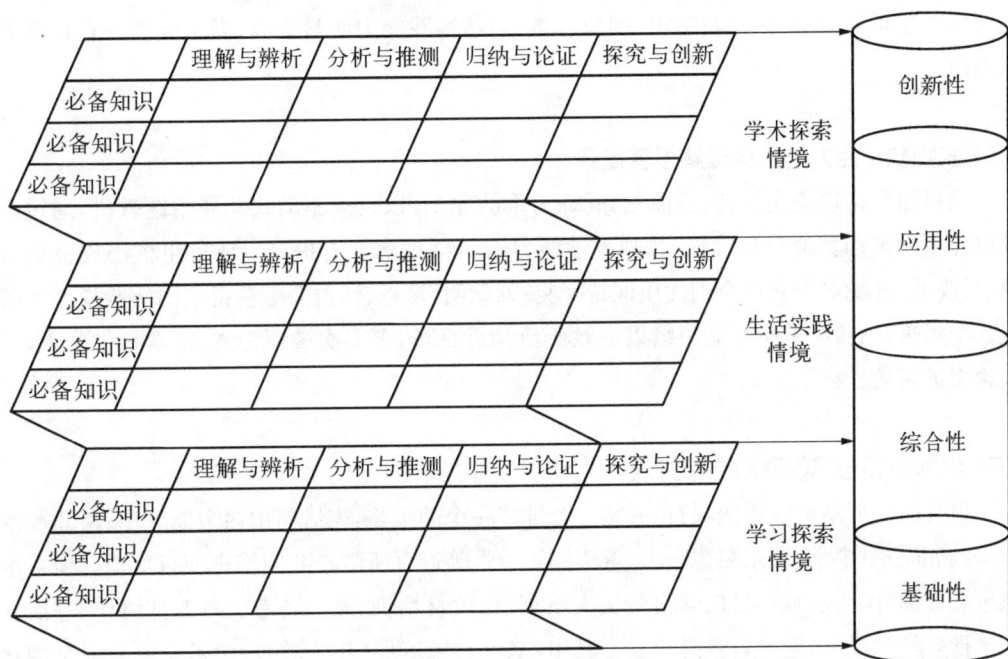

图5　基于真实情境的项目式学习教学评一体化设计模型

该模型具有以下特点:第一,凸显了化学学科的学科特质。该模型探索构建了教学内容、学业要求和学习情境的多维模型,将化学学科的内容要求和具体的学科关键能力要求有机融入评价体系当中,既符合中国高考评价体系的宏观大框架,又体现了化学学科的特质。第二,实现了从"双向细目表"向能力矩阵的转换。该模型充分考虑了真实情境在学生学习中的作用,这有利于引导教师在今后的教学中重视除知识维度、能力维度之外的第三个维度——情境维度(知识维度、能力维度所依托的维度)。第三,引导教师关注对学生必备知识和关键能力的培育。该模型打破以往教学过于关注碎片化知识、细枝末节的特点,要求学生重点掌握有类比迁移功能价值的知识,即可以系统化、网络化、结构化的必备知识。

三、效果与反思

经过10年的教学实践,项目组构建了基于真实情境的项目式教学范式、操作流程并开发了基于教学评一体化的系列课例,硕果累累。

(一) 教学质量与学生素养提升和谐共振

项目组坚持以发展学生的创新素养为核心,形成原创性、挑战性、实践性科研成果为导向,注重学生问题解决等高阶思维的培育,将教学中心从"学科思维建模"前移至"将学科事实转化为学科抽象",帮助学生发现问题、解决真实情境非良构问题,学生创新能力与核心素养水平显著提升,实现了教学质量与学生素养提升的和谐同频共振。基地校学生发现问题、解决问题的意识显著增强,创新意识、创新思维、创新实践能力明显提高,高考成绩一直在全省名列前茅。

(二) 教师教学能力与学科理解显著提升

项目组坚持理论先行、实践优先、凝练为重的原则,以任务驱动式开展主题教研,通过质性研究不断推动教师专业成长,教师教学能力与学科理解显著提升。项目组核心成员杨伏勇、吴凌荔、韩晓等均获得全国优质课特等奖;刘炯明、窦卓、江秀清等获得全国实验说课一等奖。十年来,项目组成员开展市级以上教研活动近百场,多人次被评为省、市学科带头人,发表论文近百篇。

(三) 学术引领与辐射联动交相辉映

项目组采取基地校孵化项目,成熟一个推广一个的策略,先后与山西太原五中、河北衡水中学、成都石室中学、广东顺德一中、重庆铜梁中学等近百所学校共同推进项目落地。项目组通过教育部"国培示范"项目、学科带头人培训班、教材培训、高三备考、"东西部协作"等活动积极推广教学成果,近万名教师获益。其中,笔者在第五届《化学教育》学术交流会暨全国化学教育高峰论坛上做了专题报告,在第十四届全国基础教育化学新课程实施大会上做了专场分会场报告,集中展示项目课例近十个,听课人员场场爆满,取得了较好的项目宣传效果。

(四) 线上线下融合,增强项目辐射广度

为了克服地域的限制与教研时间的冲突,从 2020 年开始,项目组利用山东科学技术出版社(北师大教材编写委员会)直播平台每个月定时投放两节基于真实情境的项目式学习课例实录,并聘请全国知名专家进行课例点评与反思。让教师能看得着、学得会、能应用。项目组与中文核心期刊《化学教育》微信公众号积极合作,定期开展面向全国的公益免费讲座,有力地提升了成果的辐射广度。

(五) 对项目研究的反思

项目研究虽然取得了出色的成绩,但还有进一步完善的空间。雄关漫道真如铁,而今迈步从头越! 接下来,项目组要考虑如何将成果广泛应用于教学实践,以辐射更广大的地区和更多的教师。基于此,笔者提出以下三点设想:

一是借助信息技术进行线上推广。积极拓展平台渠道,与中国教研网等平台合作举行线上线下融合的教研活动,继续推广教学成果,让教师摸得着、可模仿。

二是线下进行菜单式定点送培。根据不同地域的教研特点,定期走进合作校、联盟校,举行送培送教活动,让基于真实情境的项目式学习扎根更多学校。

三是多向交流,开展多种形式的学术交流活动。积极开展多样化的教学研讨活动,与北

京、广州等地同行举行同课异构活动，将各地项目式学习的优秀课例融入项目成果之中。

目前，基于真实情境的项目式学习课程融合了新课标理念、中国高考评价体系、PISA测评理念等，提出了教学范式、开发了系列课程、设计了教学评一体化的评价模型，而如何将学科大概念、单元整体教学、深度学习、21世纪"5C"素养、STEM跨学科素养融入其中，是下一步继续要研究的课题。接下来，项目组将与北京市、广东省、江苏省优秀骨干教师深度合作，尝试解构新教材，将项目式学习融入单元整体教学；挖掘学科大概念内涵，尝试对选择性必修"发展中的化学科学"进行项目式学习课程开发，定点研究，计划用5—10年的时间将该教学范式覆盖到化学学科全学段、全学程。

路漫漫其修远兮，吾将上下而求索。10年的理论实践研究只是开始，借用诗人臧克家的《老黄牛》中的一句话来展望未来："块块荒田水和泥，深耕细作走东西。老牛亦解韶光贵，不等扬鞭自奋蹄。"

指向深度学习的初中地理单元作业设计[①]

——以"认识大洲"单元为例

厦门市海沧区北附学校　黄　荣

深度学习是指在教师引领下,学生围绕具有挑战性的学习任务,主动地建构知识意义,在此过程中将知识转化为技能并迁移应用到真实情境中解决复杂问题,进而促进高阶思维发展、形成积极的内在学习动机和正确的情感态度价值观的学习,是培养地理课程核心素养的重要途径。[1]

作为单元教学设计的重要组成部分,单元作业是教师依据单元教学目标、结合教材和学生的实际情况设计的有关联性、递进性和系统性的学习任务集合。[2]不同于课时作业设计,单元作业设计围绕内容主旨,注重单元各知识之间的相互联系,把本单元零碎的知识要点串联起来,对教学内容进行结构化组织,更凸显学生对于单元知识的整体把握和认识,形成良好的认知结构,使他们的思维更具全局性和系统性。因此,通过单元作业的训练,可以让学生系统地建构知识,促进高阶思维发展,推动深度学习。

本文以"认识大洲"为例,依据图1所示的路径设计地理单元作业,旨在提升地理单元作业设计质量,引导学生自主学习、合作探究,并掌握相应的地理知识和思维方法,实现深度学习与意义学习。

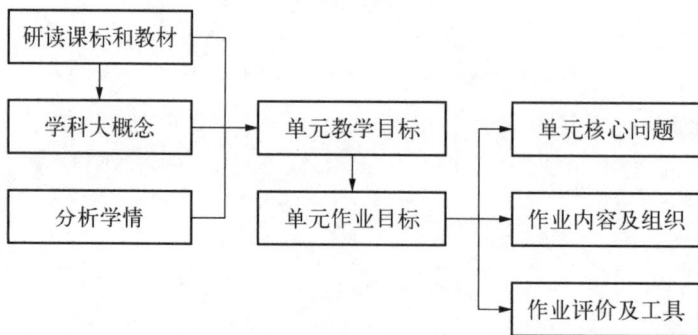

图1　地理单元作业设计路径

一、整体分析,设定单元作业目标

依据《义务教育地理课程标准(2022年版)》提出的义务教育地理课程的"课程内容"和"学

[①] 本文系厦门市教育科学"十四五"规划2021年度课题"核心素养视域下初中地理单元教学与命题研究"(21020)的研究成果之一。

业质量"要求,单元作业目标的确立应依据课标要求,落实核心素养的培育。教师在设计单元作业目标时必须确保其与单元教学目标一致,重视与单元教学内容的关联。

结合《义务教育地理课程标准(2022年版)》中有关"认识大洲"的教学要求,以及湘教版初中地理七年级下册第六章"认识大洲"的教材内容,笔者提出本单元的大概念是"大洲的地理特征",在分析学情的基础上,设计了"认识大洲"单元教学目标和作业目标,如表1所示。

表1 "认识大洲"单元教学目标和作业目标设计

单元教学目标	作业目标序号	单元作业目标	素养目标	内容要点
①能运用地图,从半球位置、海陆位置和纬度位置等方面描述某大洲的地理位置,说出描述大洲地理位置的方法。 ②能依据某大洲的纬度位置特点,判断其所处热量带。 ③能依据大洲地理位置特点,判断大洲降水的空间分布概况。 ④能运用地形图和相关资料,简要归纳某大洲的地形特征,说出归纳地形特征的基本方法。 ⑤能运用气候类型分布图及气候资料,简要归纳某大洲的气候特征,说出归纳气候特征的基本方法,并简要分析气候的影响因素。 ⑥能运用地图及相关资料,简要归纳某大洲的人口、经济等人文地理特征。	1	学会描述某大洲的地理位置	区域认知	地理位置
	2	能根据某大洲纬度位置和海陆位置,判断其所处热量带及降水的空间分布概况	综合思维	位置对气候的影响
	3	学会归纳某大洲地形特征	区域认知	地形特征
	4	学会归纳某大洲气候特征	区域认知	气候特征
	5	能够根据图文材料分析地形对气候的影响	综合思维	地形对气候的影响
	6	学会归纳某大洲人口、经济等人文地理特征	区域认知	人文地理特征
	7	能够根据图文材料分析气候对人口分布的影响	综合思维	气候对人口分布的影响
	8	能够根据图文材料分析位置、地形和气候特征对经济的影响	综合思维	地理要素的联系
	9	学会描述某大洲的地理特征	区域认知	方法迁移

由表1可见,单元作业目标与教学目标都指向学生在完成本单元的学习后要收到的学习效果。单元作业目标的表述,要尽可能清晰且可测量,让学生能够读懂。

二、统筹规划,编排单元作业内容

依据单元作业目标和学生水平,有针对性地筛选、改编和创编练习题,减少低层次的重复训练,控制作业量。

(一)依据单元核心问题,构建作业内容结构

在单元整体规划下,围绕"如何描述某大洲的地理特征"这一单元核心问题,教师结合单元教学内容,依据学生的特点确定课时作业目标,并从作业内容、学习水平、作业类型和呈现形式等维度编制课时作业,如表2所示。

表2 "认识大洲"单元课时作业设计

学习内容	作业目标序号	作 业 内 容	学习水平	作业类型和呈现形式
课时1:大洲的地理位置	1,2	读图描述某大洲的地理位置,判断其所处热量带及降水的空间分布概况	识记、理解	自主探究、书面呈现
课时2:大洲的地形特征	3	根据所给地图,归纳某大洲的地形特征	识记、理解	自主探究、书面呈现
课时3:大洲的气候特征	4	根据所给地图和资料,归纳某大洲的气候特征	识记、理解	自主探究、书面呈现
课时4:地形等对气候的影响	5	根据某大洲的地理位置、地形等特征,分析其对该大洲气候的影响	理解、分析	合作探究、课堂展示
课时5:大洲的人文地理特征	6,7,8	根据所给地图和资料,归纳某大洲的人文地理特征	理解、分析	小组合作、书面呈现
课时6:描述某大洲的地理特征	9	任选一个大洲,用思维导图呈现其地理特征,并结合地图和相关资料,向其他同学描述该大洲的地理特征	分析、综合	小组合作、课堂展示

从表2中可以看出,"认识大洲"单元课时作业以大洲各地理要素特征的归纳为主线,以某大洲为例,掌握归纳地理要素特征的方法,然后将方法迁移到其他大洲某地理要素特征的归纳,进而分析各地理要素之间的联系,并迁移应用到陌生大洲。课时作业内容丰富,形式多样,由简单到复杂,由单点思维结构到多点思维结构,通过对陌生大洲地理特征的描述,引发学生深度思考,培育区域认知和综合思维核心素养。

从课时作业结构来看,每课时作业包括预习作业、课堂探究作业和随堂练习检测。预习作业包括预习指导,并选取本节课最核心的1—2个知识点,引导学生读图识图、分析思考,了解核心知识内容,为课堂学习做必要的知识铺垫。课堂探究围绕本课时1—2个主要问题,让学生在自主探究的基础上开展小组合作交流,经历学习的过程。随堂练习少而精,课后学生基本能在10分钟内完成,解决学生课业负担过重的问题。

(二)设置情境贯穿,让地理学习真实有趣

建构主义认为,知识是一种高度基于情境的实践活动。[3]只有创设真实的情境任务,学生才能调动所学知识来解决问题,培育核心素养。地理学习内容源自学生生活,关注生活中发生的地理现象及其原因,帮助学生解决生活中产生的地理问题,并形成以地理的视角看世界的思维习惯。

在"认识大洲"单元的学习中,笔者始终贯穿猫科动物的分布及其原因这一情境,提出以下问题:你知道世界上有几种野生猫科动物吗?哪一个大洲猫科动物种类最丰富?为什么野生猫科动物主要集中在亚洲?解答这些情境问题,需要了解亚洲的面积,地理位置、地形、气候、人口与宗教、经济等地理环境。亚洲地理特征的学习围绕以上情境问题展开,通过情境

问题吸引学生进入核心问题的主动探究。

在比较不同大洲的地理位置时,笔者继续贯穿如下情境:在人类崛起前的很长的一段时间内,猫科动物一度成为地球上顶级的陆地猛兽,它们的足迹也遍及除去大洋洲和南极洲之外的各个大洲。从地理位置看,为什么大洋洲和南极洲没有猫科动物的足迹?此情境背景,更激发了学生的探究兴趣,去努力发现大洋洲、南极洲与其他大洲在地理位置上的差异。

(三) 设计分层作业,让学生弹性选择

学生存在个体差异,如何面向全体学生,设计适合所有学生的作业?这就要求作业设计要有难易梯度和深浅层次,让不同程度的学生都可以根据自身的认知水平和学习能力来选择作业,复习所学知识、方法。以"认识大洲"第2课时作业为例来说明。

例.第2课时作业设计

(1) 一个大洲的地形特征,可以从哪几个方面进行归纳?请你以亚洲为例,归纳其地形特征。选择你喜欢的方式呈现你的答案。

(2) 阅读非洲地形图及世界各大洲陆地海拔高度比较图,完成以下填空:非洲的地形以_____为主,该地形类型主要分布在非洲的_____部;非洲地势_____高_____低,平均海拔较_____,地势起伏较_____;非洲海岸线较_____(平直/曲折)。

(3) 读世界地形图,比较北美洲和南美洲的地形类型、地势起伏和倾斜状况的差异:北美洲地形以_____为主,地势起伏_____,地势_____高_____低;南美洲地形以_____为主,地势起伏_____,地势_____高_____低。

(4) 运用你所学习的归纳地形特征的方法,读大洋洲地形图,归纳大洋洲的地形特征。

(5) 读世界地形图,比较各大洲地形类型、地势起伏和倾斜状况。

题目(1)是对课堂学习的巩固和归纳,注重对地理学习方法的掌握。题目(2)和(4)是对题目(1)方法的迁移运用,为两个层次的要求,其中题目(2)为学生提供了方法支架。题目(3)和(5)引导学生运用对比的方式学习归纳不同大洲的地形特征,难易程度不同,其中题目(3)为学生提供了地理语言表达的支架。学生可以根据自己的能力水平自主选择完成题目(1)、(2)、(3)或者题目(4)和(5),也可以选择在不同学习阶段完成题目(4)和(5)。学生在读图归纳的基础上,掌握归纳地形特征的方法,同时学会用比较的方法认识地理区域特征,培养地理课程核心素养。

三、开发量规,优化单元作业评价

基于新课标的单元教学,要体现"教—学—评"一致性,教学评要形成完整的闭环。作业评价量规的制定,有助于学生在自评、互评的过程中学会反思和自我改进,使评价真正成为教学过程的一部分,也有助于教师全面评价学生的素养发展状况,调整教学策略。

(一) 设计书面作业评价标准,规范作业要求

心理学研究表明,外部因素对初中学生有一定的影响,外部的积极强化会提升学生的内

驱力。为了促进学生积极主动地完成地理作业,提高地理作业的完成质量,在单元作业的篇首,设置了如图2所示的地理作业评价标准。在每一课课时作业的最后,设计了如表3所示的课时作业学习评价表。作业评价标准就是对学生的作业要求,让学生明确评价标准有利于学生对照标准主动完成作业,通过自我反思,提升元认知水平。

地理作业评价标准

以下每达到一项得一星,每次作业最高五星好评。

① 学习态度好,书写工整。

② 预习、课堂探究和基础巩固全部完成,达到基本学习要求。

③ 做题留痕,养成良好的学习习惯。

④ 完成挑战提升,蓝笔订正,形成高效的学习方法。

⑤ 进行错题分析,发现自己的问题,查漏补缺,走向优异。

图 2   地理作业评价标准

表 3   课时作业学习评价表

自我评价	课堂参与度 10 分	知识理解程度 10 分	作业质量 10 分	课后作业完成时间
				分钟
教师评价				

(二)设计地理活动评价量规,动态反馈教学

活动类作业主要包括地图绘制、地理学具制作、地理调查研究、项目化学习(如第 6 课)等形式。教师针对活动目标设计评价量规,开展过程性评价,让不同类型的学生都能参与活动项目,提高参与度。在"认识大洲"单元学习中,通过小组合作学习,交流汇报,提升学生区域认知方法的迁移运用能力,让学生学会学习,第 6 课主要用于学生汇报展示小组合作学习成果——介绍某大洲地理特征,设计了如表 4 所示的评价量规。教师在布置此项作业时,指导学生参考评价量规开展小组合作探究学习,帮助学生合理安排小组内的分工合作,整理学习内容,优化课堂展示形式,实现深度学习,促进地理课程核心素养的进阶。

表 4   "介绍某大洲地理特征"评价量规

项　　目	要　　求	得　分
课程内容	包含基本地理要素:位置、地形、气候、人口、经济等(20)	
	体现该大洲各地理要素之间的关联(10)	
	创设情境,内容积极向上,寓学于乐(10)	

项　目	要　求	得　分
课堂展示	多媒体制作美观、图文结合(20)	
	上台展示(小讲师的声音、体态等)(10)	
小组合作	过程中体现小组合作,分工明确(10)	
	教师或家长指导或现场观摩(10)	
	制作大洲地理特征思维导图,通过板书呈现(10)	

参考文献

[1] 郭华.深度学习及其意义[J].课程·教材·教法,2016(11):25-32.

[2] 单群群.单元作业设计:高阶思维的催化剂[J].浙江教育科学,2019(5):53-56.

[3] 王文静.情境认知与学习理论:对建构主义的发展[J].全球教育展望,2005,34(4):56-59,33.

高品质地理问题的设计及其教学运用[①]

——以人教版高中地理必修第一册"地球的历史"为例

福建省厦门市海沧区东孚中学　　陈群莹

　　学生核心素养的培养需要运用有效的教学方法,而问题式教学就是其中一个有效、重要的教学方法。《普通高中地理课程标准(2017 年版)》(以下简称"2017 版课标"),在教学建议中提出"重视问题式教学",指出问题式教学以"问题发现"和"问题解决"为要旨,在解决问题的教学过程中,教师应引导学生运用地理的思维方式,建立与"问题"相关的知识结构,并能够由表及里、层次清晰地分析问题,合理表达观点[1]。但是,当前地理课堂上问题的设计并不符合课程标准的要求,还存在着以下问题:① 没有围绕地理学科核心素养的培养进行问题设计,不利于学生构建知识体系,发展地理思维;② 缺乏贴近学生知识水平、生活经验的问题情境创设,导致学生在学习过程中主动参与性不强;③ 设计的问题缺乏系统性和层次性,不利于学生进行有逻辑性的、有深度的思维活动,以及核心素养的形成等。

　　学习共同体是佐藤学提出的 21 世纪新型学校设想,他认为高品质的问题设计应具有以下特征:① 探究的问题与学生的经验要有一定的相关性,通过情境创设激活学生已有认知和生活经验;② 探究的问题没有固定的标准答案,是一个较为复杂的问题,答案随着学生学习的深入将不断丰富和加深;③ 探究的问题具有一定的难度,需要通过与同伴的相互交流、共同切磋和思考才能有所进展[2]。一般情况下,高品质的问题设计,往往能够引导学生主动思考、讨论和反思,对于培养学生核心素养、促进学生的深度学习发挥着重要的作用。

　　经过教学实践,笔者认为基于学习共同体理念的高品质问题设计,有助于依托情境激发学生的学习热情,通过基础性问题的设计提高学生的自主学习能力,通过挑战性问题的设置引发学生的思考和合作探究,促进深度学习。下面笔者以人教版高中地理必修第一册"地球的历史"一课的问题设计为例,介绍基于学习共同体理念的高品质问题设计在地理问题式教学中的应用。

一、高品质问题的设计应以课程标准为依据,促进核心素养的发展

　　课程标准是国家对学生接受一定教育阶段之后的结果所作的具体描述,是国家教育质量在特定阶段应达到的具体指标。它具有法定的性质,是教材编写、教学、评估和考试命题的依

① 陈群莹.高品质地理问题的设计及其教学运用——以人教版高中地理必修第一册"地球的历史"为例[J].中学地理教学参考,2022(1):62-64.

据,是国家管理和评价课程的基础,教师必须按照课程标准进行教学设计[3]。2017 版课标凝练了地理学科核心素养,明确了学生学习地理课程后应形成的正确价值观念、必备品格和关键能力。地理教学中,教师要依据课程标准,围绕核心素养的落实,精选、重组教学内容,设计高品质的地理问题。

"地球的历史"一课对应的课标要求为"运用地质年代表等资料,简要描述地球的演化过程",围绕这个目标和地理核心素养培育的要求,笔者设计了 1 个基础性问题和 2 个挑战性问题。

基础性问题:"请你运用地质年代表等资料,尝试简要描述地球的演化过程。"(区域认知、综合思维)

挑战性问题:①"如何考察研究生物化石与地质年代、自然地理环境的关系?"(地理实践力、区域认知、综合思维、人地协调观)②"生物的生长过程深受地理环境的影响。你认为我们人类应该如何应对未来的环境变化?"(人地协调观、区域认知、综合思维)

二、高品质问题设计要与学生的经验相关,注重情境的创设

学习过程是学生积极主动地利用已有知识和经验构建新知识体系的过程。学习与个人的知识背景(经验)相关联,也与一定的社会背景(情境)相联系。学习是为了解决生活情境中的问题。高品质问题的设计要与学生的经验具有一定的相关性,学生看到问题后才会产生解决问题的兴趣。

在"挑战性问题②"的学习环节里,笔者先播放电视节目《开讲啦》中撒贝宁采访"用古人类遗骸 DNA 改写亚洲的史前史"的"中国科学之星"付巧妹,以及付巧妹回答青年代表提出的"古人类灭绝给我们带来怎样的启示"的片段,以此使学生将"挑战性问题②"与自身的经验紧密联系起来,激发学生探究问题的兴趣。为了让学生能够更好地解决问题,笔者接着补充了"尼安德特人是怎么灭绝的"相关阅读资料,让学生通过阅读材料,自主思考回答尼安德特人灭绝的原因,同时结合课本第 20 页"自学窗"阅读材料,思考人类应该如何应对未来的环境变化。学习资料的补充,为学生解决问题提供了支架,有利于学生逻辑思维的发展和核心素养的形成。

以上挑战性问题的设计从学生已有的经验出发,并创设了问题情境,能够激发学生进一步探究问题的热情,引发学生主动思考、积极讨论,促进其分析、评价、创造等高阶思维的培养,进而使学生走向深度学习。学生通过阅读和探究地质史上生物灭绝的原因,认识保护地理环境的重要性及人类应该承担的责任,逐渐形成人地协调观等核心素养。

三、高品质的问题链要有层次性,有助于学生掌握系统性知识

高品质的问题设计是促进学生深度学习、发展核心素养的支架和线索。在高品质问题的设计过程中,教师要根据知识的内在逻辑关系,从学生已有的知识经验和认知水平入手,设计若干个逻辑关系紧密、能力层次递进的问题,引发学生进行完整、深刻的思维活动,进而理解地理核心概念形成过程中蕴含的学科思想方法,构建系统性的学科知识体系,实现对知识的

整合与运用。

  本节课设计的"基础性问题"要求学生运用地质年代表等资料,尝试以文字、表格、图形等方式,简要描述地球的演化过程。此问题能够落实课标要求,多样化的学习方式还可激发学生的学习热情;"挑战性问题①"建立在基础性问题之上,即地理学习小组通过实地研学绘制古生物化石地表分布示意图,收集相关文字材料,学生根据图文材料设计有关"生物化石与地质年代、自然地理环境的关系"的问题,与小组成员探究交流后,构建知识体系。"挑战性问题②"在前面两个问题的学习的基础上,要求学生联系生活实际和自身经验,思考人类应该如何应对未来的环境变化,直指地理区域认知、综合思维、人地协调观等地理核心素养的培养。

  三个问题紧扣课标要求和教材,贯穿整个课堂的学习过程,环环相扣,层层深入,有助于学生掌握系统性知识,并对学生的学习方式和深度学习的效果产生影响,促进学生进行深度学习;三个问题贴近高品质问题设计要求,能够帮助学生加深对所学知识的理解,学会迁移应用,使学习更有深度、更有意义。

四、高品质问题的答案是开放且不断丰富加深的,指向高阶思维的发展

  深度学习是相关学者借助布卢姆的认知维度层次划分理论而提出的一个关于学习层次的概念。首先,从认知角度上看,深度学习是思维不断深化的过程,并向分析、评价、创造等高阶思维阶段发展;其次,从人际关系角度来看,进入深度学习的学生对自己的学习充满信心,能够与他人有效地沟通合作,共同克服困难,解决问题;最后,从动机情感上来说,深度学习是学习者全身心投入的充实的学习状态,身心充满愉悦。深度学习如同"螺旋桨",是一个人成长和发展的巨大动力系统。因此,引领学生走向深度学习的高品质地理问题探究的应该是一个复杂的挑战性问题,一般来说,它没有标准答案,不是简单回答"是"与"不是"的问题,它的答案将随着学生学习的深入不断加深、丰富,还会随着学习伙伴的不断介入而拓宽,具有较强的后续探究价值。另外,高品质问题也具有一定的难度,需要通过与同伴的相互交流、共同切磋和思考才能有所进展。

  "挑战性问题①"探究中学生课堂问题的设计:通过在远古时代各种古脊椎动物繁衍生息的乐园——和政县的研学,学习小组绘制了古生物化石地表分布示意图(图1),并收集了相关文字材料。

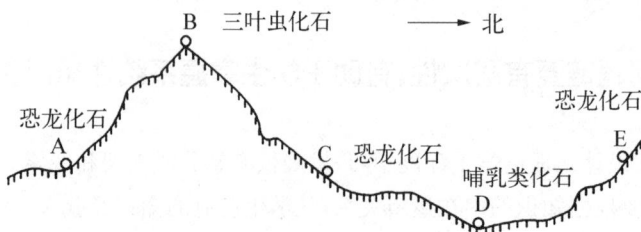

图1　古生物化石地表分布示意图

学生根据图文材料,自主设计与"挑战性问题①"相关的问题,与小组成员探究交流后得出参考答案(表1)。

表1 学生自主设计问题一览表(部分)

组　别	主要知识点	问 题 设 计	参 考 答 案	地理核心素养
第一小组	地质年代表	请尝试写出三叶虫、恐龙、哺乳动物所处的地质年代。	三叶虫(古生代)、恐龙(中生代)、哺乳动物(新生代)	区域认知 综合思维
第二小组	化石与地层的关系	按成因分类,该地区的地下岩层多属于_____岩;按地质年代,该区域最老的岩层至少形成于_____代。	沉积;古生代	区域认知 综合思维
第三小组	古生物环境的特征及其成因	分析三叶虫和恐龙繁盛时期所处的地理环境及其特征。	海洋、陆地;气候温暖湿润,植被茂密	区域认知 综合思维
第四小组	人地关系	恐龙在现代可以生存吗?	可以;现代气候温暖湿润,植被茂密的区域恐龙可以生存。不可以;恐龙会危及人类的生存,人类不会让恐龙生存下来……	综合思维 人地协调观

开展高品质地理问题教学,教师首先要根据学习主题和课标要求、核心素养培养的要求,创设与学生经验相关的情境,设计有难度、答案开放、层次递进的问题,然后合理地安排问题的推进次序,不断优化学生的学习过程,引导学生合作探究并解决问题,构建知识体系。综上可知,高品质地理问题教学对促进学生深度学习和核心素养的培育大有裨益。

参考文献

[1] 中华人民共和国教育部.普通高中地理课程标准(2017年版)[S].北京:人民教育出版社,2018.

[2] 陈静静.跟随佐藤学做教育:学习共同体的愿景与行动[M].上海:华东师范大学出版社,2015.

[3] 陈静静.学习共同体:走向深度学习[M].上海:华东师范大学出版社,2020.

落实"两找一悟",实现历史教学长效^①

厦门市湖里区教师进修学校　徐太阳

什么是长效教学？长效教学是既重知识建构,更重能力培养和人文感悟的教学,是让学生终生难忘、终身受益的教学,是让学生持久学习的教学。

历史教学如何实现长效呢？关键在于把握、落实历史学科思想。笔者认为,历史学科思想主要包括三方面内容:一是建立在历史知识之间内在联系基础上的核心知识结构,二是重证据的历史思维能力,三是历史学科蕴含的特有的人文内涵。把握、落实历史学科思想,主要应做好三件事:一是找准历史知识之间的内在联系,二是找足证据论证观点,三是感悟并内化历史学科所蕴含的特有的人文内涵。

一、找准历史知识之间的内在联系,构建核心知识结构

现行初中历史课标在课程目标部分指出:"知道重要的历史事件、历史人物及历史现象,知道人类文明的主要成果,初步掌握历史发展的基本线索。"无独有偶,现行高中历史课标在课程目标部分也提到:"在义务教育的基础上,进一步认识历史发展进程中的重大历史问题,包括重要的历史人物、历史事件、历史现象和历史发展的基本脉络。"可见,掌握历史发展的基本线索、认识历史发展的基本脉络在历史学习中举足轻重。那么,如何引导学生掌握历史发展的基本线索,认识历史发展的基本脉络呢？关键要让学生理清历史知识之间的内在联系,一是找准历史事件、历史概念诸要素之间的关系,形成完整概念;二是找准历史事件、历史概念之间的联系——主题线索,让历史核心知识形成清晰的知识结构。下面,笔者以义务教育八年级上册第9课"新文化运动"(人教版,下同)的教学为例,加以说明。

(一) 找准历史事件、历史概念要素之间的联系,形成完整的历史概念

历史事件、历史概念均包含客观和主观两部分内容。客观的历史不以学者意志而改变,主要包括时间、地点、人物、事件的起因、开始、发展、结果七个要素。主观的历史是指后人对历史事件的当时影响和长远影响的认识,即对历史事件的评价,它因学者的个人立场、经历等的不同而不同,历史认识的视角不同,会产生不同的结论。

要准确把握七大要素之间的关系,须准确把握时空(时间和空间)和因果关系,形成完整的历史概念。如新文化运动这个历史概念,从时间看,有三个时间点需要关注:开始时间是

---

① 本文被人大复印报刊资料《中学历史、地理教与学》2015年第3期全文转载。

1915 年《青年杂志》(后改名为《新青年》)创刊,结束时间有争议,普遍认为是 1919 年五四运动爆发前后,以 1917 年十月革命为界,新文化运动分前后两阶段。

从地点看,新文化运动涉及两个地方,《新青年》的创办地上海和后来的迁往地北京。从人物看,主要涉及四个人物:陈独秀、胡适、鲁迅、李大钊。从起因看,是新旧思想的矛盾与冲突。从开始看,《青年杂志》创刊是新文化运动的开始。从发展看,新文化运动分为前期和后期两个阶段。前期,先进知识分子高举民主、科学两面大旗,以《新青年》为主阵地,纷纷发表文章,四提倡、四反对,企图改造国民性;后期,先进知识分子宣传十月革命和马克思主义,将运动推进到一个新时期。从结果看,新文化运动冲击了封建传统思想,传播了民主、科学和马克思主义的新思想。建议授课者引导学生画数轴图或列表,帮助学生构建核心知识结构(图1)。

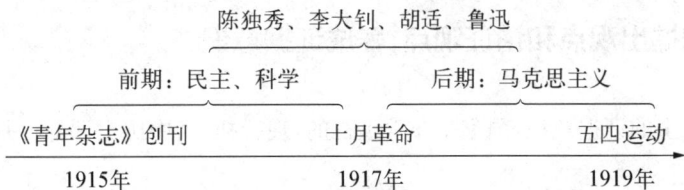

陈独秀、李大钊、胡适、鲁迅

前期:民主、科学　　　　后期:马克思主义

《青年杂志》创刊　　　　十月革命　　　　五四运动
　1915年　　　　　　　1917年　　　　　　1919年

图 1

对新文化运动的评价(主观因素),教师可出具相关史料,让学生归纳出三种不同的观点。一种完全肯定,冲击了旧思想,宣传了新思想;一种完全否定,彻底否定传统文化,"倒洗澡水时,把洗澡的孩子一起倒了";一种认为既要看到它冲击旧思想、传播新思想,为五四运动爆发、中国共产党诞生奠定基础的作用,又要看到它全盘肯定西方文化、全盘否定传统文化的危害。

(二) 找准历史事件、历史概念之间的联系,形成清晰的历史核心知识结构

如果说整个历史是一个完整的面的话,这个面是由时序构成的纵线和由同时期经济、政治、思想文化、民族关系、对外关系等构成的横线交织成的经纬网。因而只有把历史事件、历史概念置于这一网中,事件、现象、概念才不至于轻易被遗忘。那么,把这些历史珍珠串成网络的经纬线是什么呢?

笔者认为,是历史发展的主题线索。以上文提到的新文化运动为例,从救亡图存、向西方学习的主线看:在民族危机不断加深的情况下,先进的中国人向西方学习,寻找救国救民的道路,经历了器物(洋务运动)——制度(戊戌变法、辛亥革命)——思想(新文化运动)三个由浅入深的阶段,新文化运动无疑是向西方学习的最高层面。

从近代化的发展这一主线看:从经济的工业化探索——洋务运动(近代化的开端),到政治的民主化探索——戊戌变法和辛亥革命,再到思想的解放探索——新文化运动,环环相扣。两条线索,把中国近代这四件最重大的事情串起来,形成了清晰的核心知识结构。把新文化运动放到当时整个社会大背景下看:经济上,当时中国民族资本主义经济经历了短暂的春天,民族工业的快速发展,民族资产阶级和无产阶级力量的壮大,为新文化运动、五四运动和中共诞生奠定了经济基础、阶级基础；政治上，经历了袁世凯复辟、北洋军阀黑暗统治时期，先进的中国人渴望通过改变国民性来改变现状；思想上，民主、平等、博爱的西方思想的传入和被先进的中国人所接受，新思想同袁世凯尊孔复古的旧思想的激烈冲突，最终引发新文化运动；国际关系上，中国加入第一次世界大战协约国一方作战，是胜利国，但弱国无外交，中国在巴黎和会上的外交失败，最后引发了五四运动。

获得历史知识、建构历史核心知识结构的过程，实际也是培养学生的历史学习能力、历史思维能力，引领学生进行情感体验并形成价值观、世界观的过程。历史学习能力和历史思维能力的核心是：从史料中准确获取有效信息，从信息中提炼观点，广泛收集信息论证自己的观点的能力。对学生而言，就是要形成"史证结合，论从史出"的学习习惯和学习方法。

二、找足证据提出观点和论证观点，养成证据意识

对于培养学生的证据意识，国家是非常重视的，现行初、高中历史课标分别有三处和一处明确提及。

培养学生的历史证据意识，教师可以分两步进行：第一步是引导学生从史料中获取有效信息，提出自己的观点；第二步是引导学生围绕观点，广泛收集相关信息，论证自己的观点。下面，笔者以义务教育九年级上册第18课"美国的南北战争"为例，加以阐述。

(一) 准确获取有效信息，提出自己的观点

教师可以引导学生阅读课文导言中引用的林肯1958年6月的演讲史料"'一幢裂开的房子是站立不住的。'我相信这个政府不能永远维持半奴隶和半自由的状态。我不期望联邦解散，我不期望房子崩塌，但我的确希望它停止分裂"，然后引导学生思考：林肯最主要的主张是什么？你是从材料中的哪些信息得出这一观点的？学生容易答出：林肯最重要的主张是结束美国"半奴隶和半自由的状态"，维护美国的统一。是从材料"我相信这个政府不能永远维持半奴隶和半自由的状态"和"我不期望联邦解散，我不期望房子崩塌，但我的确希望它停止分裂"的描述中得到的。教师可进一步追问："半奴隶和半自由的状态"指什么？为什么这种状态会导致美国的分裂？林肯是如何领导美国人民结束"半奴隶和半自由的状态"、维护美国独立的？

(二) 搜集有效信息，找足证据，论证自己的观点

学生提出自己的观点后，教师可以引导学生阅读课文和教师提供的相关史料，寻找证据，进一步论证自己的观点。学生不难从林肯的言和行两个方面论证自己的观点。从语言看，林肯在多次演说和著作中提到要维护美国的国家统一，如林肯代表的美国共和党1860年的总统竞选主题就是"联邦必须而且将会得到保留"。从行动看，林肯为维护美国国家的统一，先是企图通过和平的方式解决"半奴隶和半自由的状态"，但遭到南方奴隶主的拒绝。南方发动叛乱后，林肯开始还对南方种植园奴隶主抱有幻想，导致前期失利。后林肯颁布《宅地法》和

《解放黑人奴隶的宣言》，废除了奴隶制，调动了广大黑人奴隶参战的积极性，扭转了战局，维护了国家统一，促进了美国资本主义的发展。

如果说培养学生的证据意识是历史学科的魅力所在，那么，感悟历史发展的规律和精神，指导现实生活，更是历史学科的魅力所在，更是历史学科的价值归宿。

三、感悟并内化历史发展的规律、经验和精神，提升人文素养

《义务教育历史课程标准（2011年版）》在前言部分用167个字明确阐述了历史学科的两个特性，即思想性和人文性；在课程目标部分用672个字，从6个方面阐述了情感、态度、价值观目标。现行高中课标在课程目标部分用了4段459个字，从爱国、关爱生命、崇尚科学、养成世界意识4个方面概述历史教学的育人目标。可见，历史学科蕴含丰富的人文教育的内涵和思想教育的素材，挖掘这些内涵和素材，让其更好地为学生形成正确的人生观、价值观和世界观服务，是历史教学的重要任务。

历史学科蕴含的特殊的人文教育的内涵，从国家层面看，"历史上都写着中国的灵魂"，"以史为镜可以知兴替"；从个人层面看，站在历史上众多巨人的肩膀上，吸取他们成功的经验和失败的教训，学习他们的精神和气概，可以少走弯路，不断壮大自我，实现人生的幸福。建议教师树立一课一思想主题的意识，根据思想主题，收集、选择相关史料，创设情境，引导学生静心感悟历史发展的趋势、规律，鉴别前人的经验和教训，学习前人的精神。下面列举义务教育七、八、九年级的历史课程部分思想主题。

（一）感悟历史发展的趋势和规律，形成正确的人生观和世界观

如：得民心者得天下，政府应该关注民生。七年级上册第4课"夏、商、西周的兴亡"、第11课"伐无道，诛暴秦"，七年级下册第1课"繁荣一时的隋朝"、第2课"贞观之治"，八年级上册第17课"内战烽火"、第18课"战略大决战"，九年级下册第10课"苏联的改革与解体"、第11课"东欧社会主义国家的改革与演变"均体现了这一规律。

又如：历史总是向前发展的，后代总是胜过前代。七年级上册第1课"祖国境内的原始居民"、第2课"原始的农耕生活"，九年级上册第1课"人类的形成"都说明了这一点。

再如：世界文化是多样的，文明是多元的，要相互尊重。具体体现在九年级上册第2课"大河流域——人类文明的摇篮"，第3课"西方文明之源"，第7课"东西方文化交流的使者"。

（二）感悟、借鉴前人的经验和教训，少走弯路

刘邦的善于用人，项羽的刚愎自用；曹操官渡之战后对叛将的宽容；南唐后主李煜的荒淫误国；唐太宗的善于纳谏，知人善任；岳飞的忠，秦桧的奸；"大跃进""人民公社化运动"的危害；阿基米德与皇冠的故事；牛顿从苹果落地得到的启示……古今中外，多少成功的经验和失败的教训，都是人类前行的宝贵财富。教师可给学生提供相关图片、视频等形象直观的史料，营造学生感悟的情景，也可提供文字等抽象史料，让学生阅读和感悟、交流，在师生、生生对话

互动中体验、感悟和内化。站在前人成功经验之上,学生能看得更远;吸取前人失败的教训,学生能少走弯路,更高效地到达成功的彼岸。

(三) 感悟民族精神和历史人物的精神,照亮现实

杜甫的"安得广厦千万间,大庇天下寒士俱欢颜"、范仲淹的"先天下之忧而忧,后天下之乐而乐"、岳飞的"待从头收拾旧山河,朝天阙"、周恩来的"为中华之崛起而读书"、邓小平的"我是中国人民的儿子,我深情地爱着我的祖国和人民"……无不体现强烈的社会责任感和爱国精神。儒家思想强调的"积极入世,以民为本,仁者爱人,和而不同,以义制利",孙中山、列宁根据国情变化而适时调整革命策略和国家政策的与时俱进的精神,罗斯福新政所体现的临危不惧,支撑红军完成长征壮举的坚定的革命信念和革命乐观主义精神……这些都是促进学生健康成长的宝贵的精神财富。

榜样的力量和精神的感召,是引领学生形成正确的人生观、价值观、世界观,健康成长的无穷动力。教师可以结合历史教学,引导他们搜集、整理相关史料,也可给他们提供相关史料,让他们阅读、感悟和交流,写学习体会。或参考厦门市中考试题,设置阅读感悟题,提供史料,让学生分析感悟,以引发学生对历史阅读感悟的重视。

在明确知识内在联系的基础上建立历史核心知识结构,是引领学生养成证据意识、提升人文素养的前提,而学生证据意识的养成和人文素养的提升,是历史教学的归宿,三者共同构成了历史教学的学科味;"两找一悟",则是把历史核心知识结构的建构、证据意识的养成和人文素养的提升统一起来的最基本、最重要的历史教学方法,它是学生会学历史的前提,也是历史教学长效的保证。

义务教育历史课程从三维目标到素养目标的新变与应变

福建省厦门市教育科学研究院　江如蓉

《义务教育历史课程标准(2022年版)》与《义务教育历史课程标准(2011年版)》相比,最显著的突破之一体现在课程目标体系的构建,即从三维目标转变为历史课程要培养的学生核心素养。那么,从三维目标到核心素养具体变在何处?因何而变?初中历史教师又要如何应变?应用新课标指导教学之前,厘清以上问题很有必要。

一、变在何处

(一) 明确了培养"全面发展的人"的具体要求

三维目标强调教师要关注学生的主体地位,同时,不仅要落实知识目标,还要关注学生学习能力的培养以及学生态度的发展和人格的养成。可见,三维目标中已体现出要培养"全面发展的人"的理念,这一价值取向与核心素养目标基本一致。但是,三维目标中的三个维度主要明晰的是培养"全面发展的人"的方法,没有进一步明确"全面发展的人"是怎样的人。核心素养的提出则正面回答了这一问题,同时还明晰了"全面发展的人"应该达到的发展程度。

(二) 从本学科的角度回答"'全面发展的人'是怎样的人"这一问题

三维目标体系下,各学科的目标被统一概括为知识与能力、过程与方法、情感态度与价值观三个维度,但是各学科没有具体的学科教育目标对"三维"进行统整和学科化,在实践过程中容易陷入"三维"和学科知识点生硬嫁接甚至牵强附会的窘境。核心素养的提出有效解决了这些问题。各学科课程基于自己的学科特色提出所要培养的核心素养,进而从本学科的角度回答了"'全面发展的人'是怎样的人"这一问题。

二、因何而变

(一) 立足学科本质,突出立德树人时代需求

历史学科是实现课程育人的重要阵地。历史课程的本质内涵应是求真,引导学生在探究历史本来面貌的过程中,培养科学的探究和批判精神,探求历史发展的一些规律性认识,学习并掌握一些基本的历史方法,形成正确的历史观、价值观、人生观、世界观。但是,现阶段的历

史教学,仍然存在着知识本位的现象。而核心素养的提出,使历史课程目标更加凸显学科本质,突出学科课程的育人价值。

(二) 倡导知行合一,走出三维目标实施困境

三维目标的本意,是从三个方面对教学目标进行有机的统一,但是由于实践中对三维目标的理论解读不够明确,对三维目标的落实途径没有有效的指导,所以教师们大都凭借自己的理解进行相应的教学实践,表现在课堂上,就是教学目标和教学过程的割裂。

而核心素养的提出是建立在系统研究的基础之上的,其概念亦有明确的学术界定。概念提出后,教育界专家学者又对其进行了学术深化及实践研究。核心素养解决了三维目标各部分之间模糊不清、相互混淆的问题,使教师能够更加有效地进行针对性教学。

三、应变之思

(一) 循序渐进,实现三维目标到核心素养的有效过渡

从三维目标走向核心素养并不是一个打破重构的过程,而是一个继承与发展的过程。三维目标和核心素养并不是互斥的,甚至可以说核心素养是在三维目标的基础上进一步发展而来的。在义务教育阶段依据核心素养制定教学目标,仍存在一些现实困境。与高中阶段不同,传授历史学基础知识、普及历史常识是义务教育阶段历史课程基本任务之一,而核心素养的表述理论性、专业性较强,有一定的专业化倾向,且关注的侧重点已经从知识转向了素养,要帮助学生将知识转化为素养,还需要结合学情选择多样化的方法和途径。由于核心素养中提及的方法论的内容相对较少,只有唯物史观、史料实证和历史解释三个部分。同时,方法论的内容相对抽象,初中学生在刚刚接触历史学习时很难理解,而三维目标中的"过程与方法"更加多元,较贴合初中生的能力水平,有助于搭建通往核心素养的桥梁。

综上所述,笔者认为,从三维目标走向核心素养不能一蹴而就,教学实践也不能盲目弃旧逐新,而应是一个由浅入深、由表及里的过程。我们应基于义务教育阶段的教学实际,在三维目标的基础上推进核心素养的培育,从核心素养出发,重新整合三维目标,发挥二者各自的优势,在循序渐进中实现有效过渡,真正落实核心素养培育,融合三维目标和核心素养,形成基于核心素养的三维叙写模式。

(二) 深入理解,认识核心素养的五个方面是有机统一的整体

历史课程要培养的核心素养的五个方面不是简单孤立的关系,而是相互关联、相互影响的有机整体。当课程目标由"三维"转向核心素养后,教师们可能还会受思维定势的影响,从核心素养分立的思路来规划教学目标,这样的目标撰写容易人为地割裂表述,导致目标建构重叠反复、指向不清晰,单一目标表述的内容往往指向多个素养目标,缺乏精准度,课堂具体实施阶段过程繁复、散乱。因此,教师在设计相关环节以达成相应素养培育目标时,应先对核心素养五个方面的关联性有准确的认知,才能更科学合理地规划课程目标。基于此,笔者试

对"从九一八事变到西安事变"课例的教学目标进行如下建构:

(1) 通过视频、地图和时人的图片、文字,在了解九一八事变、东北抗联、一二·九运动、西安事变基本史实的基础上,感受这一过程中国难渐深、民心愈齐的变化,初步认识人民对历史发展的重要推动作用。(史料实证、时空观念、唯物史观、家国情怀)

(2) 通过中国军民、日本军官及美国记者等不同立场的战争亲历者矛盾冲突的历史叙述,初步掌握辨别史料、多角度选取史料的实证意识与方法,认识日本侵华罪行,理解日本帝国主义的侵略本质。(史料实证、唯物史观)

(3) 通过分析当时复杂的政治形势,学会站在中国人民、中华民族的角度去分析和解决问题,认识中国共产党是全民族抗战的中流砥柱。(历史解释、家国情怀)

(三) 拓宽视野,促成历史核心素养与学生发展核心素养的融合

学生发展核心素养是各课程要培养的核心素养的上位概念,后者对前者的形成起支持作用。历史课程要培养的核心素养可部分达到中国学生发展核心素养的要求,如人文情怀、理性思维、批判质疑、勇于探究、国家认同、问题解决等就可以和历史学科核心素养的几个方面直接对应,但还有另外十二个基本要点历史课程没有明确提及。所以,教师应放宽视野,五育并举,不仅注重跨学科主题学习的实践应用,而且也可以从培育学生发展核心素养的视角调整原有六大课程内容板块常规课的教学目标。以统编教材七年级上册第 2 课"原始农耕生活"的教学目标为例,可设定课程目标为:

(1) 通过网络、博物馆、学校图书馆等多种渠道,自主收集整理中国原始农耕时代重要遗址和生产生活信息,知道考古发现是了解原始社会的重要依据,感受中华文明的发展是一种动态延续的过程,体会中国农业文明源远流长且对人类发展的贡献巨大,树立文化自信。(史料实证、时空意识、唯物史观、家国情怀)

(2) 运用所学木工、陶艺、布艺等劳动技能进行小组协作,还原河姆渡人、半坡居民房屋等生活场景,结合当地自然环境分析问题,提升基于史实合理进行历史解释的能力,感受远古人类因地制宜的生存智慧。(历史解释、唯物史观、家国情怀、劳动意识)

(3) 为亲手制作的人面鱼纹彩陶盆、黑陶猪纹钵模型等撰写解说词,从欣赏文物的角度出发,感受远古先民内心世界的充实,提高发现美、表达美、创造美的能力。(历史解释、家国情怀、审美情趣)

以上目标的设定基于对课标内容的准确理解:原始农耕的出现,为人类历史的进一步演进奠定了重要基础。由于原始农耕时代属于史前时期,这一时期缺乏文献史料,实物史料是帮助学生了解当时情况的重要史料,因此目标对相关材料的收集、整理、归纳、概括、对比、分析提出了要求。以上目标五育并举,既立足学科本位,又强调育人方式的变革,把被动学习化为主动建构的过程。收集史料、还原生活场景、鉴赏文物之美,让学生在沉浸式的体验过程中主动发现问题、分析问题,使其能深刻理解中华文明源远流长、中华儿女的辛勤智慧,达成核心素养培育目标,进一步提升信息意识、劳动意识、审美情趣,增强善学乐学的学习品质。

参考文献

［1］中华人民共和国教育部.义务教育历史课程标准(2022年版)[S].北京：北京师范大学出版社,2022.

［2］朱汉国.历史学科核心素养释义[J].历史教学(上半月刊),2018(3)：3-9.

［3］戴羽明.基于《义务教育历史课程标准(2022年版)》的历史课程教学转型[J].天津师范大学学报(基础教育版),2022,23(4)：14-18.

初中道德与法治法律模块主要的教学方法及模式选用

厦门双十中学　肖丽萍

法律模块在初中道德与法治课教学内容中占据重要地位。这一模块内容的教学重点是将法律知识内化为学生的法律意识，再将法律意识外化为守法、用法、护法的行为。因此，在教学过程中，思政课教师应依据《义务教育道德与法治课程标准（2022 年版）》中的"法治观念"核心素养培育目标、《青少年法治教育大纲》以及青少年学生法律意识与能力发展的基本规律，确定适宜的教学模式。教师要通过提供法律案例、提出法律问题，引导学生参与案例分析、讨论、交流等活动，让学生在具体的情境问题中积极思考、主动探索，学会综合运用法律知识分析和解决现实生活中的实际问题。

法治教育不仅要帮助学生构建法律知识体系，更要帮助学生掌握法治思维方式和实践方法。教师可以通过情境模拟、专题研究和案例教学开展法治教育，使学生养成自觉守法、遇事找法、解决问题靠法的思维习惯和行为方式。为了提高学生的法治素养，教师在法律教育过程中可采用以下三个基本教学环节。

环节一：提供案例素材，引出课题。教师通过提供有代表性的案例和材料，引出课题，激起学生的求知欲望，使学生产生浓厚的学习兴趣。

环节二：提出探究问题，启发思考。教师通过所给的案例素材，提出有针对性的探究问题，激发学生思考讨论，启发学生对案例素材进行有效探究。

环节三：评价学生观点，指导行为。教师通过对学生观点的点评，总结归纳相应的知识点。在点评中，引导学生结合自身实际进行反思，指导学生增强法律意识，落实守法、用法、护法的行为。

法律知识对于初中学生来说比较抽象难懂，如果教师在课堂上一味地照本宣科，难免会让学生觉得枯燥乏味，从而产生厌学情绪。在实际教学中，教师可以根据法律教学的具体内容和学生的实际需要，采用各种适宜的教学模式有效开展教学活动，让法律知识更易于理解，提高学生主动学习与践行法律的积极性。

一、模式一：案例教学式

案例教学式，就是以"案例"为载体进行教学的一种教学模式。它通过案例分析，促使学生理解和掌握法律的相关知识，并通过案例讨论得出科学的结果，以促使学生提高分析问题、解决问题的能力，培养创造性思维，强化法治观念，从而实现课堂教学质量提升。它缩短了教学与实践的距离,符合初中生的年龄特点和认知规律。

案例教学模式为教学提供了一个真实的场景,创设愉快互动的课堂气氛。学生在教师引导下进行全面讨论,在师生多维合作互动中,实现教学模式由"接受型"向"研讨型"的转变,做到"案例—理论—实践"有机结合,突出"理论联系实际"的原则,培养学生的主动性,调动学生的积极性,发挥学生的能动性,从而提高学生的综合素质。因此,它是培养初中道德与法治学科核心素养的一种有效模式,能使课堂具有趣味性和生动性,吸引学生的注意力,增强学生的法律素养。

对于法律模块的教学,案例教学无疑是一种很有效的教学模式。精选与设置恰当的案例是实施案例教学的前提条件,也是实现案例教学效果的关键。因此,在选择案例的时候,我们要注意以下几点。

(一) 案例要符合学科核心素养,具有针对性和典型性

选取的案例要紧扣学科核心素养目标,从而使学生在有限的教学交流时间中,及时捕捉有效信息,达成预期教学目标;要针对初中学生的年龄特点及学生中存在的问题,选择适合学生身心发展特点及规律的案例,从而使学生产生浓厚的学习渴望。案例在于"精"而不在于"多",选取的案例要有典型性。过多的案例,既使课堂内容臃肿、结构松散,又缩短了学生思考的时间,不利于围绕案例进行深入的分析和思考。精选的典型案例,内涵必须深刻,对学生应有较大的启发,能够充分地反映教学观点并说明问题。

(二) 案例要符合现实生活状况,具有真实性和感染性

选取的案例必须是能反映学生现实生活的、具有当地地方特色或符合学生年龄特点的真实案例。日常教学中,有的老师喜欢自编虚构的案例进行教学,这种做法会使得学生对案例的可信度产生怀疑,对于法律模块的教学非常不利。选取案例时务必考虑其真实性、可行性和现实性,以事实胜雄辩,带给学生心灵上的震撼,这样既能为学生创设真实的教学情境,更能增强教学的可信度,切实提高教学实效。案例的选用应当与时俱进,具有创新性,从而更好地适应调整与修改后的法律条文,符合新时期时代的发展要求。当然,选用的案例还必须要有感染性,力求选用有情节的生动案例,更易触动学生的情感世界,变理性的法律条文为感性的价值追求。

(三) 案例要符合学生年龄特点,具有趣味性和思考性

初中学生喜欢新奇有趣的事物,平淡无趣的案例材料必然影响案例教学的实效性。因此,在选取案例时,要关注材料的趣味性,尽量采用初中生喜闻乐见的漫画、图表、视频、音乐等形式,增强学生学习法律的兴趣,提高学生学习的积极性。案例不仅要让学生有兴趣看、有兴趣听,更要让学生有兴趣思考。教师要让学生在案例教学中主动结合个人成长经历,探究案例背后的法律支撑,思考案例中蕴含的法律问题,从而让课堂更有效、更有意义。

二、模式二：情境模拟式

情境模拟式，就是以"模拟的情境"为载体进行教学的一种教学模式。它是指思政课教师为了达成一定的法律教学目标，围绕某一法律知识，根据学生的现实状况，针对性地设计高仿真场景，从而让学生在体验式的教学过程中，将书本上的法律知识转化为直观可感的场景，在接近现实的情境中接受法律教育，提升学习兴趣，开发思维潜能，更好地提高学法、守法、护法的自觉性。

情境模拟式的教学流程，通常为"确定模拟方案→进行模拟排练→现场模拟表演→学生讨论评析→教师评价总结"。情境模拟式的特点如下：

1. 逼真性。通过思政课教师精心的设计，模拟出特定的环境、人物、法律事件等"现场"，营造出使学生能"闻其声""见其人""观其行"的现实情境，营造逼真的现场氛围，使学生产生强烈的现场感，有利于激发学生的学习兴趣。

2. 观赏性。在情境模拟过程中，各种角色通过不同的表情、动作、对话等再现某一具体情景，因而具有极大的观赏性。

3. 实践性。通过创设的情境，引导学生思考并明确：什么是法律允许的，什么是法律所确认的，什么行为是受到法律保护的，什么行为是需要受到法律的追究并承担相应法律责任的。由于角色扮演的需求，学生会主动了解与探寻相应的角色要求，并用所学的法律规范来调节自己的行为，因而具有一定的实践性。

对于法律模块的教学，情境模拟式无疑是一种很直观的教学模式。在选用这一模式进行教学的时候，教师要注意以下几点：

1. 前期准备要充分。首先，教师要明确模拟的法律主题，设计好模拟的情境，准备好相应的道具；其次，教师要组织引导学生分角色进行课前排练。若设计的情境没有学科针对性、表演仓促且随意，必将影响课堂展示的效果。

2. 现场模拟要准确。首先，教师在情境模拟前要向观众学生明确观看任务和观看纪律，以便让学生有目的性地参与到模拟的现场中；其次，教师要注意对模拟现场的引导调控，保证参演学生准确演绎虚拟情境。若表演无心、观众无意，必将使情境模拟失去意义。

3. 分析总结要到位。首先，教师要引导学生感受并反思模拟的情境所反映的社会现象；其次，教师要引导学生运用所学的法律知识，探究现象存在的原因及其影响，寻找正确的面对的态度和解决办法；最后，教师要全面评价与总结。若此环节仓促应对，会使得课堂的情境模拟流于形式，徒有其表。

新课标中明确指出，要积极探索议题式、体验式、项目式等多种教学方法，引导学生参与体验，促进感悟与建构。要采用热点分析、角色扮演、情境体验、模拟活动等方式，引导学生开展自主探究与合作探究，让学生认识社会。

模拟法庭作为一种教学方法，与道德与法治课程的实践性特征高度契合，在法律知识教学的情境模拟中，有着无可比拟的优越性。它通过案情分析、角色划分、法律文书的准备、预演、正式开庭等环节模拟刑事、民事、行政审判及仲裁的过程，调动学生的积极性与创造性，切实提升学生的综合素养。

模拟法庭的一般操作流程为"组建法庭→寻找案例→庭前准备→开庭审理→师生共评"。由于模拟法庭具有"教学活动的实践性""诉讼角色的扮演性""庭审过程的表演性""法庭场景的模仿性"等特征,这就决定了它在道德与法治课堂教学中有着不可替代的重要作用,具体表现在以下几个方面:

1. 促进理论教学与实践教学的有机结合。模拟法庭教学的实质就是运用法律知识解决实际问题,是理论知识从书本走向现实的实践过程。在这一过程中,无论学生承担什么角色,都必须将理论与实践有机地结合起来,运用法律知识解读具体案件,这样才能完成自己所承担的角色任务。而对于没有承担角色任务的学生而言,他们可以通过参加案情分析、案件研讨、旁听总结等将自己所学的理论知识与模拟法庭审判活动结合起来,达到学以致用的目的。

2. 锻炼和培养学生的综合能力。模拟法庭具有显著的综合实践特征,如:案例的选取,资料的收集整理,可以锻炼学生收集、整理资料的能力;案情的分析、台词的设计、剧本的编写,可以培养学生发现问题、分析问题和解决问题的能力,以及理论知识的运用能力、书面表达能力;诉讼角色的扮演、模拟庭审活动的排演,可以锻炼和培养学生的口头表达能力、团队活动的组织协调能力、自我管理和约束能力、多向思维能力……可见,模拟法庭教学活动注重学生综合能力的培养,对学生法律知识的积累、法律素养和实践能力的提升起着重要的推动作用。

3. 尊重和凸显学生的主体地位。模拟法庭是一种实践性很强的教学方法,以其体验性、趣味性充分调动了师生参与模拟审判活动的积极性、主动性,尤其是最大限度地调动了学生的主体意识,成功实现学生从"要我学"到"我要学"的转变。从模拟法庭的布置、道具的制作到案例的选取、案情的分析,从剧本的编写、角色的分配到模拟庭审的排演、后期的总结评价,学生都积极主动地参与其中。在整个模拟法庭教学过程中,主要依靠学生的自学和实践,教师仅给予学生以适度的启发和指导。这就促使学生由被动接受知识转变为主动探索知识,从而帮助他们拓宽视野、活化思维,养成自学习惯,提高自学能力,真正成为学习的主人。

综上所述,模拟法庭在丰富课堂教学方法、改变学生学习方式、培养学生综合能力等方面具有不可替代的作用。因此,在道德与法治课律常识的教学中,我们要积极探索和运用这一有力方法,大胆开展实践教学,密切联系生活实际,激发学生学习兴趣,增强道德与法治课堂魅力,进一步提升教学质量,为课堂教学改革增色添彩。

三、模式三:参观访问式

参观访问式,就是通过组织学生到有关单位参观访问,从而揭示或印证教学主题、巩固所学知识和技能的一种教学模式。它是指为了达成一定的法律教学目标,带领学生进行有目的、有计划、有组织的社会实践活动。通过实地参观访问,可以使学生迅速接受某一新知识,从而潜移默化地进行法律教育。这种教学模式是学生走向社会、感悟法律的重要渠道。若条件许可,建议组织学生参观当地法院、少年法庭、公安局、工商局、知识产权局、工读学校、监狱、法律援助中心、律师事务所等单位。

访问法是收集资料的最基本的方法之一，它通过与调查对象的交流，使学生不仅可以了解广泛的社会现象，还可以深入探讨复杂社会现象的因果联系和内在本质。在组织学生开展访问活动时，因参与人员较多，建议采用"座谈会"的方法。座谈会是一种集体访问的方法，可同时邀请若干被调查者，通过集体座谈方式收集资料，了解社会情况并研究社会问题。这种方法有助于集思广益，把调查与研究结合起来，把认识问题与探索解决问题的办法结合起来。

(一) 访问的注意事项

1. 访问活动前：应事先告知受访者访问的目的、调查的内容，以便与受访者有针对性地开展交流；引导学生准备好访谈提纲。

2. 访问过程中：一要提醒学生注意交流礼仪，尊重受访对象，如注意采访时的语言、语气、动作、表情等；二要引导学生围绕访问主题进行交谈，避免无主题的闲聊交流。

3. 访问结束后：指导学生及时整理与核实访谈信息，并根据访问的主题和访问中得到的有效信息，形成访问成果。

(二) 参观访问的优点

1. 直观性。参观访问能给人以真实感、亲切感，所得到的感性知识与实际事物间的联系比较密切，因此有利于激发学生的学习兴趣，调动学生的学习积极性。

2. 体验性。参观访问，重视的是学生的亲身体验。体验学习的过程，实质是学生的生命体验过程。建立在学习材料基础上的高度主体化的学习行为，能够更好地调动学生情感，激发学生学习法律知识的兴趣。

(三) 参观访问式的教学流程

通常为"确定主题并拟订方案→参观访问并做好记录→整理成果并撰写小结→展示成果并交流讨论"。在使用此模式时，应注意做好以下几个方面。

1. 要有明确的参观访问的主题。参观访问前，教师要依据课程标准、教学目标和教学内容、学生具体学情等，确定参观访问的主题。

2. 要认真制定参观访问的计划和访问提纲。参观访问的计划大致包含以下内容：一是说明参观访问的主题及活动目的；二是明确参观访问的对象、内容和主要任务；三是阐述参观访问的步骤。为了使访问主题突出、层次清晰、逻辑严密，还需拟定访问提纲，将访问的具体内容罗列出来。

3. 要认真细致地做好组织协调工作。参观访问前，教师要联系参观单位或受访人员，落实好参观访问的时间、地点、人员、内容、要求等具体事宜；教师还要争取学校及受访单位多方面的支持，确保参观访问能够安全、有序、高效进行。

4. 要做好过程记录及成果展示。在参观访问过程中，明确各小组的活动任务，确保其做好相应的记录。访问记录分为当场记录和事后回忆两类。当场记录可以采用笔录，也可以在征得被访者同意的情况下使用录音设备。参观访问后，各小组整理归纳访问记录，并将形成的成果以演示文稿或手抄报等形式在全班进行成果展示。

思政课"三维育人"模式的构建[①]

厦门五缘第二实验学校　陈亚专

习近平总书记指出："推动思想政治理论课改革创新,要不断增强思政课的思想性、理论性和亲和力、针对性。"这就要求思想政治课教师要把基本理论的教学与学生实际紧密结合,引导学生科学地、有针对性地关注时代提出的重大理论和现实问题,要把课讲到学生心里去。因此,思想政治课应"育德、育智、育美",提高育人实效性。本文以"中国经济发展进入新时代"教学为例,谈谈构建思政课的"三维育人"教学模式的做法。

一、果行育德：因势而谋，成就学生好品格

(一) 长留正气满课堂

习近平总书记强调,"青少年阶段是人生的'拔节孕穗期',最需要精心引导和栽培"。思政课作为落实立德树人根本任务的关键课程,因事因时因势开展好人生观、价值观、道德观和法治观等方面的教育,增进学生的政治认知和政治认同、践行社会主义核心价值观,是思政课教学的重要内容。在本课"历史性变革"学习中,教师精心收集素材,播放视频《数说过去五年成就》,引导学生直观感悟党的十八大以来我国经济社会取得的伟大成就,加强对党的路线方针政策的理解、接受和认同;在"时代社会的主要矛盾"和"开启新征程"学习中,教师指导学生解读党的十九大报告中有关"如何认识我国新时代社会的主要矛盾"和"科学的理论指导和行动指南　开启新征程：两个一百年、两个阶段"的原文,加强学生对中国经济进入新时代的认同和肯定。通过教学,指导学生正确认识和把握国情,同时也要让学生在学习中感悟历史变革和时代发展,进一步体会理论的科学性和真理性,提升学生的政治理论素养和爱国情怀。

(二) 责任担当常相伴

强化青年学生的政治使命感和政治责任感,使其自觉成为中国特色社会主义的坚定实践者和可靠接班人,这是思想政治理论课的使命,也是立德树人的根本。高中学生正处在成长关键阶段,这一阶段,学生的价值观塑造尚未成形,正处于思想观念、价值取向形成和确立的关键期,抓好这一时期的价值观养成、责任担当意识的培养十分重要。因此在教学中,教师在用主流价值引导学生的过程中,要着力激扬学生的青春梦想,凝聚学生努力进取的责任担当。在"开启新征程：两个一百年、两个阶段"学习中,教师设计了这样的教学环节：

---

① 陈亚专.思政课"三维育人"模式的构建[J].中学政治教学参考,2020(27)：30-31.

万紫千红总是春：畅想未来，组织学生活动。

直挂云帆济沧海：到 21 世纪中叶，你心目中的中国会是一番什么景象？

我辈岂是蓬蒿人：2035 年的你会在干什么？2050 年之后的你会在干什么？

这样的教学既注重用科学而系统的理论武装学生，同时也重视用丰富而鲜活的事实和案例启发学生，让基本原理变成生动道理，让根本方法变成管用办法，引导学生悟道明理，立鸿鹄志，做奋斗者。

二、普惠育智：应势而动，训练学生好品学

（一）问题牵引，思维进阶

表1

姓名：	那时的祖国	那时的我
2035 年	经济发展；科技发展；人民生活；城乡差距；公共服务；逐步迈向共同富裕；美丽中国。	
2050 年	"五位一体"全面发展；国家治理体系与能力的现代化；基本实现共同富裕；中华民族的伟大复兴。	
我的目标和努力的措施：		

时代的发展要求思想政治课重视对学生分析问题、解决问题的能力和创新能力的培养。所以课堂教学应以教材为基石，又不拘泥于教材，教师要在认真挖掘教材的基础上，合理开发、调动、组合身边的教育资源，尽量补充那些充满时代气息、贴近学生生活实际的内容，使教材内容植根于时代生活和学生的实际。教师通过有效问题设计激发学生参与课堂学习的欲望，使其从中获得理论知识，培养道德情感，开发思维能力，汲取充足的思想智慧，积累丰富的人生经验。在本课教授"党的十八大以来我国经济社会取得的伟大成就"的知识后，教师带领同学们跟随着学习小组"美丽乡情组"的视频一起进入"海沧的正确打开方式"：从"活力海沧·激情跨越""幸福海沧·市民同享""生态海沧·美丽家园"三个方面介绍党的十八大以来，家乡厦门海沧发生的巨大的变化。教师引导：中国特色社会主义进入了新时代，在发展新的历史方位，我们的人民对生活又有哪些新的愿景？教师带领同学们阅读学习小组"探究乡情组"围绕"海沧居民对生活新的愿景及其原因"议题的调查、访谈材料后，提出问题：

（1）海沧居民对生活的这些新的愿景说明什么问题？如何理解这个变化？

（2）中国特色社会主义新时代是一个"变化"的时代，也是一个"不变"的时代。你如何理解？

（3）从消费、生产、分配、国家战略理念、个人等角度如何破解新时代的社会主要矛盾？

通过教学，让学生在学懂弄通知识的同时，在比较鉴别中提高认识，在探究活动中拓宽视野，在亲历自主辨识、分析的过程中激活思维，使科学精神核心素养的培养落地。

(二) 多元评价，激励发展

《普通高中思想政治课程标准(2017年版)》在"基本理念"部分提出，要注重学生学习和社会实践活动的行为表现，采用多种评价方式，综合评价学生，建立促进学生思想政治学科核心素养发展的评价机制。教师将学生的课堂学习和实践活动成效，学生的课前、课中、课后的学习表现纳入评价范围，构建完善的评价体系，能提升学生参与活力，促进每个学生主动的、生动活泼的发展，也让思政课自身充满活力。本节课结合下表对学生在学习活动中的表现加以评价。

表 2

项　目	维　　　度	自评	小组评	师评	总分
课前学习 30分	1. 认真做好课前知识的学习，并养成良好的习惯。(5分)				
	2. 小组分工明确合理，成员积极参与，个人在文献资料搜集、调查访问/探究思考/课件设计、制作中承担相应的任务。(15分)				
	3. 主动配合小组同学，搜集的信息充分、精当。(10分)				
课中学习 50分	1. 认真听讲，踊跃发言，准确表达自己的观点，做好笔记。(40分)				
	2. 有质量地质疑，具有创新思维。(10分)				
课后学习 20分	1. 整理笔记、完成作业、复习巩固。(10分)				
	2. 积极参与小组的课后调查、实践、研究性学习。(10分)				

通过对学生的多元智能评价，将学科内容的教学与实践活动相结合，把学生围绕议题开展的课前社会实践调查活动，课堂探究活动，畅想未来活动，课后研究性学习综合起来评价，激励学生进步成长，也培养学生的规则意识。

三、多元育美：顺势而为，培养学生好品位

(一) 精心设计教学美

政治课教材理论性较强、内容抽象、文字简洁概括但内涵丰富，教师在教学中精心设计教学环节，依据教材创设一个主题，或篇章串联或一案到底或形成系列案例等，创造逻辑结构之美，让学生如抽丝剥茧一样，层层剥开，课堂上能长久保持学习的热情和求知欲望，课后回顾知识时能做到主线清晰，加强记忆和理解。在本课教学中，以"梦"为主题，设计"追梦·数中国成就""织梦·说中国心声""筑梦·聚中国力量""圆梦·圆中国梦想"四个教学篇章，让学生跟着设置的篇章教学内容学习，层层递进，有效激发学生学习兴趣，使其积极参与教学过程。学生说："课堂学习就像在看连环故事，有一种美的享受，学了这个篇章，就很想看看下个篇章是什么，一环扣一环，吸引着我们的思维向更深处蔓延；课后通过回忆老师设计的篇章，也能很快想起知识点，记忆、理解起来容易很多。"

(二)激发学生展示美

好的课堂应该是让学生真正站立于课堂,有踊跃表达自己的愿望和机会。学生能否发挥主体作用取决于教师是否为学生创设了能展示能力与魅力的机会,让其感受到自信的美。学生的这种自信美来自教师对学生的尊重、鼓励,更来自教师引导学生做足课前预习,有备而来。在本课教学中,教师指导学生在课前分为"美丽乡情组""探究乡情组""资料文献组""畅想未来组"四个小组开展合作实践,通过导学案预习,实现"先学后教"。学生制作了精美的课件,课件中有学生的摄影作品、美术作品、调查报告等,学生分工合作、各显神通,因为课前有调查、有探究,在展示时个个有理有据,头头是道;师生之间、生生之间或提出问题,或补充,或质疑,教学相长。做课堂知识总结的学生还吟诵了即兴创作的美诗《祖国和我》:我生活的祖国/繁荣且多彩/人们相信/未来的日子/会自由自在/生活有滋味又和谐友爱/生活在祖国的我/努力可成才/畅想未来/美好的日子/正在前方等待/幸福的微笑已充满双腮。

(三)引导学生创造美

政治课要做到"坚持理论性和实践性相统一",就要求把思政小课堂同社会大课堂结合起来,积极回应学生在生活实践中所关心和关注的问题,推动教学与学生社会实践活动、志愿服务活动结合,引导学生了解社会,服务国家。本课教学中,恰逢厦门正在迎金鸡百花奖,创全国文明城,教师指导"美丽乡情组"通过调查、收集、整理有关"我为建设'美丽厦门'献计献策"的"金点子",在课堂上展示;课后教师指导学生继续丰富和完善有关建设"美丽厦门"的有价值的金点子,如《守护文化遗产,传承历史文脉——基于申遗成功后鼓浪屿文化的保护与传承的调查》《复道行空,展智慧鹭岛——厦门空中健康步道调查研究与优化建议》《心手相牵,共享发展——关于厦门市无障碍设施建设的研究》参加厦门市青少年科技创新大赛并获奖。学生挖掘创造和实践潜能,美其所美,学以致用,有效地培养了公共参与核心素养。

立德树人需要思政课更有担当,需要思政课老师不断向前,不断作新的思考和探索,让思想政治课成为教导学生养优秀之品德、养优异之学问、养优容之胸怀、养优良之习惯的魅力课堂。

参考文献

[1]陈亚专,罗文明."中国经济发展进入新时代"教学设计[J].思想政治课教学,2019(6):70-74.

初中道德与法治课教学生活化策略初探

厦门实验中学　张洋烽

在课程改革的实践中,关注教学生活化是个永恒的课题。初中道德与法治课教学应注意从本学科的特点出发,关注学生的生活体验,探索课堂教学生活化。本文结合教学案例,从导入新课,教学内容,教学形式三个方面,阐述了教学生活化策略,努力构建生活化的课堂,不断提升教育教学实效。

一、导入新课生活化

托尔斯泰说:"成功的教学所需要的不是强制而是激发学生兴趣。"在初中道德与法治课教学中以游戏、故事等方式导入新课,不仅有利于激发学习兴趣,促进学生学习的主动性,而且还使学生形成良好的学习习惯和学习方法。

(一) 游戏导入法

心理活动规律表明:游戏的成功与否在某种程度上取决于游戏对青少年心理的满足程度,游戏越能满足青少年的心理需求,就越容易成功。所以,在设计导入新课的游戏时要以青少年的心理特点为基础,在游戏规则和奖罚机制上最大限度地满足青少年的心理需要。教师应根据不同的教学内容,有针对性地设计教学游戏,在游戏规则上要体现对教学内容的操练,为一定的教学目标服务。如在学习七年级"单音与和声"时,先把学生分成几个小组,进行"拉断线"游戏,让学生明白一根线,易拉断,而拉断十根线就难了,从而进一步认识到个体只有紧紧地依靠集体,才能有无穷的力量,没有团队意识的班集体,即使每个成员都很优秀,也无法发挥出集体的威力。同学之间互相关心、互相帮助、互相鼓励、互相配合,我们的班集体就会越来越具有凝聚力。个人要自觉维护集体利益,热爱集体、关爱集体,自觉承担对集体的责任,为集体增光添彩。

以游戏方式导入新课,让学生在轻松、愉快的环境中感受知识,而且还使学生觉得学习道德与法治不再是一种枯燥无味的负担,而是快乐的享受,在快乐中成长。

(二) 故事导入法

对于国情国策部分的新课导入,可采用的是表演故事的方式。这部分教材内容涉及的知识点与学生的身边生活离得较远,对于学生而言比较抽象,不容易接受和理解,因此在讲授国情国策这部分的内容时更应该注意活跃课堂气氛,激发学生的学习兴趣。如在讲授"创新强国"时,采用的是以表演故事的形式导入新课,故事的内容是(记者、放羊娃由学生扮演):一个记者在西北某个农村采访时看到,一个正值学龄的小孩在放羊,这个记者觉得很惋惜,于是就问他:"小朋友,你在干什么?""放羊!""放羊干什么?""攒钱!""攒钱干什么?""长大后娶媳妇!""娶媳妇干什么?""生娃!""生娃干什么?""放羊!"教师提问:放羊娃的故事给了我们什么样的启示?学生讨论。

故事虽简要却可以激发学生学习本课的兴趣,活跃课堂,充分调动学生学习的积极性和主动性。简单的故事表演让学生明白,正是教育的落后,导致了人口素质低。人口素质低,极大影响了社会生产、社会文明的进步。因此,发展教育事业,提高人口素质,实施科教兴国战略是当务之急。

导入有法,导无定法,除了上述几种外,常用的还有以名人名言、诗词导入,开门见山直接导入等形式。新课导入虽然"无一定之规",但有"一定之妙",就是要保证一定的新意,同时要切中主题。但无论采用哪一种,都要根据教材类型、学生的特点以及教学设备等因素精心设计导入新课的方法,优化课堂教学,不断提高教学质量。

二、教学内容生活化

生活中的鲜活经验,是学生认知的源泉。充分挖掘教材中的生活资源,这是营造贴近学生生活实际的课堂教学氛围的载体。教学要贴近学生的生活,使学生能够学有所知,学有所悟,学有所用。

(一) 贴近学生熟悉的生活

贴近学生的亲身感受。如在七年级"增强生命的韧性"的教学中,请班级里一位王姓学生与全体同学交流自己遇到的挫折:他的父母都是清洁工,家中还有一位哥哥也在读书,爷爷奶奶需要赡养,家庭非常困难。为了维持家庭生活,每天晚上他的父母还要到街上捡垃圾。他在周末或者空余时间都会去帮助父母亲完成清洁工作。同时,他自己承担了家里的大部分家务。因家里条件不允许,父母亲只能给他租单间的储藏间(10平方米)居住。面对这种家庭情况,他没有逃避,更没有选择退缩,而是一边帮助父母,一边认真学习,还担任班长,而且成绩总是在班级中名列前茅,中考时以高分被厦门某所名校录取。通过让该生回忆、交流自己曾经碰到的挫折及如何战胜挫折来加深学生对挫折的含义的理解,使课堂教学成为学生交流已有生活经验的过程,成为拓展和深化生活经验、引导学生创造和体验生活的过程。

贴近学生身边的生活。如学习八年级"维护受教育权"的内容时,创设一个学生熟悉的生活事例:

某校八年级学生小陈是个品学兼优的好学生。因家庭经济困难被迫辍学。小陈辍学后除了在家乡附近的一家外资工厂做工外,工余时间还要承担养猪喂鸡鸭、洗衣做饭等家务活。小陈辍学引起了教师的关注,教师便去家访,劝说小陈的父亲让孩子上学。没想到小陈的父亲却说:"女孩子迟早要嫁人的,让她读书还要花钱,还不如趁早赚钱贴补家用来得实惠!"

学生在探究时发现,小陈的情况就发生在他们的身边,那么这一问题应该如何看待呢?此时,学生对这种受教育权进行探究的主动性就大大增强了。在探究过程中,教师选取学生熟悉的日常现实生活中的事例作为课堂教学情节,可以让学生体会到道德与法治课跟生活的联系,增强学生学习的乐趣,激发其探究学习的兴趣,从而不断增强教学效果。

(二)贴近学生向往的生活

赶时髦,追求明星、歌星、影星、球星,崇尚名牌等,是当代青少年很突出的思想、生活特点。部分学生崇拜歌星、影星的发型、服饰、兴趣爱好等,甚至不顾条件地加以模仿。然而他们又不能全面理解"星族",他们只看到这些影星、歌星等生活成功的一面,而没有充分地认识到他们在通往成功的道路上所经历过的艰难险阻和挫折。所以教师要以青少年的偶像崇拜为切入口,让学生列举一些具体的事例,谈谈这些人成星的艰难历程,引导他们不要盲目追星,而要认真学习星族人物勇于奋斗和敢于拼搏的精神,使学生形成积极的自我新期待,主动把握自我,发展自我,进一步树立正确的世界观,人生观和价值观。

(三)贴近学生迷茫的生活

网络对青少年学生具有极大的吸引力,有些学生对网络甚至到了迷恋的程度。以"网络生活新空间"为例,课前让学生做了一个社会调查:让学生去调查社会上经常上网的人,调查他们上网的目的是什么,他们如何看待上网。然后让学生根据调查采访所得的资料,写一篇题为《我们如何对待上网》的调查报告。学生通过实际的调查采访,认识到网络是把"双刃剑",更清醒地认识了上网的利与弊,从而也明确了自己今后该如何去上网,充分利用网络优势为自己所用。

初中道德与法治课的教学内容只有反映和贴近学生的生活实际,贴近学生熟悉的生活,贴近学生向往的生活,贴近学生迷茫的生活,努力实现教学内容生活化,才能吸引学生,才能引导和帮助学生更好地成长,让核心素养落地见效。

三、教学形式生活化

课堂教学组织形式是多元的。其中座谈会、辩论会、主题班会等生活化的课堂教学组织方式,不仅可以给学生营造宽松的学习氛围,吸引学生积极参与课堂教学,而且还可以更好地实现教学目标。

(一)座谈会形式

如上"认识自己"时,将课堂设置成一个聊天茶座的座谈会。开始上课后,教师扮演"聊天茶座"主持人的角色,向大家介绍同龄人"小李"的烦心事,然后伴随着轻柔的音乐引出"有人说,我们都是被上帝咬了一口的苹果。有的人缺点多一点,是因为上帝特别喜爱他的芬芳",那么我们都来找找自己有哪些地方被上帝咬了一口。有了这样的情境铺设,学生回答起问题也就无拘无束了,觉得道出自己的不足也不是一件不光彩的事。在这节课上,教师是"聊天茶座"的主持人,他可以微笑着分享学生发自内心的情感告白和情绪体验。此刻,在"聊天茶座"营造的聊天式的课堂氛围中,师生关系融洽了,学生的情感体验也更深刻了,教学目标也就在"聊天"中轻松实现了。

(二) 辩论会形式

在讲授"诚实守信"时,可以以"诚实的两难即诚实是应该对别人展现自己的本来面貌,还是应该努力给别人留下好印象"为话题,在全班开展一次辩论会。然后教师请全班学生选择自己的观点并分成两个阵营进行自主体验和合作探究。学生们在辩论过程中不仅获得了情感体验,而且对"诚实"有了更深刻的认识,知道诚实是人们彼此交往时最重要的品德。人们都愿意和诚实的人打交道,做朋友,没有人喜欢与虚伪的人为伍,也没有人愿意被人视为虚伪的人。诚实是做人的基本原则,是美好道德的核心,是各种良好品格的基础。我们要学会做一个诚实的人,诚恳地待人,诚实地学习、生活。同时,也培养了学生合作学习、创新思维、综合运用知识的能力。

采用丰富多彩的教学形式组织课堂教学,一方面,能够体现新课改的精神,把课堂还给学生,努力构建和谐的师生关系;另一方面,进一步丰富课堂教学内容,使教学形式生活化,不断增强课堂的实效性。

多年的探索实践表明,在初中道德与法治课中实施教学生活化策略,可充分调动学生的积极性,激发学生学习兴趣,引导学生更加自主地参与课堂教学,不断提升学生的核心素养,达到良好的教育教学效果,进一步让学生了解、理解和掌握心理健康、道德品质、法律和国情等多个方面的基础知识,帮助学生逐步形成良好的道德品质和心理素质,养成遵纪守法和文明礼貌的行为习惯。同时,正确引导学生确立积极进取的人生态度,培养坚强的意志和团结合作的精神,促进学生人格健康发展。逐渐帮助学生学会做负责任的公民、过积极健康的生活,引领学生感悟人生的意义,逐步形成正确的世界观、人生观、价值观和基本的善恶、是非观念,学做负责任的公民。同时,学生掌握知识,分析问题,解决问题的能力也得到了提高。根据2021年全市质检考试情况,所带班级学生的成绩居于全市前列。

总之,实施教学生活化策略,使学生的课堂学习与社会生活实践紧密结合起来,一方面拓展了学习的时空,另一方面把学习生活置于社会生活的大背景下,让学生在丰富多彩的生活中,与社会、自然相融,使他们在学习中生活,在生活中学习,在学习中感悟,在感悟中提升,成为真正的社会人。道德与法治课只有把"生活作为本源,以生活为本",才能走出单纯的知识灌输,乏味的道德说教的怪圈;教学中应关注学生切身的生活体验,与学生展开面对面的对话,使学生不停地在自我肯定和自我超越中体验、感悟、成长。

构建基于深度学习的大单元结构化教学思维的音乐课堂

厦门市教育科学研究院　林培荣

为什么要提深度学习和大单元结构化教学思维？这个问题要从真实的音乐课堂教学实际谈起。据调查显示，目前初、高中音乐课每周一课时，大部分老师在实施教材"自然单元"的授课过程中容易出现学期末作品教不完、难以把握教学的重点，学生音乐素养的提升不明显等问题。造成此类问题的根源其实就在于老师缺乏对教学内容的结构化研究，深度学习的意识淡薄，往往为了完成教学任务而得不偿失。本文以结构化的教学思维方式寻找音乐教学中深度学习的特征，发掘深度学习的逆向教学杠杆，探究音乐教学思维可视化、结构化，提出基于深度学习的结构化教学思维课堂的音乐教学参考。

一、结构化教学的思维理解

"思维"是一种哲学概念，是表现一个人的理性（包括理论思辨、推理和实际策划）的心理活动。哲学家黑格尔曾说："艺术的科学在今日比往日更加需要，往日单是艺术本身就完全可以使人满足。今日艺术却邀请我们对它进行思考，目的不在把它再现出来，而在用科学的方法去认识它究竟是什么。"[1]

实施音乐课程教学，关键要了解教学的本体——音乐，更要深入理解音乐思维，才能进行深度音乐教学。那么什么是音乐思维呢？德国音乐学家埃格布莱希特曾提到："音乐思维是创造性的写作过程，是开辟一条路，是放弃与决定，是从多种可能性中选出一种——自由自在又同样受这个同音乐有效性无处不在的系统之争的束缚，作为创造性思维指向新的创造，考虑其本质，又指向创新性。"可见，如果能清晰深入地观察到音乐思维是如何激活我们的创造力的，对美的创造也就不远了，这也是音乐课堂深度学习的关键点——思维可视化。

布鲁姆在《教育目标分类：认知领域》中按认知发展水平将学习活动划分为六个层次（如图1）。通常我们把识记、领会、应用视为"低阶学习"，而将分析、综合、评价视为"高阶学习"。从目前来看，我们的音乐学习还停留在识记、领会、应用的前三个层次。分析、综合、评价几乎很少发生。学习必须从浅层学习走向深度学习，要

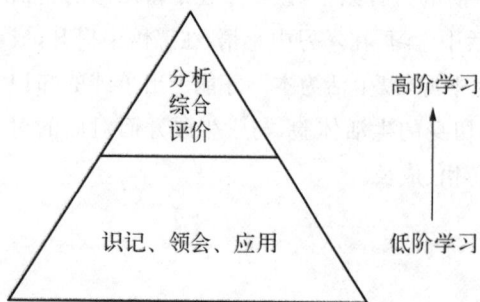

图1

从感知和记忆音乐走向高阶音乐情感的理解,高阶思维的逻辑联系,知识结构的思维迁移。音乐思维的本质就是一种"体验、升华与重塑"。从音乐情感范畴来讲,体验就是对生命本质的一种心灵上的体验,升华就是对情感世界的一种精神升华,最终就是对必备品格素养的一种理想境界的重塑。

结构化是音乐思维的关键内核,音乐的聆听与创造需要思维的发散,更需要思维的聚焦,还需要迁移,才能习得创造性思维,获取创造灵感,产生有价值的创造。如果没结构化思维过程的深度加工,无法明晰结构化各个要素间的关系,那么曲作者的音乐思维是无厘头的思维,那么所有种类、风格各异的音乐在欣赏者的耳朵里没有区别,都是声响而已。音乐本身的价值和育人价值就无法体现,素养就无法走向核心。

思维结构化是深度学习的关键内核。有了结构化,迁移就更加容易有效,迁移就是对已经有严谨逻辑的知识结构再加工再创造的过程。理解音乐思维的可视化结构化,除了在音乐本体间迁移外,还有很迁移彰显迁移的价值。例如音乐中三部曲的 ABA 曲式类似文章中的总分总结构方式,奏鸣曲式类似小说中的矛盾冲突得到解决的戏剧化演绎。民歌中的起承转合与诗歌同源,音乐创作中的黄金分割法则借用了数学概念,等等。每个类型都有其典型的结构化思维,打通和迁移学科间的结构化思维,才是深度学习的终极目标。音乐作品不论是创作、艺术表现还是文化理解都蕴含复杂而综合的元素。

二、结构化教学的设计实施

(一) 单元结构化的设计总览

1. 观察作品,理清联系,确定主线

课程单元设计需要落实在一节节的课时中,实施者是教师与学生,需要捋清课程与课时的关系,建构讲授与学习的关系。教师如何从教教材转变为用教材教？此时,拥有大单元的结构化教学思维就显得尤为重要。

例如,以人音版的高中音乐第十单元"新音乐初放"、十一单元"光荣与梦想"为例阐述(如图 2)。从两个单元的教材编写内容来看,编者注重社会主义核心价值观的培养,通过追寻历史的脚步,启发学生了解中国近现代的音乐先驱是如何开创我国的音乐教育道路的,如何通过音乐唤醒民族意识,为中华民族的伟大复兴这一时代赋予的历史使命付出努力。从教材的单元设计意图分析,编者想传递几个信息:第一,中国现代音乐教育的发生从何时、何地、何人开始。第二,音乐是人民的心声,是时代的呼唤,学习者应该也必须懂得音乐是时代的产物。第三,音乐是文化,百花齐放,多元融合,但音乐更是价值观,是文化认同与自信,是树立正确的核心价值观的必然要求。

2. 紧扣素养,深度分析,明确重点

首先,从作品的审美感知角度来说,我们感知和学习这些经典的音乐作品,是为了能理解音乐家通过毕生所学把自己对艺术对音乐的审美追求注入作品,使之成为人民的心声,成为时代的呐喊,成为胜利的赞歌。人民音乐家冼星海留学法国,师从印象派大师杜卡,学习的是

图 2

西方的印象派作曲技巧，但回国后却抛弃了西洋奇特怪异的和声追求和流派形式，创作出中华民族不朽的抗日作品《黄河大合唱》。学生充分理解音乐要素的使用是创作作品的需要，进而创作符合时代需要，表达人民心声的真正作品。这才是审美的标准，更是感知的关键。某种情况下，学生容易从当下的音响感知和审美标准去衡量所有的音乐，忘了应该将作品放在时代的背景下进行文化理解和深度解读。

其次，从作品的艺术表现角度来说，在教与学的关系中，不论是教师还是学生，如何能充分理解作品文化内涵，与历史价值？就是在结构化思维中能准确定位作品的意义和内涵。那么，学生就会充分关注作品的背景、艺术风格、音乐要素等，就能表达出符合作品的审美角度，也能充分展示自己独特的思维品质。显然，这样的表现会让学生沉浸在作品的内涵中，甄别变式的形式来审美所感知的作品，从而更深入地走进音乐的本质。这也就是深度学习的特征要求。这才是音乐鉴赏的"鉴"的含金量。

最后，从作品的文化角度来说，作品有时代背景，这是音乐核心素养中文化理解的素养要求，也是培养学生文化理解力的基础。但学生往往认为其年代久远，用老、旧、土的观念看待当时的作品。学生容易忽略经典的里程碑式的音乐作品是在时代的召唤和艰辛的付出中取得的内涵价值。

3. 梳理脉络，明晰结构，形成导图

抓住核心素养的真正关键点后，教学的脉络为素养的落实提供路线图，也是深度学习中联想与结构的特征要求。教师是教学的组织者、引导者、实施者。在众多作品中有的放矢地抓关键、理思路、找结构就是实施深度学习的重要节点。

作者在实施教学设计阶段，先从单元与单元(即更大单元)的联系出发，从第十和第十一单元的整合出发，找到能串联这些作品的主线、主题，通过思辨的方式呈现。比如，用中国百年歌声的变与不变这一主题，对两个单元的作品做一个有效的串联，通过时间节点上的作品赏析,找到作品的时间定位与价值定位。在精听作品之前先了解作品的历史定位。这就是结构化的益处和可视化的作用。从"中国百年歌声的变与不变"的标题看,"中国"二字是学生必须懂得的国家认同;"百年"二字凸显历史的厚重与艰难;"歌声"是人民心声的载体,是时代的心声,顺应新时代的发展,唱出新时代的声音;"变与不变"是一种哲学思考。认识到历史长河中音乐是文化,是使命,是担当,是价值观。育人的价值就在一首首歌曲中渗透,也要明白歌曲背后是活生生的人和事,更要懂得艺术的价值在于唤醒。那么,经过作者的结构化处理,教材中的单元设计,已经变得可实施,有利于教学的结构化思维的总览设计,如图3所示。

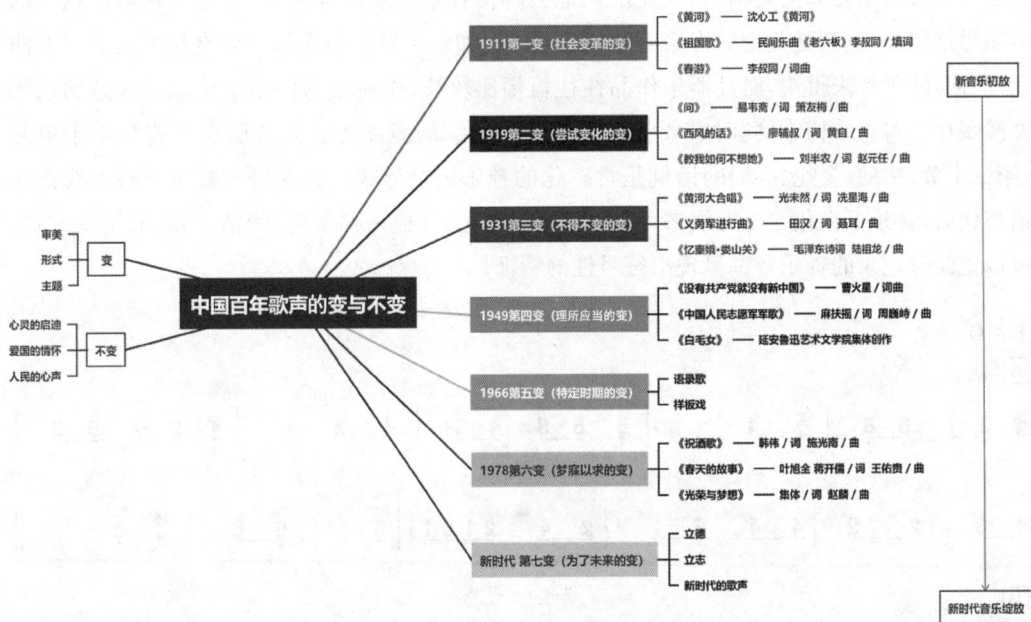

图3

(二) 课时结构化的教学设计

任何一部作品都是需要通过实施教学,才能对学生进行能力和思维的培养,才能对价值观的培养产生现实的教学价值,但现实的音乐课堂因课时和上课时间的局限,无法全面、完整地对作品进行深度赏析与实践体验。

叶圣陶先生曾反复强调"不要抽出而讲之",意谓"勿舍文本于一旁而抽出其道理而教之"。然而,教学中经常出现的问题就是教学的碎片化和无序化。碎片化体现在知识缺乏生活逻辑的支持,也缺乏在作品中找到应用和迁移。无序化体现在学习逻辑凌乱,学习建构缺乏遵循教学规律,学到哪算到哪,学生无法形成自己牢固的知识网。特别是价值观的融入,需要在一定时间和情境下进行融入和渗透,在感知的强度和量度上得到充分的落实,才能有效进行学习与理解。

基于大作品的思维结构化的教学设计,显然就能弥补这样的不足,并且能准确定位碎片化的知识,让教学实施环节形成清晰的流程,作品的结构化的教学设计有助于学生找到所听、所思、所悟的逻辑定位,学生能在作品的思维结构化的辅助下对学习对象(音乐)的学习过程形成清晰的思维路线图,化抽象化的音乐感知为形象化的音乐理解。从核心素养的审美感知走向文化理解。

(三)作品结构化的音乐解读

1. 音乐音调——符号性(可视化谱例结构)

如果说作曲家创作音乐是对音乐艺术的建构,那么,学生的学习就是对音乐的解构,学生也必须学习音乐是如何建构的,才能准确地去解构音乐和理解音乐,也才能建构自己独立的音乐思维能力,这就是关键能力培养的核心点。比如学生对器乐作品的欣赏显然没有对歌曲(带歌词)的理解来得快,而且器乐作品往往篇幅比较长,作曲家的创作手法以及表达的意图都暗藏在音符与结构中,此时需要如何理解音乐音调的意图呢?人音版高中音乐第十单元(第二十节)中的《金蛇狂舞》的谱例是常态化的音乐记录形式。文字谱与减字谱被五线谱简谱替代后,音乐可视化——五线谱、简谱(记录与传播)变成一种常规、简洁、高效的记录方式。可以说此时记录的音乐音调呈现出符号性的特征。

1=G

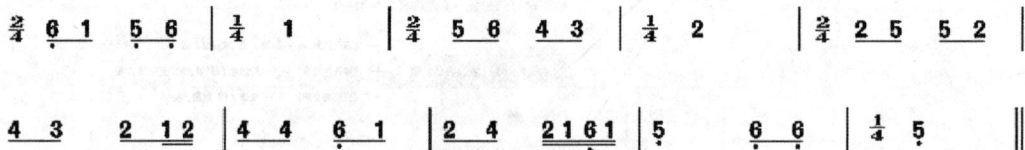

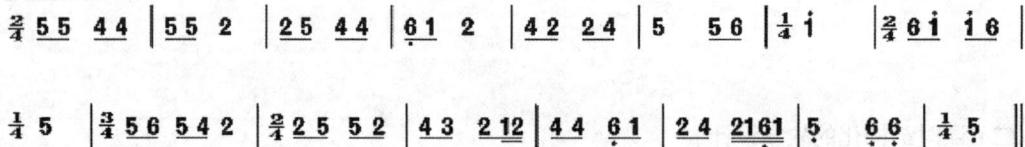

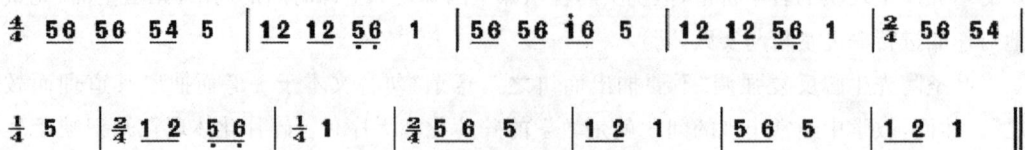

图4 《金蛇狂舞》谱例(选自人音版教材)

2. 音乐逻辑——思维性(可视化音乐结构)

《金蛇狂舞》运用了洞泾音乐中的《倒八板》进行改编创作,其节奏旋律则更为活跃、炽烈。并使用了多种发展手法,选用了重复手法中的对句。音乐虽然是以音响的形态被感知的,但是音乐的学习却离不开对音乐的结构化理解。教师需要在横向的谱例中加工出纵横交错的音乐结构化思维，以便欣赏者能够明白《金蛇狂舞》的 C 段音乐在结构上成"等差数列"的一种形式——"螺蛳结顶"。进行句幅的递减，其句幅结构为"8—6—4—2—1"；借鉴吹打乐曲中的"拆头"进行曲调的模仿，从而形成与前面曲调上、下对仗的模式以及中国传统音乐变奏手法中"借字"的使用。那么，教学就需要对音乐进行从符号性走向结构性的逻辑理解。帮助欣赏者把握整体、理解层次、审美感知。

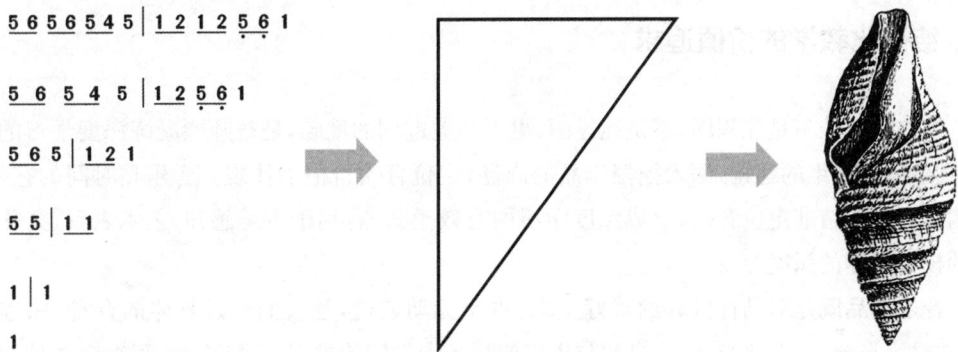

图 5　《金蛇狂舞》音乐创作手法结构

3. 音乐形象——表现性（可视化感知结构）

任何作品都是试图通过音乐要素的组合去刻画一定的形象，最后表达作者所要表达的情感内涵。那么作品通过"音乐音调"形成感知的基础材料，教师需要对"音乐逻辑"——音乐的语言进行准确到位的把握，才能化繁为简，帮助学生精准把握音乐所塑造的形象，充分理解音乐表现的内容和意义，从而达到不同语境下的文化理解。比如，在人音版高中音乐第十一单元的二十二节中的《御风万里》（图 6）这一作品中如何找到音乐形象呢？ 显然以可视化的感知结构去感知作品的整体，在 B 段就可以看到作曲家使用《黄河船夫曲》的曲调素材贯穿整个段落，代表中华民族源远流长，刻画了坚韧不拔的民族形象。B 段音乐中将蒙古族音乐《嘎达梅林》、西藏音乐《囊玛》以及新疆哈萨克族民歌等曲调作为我国少数民族的代表融入进作品的

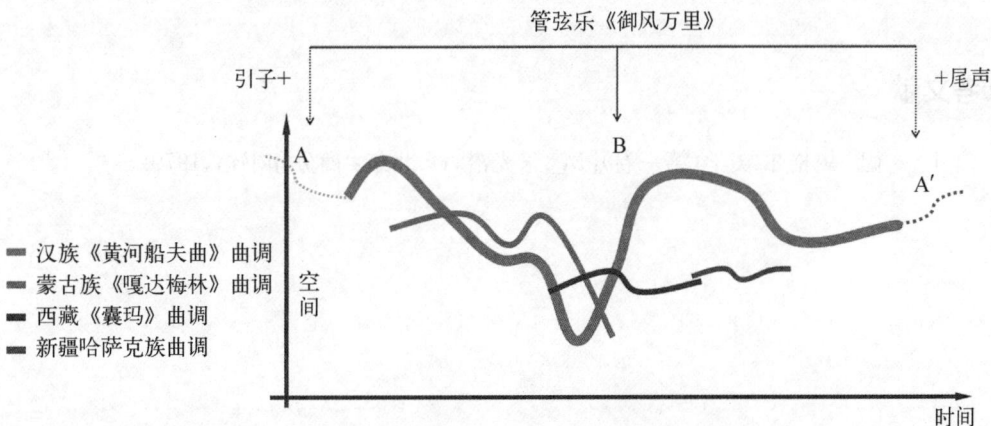

图 6　《御风万里》三部曲式结构图

音乐形象中，刻画出民族团结与和谐交融。因此，在结构化(图6)的思维中就更容易捕捉到《黄河船夫曲》主题音乐素材在音响中的主线表达。可视化的设计就能帮助欣赏者理解复调手法、配器方式、情感内涵等起到的关键作用。最后欣赏者也就不难理解作曲家的创作用意——中华民族不屈不挠、团结和谐的形象表达。这是音乐学科核心素养的价值要求，也是培养关键能力与必备品格的必然途径。

三、结构化教学的价值追求

结构化思维不是流程图，不是纯导图，更不是关键词的堆砌，是教师能凝练深度学习的核心，理解高阶思维的建构，深入挖掘作品的内涵，定位育人价值的体现。音乐是时间的艺术，结构化思维能精准定位音乐，形成深度学习的有效模式，有利于审美感知、艺术表现、文化理解的核心素养的深度习得。

音乐作品既是对精神世界的美好追求，也是劳动创造，是人们通过具体的音符(物理属性)在对比与统一、形式与结构、自然与重组的循环中创造的过程。且这一过程符合某种逻辑的美。音乐创作的产物——音乐作品，就是音乐思维的具体形式表达。但音乐作品不是音乐思维的完全表达。隐藏在作品背后的美学、哲学、逻辑等音乐思维需要更高位的理解与追求。

在教学中，只有站在更高的层次思考育人的方向，懂得更清晰的思维启发方式，才能落实更有效的教学实践。把对音乐的浅层感知推向更深的深度学习，学生才能在高阶思维中得到锻炼，对音乐的审美与创造、表现与理解才能更深刻。音乐素养的习得才能始终走向核心。音乐课程的育人价值才能在学生的全面发展的培养中发挥应有的作用。因此，不论是教还是学，不能停留在做一个传递者，更要做一个有价值的加工者与创造者。戴维·珀金斯(David Perkins)有一句话：为未知而教，为未来而学。在音乐的教育教学中，教师更要积极思考如何构建基于深度学习的大单元结构化教学思维课堂。结构化的思维回答了深度学习中学什么和怎样学的价值拷问。化无形为有形，化无为为有为，化浅层为深度。音乐教育教学才能在正确的价值观、必备品格和关键能力的学生发展核心素养上找到新的教育教学突破口。

参考文献

［1］［德］黑格尔.美学(第一卷)[M].朱光潜,译.北京：商务印书馆,1979.

基于核心素养的高中音乐欣赏项目式探究

福建省同安第一中学　张晓燕

时空是一种客观存在，是由时间意象，空间意象，时空交融三部分组成。恩格斯指出："一切存在的基本形式是空间和时间，时间以外的存在和空间以外的存在，同样是非常荒诞的事情。"绘画艺术是直接、主观地表现物质对象的时空；文学是直接、主观地描写物质对象，作者写小说或文章，先把时间、情节、人物活动等想象构思好，再用文字表达出来，读者读文字时结合自己的想象就能再现作者表达的时空情景；音乐是语言的最高境界，是由音高、节奏、速度、力度、音色、调式、和声等音乐要素组合而成的抽象语言。音乐超越了绘画与文学，用特殊的语言，超越了时空限制，唤起了人们基本的情感反应及固有的联想。通过不同音乐要素的搭配，所表现的时间、空间、情绪等就会千变万化。作曲者把时空、场景、情感通过音乐要素表现出来，这种时空中传递出来的情感具有恒久的艺术魅力。本文探究音乐时空的表现不是从物理学角度来分析的，而是从心理学角度；不是从作曲家创作音乐的角度来分析的，而是从学生学科核心素养的审美感知角度进行音乐时空意象探究项目式学习来探讨音乐的表现功能问题，引导学生通过对音乐的感悟、分析来充分挖掘音乐心理活动元素，进而探究音乐与社会、生活、历史、文化等的联系，提升学生的人文修养和艺术素质。

一、音乐时间意象探究

没有哪一种艺术比音乐更能代表时代。在 15、16 世纪，音乐是宫廷中多情与诗意的艺术；在宗教革命时代，它是信仰与奋斗的艺术；在 18 世纪则是沙龙的艺术；艰难岁月中，它是心中燃烧的一盏灯；革命时期，它成为革命人格的伟大见证；如今，它如同一个五彩斑斓的万花筒……

"时代变迁的中国音乐"这节课以时代音乐为主题，以音乐如何表现时空为突破口；如何把握本节课的时代音乐特点，突破音乐如何表现时空感是重点，有助于学生在艺术活动中形成正确的历史观、民族观、国家观、文化观，尊重文化的多样性，增强文化自信。备课时精心选取有鲜明时代特点的三个作品片段：一，歌曲《送别》片段代表学堂乐歌时期；二，管弦乐序曲《红旗颂》展开部片段代表以进行曲为主旋律；三，交响曲《东方红日》第三乐章《新时代》片段代表新时代音乐。先让学生通过自主学习—听赏体验—小组讨论—组员小结得出时代的音乐特点。片段一的音乐特点：中速、抒情。片段二的旋律特点：铿锵有力的进行曲。片段三的旋律特点：充满朝气，富于弹性的进行式旋律与抒情性旋律。再引导学生分析音乐的时代特征，学生小组学习后总结：20 世纪学堂乐歌时期主要是旧曲填新词；新中国成立后 30 年气势磅礴、激情澎湃的音乐特征；中国新时代音乐以抒情性、个性化为主要特征，把世界现代音乐观念与中国民族音乐相结合。体会三个音乐片段分别表现中华民族斗争历史的"过去，现在，和未来"。以上三个音乐作品代表三个时代，有鲜明的时代感，实际上在一个音乐作品中也能用音乐表达"过去，现在和未来"。先请同学闭目回忆过去美好的情景，回忆过去美好情景的感情表现应该是幽静、深思、甜美、娓娓道来。音乐是如何表现的呢？引导学生带着问题听赏钢琴协奏曲《黄河》第二、三、四乐章。要求学生分小组学习讨论并找出音乐作品中跨越时空，分别表现中华民族斗争历史的过去、现在和将来的音乐旋律段落，一起完成以下表格。

表 1

曲　　目	音乐时代	音乐特点	时代音乐主要特征
歌曲《送别》	20 世纪学堂乐歌时期。	速度：中速。 情绪：抒情。	旧曲填新词。
管弦乐序曲《红旗颂》	新中国成立后 30 年。	气势磅礴、激情澎湃。	以进行曲为主旋律。
交响曲《东方红日》	2002 年为党的十六大献礼。	有朝气、抒情而美好。	中国新时代音乐：抒情性，个性化，世界现代音乐观念与中国民族音乐相结合。

表 2　钢琴协奏曲《黄河》

音乐时空	情　　感	音乐情绪	音乐表现特点
过　　去	珍藏回忆	幽静，深思，甜美，娓娓道来	旋律缓慢，反复。乐器：大提琴，钢琴。
现　　在	诉说现在	激情，勇敢，奋发，只争朝夕	进行曲，有力。乐器：钢琴，铜管乐队。
将　　来	美好向往	期盼，美好，激动，对未来的向往	旋律华彩，斗志昂扬。乐器：钢琴与乐队。

　　学生了解音乐基本要素，通过体验、类比、归纳，探索音乐通过音调高低，速度快慢，旋律急缓，乐器的组合来表达过去、现在、未来的时间意象，认知音乐的呈现方式和结构体系，理解和掌握不同时代、民族和风格的经典作品。

二、音乐空间意象探究

　　音乐也具有空间性，素有"流动的建筑"之称。它可以通过音响的变化让人感知到远近、上下、前后等空间关系的存在。由主旋律与伴奏旋律就可以表征空间中的前景与后景的关系；由强音与弱音的交错出现可以造成一种上下或远近的空间感。

　　学生通过探究钢琴协奏曲《黄河》第四乐章《保卫黄河》中不同的音乐片段，运用对峙方法聆听和表演不同旋律、速度、节奏的同一片段作品，感悟音乐旋律、速度、节奏对情绪表达的影响。例如在引导学生以小组为单位分段探究、学习、欣赏第四乐章《保卫黄河》中，运用对峙、赏析、体验、素质舞蹈创编等策略,师生一起进行音乐空间意象探究。

　　引子音乐材料来源于《黄河大合唱》中《怒吼吧,黄河》的第一句"怒吼吧,黄河!"当乐队的铜管组奏出强而有力的旋律,引导学生感受中华民族发自内心的呼喊!

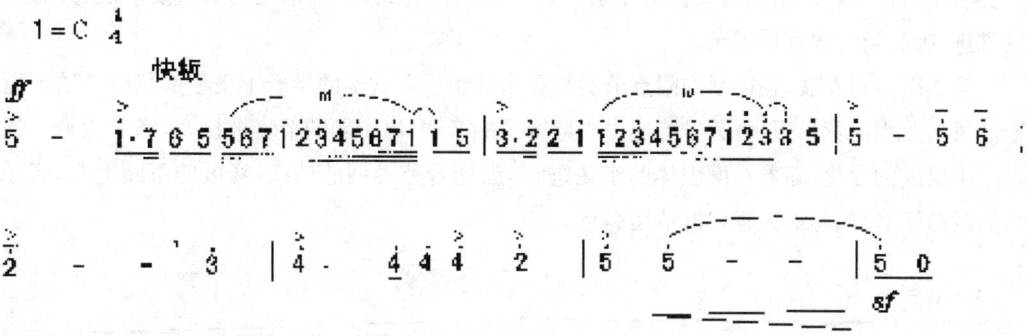

图1

　　之后,钢琴奏出一段八度的华彩乐段。音乐一下子把欣赏者的思绪拉到抗战时期,人民群众纷纷响应,抗击敌人、保卫祖国的情境。

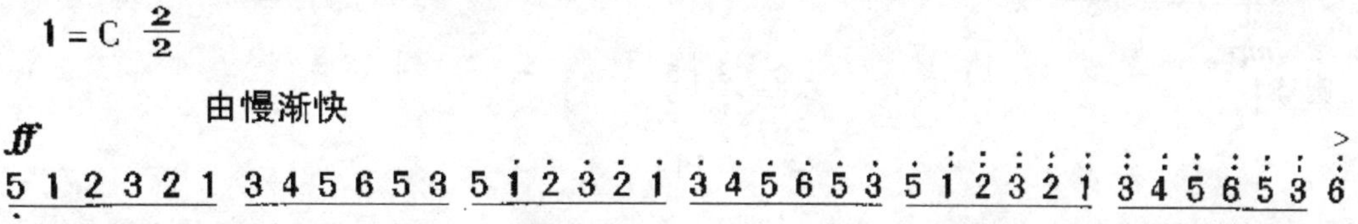

图2

　　第一次陈述主题之后,钢琴以单音的跳音织体再次表现主题,仿佛远处的一队行进的部队;接着乐队弦乐组重复主题,仿佛另一队伍的出现;然后,出现音乐主题的第一次重要发展,钢琴与弦乐采用卡农的方式,学生感受到一支又一支的部队相继而来,形成前仆后继的场面,随后掀起第一次的音乐高潮。

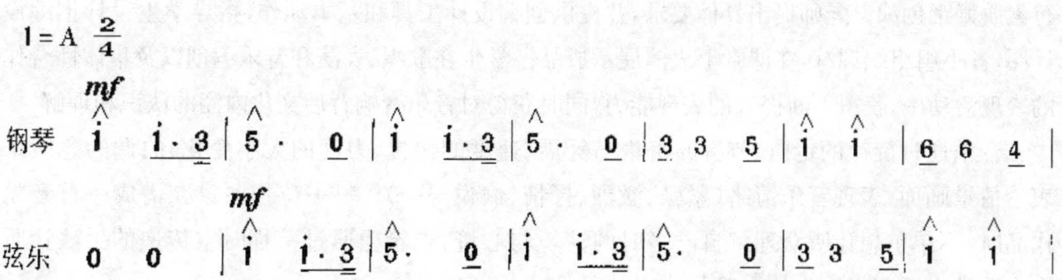

图3

　　在这里,教师用钢琴弹奏,先将主题旋律由大调转为小调进行弹奏;再将旋律中的速度拉宽用慢板弹奏,改变主题的节奏、速度与力度进行弹奏,让学生进行对峙的欣赏,从中更深刻地感悟音乐旋律、速度、节奏对情绪表达的影响。这一节奏快慢的对比、力量大小的对比给予聆听者足够的想象空间,让人类的内心活动跟随音乐不断产生反弹性。

接着引导学生赏析、体验,音乐主题由 A 大调转入 D 大调进行陈述,和弦织体更为丰满,紧接着又转入 B 大调,弦乐器以及附加的民族乐器琵琶以模仿马蹄声的后十六分音符的附点节奏型作为伴奏表现出风雨兼程的斗争历程,从而带来第二次音乐主题的重要发展,并且层层推进,掀起第二次音乐高潮。

第二次主题发展,在持续的附点节奏型和木管组乐器吹奏的半音上下型起伏的音阶所营造的风雨兼程的背景下,由圆号陈述出主题音乐的音调,原主题的节奏被拉宽,降 B 大调。通过三个层次的变化,随着八度织体的密集进行,三连音节奏型的持续,音区的不断上升,音乐情绪激昂澎湃,掀起最为辉煌的情绪高点。

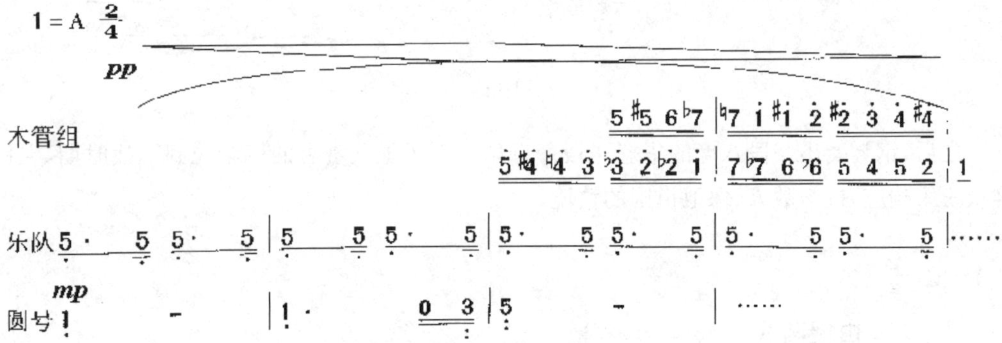

图 4

第三次主题发展,音乐由钢琴与乐队以卡农的方式陈述,从织体上不断地加厚,由单音到和弦,音区不断升高,由小字一组直到小字四组,音量不断加强,由 p(弱)到 ff(很强)。乐队与钢琴分成两个层次,在钢琴陈述主题的同时,拉宽一倍的节奏奏出《东方红》的音调;继而出现《国际歌》的音调。从结构上形成一个高点,情绪上产生高潮,仿佛千军万马勇往直前,人们唱着《保卫黄河》一直迈步走向胜利。

接着要求学生以学习小组为单位分工合作,根据第四乐章《保卫黄河》的场景体验,自主进行素质舞蹈创编。老师提出具体要求,并提供创编设计工具和基本动作,指导学生设计创编设计图,各小组组织训练,在课堂上表演展示成品。学生在歌唱、表演和音乐编创以及集体性合作的表现活动中,获得不断提升的表现能力,同时获得对音乐音响背后文化内涵的认识和理解。

音乐通过旋律的走向、节奏的密集与舒展、速度的快慢、力度的大小变化、曲调的急缓来表达情景画面,表现音乐情绪(紧张、激烈、抒情、愉悦……)。每一位作曲家在谱成一首音乐作品时,不单单想让听众理解自己当时的情境与心境,更希望通过一种时空传递的手法让听众在欣赏之后获得内心的震颤与感悟。

三、对音乐时空表现探究的反思

本节课是"时代变迁的中国音乐"第三部分内容的拓展教学,如何把握本单元的时代音乐特点,突破音乐如何表现时空感是重点;要求学生结合已有的音乐知识、技能,自主创编,学会用肢体语言表达情感是难点也是创新点。备课时精心选取有鲜明时代特点的三个作品片段:歌曲《送别》片段代表学堂乐歌时期;管弦乐序曲《红旗颂》展开部片段代表以进行曲为主旋律;交响曲《东方红日》第三乐章《新时代》片段代表新时代音乐。学生通过预习提问—听赏体验—小组讨论—小组创编展示—小组小结等学习活动得出时代的音乐特点:20世纪学堂乐歌时期主要是旧曲填新词;新中国成立后30年气势磅礴、激情澎湃的音乐特征;中国新时代音乐以抒情性、个性化为主要特征,把世界现代音乐观念与中国民族音乐相结合。接着在同一作品中,选取三个乐章片段,学生通过探究第二乐章《黄河颂》、第三乐章《黄河愤》、第四乐章《保卫黄河》的片段,发现三个片段分别表现中华民族斗争历史的过去,现在,和未来,自主总结出音乐表现特点;运用对峙方法让学生听和表演不同旋律、速度、节奏的同一片段作品,感悟音乐旋律、速度、节奏对情绪表达的影响。明确音乐创作通过旋律的走向、节奏的密集与舒展、速度的快慢、力度的大小变化、曲调的急缓来表达情景画面,表现音乐情绪(紧张、激烈、抒情、愉悦……),体验音乐的创作过程,认识到音乐创作如同写文章。接着指导学生根据第四乐章《保卫黄河》自主创编,老师提出具体要求,并提供创编设计工具和基本动作,指导学生设计创编设计图,小组组织训练,表演展示成品。老师组织学生点评,自评,小组评。最后小结,布置研究性作业,结束。本堂课,以时代变迁的中国音乐为主线,以中国文化视角,以及基于中国音乐语境的教学方法和手段,引导学生理解和认识中国音乐的内涵及其独特性,从而形成对中华优秀音乐文化的认同,增强民族文化自豪感和爱国情操。

综述:音乐是抽象的,它为我们提供了想象的广阔空间,它不受任何时空的限制,任凭情感和思想自由地飞翔,在欣赏音乐时,所接收到的音乐形象会让我们产生各种联想和感悟,在时间上由现在联想到过去所经历的情景,以至悠远的人类历史,联想到将来,产生对未来的向往。在空间上,从眼前扩展到遥远的地方,从故乡到地球上各个角落,以至茫茫宇宙。音乐审美活动在听觉体验和艺术表现中进行,通过课堂教学和课外实践,力求使学生对音乐艺术的听觉特性等特殊属性形成深入的理解和把握,并在对音乐基础知识和基本技能的掌握,以及联觉机制的作用下,形成对音乐的综合体验、理解和品鉴的能力,提升自己的人文修养和艺术素质,接受并传承优秀文化,陶冶情操,健全人格,追求崇高的人文精神。

参考文献

[1] [苏] И.В.布劳别尔格,И.К.潘京.新编简明哲学辞典[M].高光三,等,译.长春:吉林人民出版社,1983.

[2] [美] 阿尔伯特·爱因斯坦.相对论[M].乌蒙,译.重庆:重庆出版社,2014.

[3] 程建平.普通高中课程标准实验教科书:音乐鉴赏必修(简谱版)[M].广州:花城出版社,2004.

[4] [俄] 柴可夫斯基.音乐与建筑//汪森.夜莺之舞:中外音乐家散文随笔选[M].海口:海南出版社,1998.

教会、勤练、常赛在高中羽毛球模块教学中的实施

福建省厦门集美中学 万 虹

　　以高中羽毛球课堂教学为例,以"后场高远球"为重点,结合发球(发高远球)、击球(正手挑球)、战术(发球抢攻、攻后场战术)、体能等内容构建结构化模块学习体系,设计比赛情境,落实"教会、勤练、常赛",以期为高中羽毛球模块教学及乒乓球、网球等相关运动技能的教学提供镜鉴。

一、高中羽毛球模块后场高远球"教会"策略

(一) 依据学习目标,构建结构化教学内容

　　《普通高中体育与健康课程标准(2017 年版 2020 年修订)》指出"改革课程内容与教学方式,提高学生的综合能力和优良品格":将知识点的教学融于复杂情境之中,引导学生用结构化的知识和技能去解决体育与健康实践中的问题,促进学生学科核心素养的发展,培养学生的创新精神、综合能力和优良品格[1]。构建结构化模块教学内容,首先,研究教学的人文环境和物理环境,即对学生学情和场地器材进行分析;其次,依据学科核心素养,制定学生学习目标;最后研究教学内容,将知识与技能、体能等融于模块教学中。

　　针对教学场地有限、班额大、学生运动技能基础薄弱的现状,"小步走"的教学方式与当下的体育教学更为匹配。以 4 块场地,每个教学班 40 人进行羽毛球模块中的后场高远球教学为例,设计以下 3 个方面的学习目标。即运动能力目标:掌握羽毛球发球、计分、单打、双打等基本竞赛规则;学会发球、后场高远球、正手挑球等基本技术、组合技术和相关战术,并能在比赛中运用;发展上下肢力量、灵敏、协调、弹跳等体能素质,为提高羽毛球实战能力奠定良好的体能基础。健康行为目标:养成自觉锻炼的意识和习惯,积极参与课内外、校内外的体育锻炼和羽毛球运动;学会与同伴交流及分享运动的感受,积极调控比赛中的情绪。体育品德目标:在练习中培养坚忍不拔、积极进取、顽强拼搏的意志品质;在比赛中学会遵守规则,尊重裁判,尊重对手,做到胜不骄,败不馁。由运动能力目标引领的教学内容及课时安排设计如下:基本知识与专项技能,包括竞赛基本规则以及所学运动技术的要领和价值,握拍、发球、后场高远球、正手挑球、前后场移动步法等专项技术,用时 6 课时;技战术运用,包括后场高远球和正手挑球组合技术,以及发球抢攻、攻后场战术,用时 4 课时;体能,包括基本体能和专项体能,将其有机融于专项技能教学主线中,用时 2 课时;游戏、比赛与项目体验,包括半场比赛、单打比赛、团体比赛等,设计此内容是为了更好地促进"学用"结合、"学赛"结合,用时 6 课时(表1)。

表1 高中羽毛球模块后场高远球结构化内容构建

内容分类	内 容 要 点	建议课时	
		小计	总计
基本知识与专项技能	基本知识：羽毛球的特点、价值与基本竞赛规则；握拍、发高远球、后场高远球、正手挑球等技术要领及前后场移动步法在比赛中的运用价值 专项技能：握拍、发高远球、后场高远球、正手挑球、前后场移动步法	6	18
技战术运用	技术组合：后场高远球和正手挑球组合 战术：发球抢攻、攻后场战术	4	
体能	体能：左右折返跑、前后组合步法、单摇跳绳、双摇跳绳等	2	
游戏、比赛与项目体验	游戏：颠球游戏、捡球游戏、挑球游戏、高远球对拉游戏 比赛：半场羽毛球比赛、羽毛球单打比赛、羽毛球团体比赛	6	

(二) 目标引领内容,明晰教学方法

体育教师在教学前,不仅要研究教什么内容,还要研究如何教才能教会、教好,也就是教师要分析技术动作,明晰教学方法。体育与健康学科常用的教学方法有讲解法、示范法、分解教学法、完整教学法、比赛法等。以羽毛球正手挑球教学为例：(1)教会手腕的后伸、前曲、内收、外展4种状态和小臂的内、外旋知识。(2)教会正手挑球的手臂和手腕技术,手臂外旋至内旋,手腕由伸至曲至展的技术。(3)教会下肢蹬跨技术与上肢正手挑球的协调技术。(4)教会上网步法与正手挑球组合技术。(5)教会挑球与其他技术的组合技术。采用的练习方法有：(1)模仿性练习。(2)两人一组,辅助者站在练习者右前侧抛球,练习者进行击球练习。(3)自抛自打练习。(4)多球练习,采用供球者隔网喂球等。通过教师的步步导入、步步深入,学生在不知不觉中学会正手挑球技术。此外,信息技术的充分运用,可使教学更加便捷与直观。

二、高中羽毛球模块后场高远球"勤练"策略

(一) 自主练习,延伸课堂

场地小、班额大是体育课堂教学的难点,为破解难点,教会学生1人1拍1球的自主练习方法,使学生不仅能够在场地不足时进行自主练习,也能够在放学后、假期里、疫情居家时进行自主练习,练习的内容有颠球、捡球(图1)、挥拍(图2)、对墙练习(图3)、步法练习等。在课堂教学中,以集体练习为主,能够提高课堂学习效率,有利于提高和改进技术动作,形成良好的学练氛围,促进锻炼习惯的养成。从集体练习到自主练习,需要教师适时的引导、关注与鼓励,要求值日生课前借好器材,先到达场地的学生先练习,让自主锻炼习惯的养成从课间开始。

图1　捡球　　　　　　　　　图2　挥拍　　　　　　　　　图3　对墙练习

(二)体能练习,融于课堂

　　体育课堂时间有限,为更好地发展体能,教师应将基本体能和专项体能融于"课课练"中。基于对羽毛球场地和项目的考虑,体能练习以跳绳和步法练习为主,跳绳发展的弹跳能力,踝关节、腿部、手腕、小臂等力量正是打羽毛球所需要的体能;学习和掌握熟练、快速而准确的步法是打好羽毛球、提高技术水平的关键环节。

　　羽毛球的体能练习可以安排在准备部分,也可以安排在主教材学习前或后进行,具体安排视课堂主教材内容而定,要有利于主教材内容的学习和体能的发展。体能练习相对枯燥,教师在组织练习时,要介绍其在比赛中的应用价值以及趣味练习的方法,如前后步法的练习方法,既可以以羽毛球场地的边线为标识进行集体练习(图4),也可以在场地上进行前后两排交错练习(图5),即前排学生先练习后退步法再练习上网步法,后排学生先练习上网步法再练习后退步法,将步法练习与实战场地结合,既增加了趣味性也增加了实战性。

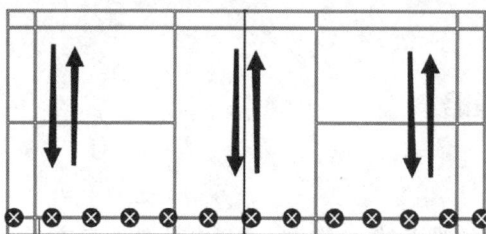 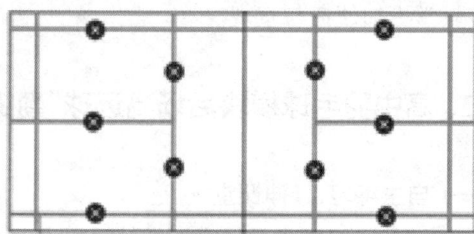

图4　前后步法集体练习　　　　　　　　　图5　前后步法小组练习

(三)专项练习,深化课堂

　　为了营造良好的练习氛围,形成有效的练习效果,教师需要对课堂练习巧设计、巧组织。如,后场高远球课堂专项练习中,设计辅助性练习,即摇拍、挥拍、步法练习等;设计专项性练习,即自抛自打练习、多球练习等;设计拓展性练习,即后场高远球和网前正手挑球组合练习、比赛等。课堂练习从辅助练习到专项技术的分解练习、完整练习,再到拓展练习,使学生不断体会改进技术,继而掌握技术动作。在教学中,教师在发挥主导作用的同时,也应突出学生的主体地位,使学生多学多练。

表 2   羽毛球后场高远球技术练习

练习内容	练 习 次 数	学 练 方 法	练习要求及注意事项
专项辅助练习	1. 摇拍 20 次。 2. 挑球挥拍、高远球挥拍各 10 次。 3. 向前步法练习 10 次。 4. 前后步法练习 10 次。	在教师统一指挥下集体练习。	1. 明确技术动作的练习方法及其在比赛中的运用价值。 2. 发挥主体能动性,积极参与学练,提高练习密度与负荷。 3. 改进技术,提高运动能力,养成自觉锻炼的习惯。 4. 组织有序,场地整洁,注意学练安全。
专项技术练习	1. 自抛自打练习:10 次×2 组。 2. 对拉球练习:30—50 次。 3. 多球练习。	1. 对墙或在场地上进行自抛自打练习。 2. 与同伴在半块场地上对拉练习。 3. 教师或体育骨干隔网供球。	
专项拓展练习	1. 拓展练习:后场高远球和正手挑球组合练习 10 次×2 组。 2. 自主练习或比赛。	1. 教师或体育骨干隔网供球。 2. 自主进行,享受羽毛球运动的乐趣。	

三、高中羽毛球模块后场高远球"常赛"策略

体育课堂中竞赛的设计与组织是关键,良好的竞赛组织能够将教师的教和学生的练相结合,促进学生知识与技能的掌握、品德的塑造,同时也要避免课堂竞赛流于形式。在教学中可进行提高反应、激趣导入的游戏,也可开发与创新专项运动技能和体能的相关比赛,提高学生羽毛球技术水平和专项体能,如颠球比赛、捡球比赛、传球比赛、步法比赛、跳绳比赛等,还可增加与拓展专项羽毛球比赛,让学生了解竞赛规则,参与比赛,享受比赛的乐趣,如:改变场地大小,开展半场羽毛球比赛;变化上场人数,组织单打比赛、双打比赛、三对三比赛等;变化竞赛规则,实施积分赛、团体赛等。

四、结语

"教会、勤练、常赛"对教师的"教"和学生的"学"起到了"活化石"作用,是体育课堂教学和学校体育教育教学发展的方向。从课堂教学层面看,教师要教会知识、技能,发展学生体能,不仅要让学生动起来、练起来,还要让学生赛起来;从学校体育层面看,学生能够将课堂中学会的知识、技能、方法运用到课后练习中,做到自觉主动参与课后的练习与比赛,从而由教师引领下的课堂体育,走向学生自主练习的课后体育、学校体育、社会体育和终身体育,真正为社会培养"终身体育者"。

参考文献

[1] 中华人民共和国教育部.普通高中体育与健康课程标准(2017 年版 2020 年修订)[S].北京：人民教育出版社,2020.

基于"三种文化"的高中美术鉴赏数字资源的开发与实践研究

厦门市第三中学　杨耀东

《普通高中艺术课程标准（2017 年版 2020 年修订）》指出：继承和弘扬中华优秀传统文化、革命文化，发展社会主义先进文化，加强法治意识、国家安全、民族团结、生态文明和海洋权益等方面的教育，培养良好政治素质、道德品质和健全人格，使学生坚定中国特色社会主义道路自信、理论自信、制度自信和文化自信，引导学生形成正确的世界观、人生观、价值观。

一、核心概念及其界定

2021 年 1 月 8 日，教育部印发《革命传统进中小学课程教材指南》《中华优秀传统文化进中小学课程教材指南》。2021 年 7 月 21 日国家教材委员会印发《习近平新时代中国特色社会主义思想进课程教材指南》。

"三种文化"，主要是指《中华人民共和国教育法》（2021 修正）第七条：教育应当继承和弘扬中华优秀传统文化、革命文化、社会主义先进文化，吸收人类文明发展的一切优秀成果。

"美术鉴赏数字资源开发的策略"主要指信息技术背景下"三种文化"经典美术作品的资源开发策略，研究其开发的内容、方式、方法和途径等。"三种文化"主题资源与美术课堂的融合，让每一种文化都与美术作品碰撞、交流、互鉴，促进"美育"嬗变，旨在引导学生在"三种文化"的视野下鉴赏美术作品，审视文化内涵，感受文化发展链条中的中华优秀传统文化、革命文化和社会主义先进文化，它折射出社会制度、物质文明、价值观念以及人们精神风貌的变化轨迹，对学生核心价值观的培育具有重要意义。

信息技术背景下紧紧把握"三种文化"的美术经典作品鉴赏资源的开发与应用研究，透过"数字化＋三种文化"的美育课堂教学活动设计，探索中华传统文化、革命文化、社会主义先进文化与数字化之间的平衡点，将蕴含在经典美术作品里的"大美"与强大的信息技术结合融入课堂教学实践，尝试将信息技术赋能于美育中，探究信息技术优化课堂教学策略，摸索智能化的学习环境。通过数字资源的收集整理、探究实践等一系列的综合活动，丰富美术鉴赏中学生的视觉、触觉和审美经验，使其体验智能化经典美术作品的文化之美，特别是"三种文化"的经典美术作品，把各种优秀的数字教学资源汇集在一起，营造高品位的鉴赏环境，让审美情操不断升华。当对经典美术作品、优秀的中华文化有了敬畏之心时，学生就会主动去继承和弘扬优秀的文化。

数字资源是文献信息的表现形式之一，是以数字形式发布、存取、利用的信息资源总和。"三种文化"的高中美术鉴赏作品数字资源作为重要的教辅工具，除了在促进师生交流、提高教学质量、降低学习难度等方面具有重要作用,在美育、核心价值观培育上也尤为重要,基于此的研究将具有很大的价值。"三种文化"的高中鉴赏美术作品数字资源在课堂教学中的应用要点,包括合理选择资源、适当编辑资源、创建资源库与教学系统等方面。在实践中充分利用数字资源和大数据丰富美术作品的工具,广泛而深入地融入社会,促进交流、传播文化、发展创意、服务社会,与时俱进地引导学生充分运用现代信息技术开展自主、合作和探究的学习。

二、项目研究价值

《普通高中艺术课程标准(2017 年版 2020 年修订)》提出：开展在信息化环境下的美术教学。在信息化环境下,要与时俱进地引导学生充分运用现代信息技术开展自主、合作和探究的学习。"三种文化视野下美术作品数字资源"的开发形式是多元的。从 20 世纪 90 年代至今,我国的教育信息化建设硕果累累。如"三通两平台"的建成,教育部印发《国家教育事业发展"十三五"规划》《教育信息化 2.0 行动计划》等。

教育资源是发展与完善新型智慧教育体系的基石,《教育信息化 2.0 行动计划》明确指出："利用大数据技术采集、汇聚互联网上丰富的教学、科研、文化资源,为各级各类学校和全体学习者提供海量、适切的学习资源服务。"由此可见,教育信息化 2.0 智慧教育时代下的资源不仅仅是教育教学内容的载体,还是整个新型教育生态的重要数据资源之一。新时代下智慧课堂教育的深入发展包括建立新型智慧教育资源观,通过技术创新与机制创新推动教育资源的供给侧结构性改革,扩大优质数字资源的有效供给,构建以个性化、智能化教学应用为核心的资源服务体系。2021年 6 月,中央广播电视总台、中国国家博物馆、中央美术学院等机构联合制作了百集特别节目《美术经典中的党史》。2022 年 3 月 30 日由中央广播电视总台推出纪录片《美术里的中国》。2021 年 11 月 19 日由中央广播电视总台奥林匹克频道(CCTV - 16)推出文化类节目《艺术里的奥林匹克》。

三、项目研究设计

(一) 研究的目标
贯彻"立德树人"总目标,将"三种文化"资源融入课堂教学,探明"三种文化"美术鉴赏数字资源的人文性、艺术性及教育性价值,探索有效促进美术鉴赏课程资源的开发与实践的方法、途径,发现、总结、归纳高中美术学科的数字资源开发与实践策略,丰富和完善高中美术课程数字资源开发理论。继承和弘扬"三种文化",提供丰富、优质的数字教学资源。视频、语音、图像、文字、数字科技等资源帮助师生从文化角度分析和理解美术作品的内涵,将美术课堂提升为美育课堂,达到以美育人的教育最终目标。

(二) 研究的内容
1. "三种文化"高中美术鉴赏数字资源获取、整合、开发策略研究
(1) 从数字资源的获取途径及方法的因素上,从经典美术数字资源的调查、筛选与整合的方式方法等方面,开展高中美术鉴赏资源开发策略研究。

(2) 从数字资源的分类、加工等整合因素上,从人类文化学、教育学、艺术哲学等角度,研究"三种文化"高中美术鉴赏课程数字资源的时代性、先进性、艺术性及教育性价值。

(3) 从数字资源的开发因素上,探索数字资源开发的规范和标准,研究文字、图像、声音和影像等数字信息的排序和加工,使价值得到提升。

2."三种文化"高中美术鉴赏数字资源的课堂实践策略研究

(1) 从高中美术鉴赏的教育学的数字资源实践的因素上,从美术鉴赏课程资源应注意的原则、实践的途径与方法等方面,开展"三种文化"高中美术鉴赏数字资源的实践策略研究。

(2) 针对"三种文化"主题式单元的美术鉴赏课程,实施"三种文化"主题内容的课堂教学模式,应用信息技术手段优化美术鉴赏数字资源的研究,探究民族文化传统的继承与发展的关系。在实践研究中,重点以美术作品的视觉图像方式,融汇在基础教育课堂学习中。

(三) 项目研究的重点

"三种文化"作为美术课程美育核心,用信息数字化破解学科教育教学难题。

(1) 获取"三种文化"优秀数字美术资源融入美术的教与学。

经典数字资源与美育融合点概要			
经典资源	教材章节	美育融合点	教 学 建 议
央视奥林匹克频道《艺术里的奥林匹克》第1集	体量与力量——雕塑的美感	1. 精神、价值、力量 2. 动态美、力量美 3. 体育精神、文化理解	剪辑成约5分钟的"艺术里的奥林匹克"微课、创设问题情境、识读雕塑作品《掷铁饼者》,感知审美运动形态与力量之美

(2) 探索优质数字资源融入美术的教与学。

第一单元 观看之道——美术鉴赏基础	
主题一	素养与情操——美术鉴赏的意义
大概念	美术鉴赏是观看者运用感知、经验和相关知识对各类美术作品和美术现象进行感受、体验、欣赏和鉴别,获得深层的精神满足和审美理解的过程。
基本问题	1. 美术鉴赏与美术欣赏有什么区别? 为何专门学习美术鉴赏? 2. 我们的生活能离开美术作品与美术现象吗? 美术鉴赏活动与我们的日常生活有什么关系? 3. 为什么美术鉴赏活动可以培养健康的审美观念,陶冶高尚情操,提高生活质量? 美术鉴赏活动对促进学生的全面成长有哪些益处?
情境导入设计	视频《"大师"现场书法》的启示:打扮得很有艺术范的大师现场创作,很多人围观,大家都安静地看着表演艺术,突然现场有人似乎看懂了,喊了声"好",现场所有人都不断叫好,当然,也有人没叫好,看了一会儿就走了。如果你在现场,你会是哪一类的人? 为什么?

主题一		素养与情操——美术鉴赏的意义		
三种文化融入点		《江山如此多娇》傅抱石、关山月		《人民英雄纪念碑浮雕·胜利渡长江》刘开渠
	素材获取	视频：CCTV《美术经典中的党史》 音频：赵忠祥朗诵《沁园春·雪》 书法：毛泽东手稿《沁园春·雪》	素材获取	视频：CCTV《国家记忆》中"人民英雄纪念碑秘闻——镌刻不朽"片段 图片：中国美术学院网站《时代画卷中国梦》
	美育点	1. 革命文化、优秀中华传统文化 2. 认识美术鉴赏对个人生活与社会发展的意义 3. 指向文化理解的学科素养	美育点	1. 革命文化 2. 感受西方雕塑艺术与中国传统艺术的融合 3. 树立正确的文化观
	知识点	1. 现实主义与浪漫主义 2. 突破了传统山水画的时空界限	知识点	1. 构图、布局、空间和形式美感 2. 表现形式：采取叙述性的写实风格

（四）项目研究思路

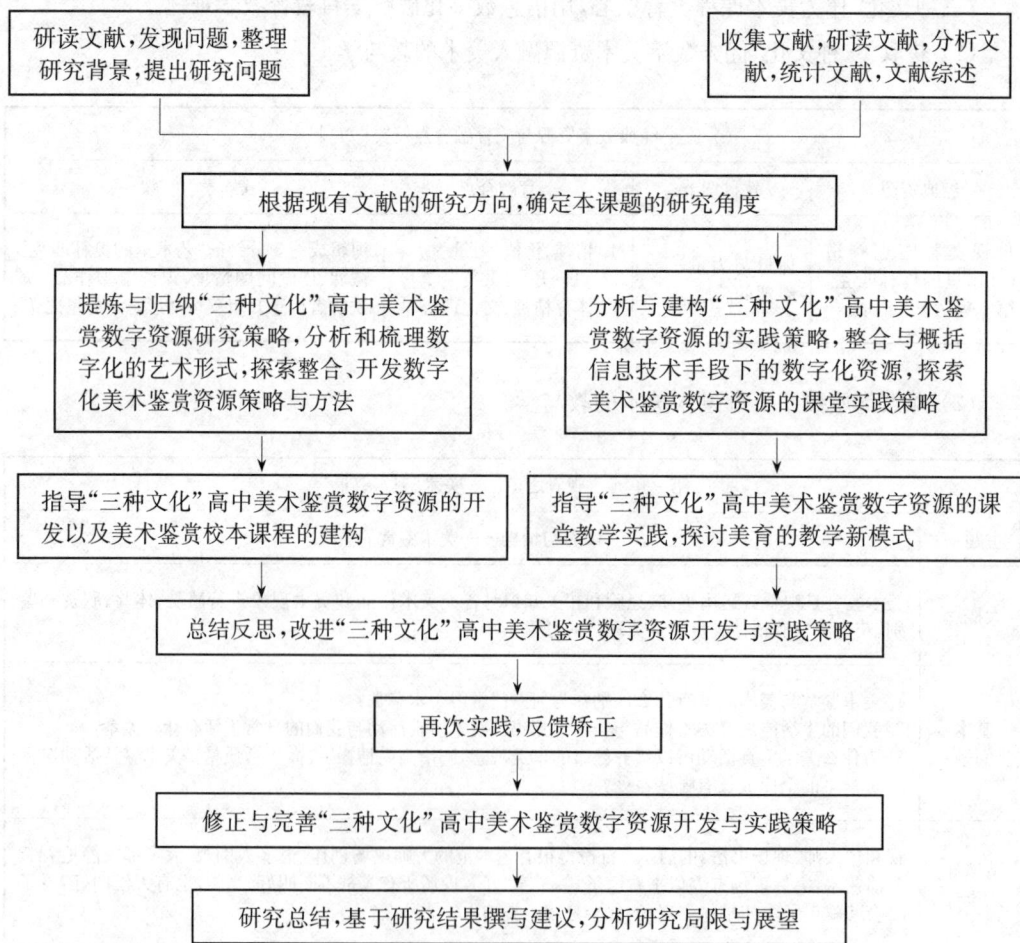

研读文献，发现问题，整理研究背景，提出研究问题

收集文献，研读文献，分析文献，统计文献，文献综述

↓

根据现有文献的研究方向，确定本课题的研究角度

↓

提炼与归纳"三种文化"高中美术鉴赏数字资源研究策略，分析和梳理数字化的艺术形式，探索整合、开发数字化美术鉴赏资源策略与方法

分析与建构"三种文化"高中美术鉴赏数字资源的实践策略，整合与概括信息技术手段下的数字化资源，探索美术鉴赏数字资源的课堂实践策略

↓

指导"三种文化"高中美术鉴赏数字资源的开发以及美术鉴赏校本课程的建构

指导"三种文化"高中美术鉴赏数字资源的课堂教学实践，探讨美育的教学新模式

↓

总结反思，改进"三种文化"高中美术鉴赏数字资源开发与实践策略

↓

再次实践，反馈矫正

↓

修正与完善"三种文化"高中美术鉴赏数字资源开发与实践策略

↓

研究总结，基于研究结果撰写建议，分析研究局限与展望

四、主要观点与创新之处

21世纪，人类已进入了数字时代。"三种文化"主题资源和美术经典作品巧妙结合，融"美育"题材和艺术之美于一体，创新拓展重大主题表达空间。先进的数字技术已经使文字、语言、声音、图画和影像等过去相互之间界限分明的各种信息，都可以以二进制语言进行数字化整合、处理。这一切科学技术的演进，都促使传统艺术分化，新型艺术创建。在新课改的理念下，在高中美术教学中合理引入信息技术对美术鉴赏作品资源开发与应用，必然会成为高中美术新课程改革巨大的推动力。

优化研究的层面。站在"美育"的层面，重点从实践、操作的层面针对具体的"三种文化"的美术作品来探讨开发与利用中的细节问题。本研究运用"文化审美＋数字信息"的开发与实践理论，以"美育"为载体，以学科思想方法论为依据，透过"理论——实践——理论"的反馈矫正，探析"经典＋时代＋文化＋数字"的美术鉴赏作品的内涵，进一步丰富和完善"三种文化"美术数字资源开发理论。

改变研究的视角。站在"核心素养"培育视角，从鉴赏课程理论的单一视角来探讨适合学生发展的优秀资源的开发问题，从文化教育学理论、多元文化整合教育理论、信息技术相关的理论等多个视角出发，来探讨"三种文化"美术鉴赏课程数字资源开发与实践的理论。

聚焦研究的切入点。基于"信息融合"的教学策略，从网络资源、技术学习资源等开发的角度，综合研究三种文化的人文性、艺术性及教育性价值，将之引入高中美术教育，对传承中华民族文化、弘扬民族文化传统、增进文化自信等美术教育特色方面，起积极的推进作用。

传统意义上，人们认为教学资源就是为有效开展教学活动提供的各种可被利用的素材，如：案例、影视、图片、课件、教具、基础设施等。随着国家颁布的"八大纲要"进入课堂，如三种文化的资源的开发与应用，现代信息技术与美术教学不断深入融合，利用智能终端，特别是用平板电脑等移动终端开展课堂教学活动，可从技术层面辅助师生对于美术课程资源的获取与应用，丰富美术教与学的过程性数据资源，产生大量伴随式的过程性学习数据。这已经成为美术课堂的"美育"资源的重要组成部分，它打破了传统课堂资源获取的藩篱，构建了智能化地获取课程资源的新模式。

翔安现代民间绘画主题单元美育课程实践与探索[①]

质朴纯真、稚拙有趣、具有浓郁地方文化艺术底蕴的翔安现代民间绘画,需要从文化选择、文化整合、艺术创生的视角对本乡本土文化艺术地传承接力,才能创新发展。"主题+单元"结构化的美育课程实践,以"素养价值观"为轴心,实施"统整性"课程设置,开展"主题为中心,情境为载体,探究为途径,评价为支撑"的认知途径和素养能力并重的课程实践运作。基于学科本质,架构知识结构化的翔安民间绘画单元主题课程实践框架,实施"资源选编+课程建构+教学策略"的教学实践;基于课程标准,培育基于情境、问题导向的深度学习能力,凝练"情境认知—目标导向—问题剖析—实时评价"的双向互助合作教学模式;基于学生发展,找准指向深度学习的"教学支架",探索基于改进的"课程—教学—评价"三位一体的主题式美术课堂形态,形成系统化、结构化的课程体系,提高学生审美情趣和素质修养,构建以立德树人、创新实践为标志的单元主题实践课程和推进机制。

一、"融趣创美,以美化人"主张下的单元主题课程实践与探索研究问题的提出

(一)守正创新:传承民间文化艺术的新支点

具有"中国民间文化艺术之乡"殊荣的翔安,其民间建筑、民间雕塑、民俗非遗、民间绘画等各种原生态民间文化基因以不同的感官形式呈现(如图1)。核心素养导向下,应该给

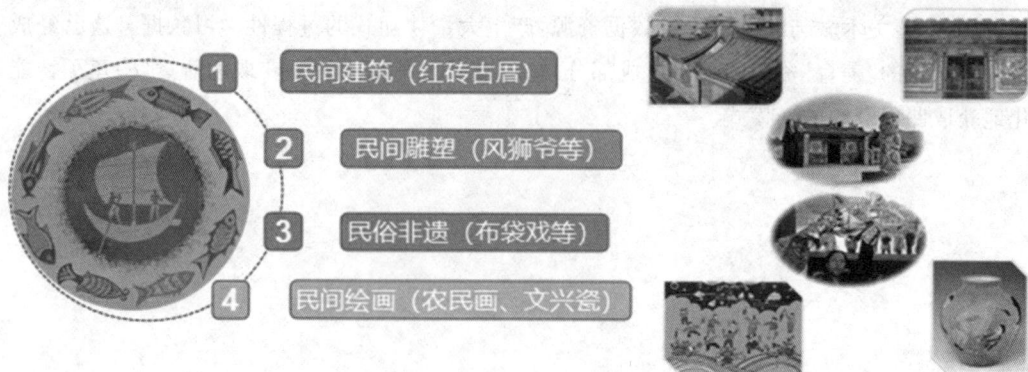

图1　翔安地方文化艺术资源类型

---

① 林提升.翔安现代民间绘画主题单元美育课程实践与探索[J].福建教育学院学报,2021(9):20-22.

学生一个什么样的课堂？实施怎样的教学以有效提升学生学习品质？以"守正"确保方向不偏，以"创新"更新教学理念。"主题＋单元"结构化美育课程实践研究，立足"美术问题生活化，生活问题艺术化"的美育价值取向，关注民间绘画的独特性、审美性、实践性和情感性，研发与实践"主题＋单元"结构化美育课程，对开启文化传承与品质创新，具有重要的文化意义。

（二）核心素养：实施美育课程"智慧"的新航标

扁平化、零散化的单一课时教学难以形成良好的认知结构。核心素养语境下，需要关注的是，学生怎样获得知识和获得怎样的知识，以什么样的教学"智慧"来培育学科趣味。以学科思想方法论为依据，以学科核心素养培育指标为轴心（如图2），追求学科趣味教学"智慧"，探索"课程创新推动核心素养落地"的内涵，创新"单元主题结构性知识和情境化学习活动"的课堂形态，丰富和完善民间绘画课程理论新观念，实现课程的审美化、校本化实施，契合新课程标准要求的核心素养提升。

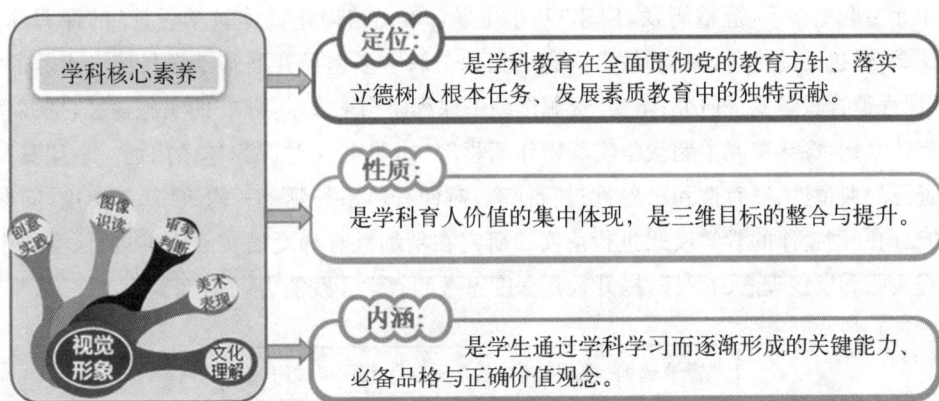

图2　学科特征和具有独特育人功能的学科核心素养

二、"融趣创美，以美化人"主张下的单元主题课程实践与探索研究过程与方法

（一）理念引领，架构系统化的单元主题研究框架

运用文献检索与综述策略，全视角开展与研读主题单元整体教学理论，梳理、比较和归纳典型观点。在融合学科趣味的整体观点和系统方法指导下，把准"单元主题为核心，情境互动为载体"两个维度，探索基于改进的"课程—教学—评价"单元主题教学新程序，凝练落地指向的翔安现代民间绘画单元主题课程研究框架（如图3），使原生态的民间文化艺术成为学生喜欢的生活课程。

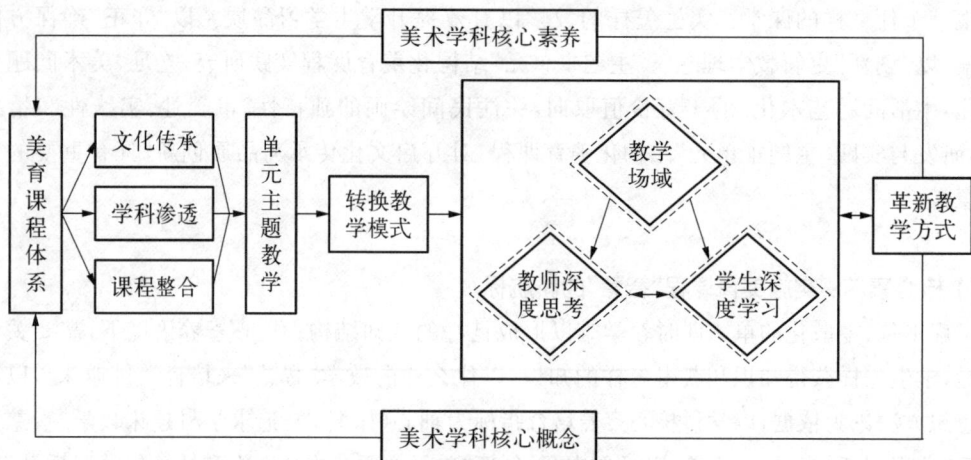

图 3　落地指向的翔安民间绘画主题课程研究框架

(二) 守正创新,构建体系化的单元主题知识结构

　　单元主题框架下,统整研发,构建"基于主题:单元结构化整体教学设计"的课程体系。立足课堂,通过活动优化,围绕"教学内容+知识关联",多途径开展基于学科核心素养的"主题性"课程整合教学实证研究;落实"资源选编+课程建构+教学策略"的实施途径,把握学科知识整体结构,探寻单元主题教学实践操作新程序(如图 4)。对课程体系内涵——翔安民间绘画资源的典型性、适宜性和可融性进行研究;对课程体系外延——构筑"基于情境,问题导向"的双向互助合作的教学模式进行落实。研究在精细且有梯度的实践中推进,从实践中获得课程实施和实践理念的明证,提升教师深度思考的教学实践能力。

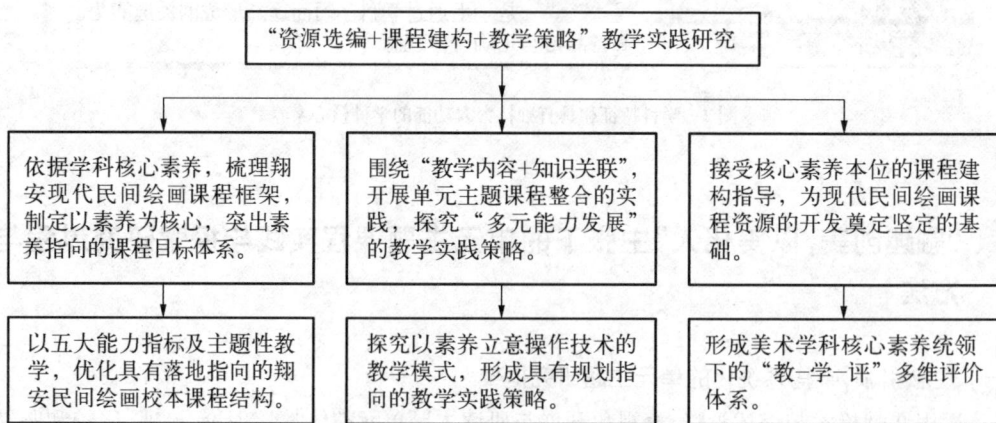

图 4　单元主题教学实践操作新程序

(三) 凝练策略,优化趣味性的单元主题教学实施

　　推进常态化教学实践,聚焦美育理论,重构课堂形态,通过"引趣·悟美·玩美"行动研

究,践行"创生·迭代·完美"单元主题教学;融合创新,从典型性＋趣味性＋基础性等维度,聚焦单元主题"专题突破"实施策略,通过"引入——建构——深化——迁移"的知识关联,建构知识结构;在贯穿课堂始终的真实情境中开展探究式教学实践,使美术学习在融趣、悟美到创生、完美的嬗变中呈现融会贯通的发展态势,实现"融趣创美"课堂的串联。

(四) 评价融入,构建激励性的教学评价体系

聚焦学生多元表现,强化激励功能。基于课程学业质量标准,结合课堂教学观察、效度分析等手段,探索伴随学习任务的持续性评价量规与评价指标,建立教与学并重的评价框架体系。

三、"融趣创美,以美化人"主张下的单元主题课程实践与探索研究主要结果

(一) 课程设置适性化,构建单元主题范例式课程知识体系框架

针对现代民间绘画资源筛选不精准、深度挖掘不够等问题,开展主题教学到主题课程整合的实践研究。基于课程标准,把准单元主题结构化与学段梯度知识性两个维度,以"融趣"视角更具层次性、关联性地重组教学内容,做到融会贯通。依托"范例方式课程论"[1],确立"趣味性＋典范性＋统整性"课程架构理念,从文化选择、文化整合、艺术创生视角,统筹重组难度适宜、结构合理、体现选择的知识结构,呈现贯通学习情境、学习任务、学习活动、学习评价的内容结构,架构结构化递进编排和情境化学习内容的翔安民间绘画单元主题"范例式"课程结构(如图5),提升课程的结构化和系统化。

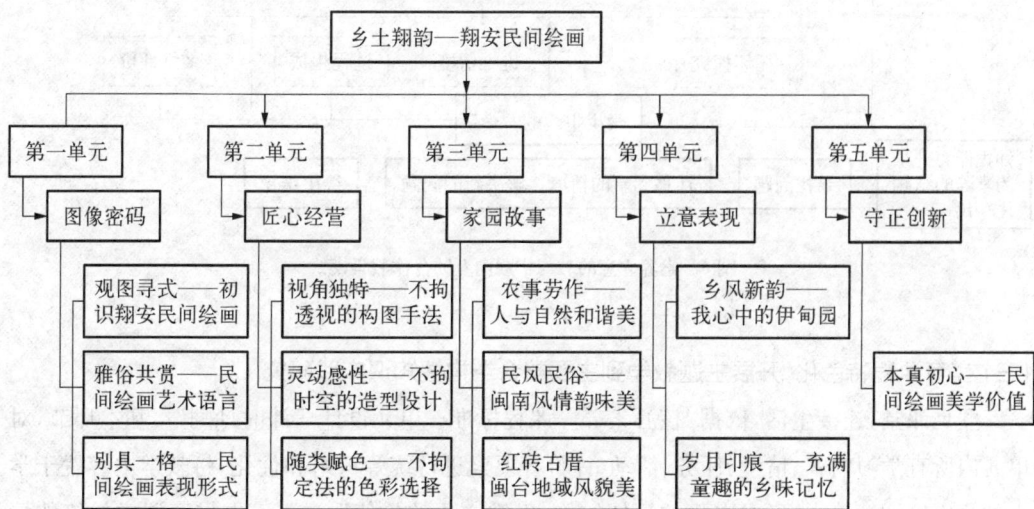

图5 单元主题范例式课程体系一览表

(二) 课程教学情境化,构筑具有生命力的动态化探究教学模式

促进学生形成关键能力,指引学生掌握获得知识的自主性、进阶性的主动探究式学习,是

在教与学双向互助的动态化探究中实现的。针对民间绘画教学实践素养意识不凸显的问题，基于学情，实施凸显核心素养的结构化思考与呈现思维可视化的活动设计，优化认知结构。突出以问题导向和任务驱动对知识进行获取，从"情境创设＋目标导向＋持续评价"三个维度，对指向学生生活的真实情境、持续深入的问题探究进行整合，借鉴"美术学科核心素养本位的教学结构程序"[2]理论，采用"情境引导＋活动展开＋资源提供＋思考交流"的情境化学习活动，凝练教师主导、学生自主探究的"真实情境—目标导向—问题探究—持续评价"的双向互助合作教学模式，实现"教与学"过程的融合（如图 6），提升项目教学的有效性。

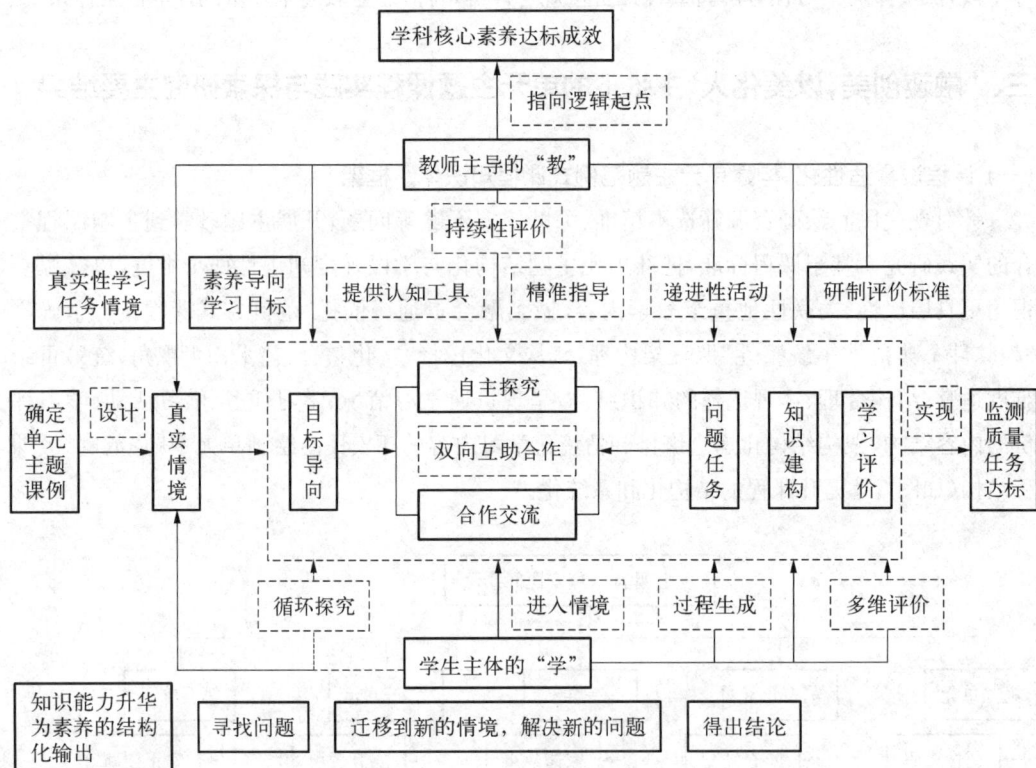

图6 素养立意的教与学双向互助合作教学模式

（三）美育课程特色化，开展主题教学到主题整合结构性知识实践研究

立足课堂，连接生活，依据"核心素养—课程标准—单元设计—课时计划"[3]基本环节，对单元内所有学习内容、情境、任务、活动、评价等要素进行统筹重组和优化，将教学内容置于学生的真实生活情境中，形成内化的认知结构、思维方法的价值取向[4]。在贯穿课堂始终的情境中获得真实的活动体验，在规范化基础上提升教学品质。

（四）评价功能多元化，形成过程与结果兼顾的持续性评价

在双向互助合作范式基础上，针对单一作业评价，聚焦关键能力的进阶发展，以"完美"的

形态，从"教学＋学习＋评价"三个维度拓宽学习评价渠道，重构课堂形态。基于课程学业质量标准，从知识获得、能力提升、学习态度、学习方法、价值观念等方面设计"教学—检测—分析—改进"相互融合的评价指标，以评价量表对学生学习的过程性参与和形成性学习成果进行恰当的多维度评价，构建既关注学科素养形成的过程性，也能让形成性评价有动态生成的学习成果，关注学生在美术核心素养上的发展与获得，诊断学习效果、发现学习问题，客观评判、检验学生目标达成程度，提高评价的科学性和可操作性，用评价促进学习（如图7）。

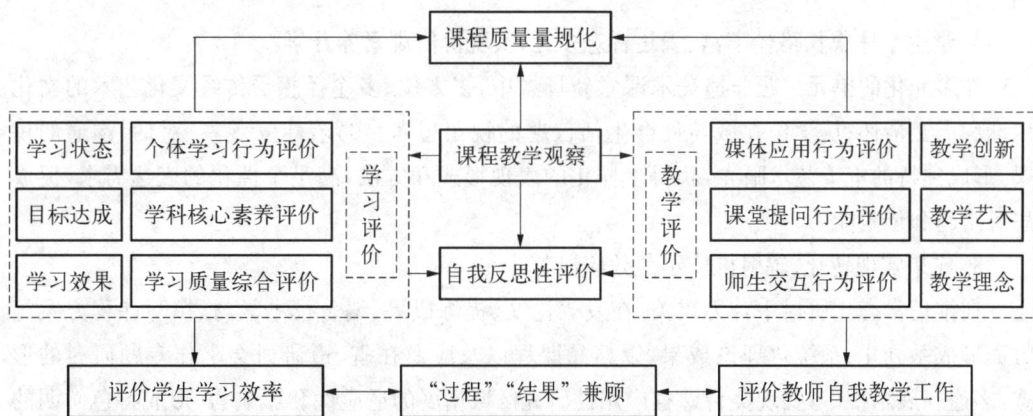

图7　过程与结果兼顾的持续性评价维度

四、"融趣创美，以美化人"主张下的单元主题课程实践与探索研究成效与反思

（一）研究成效

1. 打造跨区域、跨学段团体协作教、研模式，多元化研训方式助推教师成长

借助"同伴共进的组内研讨"研训平台，开展单元主题教学设计研究，进行个性化的单元主题结构化教学设计，促进教师对教学内容进行更高层次的再构思，强化了研发、分析、探究、修正、表达等能力，提高研究团队成员的课程教学实践协作研训能力，成为教材的再设计者和课堂教学实践的创新者，提高学术素养，发挥了主题单元美育课程的功效。

2. 构建"基于主题：单元结构化设计"知识层级结构，凸显结构化课程品质

在"融趣创美"课程建设宏观主题架构下，围绕核心素养目标定位，基于学生的认知水平、知识经验、兴趣特点，遵循学习规律、学科规律，梳理"主题＋单元"结构化课程框架，形成目标结构化、内容结构化、活动结构化、课型结构化、作业结构化的优先次序的结构性优化；内容选编上，注重课程设计的趣味性和知识性，将课程内容巧妙融入翔风古韵、我学非遗等学习单元主题中，形成系统化相关能力，带着学生透过美育课程走向生活，实现课程与生活对接。

3. 开展"课程教学＋主题单元"教学整合的实践研究，推进课程实施的内涵提升

针对现代民间绘画资源研发，基于课标，把握"聚焦主题、资源统整、提炼概念、设置活动"的课程内容情境化研发策略，精准推进"主题统领、多育串联"的原生价值认知结构的资源选编;针对实施教学正确定向的民间绘画单元学习目标,基于学科本质把握"抓紧特质、还原背景、由表及里、以点带面"的推进策略,统筹重组知识结构化主题,建立单元间的联系,架构前后知识串联和认知进阶的递进式单元主题教学内容结构与知识脉络框架;针对民间绘画教学素养意识,基于实践反思,培育"情境认知、知识串联、剖析问题、实时评价"推进策略,形成"结构化内容+情境性呈现+递进性活动+持续性评价"单元主题教学范式;基于学生发展,实施凸显结构化思考的知识结构与呈现思维可视化的认知结构,实现教育理论与实践提升的完美结合。

4. 学生个体成长路径丰富、表达样态多元,实现价值观素养升华

在多元化的单元主题非遗美术课堂新场景中,多方位、多途径感受传统文化艺术的文化内涵和人文情怀;从学科领域与社会生活议题的视角思考、实践,建立观察、对话、沟通的桥梁,形成独特的审美艺术眼光,获得多样化的表现形式和方法,满足个性化的表达需求,促成思维跨越和创新能力。

5. 成果实现转化,辐射推广示范效应显著

在推进常态化研讨中合力攻关,在发表论文、提炼成果、编著校本教材、撰写课程方案等方面形成系列化、系统化理论成果,以精品课程以及应邀在省、市研讨会上作专题研讨的形式,多途径展示推广,实现美育课程应用性研究区域拓展的适应性和影响力,形成特色鲜明的品牌化辐射。

(二) 反思与展望

基于系统的主题单元美育课程教学实践,对培育学科趣味,促进学生形成关键能力,丰富美术教学观念、内容和方法起到了重要作用。如何聚焦学科本质,提炼大观念与核心问题,将大观念、整体教学实践的逻辑关系融入创意美术课堂的实施,让"融趣创美,以美化人"教学主张在课题的研究与提升中走向成熟与完善,带给了我们新的思考:

1. 基于课程教学论,继续强化对"活化教材—突出主线—聚焦思维"实践的深入探究,实现单元一体化课程

课程建构与教学实践需要学生最直接的感受和最真实的体验。在"引趣·悟美·玩美"的真实问题情境中感受情感的激荡和对情操的熏陶;在"创生·迭代·完美"的不断试错、持续完善、追求完美的问题解决中养成高雅、有情趣的人文素养。

2. 基于教学实践推进,继续增进对"深挖精编、精准设计主题单元核心任务"的深入探究,精准重构学生活动课程

精准筛选具有原生价值的翔安民间绘画资源,将它们统筹重构成结构化单元主题课程设计,最大程度发挥单元主题教学研发成果在课堂迁移运用上的优势。

3. 基于学科本质,继续开展对"指向学科核心素养的基于证据的课堂教学"的深入探究,促进单元教学转型

在理念提炼基础上,继续深入开展教学转型的探究。经历"定方向—提要素—理关系—建结构—明功能—练迁移"的结构化思考,突破学科的交叉渗透和融会贯通,促成思维跨越和创新,使主题式美术学习在"引趣·悟美·玩美"到"创生·迭代·完美"的嬗变中呈现融会贯通的和谐发展态势,切实转变育人方式,达成研究成果应用化目标。

参考文献

[1] 尹少淳.文化视野下的民间与乡土美术课程建构[M].石家庄:河北美术出版社,2012:181.

[2] 尹少淳.学科核心素养的抬升与降落——以美术学科为例[J].基础教育课程,2018(3):25-31.

[3] 钟启泉.单元设计:撬动课堂转型的一个支点[J].教育发展研究,2015,35(24):1-5.

[4] 尹少淳.美术核心素养大家谈[M].长沙:湖南美术出版社,2019:79.

乡土文化资源融入初中美术教育的策略分析

厦门市国祺中学　张明亮

一、引言

乡土文化往往充斥着浓郁的乡土风情,种种独特而又美丽的风俗文化能够给人带来无限灵感妙思。在初中美术教育教学过程中,教师对学生进行启蒙教学非常必要。在素质教育倡导下,每位学生更应该注重自身的全面发展,"德智体美劳"理应并驾齐驱。现代教育家蔡元培曾经说过:"美育者,与智育相辅而行,以图德育之完成者也。"美术教育在培养人格完整、德才兼备的新时代育人工程中,地位重要,责任重大。作为美育工作者,我们理应探寻行之有效的破解之道,把我们的学生培养成文化素养与艺术素养齐头并进、全面发展的新时代人才。为更好地培养学生美术核心素养,教师应该注重引导学生探索家乡历史,了解家乡风土人情,可从身边地区的文化历史入手,在美术学习中将乡土文化资源素材充分利用起来。乡土文化资源包罗万象,比如乡土风景、雕梁画栋、乡土风俗,这些独特的乡土历史文化资源能够为学生提供更丰富的美术学习素材,有助于拓宽学生美术视野,进而帮助他们更好地在美术学科学习中突破自我、寻求超越。本文试从"因地制宜、启而不发与良性互动"三个角度对乡土文化资源融入初中美术教育进行论述。

二、因地制宜:美术教学联系乡土文化

在美术教学过程中,教师想要更好地将乡土文化资源融入初中美术教学中,就要注重将教学联系本土实际文化。美术教师应当从本地实际文化入手,提高学生文化认知程度,让学生拥有自主学习空间,进而自行地将美术学习与实际本土文化相融合。本地学生对乡土文化谙熟于心,了解乡土风俗的来龙去脉。基于对家乡的热爱,学生对乡土文化具有高度的认同感与天然的亲切感。在美术教学过程中,如果想要更好地引导学生利用乡土文化资源,可为学生讲解更丰富的本土风俗和著名景点。这样学生在学习过程中,才能够积极地表达出自身真实感悟,胸有成竹方可运墨笔端。美术学习与生活息息相关,美术教学应联系乡土文化,可从实际生活中的本土文化讲起,有助于提高学生理解程度。当学生能够对课程讲解内容感同身受时,笔端饱蘸感情,作品才有长久的生命力。

厦门地区美术资源得天独厚,拥有数量可观的乡土油画工作室,这些乡土油画传承着厦门地区底蕴深厚的乡土文化历史。厦门地区乡土文化源远流长,博大精深,盛产诸多具有代表性的乡土工艺品,如漆线雕、珠绣、同安民间绘画和翔安农民画等,皆是独特精美的传统乡

土文化资源。教师在美术教学课堂中应更多地渗透融入乡土优秀文化,例如,翔安农民画就能够精妙地体现出当地农民的生活习俗,其画作常以艳丽或朴素等风格呈现出来,且画作中传递着浓厚的乡土气息,能够让观者深有感触。这才是真正具备价值的美术教育资源,在美术教学中,教师可以适当地进行引用,这样不仅能够丰富学生的见识,也能够让学生通过当地优秀的传统乡土资源更好地拓宽自身的美术视野。

三、启而不发:引导学生自主理解应用乡土文化

古语云:授人以鱼不如授人以渔。在教学过程中,美术教师不仅要注重传授学生专业的美术知识与技巧,更要着重提高学生对于乡土文化的了解,这样才能够更加自然地将乡土文化资源融入初中美术教学当中。笔者在课堂中常发现,有些同学虽为本地生源,但对于本土文化也缺乏了解,这时教师就应该更多地利用创新型教学方式来提高学生对于乡土文化的了解程度。对于乡土文化的学习理解能够更好地丰富学生的内涵,只有头脑里有知识、有文化,才能够更加丰富地绘出万物。而独特的思维和强烈的意识非一朝一夕所成,需久久为功。这需要学生善于观察、不断积累,其实"美"就在我们身边,只是我们的注意力并不聚焦于那些美丽的事物上。许多事物虽不起眼,却蕴含着深刻的道理和奇妙的艺术。美丽的不仅仅是天边的彩虹,也是雨过天晴后绿叶上慢慢前行的小蜗牛。一枝一叶总关情,只要用心去发现,就能够更好地提高自身的创作意识和想象能力。

在美术课程的学习过程中,学生对于美术的了解往往十分局限,如果只依赖教材进行学习,学生可能无法全面地了解美术课程的深层含义。为提高学生对于乡土文化的认知程度,笔者决定开展一堂不一样的美术课。首先,在课前要求学生带上自己的旅游照片,进而在第二天的课堂上让学生分享自己的旅行经历和对于当地文化的了解与感受。刚开始学生们非常不理解这种做法,因为这打破了他们一直以来的学习方式。以往的美术课堂上,学生常常是在前半节课进行理论学习,后半节课进行动手实践,在课程将要结束时,笔者进行总结、评价。本堂课,笔者要求学生带着自己旅行的照片进入课堂。上课时,要求学生轮流展示自己的旅行照片,并分享自己的旅程体会。这时同学们纷纷就自己曾经的旅行经历讲了起来,林裕程同学说他曾经去过重庆,那里的地形和家乡有所不同,许多马路都地势高峻,而且他在那里常常迷路。可是在大桥上远远看去,整座城市又是非常梦幻、独具特色。他还去过位于重庆区九龙坡红狮大道的"巴国城",那里汇聚着独特的巴渝文化。这让他印象非常深刻,他没想到在中国还有着这样一座奇幻的城市。

听完林裕程同学的分享,班上的同学非常羡慕,他们也想去那里玩。随即笔者针对林裕程同学的分享适时补充讲解,加深了学生们对于重庆这座城市的了解。可以看出,同学们对于这样的乡土文化学习兴趣盎然,这般教学方式打破了以往课堂的沉闷,还让学生们对于课程学习充满了兴趣。最后笔者趁热打铁,布置了相关作业,让学生们收集更多的乡土文化资源并进行创作。一周之后,笔者发现学生们交上来的作品与以往大有不同,许多画作生机盎然、活力十足,且各具特色。这让笔者感觉到利用乡土文化资源进行教学,能够为学生带来更

多绘画灵感,提高学生的绘画能力和审美情趣。

四、良性互动:乡土文化激发学生美术潜能

(一) 利用乡土文化资源激发学生的美术创新思维

将乡土文化资源融入初中美术教学中,能够更好地激发学生的美术创新思维。想要绘出更加优秀的作品,就要注重提高自身的创新思维,面对事物要进行独特的想象与理解,对于色彩的搭配更要合理而大胆,这样才能够更好地提高自身的绘画能力。面向全体学生,教师应一视同仁,有的学生的画作中规中矩,有的学生的画作杂乱无章,但往往在杂乱无章中却能体现出学生独特的审美品位与绘画风格。每位学生的成长背景不同,对于事物的理解也不尽相同,教师要更多地尊重学生的个性化发展。同时,教师要更多地结合乡土文化资源来引导学生不断思考、不断创新,这样学生才能在有所体会后更好地挥动笔墨。

(二) 利用乡土文化资源激发学生的学习热情

在初中课程的学习过程中,许多同学对于美术课程的学习积极性不高。因为他们往往认为文化课更加重要,常常会把大部分心思用在文化课学习中,但殊不知自身审美情趣的培养和陶冶情操也同等重要。利用乡土文化资源进行美术教学,能够让学生更好地结合自身的真实体会进行学习。这样学生的学习积极性也会水涨船高,只有学生在学习中有了参与感,他们才会更愿意进行深入学习。

乡土文化中充分体现着美学与艺术。学生通过了解这些世代流传的文化习俗,能够更加真实地体会到艺术的亲和力,进而拉近生活与艺术的距离。2019年,厦门同安地区曾举行过一次民俗嘉年华活动,这次活动让许多文艺青年流连忘返,活动中展示了当地16项非遗文化,使人印象深刻。这样的艺术活动,不仅能够更好地宣传当地的文化软实力,也能够更好地为学生提供美术学习素材。在当时的食雕展上,非遗传人展现了他精湛的技术,将粉团慢慢变成颇有模样的动画人物,这让孩子们兴奋不已。相信这些活动会令学生印象深刻,使之在今后的美术学习中大受启发。诸如此类优秀的乡土文化艺术比比皆是,比如当地的扎春花、竹编、歌仔戏等皆是极具艺术价值的乡土文化资源。教师在美术教学过程中应该更多地进行课堂转化与应用教学,带领学生一道欣赏,进而更好地活跃初中生的艺术思维。

五、结束语

总而言之,乡土文化资源具有深刻的意义与非凡的价值,学生需深入其中挖掘实用的美术资源素材并进行加工利用,进而形成自身独特的绘画学习体验。在美术教学过程中,教师要注重进行课堂拓展延伸教学,这样才能够将乡土文化资源更加自然地引入美术教学中。许多学生缺乏的并不是美术学习技巧,而是自己独特的学习风格和创新精神。创新需要以一定的资源、素材作为基础,而乡土文化资源就是很好的可利用素材。在利用乡土文化资源素材

进行学习时,学生能够更好地提高自身的文化认同感、自豪感。这对初中生来说至关重要,因为他们正处于树立正确价值观念的关键时期,科学的学习理念能够帮助他们更好地提高自身的价值观念,并以正确的态度对待美术学习。综上,为更好地提高初中生的文化素养,教师更应该将乡土文化资源融入初中美术教学当中,这样才能够更好地激发学生的学习热情,并不断地提高学生的整体美术素养。

参考文献

[1] 李丽.初中美术教学如何突出乡土文化特色[J].美术教育研究,2016(18):161.

[2] 黄佳.初中美术课程中乐清乡土文化资源的实践研究[J].美术教育研究,2012(7):133.

[3] 葛海燕.初中美术教学与乡土文化的有效整合[J].中学教学参考,2018(1):39.

[4] 张明亮.乡土文化融入中学美术教育的策略探究[J].美术教育研究,2018(21):175.

[5] 万双华.初中美术教学如何突出乡土文化特色[J].知识窗(教师版),2018(6):43.

[6] 黄艳锦.广西特色乡土文化资源在农村初中美术教育中的开发与利用——以广西宾阳县为例[J].新课程(中学),2013(2):118-119.

借课堂大数据审视课堂教学中的问题设计[①]

——以初中生物"植株的生长"一课为例

厦门市槟榔中学　林慧娜

　　2014年教育部印发了《关于全面深化课程改革落实立德树人根本任务的意见》,提出各学段学生要发展核心素养,明确学生应具备适应终身发展和社会发展需要的必备品格和关键能力,其中"科学精神"下的"理性思维""批判质疑""勇于探究","学会学习"下的"勤于反思","实践创新"下的"问题解决""技术应用"都要求培养学生的高层次综合思维,即培养学生的高阶思维。可见,以学生的高阶思维能力为发展目标来设计问题尤为重要。

　　2019年笔者参加了由首都师范大学王陆教授率领的"厦门市思明区基于教育大数据教学研究项目"教师研修活动,该项目从教学模式、有效性提问、教师回应、四何问题、对话深度几个维度收集课堂观察数据,以期通过课堂观察数据发现课堂教学行为的内在规律,从而揭示教学行为的意义。笔者通过本文对所执教的初中生物"植株的生长"一课进行数据分析,审视教学中的问题设计是否合理,是否有助于学生高阶思维的发展,从而针对性地提出改进策略。

一、课程简介

　　"植株的生长"一课是生物人教版七年级上册第二章第二节的内容。植株的生长现象在自然界中很常见,但由于根在地下的生长肉眼看不见,无法感知,而茎的生长又需要一个过程,因此学生不理解"幼根的生长""芽的发育"等抽象过程。本堂课教师为学生创设了真实情境,通过展示各种植株幼苗实物引导学生观察,调动学生生活经验,引入新课。课堂上教师组织学生围绕着"根尖的生长,枝条的发育"等进行实验设计并进行小组讨论交流,帮助学生建构知识,内化知识;在教学中教师通过设计层层递进的问题启发学生思维,培养学生对知识的迁移运用,并设置一定比例的开放性问题,这些都意在培养学生的高阶思维。在教学中教师除了引导学生进行实物观察外,还充分借助电子交互白板、视频化解重难点,帮助学生达成学习目标。"植株的生长"一课的教学过程与问题设计见表1。

---

① 林慧娜.借课堂大数据审视课堂教学中的问题设计——以初中生物"植株的生长"一课为例[J].中学理科园地,2022(4):77-79.

表1 "植株的生长"的问题设计

教 学 内 容	教 学 过 程	问 题 设 计
情境导入	教师展示课前栽培的各种幼苗实物(红豆、小麦、绿豆、玉米等幼苗),引导学生观察	"植株地下部分(主要探讨幼根)和地上部分是怎么生长发育的呢?"
幼根的生长	组织学生观察事先培养好的小麦根尖根毛 组织学生设计实验,小组讨论交流鼓励学生提出问题 学生设计完后实物展示课前的实验结果 教师展示根尖模型并播放植株生长视频	1. 观察小麦幼根,你们看到了什么?白色"绒毛"是什么?有什么特点? 2. 如何设计实验证明"根尖是幼根生长最快的部位"? 3. 根据根毛的数据,你们能提出什么问题?根毛有什么作用?没有根毛成熟区就吸收不了营养物质吗? 4. 如何设计实验证明成熟区(根毛区)是吸水的主要部位? 5. 根尖四个区域的细胞结构有什么特点?你能推测出它们的功能吗?你能尝试推断幼根的生长吗? 6. 为什么移栽植物幼苗的根部带有土团?
枝条是由芽发育而来的	组织学生观察手中的山茶树枝条(带有花芽和叶芽) 组织学生观看视频《枝条的发育》	1. 万千枝条和绿叶是由什么发育而来的? 2. 芽为什么能发育成枝条? 3. 叶芽怎么发育成枝条? 4. 所有芽都能发育成枝条吗?
植株的生长需要营养物质	组织学生设计实验,并小组讨论 展示学生课前栽培的玉米植株对照实验(有无土壤浸出液)	1. 怎么设计实验证明无机盐对植物生长的重要性? 2. 施肥越多越好吗?为什么? 3. 植物吊针的针头应该插入哪种组织?输入的液体中含有什么物质?

二、基于课堂观察数据的问题设计分析

(一) 课堂观察数据及获取方法

　　教师课堂的教学行为蕴含和反映教师具有的实践性知识(隐性特征)。课堂行为数据指的是通过对教师的课堂行为按照某种维度进行观察,获取行为发生的频次,并转换为数据,再按照一定的数学方式对数据进行处理后所得的数据[1]。本文采用记号体系分析方法对课堂教学进行观察记录并诊断分析,它也叫项目清单分析,一般预先列出一些需要观察且有可能发生的行为,观察者在每一种要观察的行为发生时做个记号,核查所要观察的行为有无发生[1]。在分析诊断各维度的数据时要建立联系,从而更全面地佐证课堂教学行为[2]。

(二) 问题的设计分析

　　培养学习者高阶思维的问题设计,应该要由易到难、由浅到深、层层递进,体现一定的开放性和层次性。通过对课例"植株的生长"中教师的提问和学生的回答进行课堂观察和数据采集,获得了问题类型、学生回答方式和回答类型的数据,如图1至图4所示。下面笔者借助

大数据从问题设计的开放性和层次性进行分析。

1. 问题设计的开放性分析

课堂问题设计的类型,按照布鲁姆教育目标分类法可以分为记忆性问题、推理性问题、创造性问题和批判性问题,其中的记忆性和推理性问题属于低阶问题,创造性和批判性问题属于高阶问题。麦卡锡博士提出4MAT教学设计系统,将问题分为是何问题、为何问题、如何问题和若何问题四种类型[3],其中,是何与为何问题面向低阶思维,如何和若何问题面向高阶思维。

如图1、图2所示,本堂课中的问题设计以记忆性、推理性和是何问题为主,高阶问题数据低于全国常模数据;从图4中看出学生的回答也以推理性回答为主,说明教师对学生推理思考的训练是到位的,但教师在提问中更侧重于对事实的理解与掌握。分析图3中学生回答方式的有关数据可以看出,教师主要用齐答方式管理对话,反映教师在课堂上提出的大部分问题较为浅显,容易回答,这也与图4中学生"认知记忆性回答和推理性回答"超过90%的数据相呼应。在课堂中教师注重问题设计的开放性,鼓励学生尝试提出问题、解决问题,培养学生的问题意识和问题解决能力,如"根据科学家统计的这组数据(黑麦根毛数量和表面积),同学们能提出什么问题?如何解决你们的问题?"教师还注重培养学生的创造性思维和批判性思维,如"如何设计实验验证根尖是幼根生长最快的部位?""如何设计实验证明无机盐对植物生长的重要性?""我们可以无限量地施肥吗?"同时教师注重培养学生对知识的迁移、运用和评价能力,如"为什么准备移栽的茄子幼苗和黄瓜幼苗,根部总是带有一个土团?""植物为什么需要打吊针呢?"这些高阶问题的设计说明教师关注了学生高阶思维的培养,但从图4学生回答的类型看,学生的创造性评价回答比例低于全国常模,这也说明了高阶问题的设计与实施有较大的偏差。回顾本堂课教学过程,教师在提出高阶问题后留给学生的时间很有限,未能让学生进行自主思考,讨论,小组间也没有进行交流汇报,这与没有采集到学生讨论后汇报的数据相吻合(见图3)。

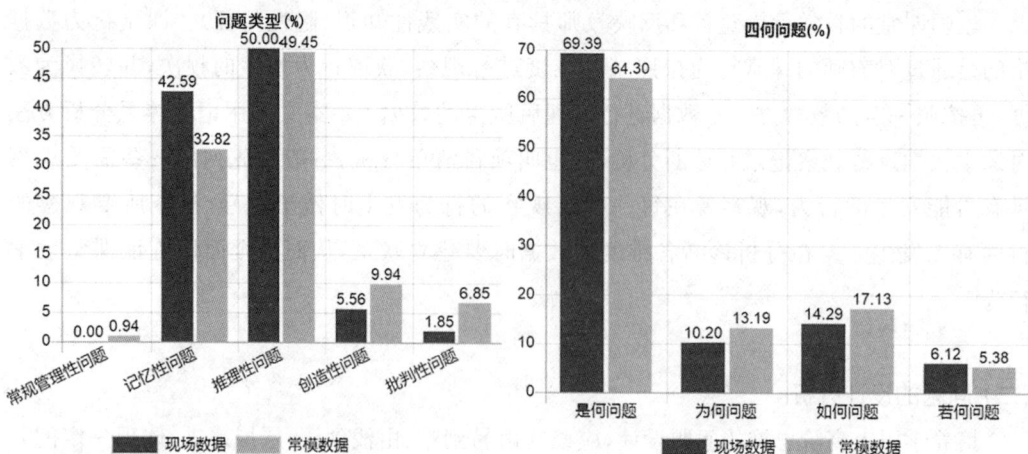

图1 问题类型维度分析

图2 四何问题维度分析

学生回答方式(%)

学生回答类型(%)

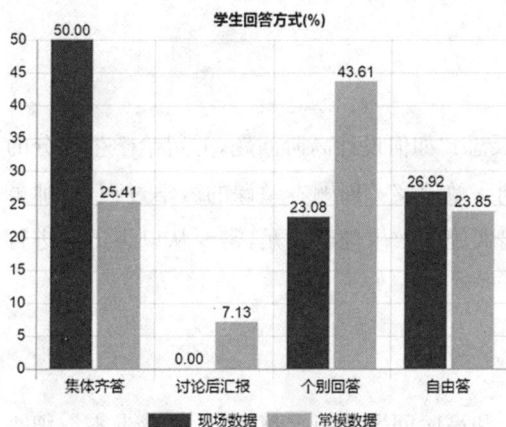

图3 学生的回答方式分析

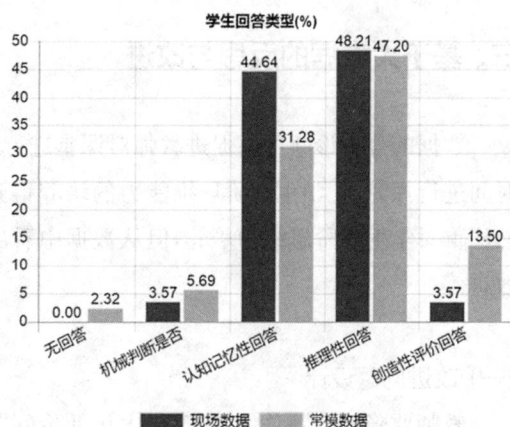

图4 学生的回答类型分析

因此,本堂课的问题设计有一定的开放性和批判性,指向了学生高阶思维的培养,有利于学生核心素养的培育,然而在提出开放性问题时留给学生思考、讨论、汇报的时间不足,未能进行更为深入的思考与讨论,导致学生的学习效果大打折扣。

2. 问题设计的层次性分析

师生的对话深度能够反映问题设计的层次性,关注的是教师所提问题之间的逻辑关系和师生之间互动交流的深度。从图5中看出,本堂课师生对话深度主要集中在对话一、二,其中,对话深度三和四的比例高于全国常模,这与图1、2呈现出的问题设计主要是低阶问题相一致。课堂中教师围绕高阶问题"如果让你们设计实验验证根毛区是吸水的主要部位,首先要设计什么?"展开追问,形成深度四的对话:① 如何设计对照实验? ② 实验中判断根毛区是吸水的主要部位要观察什么? ③ 按照理论推断,哪一边的水位下降得比较快? 在探讨试管中棉花的作用时,师生的对话也达到了深度四:① 两根试管中用什么来

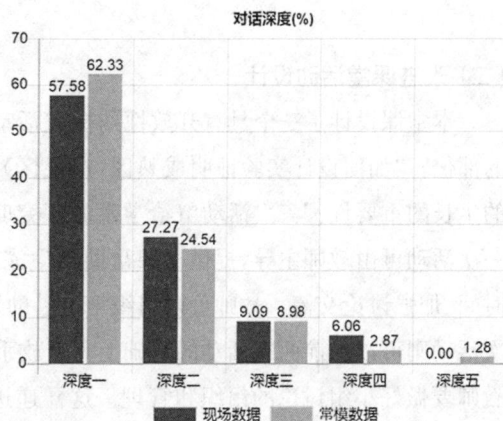

图5 师生对话深度维度分析

封闭? ② 为什么用棉花来封闭? ③ 为什么不能让水分蒸发? ④ 变量是哪两个? 从图3、4看出,师生对话虽然达到深度四,但学生的齐答、自由答比例偏高,创造性回答比例偏低,这与课堂中教师没有留给学生充分思考、探究的时间是一致的。

从以上的分析可以看出,教师问题的设计有一定的层次性,并达到了一定的对话深度,这与高阶思维的发展是吻合的;但教师问题总量偏多、杂乱,在琐碎的简单问题上花费了较多时间,使得学生探究时间不足,缺少了生生互动,失去了进一步引导和追问的机会,不利于学生从低阶认知目标逐渐上升至高阶认知目标。

三、基于大数据的反思与改进

数据的分析诊断可以促进教师对课堂进行反思:"如何设计高阶问题,并留给学生充分的时间进行探究,让学生高阶思维能力的培养得到有效落实?"回顾本堂课的教学过程,教师虽然注重对学生高阶思维的培养,但从数据中看出实施的效果尚存不足,需要从以下方面进行改进。

(一) 改进问题设计

教师要降低问题总量,同时要优化低阶问题和高阶问题的组合使用,尽量减少零散细小的简单问题,避免教师"满堂问"。教师可以适当增加高阶问题的比例,如在提问"根毛区作用"的环节,在探讨试管中棉花的作用时,虽然师生间的对话达到了深度四,但都停留在一问一答的浅层次对话,我们可以这样重新设计问题:"为了控制单一变量根毛,同学们要怎么设计实验?"留给学生自主思考、讨论交流的时间。在此基础上,预设学生的答案可能会有"可以在试管中塞上棉花""可以在水上面加油滴",教师可以进一步追问"哪种方法好? 为什么? 还有其他方法吗?"这样的问题有一定的开放性,又体现创造性和批判性,可以促进学生深入思考,促进学生高阶思维的发展。

(二) 改进课堂活动设计

本堂课设计了三个具有开放性的探究活动,即"如何设计实验验证根尖是幼根生长最快的部位?""如何设计实验证明成熟区(根毛区)是吸水的主要部位?""如何验证无机盐对植物的生长的重要性?"三次活动留给学生的探究时间都不足,我们可以采用帮、扶形式展开。第一次活动可由教师主导,提供支架帮助学生完成探究活动,第二次活动应该增加学生的探究时间、加强讨论交流。教师可以组织学生借助导学案完成实验探究,提高学生的自主性,第三次活动则可以在前两次活动的基础上完全放手让学生以小组为单位自主讨论,在这个过程中教师要做好小组讨论的组织和管理。这样递进的活动设计符合学生的认知规律,层层深入,加深学生对重难点的理解,培养了学生的探究能力以及知识迁移运用能力,促进学生高阶思维的发展。

四、结语

他山之石可以攻玉。在课堂观察数据的助力下,教师对课堂教学行为的反思有更清晰的依据,从而"碰撞"出更明确的改进方向。相信长此以往,教师定能更好地完善课堂问题设计,促进学生高阶思维的培养,使学生的生物学科核心素养培育能真正落到实处。

参考文献

［1］王陆,张敏霞.课堂观察方法与技术［M］.北京：北京师范大学出版社,2012.

［2］王迎.借课堂观察数据审视教学对话的有效性——以一堂复习课为例［J］.语文建设,2017(10)：22-25.

［3］刘建琦,肖明.课堂问题设计中的教学行为大数据因素［J］.中国现代教育装备,2019(24)：16-19.

落实"五育并举"推进新中考改革①

厦门外国语学校瑞景分校 潘 俐

2019 年 7 月 8 日,中共中央、国务院印发《关于深化教育教学改革全面提高义务教育质量的意见》,提出坚持"五育并举",在深化关键领域改革方面,进一步明确"高中阶段学校实行基于初中学业水平考试成绩、结合综合素质评价的招生录取模式"。"五育并举"的教育即德智体美劳全面发展的教育,是促进学生全面发展的重要举措。而做为现阶段仍是"高利害性"考试的中考,其改革特别是计分方式的改革,直接关系到我国新时代人才的选拔与培养模式,影响初中阶段基础教育如何"五育并举",全面发展素质教育。

随着 2017 年上海、浙江先行先试的首届高考改革落地,两地高考改革经验的分享、研讨和推广,直接同步影响了 2018 年全国各地进行的新一轮中考改革。目前,各地新中考改革方案(以下简称"新中考")呈现特色性和多元化,但任何一个方案都不可能是最完美的,而是各有侧重,各有生情学情。对比分析有利于互相借鉴和思考,使改革不断调整迭代。

一、五地新中考计分方式比较

2018 年,福建省公布了《福建省高中阶段学校考试招生制度改革实施意见》,即 2018 年福建省秋季入学的初一新生,实行学业水平考试和学生综合素质评价制度,2021 年方案落地。经过较充分的酝酿,为平稳推进,福建省各地市近两年陆续出台 XX 市高中阶段学校考试招生制度改革实施方案,全省各地新中考总体相同。纵观全国各地,如,北京 2015 年率先推出"全科开考、选科考试"的中考整体性改革,2018 年方案落地,经不断探索,2021 年是北京新一轮的中考改革方案落地年;又如,2019 年云南省决定,从 2020 年秋季七年级入学新生起实施新中考(方案将于2023 年落地),其中体育与语数外一样以 100 分计入中考总分尤其引起广泛关注与热议。各地新中考中,最主要也是大家最关心的部分就是与高中招生密切相关的总分计分方式,表 1 就 2021 年北京、上海、广州、厦门,以及 2023 年云南省中考计分科目与分值进行对比。

表 1 2021 年北京、上海、广州、厦门与 2023 年云南新中考计分科目与分值对比

科目	北 京	上 海	广 州	厦 门	(2023 年)云南
语文	100 分	150 分	120 分	150 分	100 分
数学	100 分	150 分	120 分	150 分	100 分

---

① 潘俐.落实"五育并举"推进新中考改革[J].福建基础教育研究,2021(10):27-30.

科目	北　京	上　海	广　州	厦　门	（2023年）云南
英语	100分(含听说40分)	150分(含听说35分)	120分(含听说30分)	150分(含听说30分)	100分(含听说30分)
体育与健康	40分(日常10分+测试30分)	30分(日常15分+测试15分)	70分(笔试4分+日常16分+测试50分)	40分(笔试4分+测试36分)	100分(三年体质监测60分+测试40分)
物理	80分(含实践活动10分)	80分(含实验操作10分)	100分(含实验操作10分)	90分(卷面100分)	50分(卷面90分+实验操作10分)
化学	80分(含实践活动10分)	55分(含实验操作5分)	100分(含实验操作10分)	60分(卷面100分)	30分(卷面90分+实验操作10分)
道德与法治	80分(含实践活动10分)	60分(日常30分+开卷30分)	90分	50分(卷面100分)	40分(卷面100分)
历史	80分(含实践活动10分)	60分(日常30分+开卷30分)	90分	50分(卷面100分)	40分(卷面100分)
地理	80分(含实践活动10分)			30分(卷面100分)	30分(卷面100分)
生物	80分(含实践活动10分)	15分(跨学科案例分析)		30分(卷面100分)	40分(卷面90分+实验操作10分)
其他					音乐20分、美术20分、劳技20分、信息10分
总分	660分	750分	810分	800分	700分
说明	1. 化学、生物择优计入中考成绩;历史、地理择优计入中考成绩。(注:4科都要参加考试,择优2门成绩计入总分)。 2. 英语听力口语一年两考:第一次在12月下旬,第二次在第二年3月下旬,2次考试取分高的一次计入中考成绩。	1. 物化地生4个学科统称综合测试,150分。物理、化学、跨学科案例分析(地理和生物)采用"合场分卷"考试形式。 2. 外语听说测试、物理和化学实验操作考试,可参加两次,择优计入总分。 3. 2021年是上海新考分制度、旧招生政策的交错年。	1. 物理和化学、道法和历史采用"合场分卷"考试形式。 2. 广东省各地市中考计分科目与分值各异,东莞中考总分800分,深圳中考总分610分。	1. 体育笔试与道德与法治科目"同场合卷"进行,单独一个模块,共设16小题,每小题0.25分,全部为单项选择题。 2. 福建省各地市中考计分科目与分值基本相同。	1. 体育中考100分,与语数外同分,是目前中考中占比最高的省份,且三年体质监测分值大。 2. 音乐、美术、劳技各20分(优秀20分,良好15分,合格10分,不合格0分);信息10分(合格10分,不合格0分)。

二、五地值得借鉴的中考改革举措

(一) 北京新中考关注以学生为本,尊重个体差异,减轻学业负担

北京中考由上一轮的"4+1+2"模式,即语数外体4门必考,物理和生化必选1门,其他物化地生道历选2门,且不选不考,改革为2021年新中考"6+2"模式,即语数外物道体6门必考,化学和生物、历史和地理分别择优计分,但全需参加考试。此方案关注学生的全面发展和文理兼修。尊重学生的个体差异和兴趣爱好。对接新高考,并在一定程度上减轻了学生的学业负担。

(二) 上海新中考注重跨学科融合,减少记背,部分科目可考两次择优

上海中考与众不同的是多了一科"综合测试",150分,其试题由物理试题与化学试题、跨学科案例分析题(试题内容主要涉及地理、生物)、物理和化学实验操作题组成。并新增道德与法治、历史2门,总分120分,做到文理科均衡发展,对接高中和上海新高考,但2门均采用日常考核30分+统一开卷考试30分的计分方式,特别是开卷考,既减少死记硬背、减轻学业负担又培养了学生对这两科的兴趣。在物理和化学实验操作考试上,为了尽量减少偶然因素对实验操作考试的影响,同一科目学生可参加两次实验考试,择优计分;外语听说测试与北京一样有两次机会,择优计分。

(三) 广州新中考考试科目相对较少,减轻学业负担,体育占比相对较大

广东省新中考各地市差异大,计分科目和分值各异。单就广州新中考来说,地理、生物等学科仍沿用等级评价,学生学业负担少。体育占比明显加大,由原中考总分810分,体育满分60分,占比不足8%,提高到新中考总分810分,体育满分70分,约占比8.6%,远超北京、上海、厦门,也超过2021年云南的中考体育占比(约8.3%)。

(四) 厦门新中考积极稳妥,全省总体相同,有利于省内"异地中考"

福建省新中考各地改革方案总体相同,平稳推进。中考考试时间安排变化不大,但计分科目和分值发生明显变化,主要表现在:新增历史50分、地理30分、生物30分;道德与法治从25分增加为50分;体育从30分增加到40分(其中增加4分笔试)。稳步推进初中学业水平考试省级统一命题,也为省内"异地中考",提供了学习和生活上的便利。

(五) 云南2023年中考改革方案,重视体育,小学科全科开考且灵活计分

为了体现"坚持育人为本,促进学生德智体美劳全面发展"的教育理念,云南省率先做到中考体育100分,达到跟语数外同分值的水平。学生体质监测60分+体育与技能测试40分,学生体育考试每学年组织一次,三年成绩加权计算总分计入中考总分,"过程性评价"有利于帮助学生形成良好的锻炼习惯。此外,音乐、美术、劳技各20分(优秀20分,良好15分,合格 10 分,不合格 0 分),信息 10 分(合格 10 分,不合格 0 分),既全科开考且计分,又克服分分必争,避免浪费师生大量的时间与精力。

三、推进新中考改革的几点思考

中考改革在探索中前进,赞成、质疑,争议不断,主要争议有:"两考合一",合格性的初中学业水平考试和选拔性的高中招生考试,性质不同怎么合?"全开全学,全科开考"下,如何在促进学生全面发展和不增加学业负担之间寻找平衡点?体育考试"落入""应试教育",是否加重学生负担?限制加分项以及教育均衡如何实现?综合素质评价如何实施?如何解决学生自主选择与避免偏科的关系?初中实行走班制和职业生涯规划提前是否有必要?取消中考是否合理和可行?[1][2][3]笔者作为一线中学教育工作者,对于中考改革有以下四点思考。

(一) 全科开考与择优计分并行,兼顾学生全面发展及个性发展

"全科开考"的目的在于引导学生认真学习每一门课程,克服一些科目"不考不教、不考不学"的倾向。在文理兼顾、负担适度的原则下,可以给学生适当的选择权,如北京的中考改革,化学和生物择优计分,历史和地理择优计分,注重学生全面发展的同时也尊重个性发展。择优计分还应体现在同一科目参加两次考试择优,如北京和上海的英语听说测试、上海的物理和化学实验操作考试。当然,各学科不宜都组织两次考试择优计分,一是增加学校组织难度,二是学生会主动或被动地参加所有考试以期获得更好的成绩,加重师生、学校、社会负担。

(二) 多些科目达优(或合格)即计满分,克服分分必争,减轻学业负担

纳入中考总分计分的科目自然受到重视,而且分值越高受重视程度越大。语文、数学、外语一直是分值最大的,常被称为"大学科",各地中考改革试点,多数是增加考试科目,一是原评定等级科目变为计分科目,二是原不统考科目变为统考评定等级科目,无论哪个都增加了教学负担,前者尤甚,分分必争。如何破解,在计分与等级之间取其最优方案?多地进行了探索、试点,如山东潍坊中考将学生成绩按常态分布规律按比例划分成六个或三个等级,又如浙江高考按学生成绩排名划分等级再重新附分,[4]这些都各有优劣,且计算复杂,也不易被普通大众接受。倒不如云南新中考小学科的计分方式来得直白,即"音美劳三科每个学科优秀计20 分,良好计 15 分,合格计 10 分,不合格计 0 分;信息合格计 10 分,不合格计 0 分"。而且云南现行("旧"方案)小学科计分方式也很值得借鉴,即"道历地生信 5 科成绩合格及以上者每个学科按 10 分计,低于 60 分者按实得分的 10%(按四舍五入取整数)计入总分;音美 2 科合格及以上者每个学科按 5 分计,不合格者不记分"。因此,笔者觉得不妨道历地生 4 科优秀者按满分计,其他按实际得分的相应权重计入总分。音美劳信 4 科合格按满分计,不合格按 0分计。这样达到优秀等级的学生可以用更多的时间去学习自己喜欢的学科,或发展特长与爱好,或弥补薄弱学科。

(三) 发挥中考体育改革的正向作用,培养学生规则意识和体育精神

体育纳入中考计分以来,我们可以明显看到"小胖墩"少了,但初中体育课也"枯燥"了。根据调查,学校对体育中考普遍很重视;体育中考对女生的压力比男生大;多数学生认为体育中考的练习对文化课的学习没有起到积极作用,甚至起了消极作用,导致身心俱疲;学生对科学健身和终身体育的认知感不强。[5]体育不仅教会孩子如何体面地赢,更教会孩子们如何有尊严地输,规则意识和体育精神是最宝贵的财富。如何发挥中考体育改革的正向作用很重要,笔者认为在关注个体差异的基础上,也要让大家像接受文化课智力发展的差异一样,接受身体发展的差异,即接受体育成绩的分差。此外,认可体育锻炼的负担,相应要减少的是文化课的负担。中考改革在做体育加法的同时,务必也要做文化课的减法。[6]初中体育不要一直进行项目训练和体能训练,务必保证体育课的自由活动时间,这是学生爱上体育的起点和动力。2018年9月,全国教育大会上,习近平总书记要求"要树立健康第一的教育理念,开齐开足体育课,帮助学生在体育锻炼中享受乐趣、增强体质、健全人格、锤炼意志"。2020年10月,教育部召开新闻发布会,明确提出学校的体育中考要不断总结经验,逐年增加分值,达到跟语数外同分值的水平,推广云南经验,并启动体育在高考中计分的研究。

(四) 开展"五育融合"的学生综合素质评价,使育人效应最大化

学校从硬件和软件方面,做好、做实"五育融合"的学生综合素质评价。德育铸魂、智育启智、体育健体、美育润心、劳动教育增技,"五育"中的每一育,各自独立,又相互促进,你中有我,我中有你。[7]五育融合能起到互相借力,事半功倍的效果。从发展学生学科核心素养的角度出发,根据国家课程设置要求,合理制定学校课程体系,并严格执行。在校园设施建设、常规学校活动、特色学生活动中,将"五育"有机融入其中,打破"五育"之间的壁垒,实现育人效应的最大化。

劳动教育是目前"五育"中的短板弱项,而劳动教育是培养学生责任意识、合作意识、体验快乐、学习常识的重要手段,《关于深化教育教学改革全面提高义务教育质量的意见》中,明确指出:"家长要给孩子安排力所能及的家务劳动,学校要坚持学生值日制度,组织学生参加校园劳动,积极开展校外劳动实践和社区志愿服务。"

综上,随着年龄的增长,初中学生知识、信息与阅历快速丰富,人生观、世界观及价值观开始逐渐形成,自我和自主意识明显加强,但身体和心理还在发育完善中。过重的学业压力容易导致心理不正常,或形成错误的三观。学习绝不是学生初中学习生涯的全部,考试更不是,为教育而考试还是为考试而教育? 如何避免中考绑架初中教育,避免出现初中教育的"内卷"? 中考既是普通高中教育的守门员,又充当社会分层的引导员,一个方案或一次改革,不可能面面俱到,但教育工作者要清楚,新时代中考改革要落实"五育并举",全面发展素质教育,培养德智体美劳全面发展的社会主义建设者和接班人。①

---

① 参加课题:厦门市第八期中学专家型教师培养对象课题"基于深度学习的思维导图在中学生物教学中的应用研究",课题批准号 XMZJ202114;厦门市直属中小学 2021 年度课题"新中考背景下初中学生综合素质评价实践研究",课题编号 ZSX2021070。

参考文献

[1] 本刊综合.新中考在探索中前行[J].发明与创新(大科技),2016(11):25-29.

[2] 王雄.拨开全国城市中考改革的迷雾[J].群言,2016(5):9-13.

[3] 程红艳.废除中考选拔制度:必要性与可能性[J].中国教育学刊,2020(2):46-52.

[4] 肖磊.关于我国中考改革的几个基本问题——基于改革开放40年的经验反思[J].西南大学学报(社会科学版),2018(5):67-76,190.

[5] 安莉娟,赵雨荻,郭平,白镯兰.初中生对体育中考的态度调查与对策研究[J].衡水学院学报,2020(4):114-118.

[6] 郭蔚蔚.云南中考制度改革引发的再思考[J].中国学校体育,2020(2):11-13.

[7] 刘卫平.落实"五育并举",实现"全面发展"[J].福建教育,2021(12):24-26.

厦门市初中生身体意象的发展特点现状调查

厦门市思明区教师进修学校　龚　洁

身体意象是指个体形成的对自己身体的心理图画,包括对身体生理心理功能的认知、态度(如情感、评价)以及对行为的影响[1]。身体意象作为身体自我的一个部分,对个体自我概念的发展至关重要。由于青少年时期对自我的关注和对他人评价的意识都特别高,青少年身体不满意现象尤其普遍和突出[2]。在已有的关于青少年身体意象的特点研究中,国外学者的研究多于国内,且未形成统一的认识。目前存在的相关理论主要有下降观和波动观。身体意象的下降观认为青少年身体意象满意度会随着年龄的增长而逐渐下降。研究表明,年级越高的学生身体不满意度也越高[3];国内学者的研究也显示在总体身体自我维度上,青少年身体自我的满意度随着年龄的增加呈下降的趋势,身体自我在总体上不存在性别差异,但女生对自己在运动特征和身材特征上的满意度显著高于男生[4]。身体意象的波动观认为,青少年身体意象满意度随着年龄的增长呈现波动的状态。陈红对青少年负面身体意象的年龄发展趋势进行研究发现,13—22岁,青少年身体不满意度出现波动的发展趋势,13—16岁呈现明显的上升趋势,之后会有所下降,到17岁时身体不满意度较高,17—19岁又逐渐回升,然后又下降[5]。平凡对380多名被试的年龄发展趋势进行分析发现,在总体得分上存在着年龄差异,表现为14、17岁时最低,之后逐渐增高,但呈现出波动状态[2]。近几年来,国内又有针对大学生[6]、高中生[2]、中职学生[7]、军校大学生[8]、男同性恋[9]的身体意象特点进行的研究,这些研究的对象针对特定群体,但少见专门针对初中阶段学生身体意象特点的研究,且以往的研究往往是为了了解不同年龄的青少年身体意象的发展特点,较少针对初中不同年级进行差异研究,对于一线教学而言,了解初中生年级之间的差异对于指导一线的教学实践更具现实意义:在不同年级适时采取教育干预措施,以预防相应的紊乱行为。另外,前人的研究表明,青少年的身体意象不仅仅受到生理因素和个人因素的影响,也深受充斥着“理想瘦”的社会文化的影响[5],厦门作为中国改革开放的窗口城市,这个城市当中的青少年更多地受到关于身体美的社会文化冲击,在社交媒体、公交车广告上,包含不少的整形、塑形、美容的广告内容,在这样的社会环境中成长起来的初中生具有的身体意象特点是值得探索的议题。

一、研究方法

(一) 研究对象

采取分层整班抽样,厦门市思明区观音山音乐学校抽取754人、厦门市第九中学抽取308人、厦门市湖滨中学抽取289人,3所学校的初中生共抽取1 351人。平均身高1.63 m,平均体重

51.2 kg，其中户籍所在地为城市的 819 人，户籍所在地为农村的 532 人。采用标准化、集体施测。被试年级、性别分布情况如表1。

表1　被试年级及性别分布表

性　别	七年级	八年级	九年级	合　计
男	287	250	207	744
女	246	214	147	607
合　计	533	464	354	1 351

(二) 研究工具

《青少年身体自我量表》由黄希庭、陈红于 2001 年编制[4]，共 33 个题项。采用 7 点量表计分，1 表示"很不满意"，2 表示"比较不满意"，3 表示"有点不满意"，4 表示"无所谓满意否"，5 表示"有点满意"，6 表示"比较满意"，7 表示"很满意"，包括一般相貌特征、运动特征、身材特征、性特征、负面特征五个下属维度。量表总分越高，表示对自己的身体越满意。量表各维度分越高，表示对该维度代表的身体特征越满意。该量表在国内应用较为广泛，具有较好的信度、效度。本次研究的内部一致性系数为 0.952，5 个分量表的内部一致性系数分别为 0.899、0.905、0.891、0.861、0.815，具有较好的统计学指标。

(三) 实施程序

2019 年 1 月进行了统一施测，施测时以教学班为单位，由经过训练的学校心理健康教师担任主试，用填图卡方式进行施测。共发放问卷 1 363 份，回收问卷 1 363 份，回收率达到 100%，其中有效问卷 1 351 份，有效率达 99.1%。

(四) 统计学分析

用 Excel 建立数据库，用 SPSS17.0 软件进行数据分析。使用的统计方法主要有描述性统计、独立样本 T 检验、单因素方差分析，以 $P < 0.05$ 为差异有统计学意义。

二、结果

(一) 初中生身体自我的总特征(城乡、独生子女)

对初中生各特征的描述统计如表 2 所示，据此表可知，青少年总体上对自己身体的满意程度是"无所谓满意否"(4.98)，满意程度并不高，接近"有点满意"的程度，相对而言，青少年最满意的是相貌特征(5.29)，其次是性特征(5.22)、负面特征(4.97)、运动特征(4.76)，最不满意的是身材特征(4.59)。除了负面特征的排序不同以外，此研究结果和陈红[5]、黄希庭[4]的研究结果基本一致。从各分题项上看，初中生最满意的前五名是耳朵、脖子、眉毛、下巴和头发，得分在 5.3 分以上;初中生最不满意的前五名是柔韧性、体重、脂肪、肌肉和耐力,得分在 4.6 分以下。

表 2 初中生身体自我的总体特征及是否是独生子女、城乡的差异

	总 体	独生子女 (486) (x±SD)	非独生子女 (865) (x±SD)	T	sig	农村 (x±SD)	城市 (x±SD)	T	sig
总量表	4.98±1.16	5.02±1.17	4.96±1.15	.974	.330	4.89±1.17	5.04±1.15	−2.26	.024*
相貌特征	5.29±1.24	5.32±1.24	5.27±1.24	.698	.485	5.21±1.26	5.35±1.23	−2.07	.038*
身材特征	4.59±1.65	4.65±1.68	4.56±1.63	.917	.359	4.51±1.67	4.65±1.64	−1.55	0.12
运动特征	4.76±1.38	4.81±1.40	4.73±1.37	1.00	.315	4.63±1.4	4.84±1.37	−2.74	.006**
负面特征	4.97±1.73	5.01±1.71	4.95±1.75	0.628	.530	4.91±1.8	5.02±1.68	−1.11	.271
性特征	5.22±1.36	5.25±1.38	5.20±1.35	0.663	.507	5.19±1.40	5.24±1.33	−0.59	.55

对比独生子女和非独生子女的差异,独生子女在身体意象的各个维度的分数均高于非独生子女,经过 T 检验,差异并无统计学意义;对比户籍是城市还是农村的差异,户口所在地在城市的初中生身体意象满意程度在总量表($p<0.05$)、相貌特征($p<0.05$)、运动特征($p<0.01$)三个维度高于户口所在地在农村的初中生,达到显著性水平。

(二)初中生身体意象的年级差异

表 3 不同年级的学生身体自我各维度的描述性统计以及年级差异比较

	总量表	相貌特征	身材特征	运动特征	负面特征	性特征
初一	5.06±1.18	5.39±1.27	4.65±1.66	4.86±1.40	5.02±1.75	5.27±1.34
初二	4.78±1.09	5.10±1.22	4.38±1.58	4.54±1.32	4.78±1.75	5.05±1.34
初三	5.13±1.19	5.39±1.21	4.79±1.68	4.9±1.41	5.14±1.67	5.38±1.38
总计	4.98±1.16	5.29±1.24	4.59±1.65	4.96±1.38	4.97±1.73	5.22±1.36
F	11.139	8.599	6.878	9.347	4.619	6.386
Sig	.000	.000	.001	.000	.010	.002
事后检验	7>8*** 9>8***	7>8*** 9>8***	7>8** 9>8***	7>8*** 9>8***	7>8* 9>8**	7>8* 9>8***

从表 3 可以得知,初二学生在身体自我的总量表及五个分量表的得分上都是最低的,说明了初二学生的身体意象满意程度是初中三个年级当中最差的,经过两两事后比较发现,在

身体意象量表各维度上,初二学生的身体意象满意程度均比初一、初三学生低,且达到显著水平。

(三) 初中生身体意象的性别差异

表 4　男、女身体意象的描述性统计和差异比较

年　级	男	女	T	sig
总　体	5.17±1.25	4.76±4.76	6.48	.000
相貌特征	5.44±1.25	5.11±1.21	4.81	.000
身材特征	4.95±1.53	4.15±1.69	9.03	.000
运动特征	4.92±1.38	4.56±1.35	4.79	.000
负面特征	5.05±1.7	4.88±1.77	1.87	.074
性特征	5.36±1.34	5.05±1.36	4.25	.000

从表 4 中可知,男、女生最满意的身体意象的前三位均为相貌特征、性特征和负面特征,最不满意为运动特征和身材特征;男生身体意象的满意程度在总量表及五个分量表上均高于女生,经独立样本 T 检验,除负面特征男女之间无显著性差异外,其他的几个维度均达到显著性水平($p<0.001$)。身高和体重是人们普遍关心的身体自我指标,总体来看,初中生对于身高的满意程度高于对体重的满意程度,女生对身高和体重的满意程度均低于男生,这和黄希庭 2002 年的研究结果正好相反[4]。

三、讨论

(一) 初中生身体意象满意程度处于中等水平

总体而言,初中生身体意象的满意程度并不高,接近"有点满意"的程度,青少年最满意的前三名分别是相貌特征、性特征和负面特征,相对来说,这三个部分是受生理因素影响较大的,对于个体较难改变的部分,个体对于自我的要求可能降低,因而满意程度相对较高;而青少年最不满意的是身材特征和运动特征,从具体的题项来看,青少年最不满意的是柔韧性、体重、脂肪、肌肉和耐力,上述特征是相对可控的因素;不满意柔韧性、肌肉和耐力和学校越来越重视初中生的身体素质和体育成绩也有关系,运动能力强的学生,更可能在中考的体育考试中取得好成绩,因而青少年的重视程度可能更高,因而也容易带来不满意;而对于体重和脂肪的不满意可能与社会文化中充斥着"以瘦为美"的信息相关,青少年对此的不满意程度可能也较高。

户籍所在地是农村的学生身体意象满意程度低于户籍所在地是城市的学生,这和陈

红[10]等人的研究结果一致,特别需要说明的是本次研究对象均在厦门岛内生活、学习,但户籍所在地是农村的学生却在相貌特征、运动特征两个维度上显著低于城市学生,经过和部分初中生访谈发现,可能是由于生源所在地是农村的学生来到城市生活以后,更多地受到社会文化的影响,部分来自农村的学生觉得自己打扮得"土土的",他们便对自身的相貌感到自卑;相对而言,户籍是城市的学生家庭经济条件和营养好于农村的学生,因而身体素质方面也优于生源地是农村的学生,对于身体的运动特征的满意程度就更高。

(二) 初二年级学生的身体意象满意程度最低

在初中三个年级中,初二学生身体意象满意程度最低。相对于初一学生,初二学生青春期身体变化的痕迹更为明显,他们也开始更多地关注自己的身体意象,因而带来满意程度的降低;初三学生面临中考,学业压力较大,大部分注意力集中到应对学业压力上,相对初二学生而言对身体意象的关注度可能降低。因此,一线教师应有意识地针对初一学生进行身体意象满意度的预防性干预,针对初二学生,特别是满意程度低的学生,可以尝试进行矫正性的身体意象干预。

(三) 男女生之间身体意象满意程度差异显著,女生的身体意象须特别关注

本次研究的被试均为身体健康的学生,自然在残疾、瘢痕、体味上,男女生之间并无太大差异,因而在负面特征维度上无显著差异。而在量表总分、相貌特征、运动特征、身材特征、性特征上均有显著性差异,且男生对于身体意象的满意程度均高于女生,女生对于身高、体重的满意程度均低于男生。这和前人的研究有不一致的地方,相对于平凡的性别差异研究[2],女生不满意的维度增多了,即增加了对相貌特征和运动特征的不满意;而黄希庭、陈红等在2002年对于青少年身体自我的性别差异的研究结果显示,我国青少年学生的身体自我在总体上不存在性别差异,但女生对自己在运动特征和身材特征上的满意度显著高于男生,且女生对身高和体重的满意度高于男生[4]。比对以上的两个研究结果可以看到,随着时代的发展,社会文化对于女性身体的审美要求越来越高,女性更可能内化社会关于"瘦""美"的理想化模型,这可能加剧了初中女生对于身体意象的不满意。

四、结论

总体而言,青少年对自己身体的满意程度是"无所谓满意否",满意程度并不高,接近"有点满意"的程度。青少年最满意的是相貌特征,其次是性特征、负面特征、运动特征,最不满意的是身材特征。独生子女在身体意象的各个维度上的分数均高于非独生子女,但并未达到显著差异;户籍所在地是城市的初中生身体意象满意程度在总量表、相貌特征、运动特征三个维度上显著高于户籍所在地为农村的初中生。

随着年级的提高,其发展呈现波动性,其中初二学生的身体意象满意程度最低,且显著地低于初一、初三学生;性别差异上,男生比女生对身体更满意。

参考文献

［1］陈红.青少年的身体自我：理论与实证［M］.北京：新华出版社,2006：125.

［2］平凡.高中生身体意象的特点及其影响因素［D］.武汉：华中师范大学.2008.

［3］Jane O，Debra T. The role of familial values in understanding the impact of social class on weight concern［J］. Int J Eat Disord, 1999，25(3)：273－279.

［4］黄希庭,陈红,符明秋,曾向.青少年学生身体自我特点的初步研究［J］.心理科学,2002,25(3)：260－264,380.

［5］陈红.青少年的身体自我理论与实证［D］.重庆：西南师范大学,2003.

［6］陈玉容.大学生身体意象的特点研究［J］.体育世界(学术),2016,751(1)：64－66.

［7］谢朝刚.中职学生冲动性购买倾向与自我身体意象的关系及其教育管理对策研究［D］.贵阳：贵州师范大学 2017.

［8］宋彬彬.军校大学生身体自我特点及相关因素研究［D］.重庆：第三军医大学,2007.

［9］张春雨,韦嘉,罗禹.男同性恋的身体意象：特点与理论分析［J］.心理科学进展,2012,20(3)：394－402.

［10］陈红,黄希庭.青少年学生身体自我的发展特点和性别差异研究［J］.心理科学,2005,28(2)：432－435.

"双减"背景下基于自适应学习系统的学情诊断与教学探索

厦门市金尚中学　邹　斌

"双减"政策下,学生作业负担和课外辅导负担变轻后,如何让学生的学习减负不减效,让课堂的教学提质增效,是政策落地的关键。课堂教学的提质,绕不开学情诊断和教学精准化问题;同样课后延时服务的作业辅导要增效,也绕不开学情诊断和作业适应性和个性化问题。

一、"双减"形势下的自适应学习智慧课堂的学情诊断

课堂是教学的主阵地,在"双减"形势下,提高课堂教学质量、效益、品位,发展学生的关键能力、必备品格,使其形成正确价值观,锻造学生的核心素养,是教学改革应有之义。如何"借力"不断地进行教学诊断改进?自适应学习系统的"助力"就是减负不减质的重要路径选项之一。自适应学习系统以学生为中心,通过系统平台尽可能地收集学生学习相关数据,通过分类、聚类、关键词提取等过程处理收集的数据,挖掘数据的潜在价值,解析复杂数据的相关关系,建立学习者特征模型,再根据学习者数据特征与数据库特征的相似度匹配自动生成个性化决策方案,为教与学提供自适应性的服务。如基于学生学习风格、学习兴趣的推送,基于学生学科学习能力的推送,基于知识情境的推送。教师在教学中要不断地进行"内省",总结经验,反思"不完美",分析学生学习反馈"留痕",并在交流中借鉴来自专家、同行的有益资讯,在学习中反思提高,让教学活动的设计和实施更加精准。

"双减"实施过程中,课后延时服务一方面是培养学生兴趣爱好,另一方面是开展作业答疑,以取代原先课外机构的部分功能。为提高延时服务水平,增强延时服务的吸引力,最大化地发挥作业的效能,通过自适应学习系统辅助工具,运用系统平台对数据的收集、处理、分析、决策,基于数据模型已建立的规则,由系统平台自动提取数据特征、挖掘学生模式,提供智能化的"外馈"决策服务对学习者个体的特征进行分析,设计出符合教学规律的、满足学习者个性特征的、合理的、高效的、个性化的自主学习方案。

二、"双减"形势下的自适应学习智慧课堂学情诊断指标

自适应学习系统在"双减"形势下,有着独特的辅助作用。怎么让这种作用尽量发挥最大效能?自适应学习智慧课堂学情诊断指标的指引作用就显得特别重要。在笔者主持的课题研究中,与自适应学习系统开发的相关公司合作,定制开发基于自适应学习系统动力模型(Adaptive

Learning System Dynamic Model，ALSDM）的平台系统，其主要功能体系由领域模型、学习者模型、认知诊断模型和自适应模型构成。认知诊断是关键环节之一，为更加精准地对学习效果进行度量，更好地为学习者推送适切的学习路径和资源，笔者认为对学习者学习效果的测量要坚持五个诊断评价指标：目的性、问题性、创新性、主体性、发展性。各项指标的评价内容如下。

（一）目的性的诊断内容

1. 体验性学习目标与认知目标的统一

体验关注的是让学生感受知识的产生过程，体验的目的是让学生更好地认知，认知是体验的表达和理解。通过对自适应学习系统学习历程的记录，分析学生感知活动的参与度，以及体认的深度。特别要注意的是实践活动类的学习容易忽视认知目标，课堂内的学习容易忽视体验性目标。

2. 学习方法与学科核心内容及学科素养的统一

学科核心内容和学科素养是学科课堂学习活动的灵魂，学习方法是获取学科核心内容和学科素养的手段。学习学习方法是为了更好地获取学科知识、提高能力和素养。自适应学习系统关于学生学习方法的指标体系必须要着重体现。

3. 操作能力与思维能力的统一

不管是接受性学习还是研究性学习，学生的思维活动是否积极主动是步入深度学习从而影响学习效益高低的关键因素。操作不同于操作能力，操作能力的形成是以操作为载体，思维为核心。

4. 课程理念、教学理念与教学方法、手段的统一

教学理念是为了实现课程理念教师的思考和行为，比如以学为中心，突出学习的主体。把教学的理念和主张融入教学的全过程。不要过分追求教学技巧、形式、媒体手段而忽视课程学习的主题。

5. 过程与结果的统一

自适应学习系统下的智慧课堂学习既要注重学习过程也要注重学习结果，既要重视学习性的评价也要重视学习的结果评价。学习过程是为形成学习结果、实现教学目标、提升核心素养服务的。

（二）问题性的诊断内容

（1）通过教学素材或课题创设问题情境的科学性诊断。

（2）通过教学素材或课题创设问题情境的启发性诊断。

（3）通过学生发现问题、提出问题的合理性和积极性诊断。

（4）通过学生解决问题的方法的可行性诊断。

（三）创新性的诊断内容

（1）教师参与、组织、指导和促进探究过程中的创新；

（2）学生对问题进行假设的过程中想象、猜想的思维广度和深度；

（3）学生对问题解决方法和方案进行设计的过程中求异、求新思维的深度和广度；

（4）教师和学生在探究问题过程中的生成性。

（四）主体性的诊断内容

（1）探究活动过程中学生全员、全程参与的整体性；

（2）学生参与所有的研究活动的主动性；

（3）学生参与求证过程的深度和广度；

（4）教师的参与、组织、指导和促进的作用。

（五）发展性的诊断内容

（1）教师和学生对学习结果的评价；

（2）教师和学生对问题或课题进行深入研究的延续性；

（3）学习方法、思维方式的迁移。

三、"双减"形势下的自适应学习智慧课堂学情的教学应用策略

在自适应学习系统等辅助工具的环境支持下，如何充分运用好学情诊断资讯，让师生教学活动实现深度、广度和关联度上的突破，达到师生所追求的教学目标、素养要求层次？以"链"促学是笔者主持课题组在教学中为这一目标而展开探索实践运用的重要教学应用策略，以"循证诊断链和问题导学链"的循环教学，从大单元教学的角度通过一系列的任务群，以大概念为串联，促进学生形成较清晰的概念图，达成深度学习，同时，教师生成自己的新的教学常规和教学经验证据，并在实施过程中不断调适、优化教学总体方案，它包括科学组织各种材料、媒体，合理运用各种手段方法，确定师生行为程序和组织结构等内容。

笔者主持的课题组经过多学科、多轮回的实践摸索，总结提炼出理想的自适应学习智慧课堂的学情诊断及其教学应用策略。

（一）教师的活动

1. 课前环节

（1）循证诊断：通过自适应智慧课堂信息化平台提供的学生预学作业自适应题库完成情况分析，精确地掌握来自学生的第一手学情资料，初步确定本节课的教学目标和策略。

（2）推送资源：综合分析学情，锁定教学目标，推送给学生多媒体预学内容，可以是微课、课件、音频、图片、文本、视频等，同时推送预学后的检测内容。

（3）见机点拨：针对预学中的问题，学生在自适应学习系统的论坛或平台上讨论时，适当点拨，起到"导游"作用。

（4）教学设计：依据学科核心素养和大单元目标要求，结合学情分析结果、教学目标、教

学内容,以及学生预习检测统计分析和讨论的情况,优化教学设计方案。

2. 课中环节

(1) 情境导入:采取多种方法导入新课内容,主要通过预学反馈、课前聊天、游戏启趣、测评练习和创设生活情景等方式导入新课,提示或精讲预习中循证存在的问题。

(2) 互动展演:围绕新课导入组织学生展演预学,捕捉学生在预习中理解不透的知识或价值取向偏差,在师生、生生互动中逐步解决,同时培养学生解决问题的能力。

(3) 任务群下达:依据教学目标设计评价标准或要求,下达新的学习探究任务群和成果达标要求,并下达任务完成后的随堂检测,推送给学生终端。

(4) 引导协作:以分组合作探究、游戏学习等方式设计活动,组织或指导学生互动讨论,提交成果并展示。

(5) 随堂检测:完成课题导入或其他子任务群后,及时检测诊断,实时反馈。

(6) 精讲与点评:基于数据分析,辨析疑难点,补讲薄弱点,精讲着重点,通过多样化的互动交流解决学生在新任务中遇到的问题。

(7) 巩固提升:布置分层作业和任务,引导学生运用巩固新知并反思学法,生成并展示相关概念图,拓展提升,深度学习。

3. 课后环节

(1) 个性化推送:针对每个学生学情发布个性化的课后作业,推送学习资源。

(2) 批改作业:批改主观题,录制讲解或辅导微课,推送给学生,发现学生的弱项,反观教学中存在的待改进之处,在此基础上进行总结性评价。

(3) 互动反思:回顾课堂教学的活动过程,反思对问题链的解决中引导环节的得失,关注学生在平台或论坛上发布的感想与疑问,形成教学辅助概念图,完成教后反思。

(二) 学生的活动

(1) 课前环节

① 预学找疑:学生预习教师推送的多媒体材料,联系之前学过的类似内容(前概念),回想当时是如何学会的,完成和提交预学习题,记录在预习过程中遇到的疑问。

② 研讨体悟:针对预学中的疑问,查找相关学习资讯,在论坛或平台上进行相关研讨,动手实践分析,提出疑问或见解。

(2) 课中环节

① 展现与分享:展现课前自学成果,围绕新课导入进行演讲展示、分享观点,把预学中的疑点或盲点抛出,积极参与课堂交流。

② 合作探究:参与协作学习,合作探究、游戏等活动,提交小组协作完成的成果并展示。

③ 完成检测:完成随堂测验练习并及时提交,关注反馈信息,了解自身短板。

④ 认真听讲:针对自身的难点、疑点、盲点,解难、除疑、消错,参与问题辨析,在互动中解决问题。

⑤ 消化内化:完成弹性分层作业和任务,对所学习的新内容进行运用巩固,实践体验,结

构化地整理所学,整理错题集。

（3）课后环节

① 个性化学习：完成老师布置的个性化的课后作业,运用学习资源补缺补漏纠错。

② 混合学习：观看老师推送的录制的讲解或辅导微课,思考学习中遇到的典型问题或其他同学提出的疑问形成问题串,根据掌握情况自评问题解决情况,对应的学习效果就可以分析出来了。

③ 总结反思：反思学习中思维、逻辑、识记、合作角色、价值判断、知识建构等方面存在的问题,回顾学习中的相关概念要点,以思维导图等形式努力生成相应的概念图,思考可以向老师提出的教学意见建议。

参考文献

［1］王文静.创新的教育研究范式：基于设计的研究［M］.上海：华东师范大学出版社,2011：25.

［2］张浩,吴秀娟.深度学习的内涵及认知理论基础探析［J］.中国电化教育,2012(10)：7-11,21.

基于核心素养的高中通用技术多元化项目教学[①]

厦门市集美区灌口中学　潘琼芳

高中通用技术学科核心素养包括技术意识、工程思维、创新设计、图样表达、物化能力五个方面。基于核心素养的高中通用技术多元化项目教学这一课题在厦门市教科院提出的"多元目标多元策略教学相关研究"的思想上,指出多元化项目教学对核心素养培养的重要性,提出其教学依据,进行常态教学指标构建和项目案例反思等,希望能促进高中通用技术学科核心素养培养目标的实现。

多元化项目教学是一种在课堂教学中通过项目实践的形式,以学生为中心,形成跨学科的创新设计并解决真实情境问题的教学方式。本课题所指的"多元化"旨在构建生活化情境,提出分层问题,由学生自主学习或合作探究,实现解决方案多样化、操作综合化、评价主体多元化,最终形成解决问题的方案或实物形式。在高中通用技术教学中,通过生活情境导入、学习任务引领、层级问题嵌入、项目活动贯穿的形式展开多元化项目教学,有助于学生学习学科知识、掌握基本技能、形成技术思想、积累基本经验。

一、高中通用技术学科开展多元化项目教学的依据

(1) 满足学生手脑并用、知行统一的认知规律。在核心素养观导向下开展多元化项目教学,可以有效实现手脑并用、学思结合、知行统一,让学生在探索发现与亲身体验中领略学科之美,对学科产生热爱,进一步在实践中提升自身的动手能力、科学素养。

(2) 多元化项目的主题生活化。多元化项目的设计应结合新课程标准,贴近学生生活,符合学生认知水平与能力。学生通过有一定技术操作要求和难度要求的学习与实践,能解决生活实际问题,这符合知识学习从生活中来、到生活中去的认知规律。

(3) 任务分层化,符合学生个性发展需求。开展多元化项目教学,学生在任务指引下根据自身水平选择自主研究或合作探究的项目,通过小组合作讨论,提出多种方案并进行筛选;在知识探索过程中,从不同层面去思考问题,用不同方法去解决问题,满足学生的个性化发展需求。

二、基于核心素养的多元化项目教学指标的构建

(1) 教学目标。体现学科的高度综合性,运用多门学科知识,立足实际的学习过程,创造

---

① 潘琼芳.基于核心素养的高中通用技术多元化项目教学[J].新课程研究,2020(5):29-30.

真实的问题情境让学生开展探究的学习,从中掌握相应的知识与技能,不断实现学生的合作意识、实践与创新能力的提升,使其形成个人的技术素养。

(2)教学内容。结合新课标要求,领会教材内容,引入真实的生活问题,解决需求、回归现实,因而,提供的教学内容应富真实性与综合性,同时需要灵活转变,引导学生思路的变通,促进素养的生成。

(3)教学项目。教学内容既已真实,将其化为实践项目,它们都以问题为出发点,化解问题为一个个真实的、有用的、可做的小项目,富新颖性与趣味性,实现知识的学习与整合,多个项目、不同层次,让学生参与到系列环节中。实践项目的安排要注意材料与工艺的选择、工具的使用、操作的难度等。

(4)工具与资源。应该考虑传统与现代的结合。教学环境包括现代多媒体设备、移动端互动、网站资源平台等,实践工具包括硬件工具涉及木工、电工、钳工、3D打印机、激光切割机等,软件工具包括可视化编程、图谱、概念图、三维设计软件等,教学资源涵盖各种网络平台、导学案、微视频等,整合校内及生活周边的资源。

(5)活动策略。布鲁纳的发现学习理论认为,"学生的学习应是主动发现的过程",建构主义也指出学习的实质是学习者积极主动进行意义建构的过程。梅瑞尔认为,"只有在学习者从事解决真实世界里发生的问题时,只有当学习者能够通过论证或应用而激活已知知识,并将其作为理解新知识的基础时,新知识才会被整合到学习者的世界当中"。多元化项目按学科内容可分为操作、设计、制作、试验、绘图、装配、体验等丰富而独特的学习方式,以实践学习为核心,让学生在生活中通过丰富的实践经验解决问题。

(6)教学评价。针对目标达成(课标、教材、学生)、过程呈现(目标、项目、节奏)和结果生成(表现、效果、素养)等综合评价,于真实情境中体验学习的过程,达到热爱学习、热爱生活、热爱技术的实质目标,构建一个集学生知识、能力、素质综合评价于一体的多元评价系统,反映评价内容、过程、方式、方法、手段及其管理等环节的多样性。

三、项目实施——USB 接口的 LED 灯具设计

(1)情境构建与项目提出。高三住宿生李同学经常在宿舍熄灯后还想勤奋用功,你觉得她应该怎么办? 引出宿舍台灯的需求:她家境一般,动手能力也一般,你能帮她设计并制作一款住宿生使用的台灯吗? 提出项目任务:宿舍插座没通电,冬天在下铺看书又冷,如何是好? 台灯笨重、占位置,太亮又会影响他人休息怎么办? 以此引出立式、折叠式、悬挂式等结构的台灯设计讨论方案。通过问题的层层深入,最终确定为 USB 接口的 LED 灯具设计与制作。

(2)针对教学目标、内容与项目的综合分析。整体素养目标为:经历台灯设计的全过程,形成一定的方案设计与构思、图样表达、工艺选择、物化能力;在活动中培养学生对知识的整合与运用,在过程中培养学生解决问题的思维能力。初步形成一定的工程思维,同时提升解决生活问题的能力,形成一定的技术与设计思想。

在方案设计与构思阶段,灯具的整体结构、线路的合理布局的设计需要运用系统的思想方法,如从整体出发,遵循人、物、环境及其相互关系,灯架(支撑架)、USB 接口与 LED 灯的关系,LED 灯焊接口、木条灯架结构的保护等,制作稳定且有强度的灯具要考虑比例协调、支撑架可卸或固定、材料与加工、安全可靠等。在具体制作过程中要设计流程,如灯具框架主体、USB 的 LED 灯的制作等环节;要考虑材料与加工工艺、设备的关系,实现工期、工艺、成本、质量等方面的优化;要将灯具灯光功能的实现与控制运用紧密联系起来。

(3)教学活动策略分析。综合多种学习方式,在学生完成必修教学内容后,定位该项目的过程采用项目任务驱动,并在一系列子任务中逐步实现三维目标,实现在真实情景中创造性学习、在项目过程中自我学习、在项目合作中自主学习、在项目实践中跨学科学习。分解任务为教学内容的自我回顾、定位项目的设计方案的构思、确定项目制作、测试与评估及优化、灯具功能的拓展等。

明确任务要求后,教师要引导学生从不同角度、结合不同的设计与构思方法展开思考;学生查阅相关资料并进行筛选、综合分析后,提出符合要求的方案;课上,小组交流、细化方案;绘制草图与下料图,选择工具与材料,确定具体分工与合作;后期测试与完善性能;最终展示,交流与评价(自评、他评和师评)。此外,在项目实践过程中,教师要及时对学生所在小组或个体存在的问题进行针对性的指导。

(4)针对教学工具与资源的分析。学校为学生提供的硬件设备工具及材料有:小型手锯、木锉、台虎钳等常用木工工具,电烙铁、锡线、电烙铁架等电工工具,USB 数据线、导线、LED 灯、木板、木条等材料,以及现代 3D 打印设备等。提供的资源有:实物如普通台灯、学生宿舍使用的充电台灯、USB 接口的小灯等,课堂资源如木工、电工常用操作的微视频等。

(5)教学评价分析。一是课堂活动方面,学生自由组合、小组分工,拥有民主平等的人际交流,体验了开放、灵活的活动过程。二是学生参与方面,学生积极参与实践,结合通用技术学科特点,把想象转为现实成果,在合作过程中提升设计与制作能力,以及解决实际问题的能力,也提升了个人的技术素养。三是教师素养方面,督促教师不断学习,重视以学定教,加强过程监督与管理,在项目教学后,不断建设丰富的课程资源;每次项目结束后,应及时反思,不断调整和优化教学环节。

四、项目提升

"多元化"项目教学的实施确实取得了一定的成效,但要让学生创造性地实践,促进他们的劳动意识及问题解决、技术运用、理性思维、批判质疑和勇于探究等能力,提升教师项目设计的专业化与多元化,还应在以下几方面努力:

(1)学理论支撑实践、多交流碰撞火花,完善过程评价,借用现代设备优化教学方式或过程。

(2)以木工为载体,开发实用项目,增强趣味科技,深入开发校本。先在学校范围内开发简单实用的项目,如教室讲台储物盒、班级门牌、简易报刊架、校园路牌、花圃架、画架、走廊装饰框架、课间棋盘、DIY益智玩具等。学生的木工成品在校园内随处可见、实践的经历历历在目，实现科技与人文、实践与反思相结合，开发可行的校本课程。

（3）运用现代手段，开展创新思维，拓展实践平台。校内现有3D打印设备，继续考虑木工与其的结合项目的开展，或到专业的实践基地，让学生进一步了解现代技术发展情况，在当前能力范围内，尽可能开拓出新的方向。人类的大脑可以通过不断的发散思维与创新训练，得到一次新的洗礼，在发现问题与解决问题上，可以有更大的发挥空间。

（4）提升多元化实践项目内涵，加强技术实践的学习情境设计，充分利用信息技术条件下教学资源的组织，关注学生技术经验的建构、技术与工程思维的形成和对技术文化的感悟，发挥课堂学习评价的引导作用。

（5）打造技术发明、创新设计、技术实践的多元化项目实践课堂。经历实践，不断地提升学科的核心素养（技术意识、工程思维、创新设计、图样表达、物化能力），提高学生的核心素养，让他们在技术学科中能体会到技术的价值。

总之，课题组已在通用技术学科多元化项目教学上取得一定成效，落实学科核心素养，但时局变化，如何进一步在多元项目中促进学生的深度学习，如何进行项目与单元的整合，如何将大概念贯穿于多元化项目教学，如何实现跨学科项目教学等，都是值得进一步深入研究的。

参考文献

［1］张华.论核心素养的内涵［J］.全球教育展望，2016，45（4）：10-24.

［2］余文森.核心素养导向的课堂教学［M］.上海：上海教育出版社，2017.

一管之见：教学主张

"致用"语文：我的教学主张

厦门市集美区教师进修学校　李　涛

笔者认为学习语文应包含经世致用,故提出"致用"语文的教学主张。

《辞源》把"经世"解释为"治理世事",把"致用"解释为"尽其所用"。《辞海》把"经世致用"解释为"明清之际主张学问有益于国家的学术思潮"。有人据此把"经世致用"理解为关注社会现实,运用所学解决社会问题,以求达到国治民安的实效。语文教学为什么要主张经世致用?

《义务教育语文课程标准(2022年版)》(以下称"新课标")明确:"语文课程是一门学习国家通用语言文字运用的综合性、实践性课程。"对语文学什么、怎么学进行了高度概括,深刻揭示了语文课程性质。

"语言文字运用,包括生活、工作和学习中的听说读写活动以及文学活动",学习语言文字运用,就是在上述活动中,"体会语言文字的特点和运用规律,培养语言文字运用能力"。——这是对于语文"学什么"的解答。

如何理解综合性?在培养目标上,要增强学生的综合素养,即学生在受教育过程中形成的跨越学科的价值观、必备品格和关键能力的个性化有机融合;在课程实施上,要开展整合实施与综合性教学,例如大单元教学,主题化、项目式学习;在课程评价上,要以素养为导向,注重对价值体认与践行、知识综合运用、问题解决等综合性表现的考查。

如何理解实践性?从"学科实践"层面分析,学生语文核心素养"是学生在积极的语文实践活动中积累、建构并在真实的语言运用情境中表现出来的"。既然如此,那么实践对语文学习的重要性就不言而喻了。因此,新课标提出要增强课程实施的情境性和实践性,将"日常生活情境""文学体验情境""跨学科学习情境"作为三种基本的语文情境,将"识字与写字""阅读与鉴赏""表达与交流""梳理与探究"作为四种基本的语文实践。语文学习的实质就是在语文情境中进行语文实践。——以上是对于语文"怎么学"的解答。

无论是学什么,还是怎么学,语文课程始终围绕"学习语言文字运用"来展开。换句话说,语文课程实质上就是一门应用性课程,学习内容和学习方式都是语文运用。学即是用、用即是学,学以致用、用以促学,是学与用的辩证关系。怎么把二者统一起来?新课标提出"学习任务群"这一大概念、核心概念,统摄课程理念、内容、实施和评价,从顶层设计和具体实施两个方面为语文学习指明了路径和方法。

同时,语文课程还是一门基础性课程,其基础性,可用新课标提出的三个"打下基础"来概括:一是"为学生学好其他课程打下基础",这主要是由语文课程的工具性特点决定的;二是"为学生形成正确的世界观、人生观、价值观,形成良好个性和健全人格打下基础",这主要是由语文课程的人文性特点决定的；三是"为培养学生求真创新的精神、实践能力和合作交流能力，促进德智体美劳全面发展及学生的终身发展打下基础"，这是由语文课程工具性、人文性相统一的特点决定的。上述三个"打下基础"，体现了语文课程的实用性，是语文学习最大的"经世致用"。

通过上述分析可见，"致用"语文的教学主张首先是一种教学理念。一是力求充分体现语文课程性质，即强调语文是一门"学习语言文字运用"的课程，工具性与人文性统一、综合性与实践性统一，是"学习语言文字运用"的精髓。二是力求充分发挥语文课程的功能和作用，即强调语文是一门应用性、基础性课程，要"学""用"统一，努力为学生打好"三个基础"。

其次，"致用"语文的教学主张在实践层面，则有以下基本要求。

一是语文教学要以"用"来确定学习目标。具体到一个单元或一节课的教学，主要考虑以下几个方面：（1）这个单元、这篇课文的教学价值是什么？这就要挖掘单元课文在语言文字运用上的陈述性知识、程序性知识、元认知知识等，并甄别、筛选、整合、提炼出"要求学"的内容。（2）从核心素养四个方面出发，明确"要求学"的内容在文化自信、语言运用、思维能力和审美创造等方面各有何功用。但是，在确定教学目标时，不宜从四个方面分列，而应把握其整体交融的特点，既有所侧重，又融为一体。（3）充分考虑教学目标的育人立意，突出语文课程的育人功能，在帮助学生树立"三观"、传承理解"三文化"上着力。

二是语文教学要以"用"来确定学习内容。主要是依据教学目标，设计不同类型的学习任务。在新课标背景下，语文教学要体现学习任务群特点，设计学习任务时要整合学习情境、内容、方法和资源，安排连贯的语文实践活动。学习任务应以阅读与写作为重点，但要破除为读而读、为写而写，或者为考试而读写的弊端。这就要注重语文与生活的联系，把课堂变成生活中语文运用的"活"的实验田。生活中怎么用语文，课堂上就怎么学语文，也就是学用统一、学以致用。还要打通读写，在二者之间构成循环，互相促进提升。阅读与写作都兼具输入与输出的功能，要在读写互促的循环中，提升关键能力。

三是语文教学要以"用"来确定学习方式。新课标指出："语文学习情境源于生活中语言文字运用的真实需求，服务于解决现实生活的真实问题。"而情境与任务密不可分，语文实践活动（识字与写字、阅读与鉴赏、表达与交流、梳理与探究）则是完成情境任务的舟楫。正如前文所述："语文学习的实质就是在语文情境中进行语文实践。"设计情境要充分考虑真实性和贴切性，即情境设置是否契合真实生活、是否符合学生认知水平、是否能调动学生生活经验。而学生为完成情境任务所进行的语文实践活动，则需要教师在知识、技能和方法上予以有效指导。

四是语文教学要以"用"来确定评价工具。这里重点讲过程性评价工具。过程性评价工具主要是学生课堂表现量表、作业和阶段性测试。以作业为例，要紧密结合课堂学习任务来设计，一则为了巩固知识、强化技能，二则为了拓展和提升课堂所学。同以"用"确定学习目标、内容和方式一样，作业的设计也要突出"用"。除了写字、阅读、练笔等作业，还要有社会调查、跨媒介表达等多种类型的作业，要通过作业引导学生关注校园生活、家庭生活和社会生活，发现生活中的热点问题，并在解决问题的过程中，提高自主学习能力和综合学习能力。

总之，"致用"语文的教学主张，就是把学语文和用语文融为一体，为用而学，学了要有用。它以语文课程标准为规范、以促进学生核心素养发展为旨归，强调语文与生活工作的关系、语文与学生成长的关系、语文与民族复兴的关系，凸显"学习语言文字运用"的课程要义，明确学习任务群的功能定位，以"任务""情境""活动"为关键，整体推进课程实施，以期实现语文课程为学生打好三个基础的奠基作用。

参考文献

［1］中华人民共和国教育部.义务教育语文课程标准(2022年版)［S］.北京：北京师范大学出版社,2022：4.

［2］安桂清.论义务教育课程的综合性与实践性［J］.全球教育展望,2022,51(5)：14-26.

"通·智"语文教学的构建

厦门市翔安区实验学校　沈河拢

实施国家课程,贯彻党的教育方针,我们语文教学工作要实践与理论结合。教师遵循教育教学规律,不断优化自己的教育理念,基于一定的教学思想、教学主张开展自己的学科教育教学。基于课堂,知行合一,且行且思,且思且进,语文教学不断与时俱进,从过去的重知识,到重能力,再到当下的重素养,不断融合提纯,以充分发挥学科育人功能,培根铸魂,启智增慧。

一、"通·智"语文教学主张的缘起

从教需要务实求真。首先,务实于课堂,以学生为本,在语文教育教学实践中,探索语文教学本真。语文课堂教学,到底要教给学生什么? 怎么教? 为什么教? 随着时代的进步,我们进一步追问"培养什么人、怎样培养人、为谁培养人"。我们更加明确课程教材要发挥培根铸魂、启智增慧的作用;我们更加明确语文课程的性质、理念、目标和内容;我们更加明确语文课程的科学实施和质量评价。

其次,求真离不开课例和课题的研究。追溯自己的教学经历,能促进自己明显进步的首推公开课,再有是问题即课题的研究。说起公开课,无论职初开课、骨干赛课,还是后来的围绕课题的探究课,无不起到语文教学求真路上的基石作用,并指引着前进的方向。公开课课例,总要聚焦一个主题思想进行实践探究,并在同伴观课意见的碰撞与启发下反思与改进。较好的课例研究组织形式是"同课异构"和"同人异构"。通过异构效益比,探究教学设计理念的优劣得失和课堂教学策略实施的科学与否,并以此促进同一类课型教学思想的发展。

课题的研究,是基于教学的真问题、真思考、真分析和真解决,并以此构建语文真教学的课堂。2006 年基于学生考场作文瞎编、失真,且思想上存有不健康倾向的发现,我们开展"初中语文作文教学与人格发展研究"课题研究,进行教学育人的探索。后来,笔者多年参与中考阅卷工作,一度参与作文评价标准制定和中考评卷中心组工作,并基于质量评价维度反思自己的教育教学工作,进一步思考学科育人思想。2012 年,笔者着手开展市级课题"构建言语智慧的中学语文课堂教学研究",把视角探入智慧语文的研究,发现言语兼得悟文妙,语用为本增智慧。2016 年以后又陆续开展"'经典诵读'提升农村初中生语文素养的实践研究""深度教学视域下的初中语文阅读教学"等研究,践行融合发展的理念,以学生为中心,基于素养培养的理论学习与实践,他山之石可以攻玉,从中获得新的思考与体会。目前,聚焦"核心素养视域下的读写贯通课例研究",试图融合先前的探索,把读写贯通起来,以实现能高效培育学生核心素养的通透且智慧的语文课堂教学结构。

于是,教学思想、教学主张,便在研究探索中,不断更迭改进,不断向学科教育教学的本真属性靠近,通透且智慧的语文教学成了当下的追求。

二、"通·智"语文教学主张的内涵及实践价值

"通·智"语文教学的内涵,包含两个方面的含义:教师教得通透,学生学得通透;教师用智慧教,学生有智慧学。简单来说,就是通透且智慧的语文教学。教师教得通透:"教什么?怎么教?为什么教?"每一节课教师都能了然于胸。教学行为做到清晰、明确,解读教材通透,教学目标通透,教学智慧通透。教师通过智慧教学,把课堂构建成为学生智慧生成的训练场。在教学的引领下,学生通过文本阅读与写作等言语智慧的学习,通透地习得语文核心素养,融通成自己的精神力量,化为智慧。

"通·智"语文教学的表征与价值:

(1)课堂通达,具有智慧。首先,教学目标贯通。具有问题主线,以问题链贯穿整课教学环节,将学习任务活动统摄起来,并在教学评价上达成闭环。其次,师生对话畅通。课堂上师生在学习过程中协同实现学习目标,彼此互动积极,学生畅所欲言,教师提供学习指导。在对话下,问题得解,将学习进行到底。其三,学生与文本的对话通达。学生具有较强的文本意识,能积极与文本对话,经文本解读,通达体式、通达文脉、通达意脉、通达文化传承。

(2)言意兼得,获得智慧。教师引领下,学生与文本、作家、文化深度对话,透过文本的阅读,获得语言范式,积淀言语养料,掌握言语表达方式与艺术手法,融通成自己的言语体系,形成自己的表达能力。依言会意,在语言文本的解读中,获得作家(作者)的文本内容以及深层意脉,理解作者的思想、情感以及对自然、社会、人生的看法,并透过意脉的逆向思辨习得作家(作者)观察自然、社会,思考自然、社会、人生的方法和视角,从而获得人生的智慧。

(3)思维贯通,生成智慧。在阅读或写作教学,以及其他语文学习活动中,凸显学生思维品质的提升,注重逻辑思辨,培养批判性思维。通过阅读,获取他人的思维方法,并在语用中融合、发展自己的思维能力;通过写作及运用语文解决生活实际问题,让思维贯通于整个任务过程,使言语思维得到训练和发展。无论阅读,还是表达;无论言语输入,还是言语输出;其相向的思维通道能够来回贯通。学生能逻辑自洽、逻辑清晰地运用语言文字,在具体的语用中生成智慧。

(4)道器融通,创生智慧。语文课程是综合性、实践性课程,基本特点是工具性与人文性的统一。"文以载道","文者,贯道之器也"。语言文字、文章的内核是思想,是精神,是"道"。道器融通下,发展驾驭语言文字的能力。在语言理解和表达的运用中,深化对自然、社会、人生的"道"悟,创生智慧。

"通·智"语文教学试图指向有效实施义务教育语文课程,培养学生学科核心素养,落实立德树人这一根本任务。

三、"通·智"语文教学的具体实施策略

（1）课堂教、学、评贯通。坚持以课程目标为导向，进行教学设计，设计学习情境、学习任务、学习活动，凸显以学习为中心的理念，并运用积极评价的方式促进学生沉浸式学习、深度学习，达成教、学、评的一致性。

（2）课堂教学主题贯通。一课聚焦一个核心主题，构建有意义的话题，实现问题导向，如大概念问题，系统性问题，并以此贯穿整个课堂教学。每一课的主题，应该基于大概念、大系统，进行大单元细化设计，使得每一课的主题间都有关联，并交织、联结成一个贯通的知识体系。聚焦主题学习，使其通透而深刻，并在知识体系下，训练知识的提取、整合与重构。

（3）课堂教学读写贯通。基于思维可视化和结构化，以读写视角统整阅读教学和写作教学，把阅读教学和写作教学视为一个有机体，把阅读教学和写作教学置于整体设计理念下，融合、贯通起来，使其摆脱单一与割裂的困境，使其共生发展，同时发展阅读和写作的思维能力。贯通思维，实现读写能力的深层次发展。

（4）学科间知识的融通。融通信息技术，实现技术支持下的语文学科高效课堂构建。融通其他学科知识和思想方法，实现跨学科学习，在发现问题、分析问题、解决问题的实践过程中，培养学生解决复杂问题的智慧。文本互涉，基于同质和异质思维，通过文本间互涉、类比促进学生通晓意脉以及文学、文化的一脉相承，从而提升触类旁通的智慧。

构建"通·智"语文课堂教学，是基于学科育人导向，在积极的语文实践活动中促进核心素养四面一体融通共生，以文化人，以文育智，以文增慧。从文本阅读中获得他人的智慧，在语言运用中，内化成自己的智慧，在语言表达过程中创生自己的智慧。

明心·求真——我的语文教学主张

福建省厦门第一中学　林　明

一、概念界定

所谓"明心"，指看到自己的真心；"求真"则是追求的教育目标。"世事洞明皆学问、人情练达即文章"，语文很多时候是个人情的学科，探究的是人和社会、人和自己内心的关系。2017高中语文新课标强调，语文课程是一门学习祖国语言文字运用的综合性、实践性课程，语文学科核心素养是学生在积极的语言实践活动中积累与建构起来，并在真实的语言运用情境中表现出来的语言能力及品质。

因此，"明心""求真"也是语文教学的必经之路，一条是发掘"内心"——语文是一门学习语言文字应用的综合性实践课程，语文学习与日常生活息息相关，教师要用心，才能打通学生的内心世界与语文学习的关联。另一条则是体察"真性"——教学生说真话，做真人，这是回归语文学习本位的思考。

二、理论建构

(一) 明学情

学生是学习活动的主体，研究学生、了解学生是实现课堂教学有效性的前提之一。学生存在个体差异，每个学生都有自己特定的基础以及不同的知识和生活经验。只有通过预先的调查问卷或前置作业等设计，先了解学生认知基础和误区，才能针对性地进行教学内容的确定和教学策略的选择。明确学情，因学定教，使教师的教学更贴近学生的学习。

(二) 明教材

古希腊学者普罗塔戈说过："头脑不是一个要被填满的容器，而是一束需要被点燃的火把。"教材中的文本、作者、编者所蕴含的智慧火花，无疑就是点燃学生头脑这束火把的火种。因此，在钻研和分析教材时，就要善于捕捉这些火花，特别是发现别人所未见的。尤其是在新课程理念下，结合"互文性理论"构建单元不同文章的关联，打通整体教学，更是需要精读教材文本。

(三) 明学理

在用好国家课程资源的同时，加强理论研究，进行特色课程研发，构建不同文本的阅读材料与不同文体的写作序列也是教师的职责。比如从积累与思考系统、作文与指导系统、评改与提升系统等核心内容入手，力求构建高中作文序列化训练体系，体现由低到高、由浅入深、由简单到复杂、由单纯向深刻的训练层次等，都是在加深对"明心见性"教学主张的认识，更为"明心见性"教学实践提供了丰富载体。

(四) 见真情

语文与其他学科不同之处，在于它的语言性与文学性。很多文章的重要特点是"情"，这些文章包含着作者的人生经验、情感智慧，语文学习更容易借文本流露内心情感，表达主观感受，展现自由精神。语文课堂上，教师要倾注情感，激情投入，用自己的真情实感去感染学生，使之产生共鸣，进而鼓励学生说真话，抒真情。

(五) 见真人

"千教万教教人求真，千学万学学做真人"，陶行知这一至理名言可以作为教师"教书育人"的永恒主题，语文教学应注重"真人"教育。语文教学要设计真实的情境，组织有效的活动，鼓励学生说想说的话，做想做的事，少讲空话套话。另外，高中阶段，也要重视理性思维的培养，结合相关社会热点材料及争议现象，既让教材内容得以延伸，也可以发展学生的批判性思维，这也是求真教育的重要内容。

三、实践探索

自 2020 年秋季福建省高中语文使用统编版语文教材后，单元教学成为新课程实施的重要内容。为践行"明心·求真"的教学主张，我带来备课团队，基于真实情境进行语文大单元教学设计，建构了"素读课文、开发资源、研究学情、确定重点、实施评价、补偿教学"等教学体系，让学习真实、有效地进行。两年多的教学实践，推动了新课改的落地，提升了学生素养，取得了很好的效果。

特别是在研究学情方面，我带领备课组开发了系列专题的"前置性作业"，切实改变传统教学单方面传授的情况。前置性学习，不同于传统的"预习"，更强调在传统字词句的预习基础上，读通课文，并能围绕话题进行文本探究、提出疑问、延伸拓展等因文而异的要求。这种设计符合"以学生为本"的教育理念，体现了"先学后教，以学定教"的方法论，运用得当，可以有效提升课堂教学效率。

在实施评价上，我带领备课组开发了系列"校本作业"，包括课前、课堂、课后三部分。特别是提出了"补偿教学"的概念并加以落实。按照新课程理念，高中阶段，教师应该指导学生开展自我评价并促进其反思，通过课堂活动的过程反馈和课后作业的纸笔反馈，我们会发现学生存在的知识或能力漏洞，进而设计相关练习或活动，以弥补结构性知识的欠缺，更能把语文教学落到实处。

语文即人生，语文教学也需要一步一个脚印踏踏实实地走，不断积累阅历和经验，慢慢就能领会语文的真谛。

"思维语文"教学主张阐析

厦门市翔安区实验学校　叶志明

一、主张的缘起

本教学主张的初衷,是立足"课标"中"思维能力"培养的要求,矫正中学语文教学仅凭直觉语感而不讲"理性思维"的传统弊端,探索中学语文在"课标"研究基础上进行教学研究与实践时如何培养"思维力"的问题。

二、主张的理论支撑

"思维语文"意即培养"思维力"的语文。"思维语文",主张通过语言学习,发展语文"思维力",再运用语文"思维力"来解决语文学习问题。

（1）课标表述:《普通高中语文课程标准(2017 年版 2020 年修订)》认为,语文"思维力"是在"语言运用"中的一种能力,它包括直觉思维、形象思维、逻辑思维、辩证思维和创造思维等,所谓"思维发展与提升"则是指学生在语文学习过程中,通过语言运用,获得如上五种思维的发展,并促进深刻性、敏捷性、灵活性、批判性、独创性等思维品质的提升。[1]《义务教育语文课程标准(2022 年版)》则说应"在发展语言能力的同时,发展思维能力,学习科学的思想方法"[2]。"思维语文",倡导培养如上所述的思维品质与思维能力,进而提升语文的实际运用能力。

（2）内涵界定:"思维语文"中的"思维力"包括直觉语感能力与理性推理能力两大方面,前者是在语言学习与运用中形成的敏捷、灵活的直觉思维能力,而后者则是运用包括逻辑分析、文脉梳理、筛选、归纳、整合、猜想、推断、探究、评价、创造等更具深刻性、批判性与独创性思维品质的能力。两种"思维力"在语文学习中是相互促进、互为补充的关系:理性推理能力会促进直觉语感能力的形成与固化,而直觉语感能力是理性推理能力的基础。

（3）本质阐释:"思维语文"的本质就是运用语文"思维力"来解决语文学习问题。语文"思维力"将伴随着"语言能力"的"发展"而生成,可以更高效地推进"语言建构与运用""审美鉴赏与创造"和"文化传承与理解"。因为语文"思维能力"不是一种具象的数理计算能力,而是一种关涉到理解、分析、概括、鉴赏、表达的抽象感悟能力,它也关系到联想、想象式审美,关系到中国人的文化思维与审美心理。

"思维语文"在初中学段更重视"培养语感"和"整体把握"的能力,也就是更重视直觉感悟能力,而在高中学段更重视"同时发展思辨能力,提升思维品质",也就是理性推理能力,但都强调"思维力"的培养。

三、主张的整体架构

（一）"思维语文"的教学研究框架

1. 什么样的教学环节逻辑能够引导语文课堂教学一步一步地走向思维的深度？

2. 不同文体的课堂教学又应有什么样的教学环节来引导语文课堂一步一步地走向思维的深度？

3. 什么样的课型该执行怎样的教学策略来让学生的学习一步一步走向思维的深度？

（二）"思维语文"的评价研究框架

1. "语言建构与积累"评价板块中如何运用诸如"因义定音""因义定形"的思维方法和"简明""连贯""得体"的知识体系来解答"综合语段语基题"和"语言情境题"？

2. "审美鉴赏与创造"评价板块中如何从"体式"入手，熟练掌握古诗词、文学类文本阅读的命题思维与方法来解答"审美类试题"？

3. "文化传承与理解"评价板块中如何透过文本语言之"象"探究文章、文本之"质"，领会命题人融入文本中的本民族与外民族情感基调、文化心理、思想内蕴，进而提升学生深度学习与解读诸多阅读文本的"思想内蕴"的能力？

4. "思维发展与提升"评价板块中如何真正发展与提升学生的直觉思维、形象思维、逻辑思维、辩证思维和创造思维，提升思维的思辨性，解决阅读与写作中的实际问题？

四、主张的实践探索

（一）教学探索举隅

1.《庖丁解牛》(20210520,福建省厦门市集美区灌口中学,笔者市级公开课)

这是一堂"思维力培养"的教学探索：庄子善于借助寓言假托"庖丁"来布道——遵循自然的养生之道。从文中"文惠君"的两处关键性"感叹"我们可以得到管窥：

······

教师：文惠君由衷感叹"技盖至此乎"，这一句话的关键字是什么？

学生："技。"

教师：可见文惠君一开始看到的仅是"庖丁"的"技"。接着，"庖丁释刀"后回答的话却是什么呢？

学生："臣之所好者道也，进乎技矣。"

教师：那么，作者借由"庖丁"所答想表达的是"道家"之"道"。

教师：这样的"道"有哪些？又有何"现代意义"呢？

······

当"庖丁"通过"手触""肩倚""足履""膝踦"等一系列娴熟、优美到"中音""合会"的解牛动作征服文惠君时文惠君仅说是"技盖至此",可见他这时并无理解庄子借助"庖丁"的表演所要传播的"养生之道";经过"庖丁释刀"后的一番"回答"——"依乎天理""技经肯綮之未尝""恢恢乎其于游刃必有余地矣",文惠君终于由衷感叹其"得养生焉"。本次公开课教学,笔者紧抓这两处文意与文蕴"关键句",利用逻辑结构梳理术,引领学生理解本文的主旨意蕴,充分解析了寓言类文言文"思维力培养"的方术。

这堂课既教出了"文言味"——重视文言难词、难句的诊断与分析,更教出了"思维性"与"文化力"——教学中设置了两个"思维教学点":(1)结合文本,梳理"庖丁"解牛之美与解牛之道;(2)借助文本,寻找《庖丁解牛》中的"道"学。这两个"思维教学点"都要求学生借助课文第三自然段中的"总—分"段内逻辑来寻找答案,这就能训练学生梳理文本"逻辑结构"的思维品质,也能进而引导学生对文本中的"道"学思想内容进行批判,从中汲取积极的"生活哲学观",从而体会《庖丁解牛》一文深邃的传统经典文化力,教出"传统文化经典"课文的现代文化内涵。

2.《活板》(20220520,福建省厦门市集美区滨水学校,笔者市级公开课)

笔者在市级公开课教学《活板》(统编教材七年级上册)中,重视对"活板"制作工艺过程的文本信息筛选、归纳与整合以及对"活板"之"活"的深沉意蕴的理解。

……

活板印刷之"活"何在?

(1)"胶泥刻字","每字为一印"——制字活

(2)布字、炀板、平字——设板活

(3)两板更互——印刷活

(4)炀板拂印——拆板活

(5)依韵帖之——贮存活

……

如果说《庖丁解牛》市级公开课教学只是"思维力培养"的初始践行,那么《活板》市级公开课后,笔者则开始探索如何通过梳理文脉进而掌握古文文法直到能够读写贯通的古文课堂深度教学模型:

(1)课前根据"生情",做好导学案设计,充分调动学生课前预习——圈点勾画难解词句,思考文意与文蕴;(2)课上依据学生"未知",注重"文意"往"文蕴"的思维力培养,进而引导学生掌握相关文体的"文蕴"表述方术,体会文章的主旨。

(二)评价探索

1. 指导命题

笔者以语文"思维力培养"为关键视角,引领年轻教师探索旨在培养"思维力"的"思维语文"试题命制与解答。

指导福建省厦门市翔安区实验学校唐安琪老师在九年级上语文期末校本作业——《醉翁亭记》校本作业中呈现基于思维力培养的试题命制。就欧阳修《醉翁亭记》与郑燮《游江》中所

写之"乐"的原因进行超越文面意思的深层意蕴探究,以呈现对语文"思维力"的考查。

2. "现身讲座"

笔者开设"以逻辑的力量与数理的思想解语文高考题"讲座,向区域内教师解说如何运用"理性推理能力"在语文高考字音鉴别、字形甄选及语病辨识、句子"选用"与"仿造"、文言语句翻译和古诗文、现代文阅读与鉴赏、创造中因义定音、定形,紧抓逻辑结构、善用思维方法等解决语、修、逻、文运用问题。

3. "四研究"推进

笔者借助"课程标准"、考试评价指南、中高考试题和"生情"的研究即"四研究",推动区域内学校教师提升语文教学"思维力培养"的有效性,重点是透过试题文本文面表层含意与深层意蕴的理解与分析以及文本逻辑结构的解析来进行有效信息的筛选、归纳与整合,进而探究与评价,从而发现语文"思维力"培养的诀窍。具体而言:A. 注重研读"课程标准"中关于"思维发展与提升"这一核心素养的表述内涵,研究其对于"语言建构与运用""审美鉴赏与创造""文化传承与理解"三个核心素养的推动作用;B. 注重研究"评价指南"(或"评价体系")中"一体四层四翼"之"四层"的"学科素养"与"关键能力"中"思维力"在试题情境设计、考查形式及审题分析与解答规范上的"映射";C. 注重研究"生情"的把握方式和"思维力分层培养"方法,即用什么方式把握"生情"和用什么方法推进各层学生的"思维力培养"。

参考文献

［1］中华人民共和国教育部.普通高中语文课程标准(2017 年版 2020 年修订)［S］.北京:人民教育出版社,2020.

［2］中华人民共和国教育部.义务教育语文课程标准(2022 年版)［S］.北京:北京师范大学出版社,2022.

"生动英语"教学主张及课堂实施[①]

厦门市集美区教师进修学校　林小燕

一、"生动英语"教学主张的缘起与内涵

党的十九大和全国教育大会精神突出强调全面发展育人目标。核心素养下的高中英语教学突出明确学生应具备的正确价值观念、必备品格和关键能力,强调个人修养、社会关爱、家国情怀。"高中阶段学生逐渐形成思维、判断能力和价值观,在教学中渗透育人价值恰逢其时,也是提高语言学习效率的关键之一。"(梅德明,王蔷,2018)

现如今的英语课堂,越来越多的教师关注文本解读,关注文本文字的深层挖掘,但遗憾的是,多数课堂虽然有深度,却没有"温度"。教学局限于说文解字,缺乏情感价值观的渗透;课堂多是程序化、语言工具化,缺乏人文化;教师情感参与少,课堂略显苍白。鉴于此,笔者认为,十分有必要在教学中融入更多的情感、价值观。

"生动英语"认为语言是表达语言意义的重要单位,内容丰富、形式多样,是实现育人价值的重要载体。教师需认识到育人的重要性和必要性,以学生为教学起点;深挖教学中的内涵,在实践中找到教学育人的支点,以知促行,扎实开展育人活动;着眼具体路径和策略,导向学科育人的教学实践诉求;同时,常思教学中的育人契合点和突破口,促进知行合一,以此构建指向育人的稳定支架和体系。

二、"生动英语"教学主张的实施要点

基于育人本质和学习需求,"生动英语"倡导英语教学关注以下方面:

(1)投入高度的情感和正确的价值观。以育人为己任,充分认识英语学科育人的本质,以饱满的情绪投入教学,提高育人意识,明确育人导向,引发学生的共鸣。

(2)选择合适的着眼点。教学材料有多重挖掘角度,应优化学科核心素养下的文本解读,选择与育人目标适切的结合点,并就此展开深度学习,避免情感泛化,无病呻吟,流于形式。

(3)拥有一定的教学智慧。要有敏锐的洞察力,善于挖掘文本中情感价值观的切入点,抓住关键语言和内容,找到价值渗透的窗口,整合资源,有所侧重,充分发挥课程育人价值。

(4)将情感价值观教育作为日常教学的重要组成部分。文本解读要超越文字信息,融入

---

① 林小燕.高中英语阅读教学的育人价值及其实现路径[J].中小学英语教学与研究,2020(9):38－40,52.

价值培育。只有将其作为重要教学目标和内容,育人才能持之以恒,教育教学才更有针对性和实效性。

三、"生动英语"教学主张的课堂实践

下文以阅读教学为例,探讨"生动英语"教学主张的课堂实践,旨在让学科育人渠道活起来,让课堂育人阵地立起来,让实践育人方法通起来。

(一) 锚定标题联想探究

标题是一篇文章的窗户,它集中体现文本的中心思想,能激发学习和思考。锚定标题,首先,教师可以直接着眼于"题眼"。例如,"John Snow Defeats 'King Cholera'"中的"King"、"An Exciting Job"中的"Exciting"等,均为可圈可点的情感价值突破点,教师可借机引发对意志品质、职业倾向的探讨。此外,可利用标题词汇特征连接课堂教学。例如,"Puzzles in Geography"中的"Puzzles"一语双关,教师在授课过程中,便可以"拼图"引入,用疑问的形式,以"困惑"串联,并在课堂教学中不断复现、排除、锁定,帮助学生逐步解决问题,了解历史文化,拓展国际视野,关注人类文明,培养家国情怀。

(二) 针对文体创设情境

育人价值的融入因具体的文体类型而异。倘若仅处理信息等语篇表层意义,缺乏对不同语篇的差异化解读以及必要的情感融入和价值观的挖掘,那么教学势必枯燥、干瘪,没有灵魂与灵性。只有在真实情境下运用某种或多种知识完成特定任务,才能评估关键能力、必备品格与价值观念(崔允漷,2019)。

教师针对不同文体创设具体情境,能增强教学真实感,实现课内到课外的知识迁移,使学习有意义、有成效。记叙文往往情节跌宕起伏,学生可以成为故事主角,身临其境地体验。说明文客观严谨,教师可让学生化身为"讲解员",体验学习。根据文体特征,在真实多元的情境中养成公民自觉,树立正确世界观、人生观、价值观,为基础知识转化为能力和素养奠定坚实基础。

(三) 基于内容设计任务

阅读教学应重视把握体现作者情感价值的语言和内容。文本主题往往蕴藏在表示作者情感态度的语言中(葛炳芳,葛俊婷,2019),因此教师要善于挖掘相关内容以设置相关任务。例如,可分析语言文字在不同语境中的异同,可根据它们出现在文本中的位置分析故事人物情感和情节变化,加深对人际关系和社会交往的认知。

针对语篇内容,教师可根据教学需求进行文本的增、删、破、立。例如,进行群文阅读,将"人与社会"相关联,深化主题意义,培养家国情怀,树立文化自信与自豪感。再如,进行文本对比,突出"人与自我",以使学生不断丰富、完善自我。又如,综合课内外信息,结合身边人、

身边事,补充多模态语篇,传递正能量,让学生更好地感受力量与情怀。

(四) 指向目标设置问题

教学目标应可达成、可操作、可检测(中华人民共和国教育部,2018),在不同程度上涵盖育人价值。问题是教学目标实现的载体,指向育人的教学,问题设置应有具体针对性。记忆型问题可提炼全文的中心要义,定位全文(或段落)价值取向;应用型问题可直接激发学生实践价值理念,明确正确的价值取向;其他如理解型、分析型、创造型问题均可利用以引导、培养学生良好的价值观念和道德品质。

以"A Biography of Isaac Asimov"为例,为了渗透情感价值观教育,笔者设置指向育人的系列问题,在探讨问题的过程中,学生感受到个人的优秀品质以及社会国家的前途命运的重要性,强化个人努力、感恩人生阅历、建立文化自信,树立正确的世界观、人生观和价值观。

(五) 回归价值的评价反馈

教学评价往往在处理学生"学"和教师"教"的关系中起到关键作用(中华人民共和国教育部,2018)。教师应采用多元评价方式,书面与口头评价相结合,发挥评价的反拨作用(中华人民共和国教育部,2018)。为实现育人价值,可通过问题回答,检测性、表现性任务等评价手段,评估学生对主题意义的理解。

因评价有多重维度,评价形式及结果的呈现方式可以多样化。学生可用对合作性的自我评价、对个体努力的自我评价、对文化认同的自我评价等;教师可用描述性评价,也可采用等级制评价。教师或其他学生的评价还可用思维导图、表格、档案袋等形式。

参考文献

[1] 崔允漷.学科核心素养呼唤大单元教学设计[J].上海教育科研,2019(4):1.

[2] 葛炳芳,葛俊婷.英语阅读教学中语境的层次性与语言能力培养策略研究[J].中小学外语教学(中学篇),2019,42(3):1-8.

[3] 中华人民共和国教育部.普通高中英语课程标准(2017年版)[S].北京:人民教育出版社,2018.

[4] 梅德明,王蔷.普通高中英语课程标准(2017年版)解读[M].北京:高等教育出版社,2018.

FUN English，做令人愉悦的英语教育

福建省厦门双十中学思明分校　陈　榆

学习和运用英语有助于学生了解不同文化，比较文化异同，汲取文化精华，逐步形成跨文化沟通与交流的意识和能力，学会客观、理性地看待世界，树立国际视野，涵养家国情怀，坚定文化自信，形成正确的世界观、人生观和价值观，为学生的终身学习、适应未来社会发展奠定基础。初中阶段的英语学习处在学生学习成长的关键期，让学生在英语教学中感受成功、体验愉悦，更加健康、高效、快乐地学习和掌握知识有助于其形成适应个人终身发展和社会发展需要的正确价值观、必备品格和关键能力。

一、FUN English 的推行价值及内涵

从字面上看，FUN 可以译为"乐趣、有趣的人或事、给人乐趣的行为"，FUN English 的内涵是在愉悦的英语学习（FUN English）中，教师聚焦现代科学教育思想（Focus on modern teaching thoughts），通过引导学生学习方式的转变（Unite learning methods），滋养学生对英语学习的热爱（Nourish love for English），使其在学习的过程中做到学思结合、学用结合、学创结合，实现知识间的关联、加深理解并初步应用所学知识，形成正确的态度和价值判断。

《义务教育英语课程标准（2022 年版）》指出，教师应秉持在体验中学习、在实践中运用、在迁移中创新的学习理念，倡导学生围绕真实情境和真实问题，激活已知，参与到指向主题意义探究的学习理解、应用实践和迁移创新等一系列相互关联、循序递进的语言学习和运用活动中。教师应聚焦于学生发展核心素养，培养学生适应未来发展的正确价值观、必备品格和关键能力，引导学生明确人生发展方向，成长为德智体美劳全面发展的社会主义建设者和接班人。

新课程标准要求英语教师在组织和开展课堂教学时，应致力于促进所有学生的发展，立足于学生的个体差异性，结合学生的实际情况，制定出不同的教学目标，采取有针对性的教学手段。课堂教学中，教师应紧紧围绕"自主、合作、参与"的原则，引领学生以小组合作的模式，在合作、交流和讨论的过程中，完成英语知识的探究学习，因此我们应该着力于变革教学方式，营造英语学习氛围。此外，当今世界科技进步日新月异，网络新媒体迅速普及，人们的生活、学习、工作方式不断改变，儿童青少年成长环境深刻变化，人才培养面临新挑战，教育技术也应不断改进。

我们希望师生教学行为的转变带来的结果是滋养了学生对英语学习的热爱，带着爱，学生会从主观上积极地、主动地去寻找、认识、掌握某项事物，并力求参与其中。无论做什么事

情,主动的效率总是要比被动的高,学生对所学的东西充满了兴趣,就会自己主动地、专注地去学习,正所谓"知之者不如好之者,好之者不如乐之者"。同时,在学习、实践活动中发生和发展起来的兴趣是认识和从事活动的巨大动力,在此作用下,我们方可培养健康、自信、乐学、善学的学习者。

二、FUN English 初中英语教学主张具体实施架构

(一) 围绕核心素养培养,践行英语学习活动观

英语学习活动观强调"在体验中学习、在实践中运用、在迁移中创新",是一种以学习者为中心的学习理念,注重引导学生参与自主学习和合作学习,加强对话交流。教师要树立课堂教学情境化的理念,带领学生在真实的语境中感知语言,在活动中学习新知。例如在教学人教版九年级 Unit 1 How Can We Be Good Learners? 时,教师在课前设置的起"回顾"作用的问卷如下:

(1) Do you think it's easy to study at school?

A. Yes.　　　　　　　　B. No.　　　　　　　　C. Hard to say.

(2) What is your learning level?

A. I'm at the top.　　　B. I'm at the bottom.　　C. I'm in the middle.

(3) What is your favorite subject?

A. Chinese.　　　　　　B. Math.　　　　　　　C. English.

D. Biology.　　　　　　E. Geography.　　　　　F. Morality.

G. History.　　　　　　H. Physics.　　　　　　I. Chemistry.

J. P.E.　　　　　　　　K. Music.　　　　　　　L. Art.

M. I. T.　　　　　　　　N. Labor.　　　　　　　O. Psychology.

(4) Why do you like it best? _____

(5) How do you learn it? (Show 1 - 2 ways of your learning methods.) _____
_____

(6) Which subject are you poor at?

A. Chinese.　　　　　　B. Math.　　　　　　　C. English.

D. Biology.　　　　　　E. Geography.　　　　　F. Morality.

G. History.　　　　　　H. Physics.　　　　　　I. Chemistry.

J. P.E.　　　　　　　　K. Music.　　　　　　　L. Art.

M. I. T.　　　　　　　　N. Labor.　　　　　　　O. Psychology.

(7) Who is good at it? _____

(8) How does he/ she learn it? _____

这是学生进入初三后第一个单元的学习,按常理,这是学生经过一个暑假调适后,状态最佳、冲劲最足的学习阶段。这份课前问卷包含对已有知识的回顾,如学科类单词,同时铺垫了

教材的新知,激发学生对于"如何成为一名好的学习者"的求知欲望,引导学生进行探究,鞭策和激励了"学困生",促使学生进行反思和总结。来自学生实际生活的素材正是让学生有话可说的"源泉",知识学习与学生经验、现实生活联系起来,有利于学生提升认识世界、解决问题的能力。

(二) 创新英语学习方式,提高师生教学效率

1. 在"教—学—评"一体化的设计中推动学习的进行

在"教—学—评"一体化的课程理念中,"教"决定育人方向和基本方式,直接影响育人效果;"学"决定育人效果;"评"为促教、促学提供参考和依据,三者相互依存、相互影响、相互促进,发挥协同育人功能。评价作为教学实施过程中的构成环节可以用来评测学生核心素养发展的水平,促进学生全面、健康而有个性的发展,内化评价结果也是学生学习过程的组成部分。

例如在教学人教版七年级(下)Unit 9 What does he look like? 的 Section B 中的 Activity 3a - 3b时,教师组织了课堂上的同伴评价。学生在小组讨论中,探讨语言对清晰、准确、生动地表达主题意义的作用。他们合作分析,确定将与人物描写相关的内容呈现在写作中之后,互相提供意见和建议。讨论的过程中,每一位学生分享自己拓展阅读的收获,其他同伴给予倾听与评价,评价的过程即同伴互相学习的过程。

A:我喜欢这句话,"She is of medium height and wears glasses",因为它不是简单地讲身高,而是把"戴眼镜"的情况写在一起,句子比较长,信息也比较丰富。

B:我不认为"中等身高"和"戴眼镜"这两句话之间有关系,它们不应该用 and 来连接。

A:可是我觉得如果只是 She is of medium height,句子太短了。

C:可不可以说 She is a medium height girl with glasses?

B:同意! 用了 with,这句话显得更"高级"了!

D:"中等身高"和"戴眼镜"这两个信息在一句话里面,看起来也很自然。

……

小组讨论的这个小小片段体现了同伴合作评价的人文性、过程性以及民主协调性,而且让学习自然而然地发生了,这是多么美妙的课堂啊!

2. 在信息技术与英语课程的融合中提高英语学习效率

信息技术的高速发展,为学生学习到最新的知识提供广阔舞台,同时也对学生的学习能力提出更高的要求,应引导学生树立终身学习的理念,适应社会信息化、学习化的要求,培养学生的自主学习的能力,初中英语学科是培养学生自主学习能力的重要课程,能让学生运用适合自己的学习策略,积极主动地、持之以恒地进行英语学习,并灵活运用各种自主学习的方法是平时英语教学追求的目标。

例如在以往的课堂中,听力任务的完成率往往不尽如人意,一些熟练度较弱的同学听不懂、不敢写,害怕写错了被人看见,更不用说站起来分享自己的答案了。而在电脑环境下完成作业时,学生以个体为单位将成果反馈给电脑,无形中缓解了学生的心理压力,使其能够较自

由地将自己的真实水平表现出来。在信息环境下教学对口语的促进作用会更大，一些在课堂上对自己口语不自信的学生将更有勇气对着麦克风说英语，这将成倍增加学生的开口时间，达到英语学习最终"说"的目的。

(三) 激发学生乐学善学，发挥主观能动作用

英语教学不仅要重视"学什么"，更要关注学生是否"喜欢学"，以及是否知道"如何学"。教师要根据学生的认知特点，设计多感官参与的语言实践活动，让学生在丰富有趣的情境中，围绕主题意义，通过感知、模仿、观察、思考、交流和展示等活动，感受学习英语的乐趣。不同年龄段的学生有不同的心理特征，即使是同一个班级的学生，也会在心智上有很大的区别。教师应当设计符合大部分学生认知水平的、形式多样的教学活动，以激发学生学习兴趣。

例如在教学人教版七年级下册 Unit 1 Can you play the guitar? 时，因为学生都是初一的孩子，心智还较为简单，教师通过肢体语言表演 play the violin, play the piano, play the trumpet, play the drum 等，学生一看就懂，模仿的积极性很高。紧接着教师设计"Polly Says"的活动，告诉学生他们只能执行那些前面加上了"Polly Says"的口令——如果谁做错了，执行了其他的口令就"牺牲了"。3—4 分钟后看看有多少个学生还"活着"。伴随学生自己的肢体语言动作，多感官联动，他们对所听到的乐器名称记忆深刻、反应敏捷，根据后续的阶段反馈，学生对这部分内容掌握得比较扎实。

学习从来就不是一件简单的事情，但是如果我们能通过教师教育理念的转变，采用现代化的教学手段，守正创新，深耕课堂，培养学生对英语学习的热情，那么我们的教育教学之路将会更加行稳致远，学生的学习之路也将充满愉悦和享受，让学习在自然而然中真实、高效地进行，为教育增添一缕馨香。

拾级而上，为思而教

福建省厦门第一中学　徐小平

数学是思维的体操，在培养人的思维能力和发展人的核心素养方面，数学有着不可替代的独特作用。让学生学会思维是数学教育的使命，使学生会用数学思维思考世界是基础教育阶段数学教育的终极培养目标之一，笔者在教学中秉持"拾级而上，为思而教"的主张，致力于让数学课堂成为启迪思维的灵性课堂，让数学教学成为充满智慧的教育活动。

一、"拾级而上，为思而教"教学主张的内涵及推行价值

"拾级而上，为思而教"的数学教学包含两方面的含义："拾级而上"是方法论，体现的是教学方法；"为思而教"是认识论，体现的是教学理念和培养目标。

"拾级而上，为思而教"指的是在数学教学中以激发学生主动思维的精神，培养学生的理性思维以及让学生养成良好的思维习惯为目标，根据学生的现有水平，设计梯度合适的进阶问题链，为学生搭建能力进阶和交流展示的平台，使学生从现有的思维发展区突破到更高层次的思维发展区，实现深度学习，发展核心素养。数学理性思维包含批判性思维和创新思维，理性思维得到良好发展表现在能独立思考、提出问题、分析问题和解决问题上，具体体现在：能抓住主要矛盾和矛盾的主要方面，善于在复杂的情境中抓住关键要素；能透过现象认识本质，善于发现事物和现象的本质和规律；能在一般观念指导下思考和解决问题，善于将复杂问题简单化，以简驭繁；不迷信权威，能突破陈规、大胆探索、勇于创造、善于创新；能有理有据、前后一致、逻辑连贯地阐明观点，形成重论据、有条理、合逻辑的思维品质，养成以理服人的行为习惯等。

思维教育是实现深度学习、发展核心素养的关键，只有思维发展了，学习才能真正发生。正是由于意识到了思维教育的重要性，众多学者认为思维教育在教育中位于核心地位。杜威提出："智育的全部和唯一目的就是要养成细心、警觉和透彻的思维习惯。"钱学森指出："教育最终的机理在于思维过程的训练。"钟启泉教授认为："培养学生的思维素养是核心素养的核心。"数学是一门思维科学，数学教育是思维教育的重要载体，在思维教育中发挥着不可替代的作用。会思维、善思考的学生才是合格的社会主义事业的建设者和接班人，"拾级而上，为思而教"的数学课堂，让学生学会思维、善于思考，为学生成长为合格的建设者和接班人奠定坚实的基础。

二、"拾级而上，为思而教"教学主张的具体实施架构及教学实践

"拾级而上，为思而教"的数学教学以设计指向高阶思维发展的问题链和构建民主和谐的

课堂氛围为抓手,针对教学过程中学生可能出现的困惑和障碍,将教学内容分解为层次分明、相互联系的一系列指向高阶思维发展的教学问题,教师适时扮演"同事、参谋、建议者、欣赏者",充分给予学生真实地表现自己的机会,耐心倾听学生的见解,用心了解学生解决问题的思维过程,及时发现学生学习上的不足和遇到的困难以及思维的闪光点,给予适时、适当的引导和激励,营造民主和谐的课堂氛围,让课堂充满活力,让思维之花绽放。

在教育教学实践中,课堂是主阵地,学生是出发点和归宿,笔者主要从以下几个方面践行"拾级而上,为思而教"教学主张。

一是精准把握课标要求、教材意图、学生思维水平及思维生长点。笔者尽力做到最大程度地挖掘教材的价值,做到用教材教,而不是教教材。笔者注重充分了解学情,根据学生现有的思维水平,设计出符合学生思维发展特点的问题,调动学生的积极性,发挥其潜能,使其超越最近发展区而达到下一发展阶段的水平,然后在此基础上进行下一个发展区的发展。

二是不断学习,深入研究,在教学中立足教材、深挖教材意图,对教材的问题情境进行加工,对教材问题进行创造性的整合和改造,设计难度合适的起点问题,逐层深入、紧密关联的过渡性问题,具有挑战性的最终问题以及体现批判性思维的发展性问题。由于不同学生之间的思维水平存在一定的差异,笔者在教学中注重设计一些更具有挑战性和发展性的问题任务供思维水平较高的学生思考,以此促进这一群体的素养提升和高阶思维的发展,因此,笔者常常寻找教材之外适合的素材进行加工,不断学习,深入研究适合的挑战性任务。例如,笔者担任数学竞赛总教练,在2022届学生宋若熙备赛全国决赛期间,根据其特点为其提供了有效的学习资源,布置了具有挑战性的学习任务,进行了科学精准的指导,对其在全国决赛中的压轴题上取得高分并最终入选国家集训队起到了决定性的作用。思考题也是很好的形式,在教学中,笔者在每节课中都会留适当的思考题给学生课后思考,在日积月累中,有效地提升了学生的思维,每日一思成为"拾级而上,为思而教"教学主张实践的良好方式。

三是在问题的解决中让学生充分思考、充分表达。学生在学习的过程中,不断产生思维冲突,进而在教师的引导下逐步解决问题,学会数学地思考问题,学会严谨、有逻辑地表达观点。将课堂的时间还给学生,以学生为主体,为学生学会思维指引方向,指导方法,成为学生思维的领路人,让思维素养得到培养,让思维教育成为可能。

教育千古事,得失寸心知!思维教育具有恒久的生命力,时代呼唤思维教育,"拾级而上,为思而教"就是遵循教育规律、探索科学方法,培养学生学会思维、善于思维,让思维灵性发展,让教育充满智慧。笔者始终坚持和践行"拾级而上,为思而教"的教学主张。

中学数学教学应"以思维启迪激活课堂"

一、教学主张及生成缘由

数学是充满着理性思维的学科。义务教育数学课程标准[1]指出数学为人们提供了一种理解与解释现实世界的思考方式。通过数学的思维，可以建立数学对象之间、数学与现实世界之间的逻辑联系；构建数学的逻辑体系；分析、解决数学问题和实际问题；能够通过计算思维进行问题求解与系统设计；形成重论据、有条理、合乎逻辑的思维品质，培养科学态度与理性精神。普通高中数学课程标准[2]指出数学教育承载着提升学生数学素养的功能，引导学生会用数学眼光观察世界，会用数学思维思考世界，会用数学语言表达世界。当下，不少学者指出数学教学的本质是教思维，将数学思维的培养定位为数学教育的核心。郅庭瑾在所著的《为思维而教》中指出，让教育成为充满智慧的活动，教师要为思维而教。教会学生思维，是教育的使命。当代教育名家任勇指出，思维能力是学生学习力的核心，教师抓住学生思维力的培养，就抓住了学习力培养的核心。

笔者基于理解数学、理解学生、理解教学，结合个人教学经验，思考并提炼出以下教学主张：以思维启迪激活课堂。

二、教学主张下的教材解读：力透纸背

对于一节新授课，有教师在简单看完教材之后，参考各种教案资源，或上网查找大量的课件、教学设计，从中筛选内容进行教学。如上投入大量的时间参考别人的做法，是部分教师备课过程的一种常态。建议主动深入理解教材，"精致"地处理教材。

首先，在了解新课内容之后解读课标，把握本节课的教学目标，确定本节课的教学重点和难点。之后，逐句逐字地研读教材内容，读准每一个字，推敲每一个词，体会每一句话，多角度地思考和理解文本。从课程的角度系统理解所编排的知识体系，理解编者的意图，居高临下地把握教材。从学生的角度，设身处地地思考和预设学习的困难。在精读中思考：

（1）本节课的起点是什么？即学生已有的知识、能力、活动经验的储备有哪些？

（2）遵循学生的认知规律和思维发展水平，如何设计新知识的生成过程？如何根据学情进行教学内容的增减？

（3）三挖掘：挖掘本节课蕴含的数学思想方法，挖掘本节课对学生后续学习最重要的迁移价值，挖掘本节课的教育意义。

（4）追寻高效课堂：如何进行取舍，详略得当？

随着对教材的深入研读，可发现课标中的行为动词"了解、理解、掌握、运用、经历、体验、感悟、探索"等不再"高高在上"，而是如此地贴近教学，让核心素养自然而然落地课堂教学。

三、教学主张下的课堂教学：巧妙设问

《礼记·学记》中指出"善问者如攻坚木，先其易者，后其节目，及其久也，相说以解"。思维灵动的课堂，应以有效的问题设计启迪学生的思维。下面以人教版八年级数学"14.2.2 完全平方公式"教学设计为例。

教学环节：在学习完$(a+b)^2=a^2+2ab+b^2$后，进一步学习$(a-b)^2=a^2-2ab+b^2$。

问题：加法与减法常常密不可分，你能算出两数差的平方$(a-b)^2$是多少吗？

设计意图：类比加法思考减法，让新知的产生自然而然。

追问1：你是怎么得到的？

设计意图：从结果看过程，展示不同的方法。

追问2：哪种方法更简单？

设计意图：在比较中获得最优算法，体会数学的简约美。

追问3：你能用文字语言说明吗？

设计意图：符号语言和文字语言的相互转化，启发学生有逻辑地表达。

追问4：除了a与b，你能再举一个例子吗？

设计意图：希望学生发现式子的结构特征，而不问"结构特征是什么"，仅"引而不发"，由学生举例，在过程中体会结构特点。

追问5：你是怎样快速得到的？

设计意图：引导学生从自主学习过程中提炼总结式子的结构特征。

如上问题设计立足尊重学生的认知规律和思维发展水平，从学生熟悉的加减法之间的关联入手，从简单的计算和举例逐步深入，指向共同结构特征的本质探索，是教师以问题链引领学生在新知识的学习过程中体验、反思和总结的过程。

以思维启迪激活课堂，往往需要教师高水平、有智慧的提问。例如，在析题的过程中问：

（1）条件是什么？问题是什么？（析题）

（2）这个问题见过吗？如果见过，有哪些解法？如果没见过如何转化？（联想与类比）

（3）为什么这样想？为什么不走那条路？成立的理由？不成立的反例？（归因）

（4）属于哪类型题？有何规律？解题的策略是什么？（总结与提升）

（5）还有别的方法吗？（发散）

析题过程，往往在"破题"的关键点上设问，在学生思维的"节点"上设问，在挖掘此题所蕴含的有价值的方法或思想处设问。

综上所述，以思维启迪激活课堂的教学主张，让课堂成为学生思维的乐园。教师为思维

而教,启发学生灵性生长,培养学生受用一生的学习习惯与思维方式。正所谓发展了教师,幸福了学生!

参考文献

［1］中华人民共和国教育部.义务教育数学课程标准(2022年版)[S].北京：北京师范大学出版社,2022.

［2］中华人民共和国教育部.普通高中数学课程标准(2017年版2020年修订)[S].北京：人民教育出版社,2020.

"悦读有法，衔接有道"的数学阅读主张

厦门五缘第二实验学校　李生华

一、数学学科"宣言"：培养终身阅读者，培养负责任的表达者

学科宣言是学科信念作风规划中的重要内容，笔者以数学阅读中的宣言诞生过程来展示自身在学科建设上的努力。在思辨中找到学科宣言的内核，通过数学阅读打通一条学科特色和学科价值之路。

那数学阅读的特色和学科价值之路又在哪儿呢？我们认为就是培养学生的阅读素养，在阅读中落实数学核心素养培育。史宁中教授说过，数学基本思想可归结为三个核心要素：抽象、推理、模型。这三者对于数学的作用以及相互之间的关系大体是这样的：通过抽象，人们把现实世界中与数学有关的东西抽象到数学内部，形成数学的研究对象，思维特征是抽象能力强；通过推理，人们从数学的研究对象出发，在一些假设条件下，有逻辑地得到研究对象的性质以及描述研究对象之间关系的命题和计算结果，促进数学内部的发展，思维特征是逻辑推理能力强；通过模型，人们用数学所创造的语言、符号和方法，描述现实世界中的故事，构建了数学与现实世界的桥梁，思维特征是表述事物规律的能力强。在数学研究和学习的过程中，抽象、推理、模型三者之间常常是你中有我，我中有你。

现在我们更清晰地领悟到：数学教学的最终目标，是让学习者会用数学的眼光观察现实世界，会用数学的思维思考现实世界，会用数学的语言表达现实世界。而数学的眼光就是抽象，数学的思维就是推理，数学的语言就是模型。这样大家就更容易理解三个数学基本思想的意义和重要性了[1]。

二、数学教学"誓词"：从数学阅读中感悟阅读人生

读书是我们生存在世界上必不可少的终生必修课。罗曼·罗兰说：从来没有人为了读书而读书，只有在书中读自己，在书中发现自己或审视自己。读书，归根到底，就是一场与自己的相遇。数学阅读就是强调认知者相遇数学精神、交流数学情感和生成数学意义的过程，体现数学生命的唤醒、充实和升华的过程。数学生命在参与数学阅读中提升自己的高阶思维能力，提升自己的思辨能力。基于核心素养提升的数学阅读课程，所选内容皆源于教材，又高于教材，整体难度适中，不同水平的学生所见不尽相同，能够各取所需，最终都能够有所收获，提升数学思维水平。让学生深刻体验知识形成过程，他们才能更好地发挥主观能动性，将知识转化为素养。例如，以"中国人最先使用负数"为背景引导七年级学生认识负数，使刚升入

初一的学生能通过阅读课理解数域扩充的变化会带来法则内容的变化,用类比方法研究数的运算到式的运算,正确理解如"$-2-2=-4$"这种运算是怎样产生的。

《义务教育数学课程标准(2022年版)》提倡做好三个衔接,分别是幼小衔接、小初衔接和初高衔接。我们认为六、七年级衔接过渡的成功与否对义务教育质量的影响很大,有承前启后的作用,这部分是基础教育长期被忽视的一个薄弱环节。执行"知识与能力并举,规范与潜能同行"的衔接教学理念,开发数学阅读课程,立足于"精·活·实"文化课堂,开展"读·思·串"数学阅读教学,提升衔接教育,感悟阅读人生。从数学知识、思维方式、学习方法等进行衔接、提升。

三、数学学科"树旗":悦纳阅读数学

什么是"悦纳"?悦纳在《辞海》上的释义为高兴地接纳、接受东西或人。

从"阅读"到"悦读"再到"悦纳"的过程就是心理感受的不同发展过程。阅读者的情感内化或者迁移,从而可以解决成长困惑、满足各种情感需要。这样的阅读其实是马斯洛需要层次理论中人的最高需要,把这种阅读称为"悦读"。"悦读"的最大特点来自阅读者的主动获得,在悦读活动中更多关注阅读体验、情感内化,总之更注重情感的生成。"悦读"的目的在于"悦纳","悦纳"是"悦读"的结果。在"悦读"中,体悟真情,反观自我,这是悦读的收获。

悦纳阅读数学就是以数学阅读为载体,让数学生命在阅读中成长,收获对数学认识的情感生成,或者从阅读中提升学习知识的能力,素养的提升又激发新一轮或更高层次的主动阅读,从而达到"探索成就悦纳数学智慧,挑战领略数学悦读精彩"。

如何落实呢?数学课标修订组组长史宁中教授说过,中国优秀传统文化要有数学,内容要主动融入数学课程,特别是阅读课程。就是如何讲好传统文化故事的数学道理,更好地让人领悟数学味,这也是个悦纳的过程。比如我们熟悉的曹冲称象的故事,从文学角度看是在叙述这个故事本身,数学课则要求学生在阅读中要认识千克、吨等概念,要明白等量加等量一定相等的道理,更要理解总量等于分量和的道理。度量衡的故事反映出战国时期统一度量衡一事是十分严肃认真的。商鞅还统一了斗、桶、权、衡、丈、尺等度量衡。这个故事给我们的启发是对数学概念和运算要有统一的认识,原有的教材在处理整数、小数和分数以及数的运算方面缺乏统一的认识。

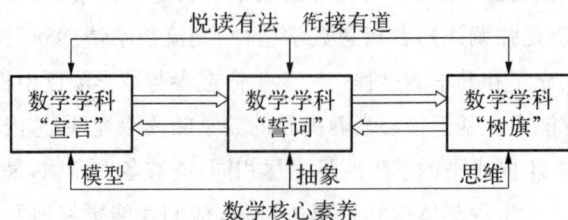

图1 基于核心素养的数学阅读教学主张

参考文献

［1］曹一鸣,刘祖希.上通数学,下达课堂——当代中国数学教育名家访谈[M].上海：华东师范大学出版社,2021：113-114.

"以法悟理"的教学主张凝练和实践

福建省厦门第一中学　杨学切

高中物理新课标提出物理学科四大核心素养[1],其中科学思维是核心。科学思维素养要从思维方法与物理方法两个方面去把握。物理建模、科学推理、科学论证需要具体的物理方法,质疑、创新也需要以具体的物理方法为手段[2]。科学思维的外化就是物理方法,物理方法体现了物理科学思维,物理知识是物理方法的载体。如果学生学习了高中物理知识,但没有掌握相应的物理方法,就是"只见树木,不见森林"式的学习,那么,我们只能说他学过了高中物理,而不是掌握了高中物理这门学科。

一、"以法悟理"高中物理教学主张的内涵与价值

(一) 概念界定

"以法悟理"指以物理方法为线索,有助于物理知识的获取和物理问题的解决,促使学生感悟物理概念,掌握物理学科之理,灵活地运用物理知识解决问题。

(二) 内涵释义

"悟理",是悟理穷理,悟出新知、新理。"悟"就是"用吾的心去悟",对事物理解、明白、觉悟、顿悟;"悟"是思想上的、缄默的能力,"穷"是行动上的,悟理穷理就是知行合一。

物理学科的载体是知识,而更为重要的是知识背后的物理方法,认识方式。"以法悟理"的教学主张,要求教师重视物理方法教育,在教学中揭示物理知识、解决物理问题背后的物理方法;教师做教学设计的时候,心中要有一条清晰的方法线;也让学生体会到物理方法所具有的价值。

(三) 价值取向

"以法悟理"的价值是在物理教学过程中,将科学思维外化,渗透或显化物理方法,将物理方法教学贯穿于物理知识获取和解决物理问题之中,有助于学生思想上重视物理方法、行为上自觉地运用物理方法,有助于学生形成物理学科核心素养。

教师自身也要钻研具体物理方法的内涵与价值,将物理方法与科学思维融会贯通。经过"以法悟理"教学的沉淀,学生在物理知识获取和问题解决过程中,提升了探析普遍事物的思维能力,逐步形成对事物正确的认识方式,进而融会贯通,合一通达,乃至创造创新。

二、基于主张的教学实践

(一) 梳理物理方法体系

高中物理方法存在的基本形式有:① 物理概念的建立存在物理方法;如瞬时速度的建构,就用到了极限的方法。② 物理规律的建立存在物理方法;如从运动学和动力学出发推导出动能定理运用了演绎推理方法。③ 实验探究过程存在物理方法;如探究加速度与物体质量、合外力的关系,运用了控制变量法、图像法等。④ 运用物理知识解决问题中存在物理方法;如对称法、图解法,等等。高中物理方法的体系结构如图 1 所示。

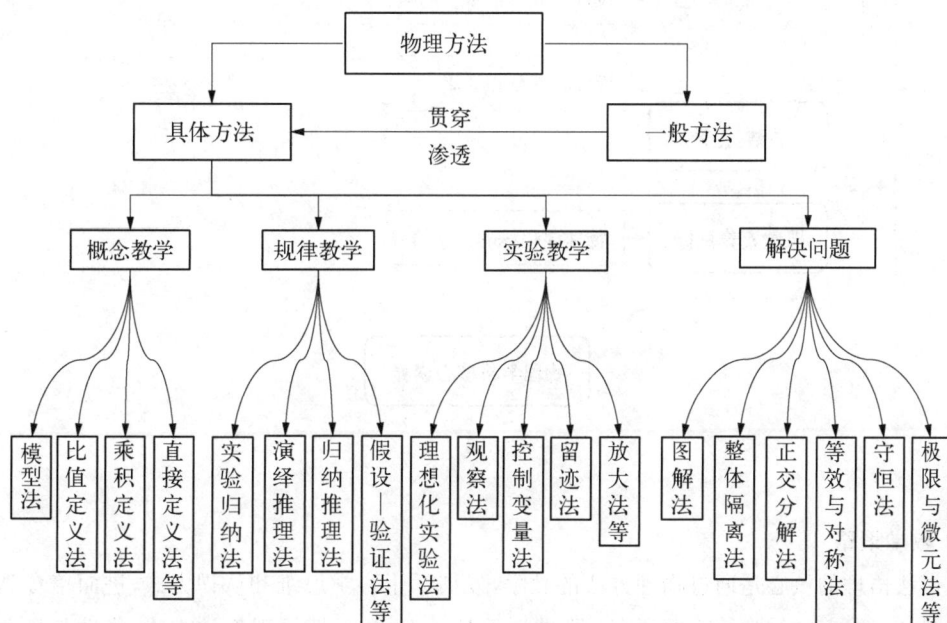

图1

(二) 构建课堂教学模型

"以法悟理"教学主张,践行"以知识为载体,以方法为线索;以问题为导向,以思维为核心"。引领学生,见物思理,以法悟理。在课堂教学中,创设适切的物理情境和问题,围绕物理思维,有效地将知识、方法、活动融为一体,使学生在学习物理知识过程中掌握物理方法,提高物理学科思维能力,形成科学的物理观念,整体上提升学生物理学科核心素养。图 2 为课堂教学模型图。

从上面的课堂教学模型,细化成一般教学设计流程,如图 3 所示。

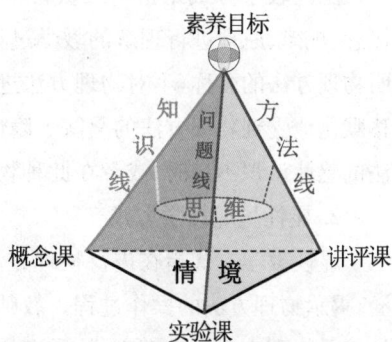

图2

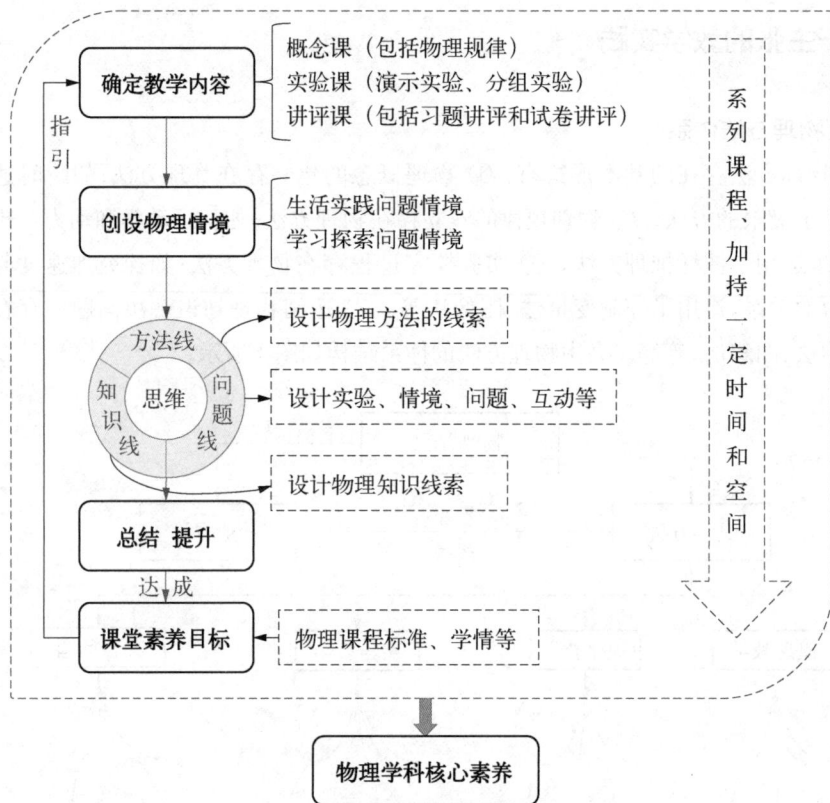

確定教學內容 → 概念课（包括物理规律）/ 实验课（演示实验、分组实验）/ 讲评课（包括习题讲评和试卷讲评）

指引

创设物理情境 → 生活实践问题情境 / 学习探索问题情境

方法线 / 知识线 / 思维 / 问题线

设计物理方法的线索

设计实验、情境、问题、互动等

设计物理知识线索

总结 提升

达成

课堂素养目标 → 物理课程标准、学情等

系列课程、加持一定时间和空间

物理学科核心素养

图 3

（三）教学策略

以法悟理的核心是通过物理方法的教学,发展学生科学思维和认识方式,进而培育其物理学科核心素养。教学策略主要有：隐性渗透教学方式、显性呈现教学方式、隐性与显性双线并行方式。

1. 隐性渗透教学方式

隐性教学方式是指用反映科学认识基本过程的物理方法的一般程式去组织学生对物理概念、规律、原理进行理解的教学过程,使学生的认识过程模拟科学探究过程。在教学中不点明物理方法的名称,不对物理方法进行解释,而是隐蔽地发挥物理方法的指导作用,使学生潜移默化地受到物理方法的熏陶。隐性教学方式适合于学生认识物理方法的初期,即对物理方法的感性认识不足时,或者在此种物理方法对所研究的问题并不占主导地位时使用。

2. 显性呈现教学方式

显性教学方式指在进行物理方法教学时,明确指出物理方法的名称,说明物理方法的内涵,揭示物理方法的操作过程。教师有意识地公开宣称进行物理方法教学,学生处于有意识地接受物理方法的教育方式,重在使学生感受并体会物理方法的逻辑过程。显性教学方式着重于在解决问题的过程中引导学生应用物理方法,对物理方法的应用进行专门的训练,使学生有意识地并主动地去掌握物理方法。显性教学方式适合于在学生对物理方法的感性认识较为丰富的情况下，有目的、有意识地培养学生解决物理问题的能力时使用。在物理教学过程中，为能力较弱者提供一个策略比他们自己探索出一个策略，其效果更好、效率更高。

3. 隐性与显性双线并行方式

根据教学内容和学生实际，采用隐性与显性相结合的教学方式。对隐性教学方式，教师要意识到知识的发展过程中渗透了什么方法，设计好如何去渗透。对学生是隐性的，对教师却是显性的，立足点应该是明确的。但是，单纯的隐性教育方式不能使学生对物理方法的感性认识上升为理性认识，更不能使学生自觉地去运用，这就要求我们在隐性方式的基础上还必须采用显性教育方式。对于何时采用显性教学方式，关键是掌握合适的"度"。这个"度"是由教材知识体系、该物理方法出现的频数和难度以及学生在隐性方式中形成的物理方法基础这三个因素共同决定的。当某一方法在某一知识教学过程中达到"呼之欲出"的氛围时，就应及时将其显化，并对这一方法作出总结。以后一经出现就可直接用显性方式进行了。运用显性教育方式要注意：一是不能离开知识讲方法；二是要少而精，点到为止；三是循序渐进，不急于求成。"双线并行"教育的最终目的是使学生达到对所学知识的深层理解和研究物理问题能力的提高，在掌握知识的同时自觉或不自觉地领会知识发展过程中所运用的物理方法，并掌握这些方法。所以从整体上来讲，对一些重要知识的教学过程尽可能地成为一种"亚研究"过程，使学生像科学家那样去研究、去探索未知世界。而教师则以物理方法来导引教学过程，使学生体验知识获得过程中所运用的物理方法，以及物理方法对运用知识解决问题所起的重要作用。

钟启泉认为学科内容只有在经过系统学习后，才能培养起学生进行思维活动的能力。所以在物理教学过程中，就需要教师对典型的物理方法在恰当的时机加以显化，这样才能更好地达到物理方法教育的目的。所以物理方法教育需要将隐性教育与显性教育相结合，并且在不同的阶段对不同的科学方法、内容各有侧重。

总之，实践"以法悟理"的教学主张，需要运用系统的视角，也需要采取一定的策略，要坚持适时性、适度性、隐含性和融合性。使其符合最根本的教育规律——"授人以鱼不如授人以渔"，根本目标是培养学生以物理的视角观察世界，以物理的方式认识世界，以科学的态度融入世界。

参考文献

［1］中华人民共和国教育部.普通高中物理课程标准(2017年版)［S].北京：人民教育出版社,2018.

［2］彭前程.谈对"学生发展核心素养及物理学科核心素养"的理解［J].中学物理教学参考,2017,46(19)：1-4.

"本真化学"教学主张构建

厦门市翔安区实验学校　蔡辉舞

化学是研究物质的组成、结构、性质、转化及应用的一门基础自然学科,其特征是从分子层级认识物质,通过化学变化创造物质。当下,课堂教学正由学科教学向学科育人转型。追求"本真化学",意在进一步激发学生对物质世界的好奇心,使其理解化学学科本质,利用化学学科特质,形成物质及其变化等基本化学观念,发展科学思维、创新精神与实践能力,养成科学态度和社会责任感,培养和发展学科核心素养。

一、"本真化学"教学主张的内涵及推行价值

本真,包含本原和求真双重内涵。

本原,意味着刨根问底、溯本求源,是事物的根本与基础,是对化学知识进行本原性思考,抽取出学科本原性问题。"本原"与"浅表"相对,运用本原性方式,可以形成对化学学科知识及其思维方式的深层次认识,从而引导学生开展深度学习,发展学生的核心素养。回归化学教学本原,才能解决"为何教""为谁教""教什么""怎么教"四个问题。

求真,指"崇尚科学,追求真知"。教育家陶行知说过,"千教万教,教人求真,千学万学,学做真人"。"求真"的具体内涵包含:发挥课程育人导向,实现真育人;促进教学方式转变,让学习真发生;开展以实验为主的多样化探究活动,实现真探究;创设真实问题情境,解决真问题;实施素养导向教学,促进科学思维真发展。

二、"本真化学"教学主张的理论支撑

(1)认知学习理论。学习的过程,就是认知结构不断变化和重新组织的过程。

(2)建构主义学习理论。建构主义理论强调以学习者为中心,注重学生的主动探索、合作交流和知识建构。建构主义理论认为知识的学习是学习者根据外在信息,通过自己的背景知识,积极主动建构的过程。

(3)深度学习理论。深度学习的目标是培养学生适应社会发展的核心关键能力。进行批判性的高阶思维的发展、主动的知识建构、有效的迁移应用及真实问题的解决,进而实现问题解决能力、创造性思维等高阶能力的发展。

三、"本真化学"教学主张的具体实施架构

(一)"本真化学"的课程理解

在课程视角中,随着《义务教育化学课程标准(2022 年版)》的颁布实施,教师应充分发挥化学课程的育人功能,围绕发展学生的核心素养,积极开展素养导向的化学教学,完成立德树人的根本任务。教师应积极开展以化学实验为主的多样化的学科活动,促进科学思维培养,注重实施"教—学—评"一体化,实现从知识为本到素养发展的课堂教学转变。可见,教育从知识本位回归到育人本原,终极追求并不仅仅是知识,还在于学习知识过程中积淀下来的东西,即人的素养,而素养的核心又集中反映为人的思维方式和价值取向,追求"本真",意在:回归教育本原,增进学科理解;追求真知,促进学生发展。

(二)"本真化学"的教学策略

化学是一门以实验为基础的自然科学,实验是化学的灵魂和基石,要充分发挥实验载体的功能,设计实验,做好实验,用好实验。将隐性的原理借助显性的实验表达出来,基于证据,证实或证伪。通过分析、推理等方法认识物质和研究化学反应,从而使内隐的思维直观化、形象化、外显化。宏观辨识和微观探析是化学学科两个独特的视角,建立微观模型认知,运用模型解释化学的宏观现象,揭示现象的本质和规律,"宏微符"三重表征是探究物质及其变化规律的认识方式。可见,借助教学策略,可以促进学科本原理解,获取真知,实现育人目标。

教学策略是保证化学学习系统有效运行的关键,对核心素养导向的化学教学的有效实施发挥着不可替代的作用,具体的教学策略如下:

(1) 设计多样化教学方式,融合启发式、探究式、建构式、线上线下混合式,有效促进教学方式转变,促进学生深度学习,让学习真正发生。

(2) 设计多样化思维活动,基于学情和生情,开展分类与概括、证据与推理、模型与解释、符号与表征等具有化学学科特质的高阶思维活动,帮助学生建构化学观念,发展核心素养,真正发展科学思维。

(3) 设计多样化问题解决活动,结合真实情境下的真实问题,引导学生通过小组合作、实验探究、讨论交流等多样化学习方式解决问题,彰显化学学科价值,促进学生核心素养的全面协调发展,真正实现学科育人。

(三)"本真化学"的教学设计

基于素养导向的教学设计,不仅应基于"教学视角"进行课程分析、教材分析,还要基于"学科视角"进行功能分析。学科功能分析包括:学科本原性问题、认识视角和认识思路、概念层级结构三个方面。学科本原性问题的凝练,即"认识什么";认识视角和认识思路的问题,也就是学科主题所蕴含的具有化学学科特质的思维方式和方法问题,即"如何认识";概念层

级结构的分析，即"如何结构化地认识"。可见，追求本原，才能有效地促进学科理解，才能求真，真正促进素养落地。

回归学科本质，聚焦育人初心，从知识教学到学科教育——让我们的化学课堂，洗尽铅华，返璞归真，崇尚科学，追求真知，成为真正的魅力课堂。

"'真'以化人，'项'以学道"教学主张的构建

厦门市教育科学研究院　江合佩

面对真实的、陌生的、不确定的 21 世纪，我们的教学如何应对？面对以"核心素养"培育为导向的教育教学改革，我们的教学如何应对？面对五育并举，积极推进育人方式的改革，我们的教学如何应对？面对全世界以"学习为中心"的教育教学改革，我们的教学如何应对？那便是积极改革我们的课堂，践行"真"以化人，"项"以学道的化学课堂，真实情境、真实问题、真实任务、真实评价，以"真"促学，开展项目学习，以学习为中心，让学生在真实情境的项目化学习中体味化学之妙，发挥化学课独特的育人功能与价值。

一、"'真'以化人，'项'以学道"教学主张的内涵

"'真'以化人，'项'以学道"教学主张具有极其丰富的内涵。2017 版高中化学新课标和刚刚发布的 2022 版初中化学新课标都共同指向了"倡导大概念教学"，那什么是大概念呢？大概念倡导专家思维和复杂交往，具有高度的统摄性、抽象性和功能性。那"专家"是怎么思考问题的呢？专家往往是将一个个结论镶嵌在一个个真实问题情境中。因此，21 世纪的化学教学要培育学生像化学家一样思考，就一定要在一个个具体真实情境的问题解决中培育学生的化学学科核心素养。真实情境，让惰性的专家结论蜕变为活性的专家思维，让知识有了迁移和类比的功能和价值，有助于培育学生的创新性思维。这里所指的"真"，首先是"真实"，真实的问题往往是复杂的，具有高度的包容性、挑战性，这就要求学生利用高度结构化的知识来进行"庖丁解牛"，对真实情境问题进行学科抽象，将其转化为化学问题，其实这种学科抽象相较于学科建模难度更大，也更有价值。"真"其次是"真做"。化学是一门以实验为基础的基础科学，强调实践性、体验性和过程性，"真相"一定要通过"真实"的实验探究过程获得，因此化学重视"做中学、用中学、创中学"，没有"真做"，一切停留在理论上的推演都是毫无意义和价值的。"真"再次是"真思"。"学而不思则罔，思而不学则殆"，化学学科既重视学科实践即化学实验，也重视实验中获取的宏观实验证据的推理，将宏观的实验现象通过微观的探析，基于证据的推理进行模型建构，实现从"具体"向"抽象"转化。"真实""真做""真思"协同发力，才能实现"化人"。

"复杂交往"倡导包含启发式、合作式、探究式等要素的教学，其中集大成者非项目式教学莫属。项目式教学强调真实情境、挑战性问题，重视小组分工合作、最终项目作品的物化，在整个学习过程中学生是探究的主体、研究的主力，教师是学生学习的支持者和学习的促进者，师生共同创造学习的场域，服务于学生的学习。这里所指的"项"，首先是"项目"，项目相较于

问题更加宏大,包容性更强,与真实的世界更加接近。项目式教学聚焦真实世界的问题,将学校世界与真实世界有效联结,打通了"专家结论"与"专家思维"之间的藩篱,有效地培养了学生解决问题的能力。"项"其次是"移项"。韩愈在《师说》中谈到"所谓师者,传道、授业、解惑也",其意在强调教师最核心的目标是帮助学生形成解决一类问题的"道",其次是技能的传授,最末位的才是解决具体的问题即"解惑"。教学的终极目标不是实现对单个具体问题的解决,最终在"具体"和"具体"之间进行近迁移,而是要实现在"具体"和"抽象"之间不断螺旋上升式的循环往复,最终实现知识的远迁移。这样就要求从具体的"项目"中不断凝练解决问题的思路和角度,实现"移项"问题的解决。"项"再次是"选项"。真实的问题往往是复杂的,跨学科的,因此 2022 版初中化学课标专门提出了跨学科实践专题,并且还规定需要用 10% 的课时来完成。"跨学科"是不是意味着淡化学科,甚至是不要学科? 很显然答案是否定的,"跨学科"更强调以学科的视角解决问题,更加强调知识的结构化,更加强调不同学科利用跨学科大概念实现知识的结构化。只有结构化的知识才可能具有解决问题的功能和价值,最终实现知识的素养化。因此无论是"学科项目"还是"跨学科项目"都要紧紧抓住大概念这个有效"联结",做好"选项",方能"学道"。

二、"'真'以化人,'项'以学道"教学主张具体实施架构

1. "真"问题。教材由于篇幅等原因往往太简约,如何将其中蕴含的丰富内涵挖掘出来,还原其"真"面目? 这就需要对已有教材进行深挖甚至是重构。教材中根据已有的高考试题大量考查 H_2O_2 作为绿色氧化剂的相关知识点,以至于学生机械地将其直接记忆为常见的氧化剂的问题,特地设计了活动"探究 H_2O_2 的氧化性和还原性",但是由于篇幅的限制,没有将其中内隐的科学探究的一般过程和定量分析的思想外显出来,大大地弱化了这个素材的价值和功能,基于此,"绿色消毒剂过氧化氢的制备及含量测定"项目应运而生。项目力图还原整个真实的科学探究过程,运用手持技术等手段将反应的历程和过程全面立体地呈现出来,帮助学生实现从知识到方法、定性到定量的认识进阶,发展学生对运用变化观念与平衡思想实现物质转化的认识思路和认识角度。

2. "真"探究。如何通过项目式教学让我们的学生将生活中的问题转化为实验室中的"真"探究,实现生活经验向科学理性的转化? 这就需要不断从生活中挖掘项目,提升学生的科学素养,使其认识到学习化学的价值。如何提高室内环境的舒适度? 如何寻找相应的变量? 如何与学科知识进行有效关联?"提高室内环境舒适度"项目应运而生。项目利用一个核心知识,即氧气的物理性质和化学性质,一个关键方法,即单一变量控制法,通过"平衡教室内的氧气含量""调节教室内的温度""改善教室内的湿度""净化教室内的可吸入颗粒物"4 个学习任务活动,有效培养了学生将必备知识与关键方法整合的能力。

3. "真"前沿。如何体现学科的时代性,反映学科发展最新的研究成果,这是教学当中需要关心的核心问题之一。由于教材涉及编写、审查、出版等多个环节,往往会滞后于时代的发展,不能完全反映学科发展的全貌,这就要求教师能够不断将学科前沿科技成果转化为项目,

实现学科教学与时代的同频共振。碳中和、碳达峰是面对全球气候异常、极端天气频发的必然选择,如何将温室气体 CO_2 捕获收集并实现再利用? "探讨如何利用废气中的 CO_2 与空气中的 N_2 直接合成尿素"项目应运而生。项目通过合成氨工业流程设计、从工业合成氨到电催化合成氨、碳氮偶联合成尿素 3 个学习任务,全方面地、立体地让学生通过学习活动体味改变人类发展史的科研成果的魅力,通过设计型、反思型等高阶学习任务让学生真正体验像科学家一样思考的方式、方法、过程,发展学生的学科核心素养。

4. "真"解决。真实复杂问题的解决,往往是一个学科很难独立完成的,这就需要整合多个学科核心知识,实现问题的系统解决,目前风靡全球的 STEM、跨学科实践活动即是明证。如何融入跨学科实践,将学生从化学科学引向更加真实的现实世界,让学生体味多学科解决问题的魅力? "设计'制—储—释—用'氢能源一体化解决方案"项目横空出世。项目通过"氢能源的获取""氢能源的储运""氢能源的应用"3 个学习任务让学生利用科学思维与工程思维协同解决未来能源问题,感受项目之美、感受项目之妙、感受项目之趣。

'真'以化人,'项'以学道的化学课堂意在通过真实的情境、真实的问题、真实的任务、真实的探究、真实的体验,让学生感受真实的化学、体味真实的科研、形成正确的价值。项目化学习、具有高度挑战性的学习任务、全程的浸入式体验、高阶思维的不断融入、异彩纷呈的作品呈现,让学生在"微项目→单元项目→跨学科项目"的学习过程中实现知识逻辑和生活逻辑的协同发展,生成新的学习逻辑,真正实现学科育人的教育目标。

"学思辨"地理课堂构建

厦门市海沧区北附学校　黄　荣

在平时的地理教学中,笔者经常会发现以下问题,比如"课堂提问较多,重点不突出;情境设置不够,课堂较沉闷;教师讲解偏多,自主探究少;侧重知识掌握,思维提升慢"。解决这些问题,需要探索更有效的教学方式。基于此,笔者依据新时代课改的新要求,理解深度学习、核心素养等新理论,领会课堂教学的新特征,研究课堂教学的新方法,构建常态教学的新模式,通过实践建设"学思辨"地理课堂。

一、"学思辨"地理课堂的内涵及推行价值

所谓"学"是指学习并掌握地理基本知识和基本技能;"思"是指培养地理思维;"辩"是指通过积极发言,表达自己的学习思考所得,并与同伴展开讨论、争辩,进一步促进地理思维提升,并提高综合素质,形成正确的价值观。《论语》有云:学而不思则罔,思而不学则殆。在个人学思结合的基础上,通过与同伴交流,经历思维的碰撞,加深对个人学思的理解,因此"学、思、辩"是一个交替融合的过程。

"学思辨"地理课堂要求教师在吃透地理课程标准、活用地理教材、尊重学生意愿的前提

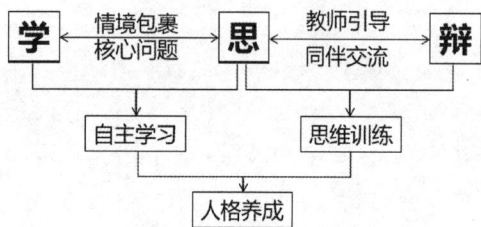

图1　"学思辨"地理课堂

下,厘清核心问题,巧设情境包裹,灵活运用"学思结合""问题探究""对话思辨"等教学方法,激发学生学习欲望,彰显学生的主体地位,从而提高学生地理学科思维能力、自主学习能力和独立解决问题的能力,打造有思维深度和思维过程的地理课堂,提升育人质量,实现立德树人的目标,如图1。

"学思辨"地理课堂以学习为中心,能促进学生深度学习,是让地理学科核心素养在课堂教学中落地的重要途径。

二、"学思辨"地理课堂的实践路径

(一) 创设情境,提出问题

情境是指知识、能力、价值等产生或应用的真实境况、情形、状态。教师根据教学目标、内容和学生年龄特点,借助一定的表现形式,设置一种带有问题性质的真实情境,让学生最大限

度地投入,促进其感悟,同时达到最佳的学习状态。只有在情境中学生才能真正经历知识产生和应用的过程。可以从以下几个方面创设情境:

(1) 立足学科特点,挖掘生活情境。地理现象和许多地理知识就在学生的生活中,教师可联系学生的现实生活,在学生鲜活的日常生活环境中发现、挖掘地理学习情境的资源。

(2) 聚焦地理问题,制造认知冲突。创设能体现地理知识的发现过程、应用条件以及在生活中的意义与价值的事物或场景,让学生产生认知冲突,提出自己的疑问,从而有效地引发学生的思考。

(3) 研究学生特点,激发学习热情。教学的艺术不仅在于传授的本领,还在于激励、唤醒、鼓舞。通过创设情境有效地阐明地理知识在实际生活中的价值,帮助学生准确理解地理知识的内涵,能激发学生学习的动力和热情。

(二) 学思结合,探究问题

学生已有的知识和经验是学习活动的起点,而学生的思维过程是学习活动中连接起点和终点的主要部分。依据脑科学的研究,思维是人脑对客观事物在脑中表征,并进行加工的一个认知过程,也是学习过程中的核心部分。学生在教师精心预设的情境问题的导引下,进行主动的学习、积极的思考,不断提出问题,与老师、同学探讨问题,最后尝试找出解决问题的模型,就是思维训练的过程。教师设计的情境问题要适应学生最近发展区的特点,让学生在"跳一跳"中学到知识,在一定的地理问题情境中经历同化、顺应、自我建构的过程,形成对地理概念和规律的理解,提升地理课堂的思维层级。

(三) 对话思辨,解决问题

佐藤学将教授学习称为"与客观世界的对话""与他人的对话""与自我的对话",教师、学生之间在课堂上可以通过对话交流,做到知识探索中的相互理解、相互分享,师生之间的思维在不断碰撞和相互争辩中使学生的知识表征得以优化。

"学思辨"地理课堂过程设计模式如图2所示。

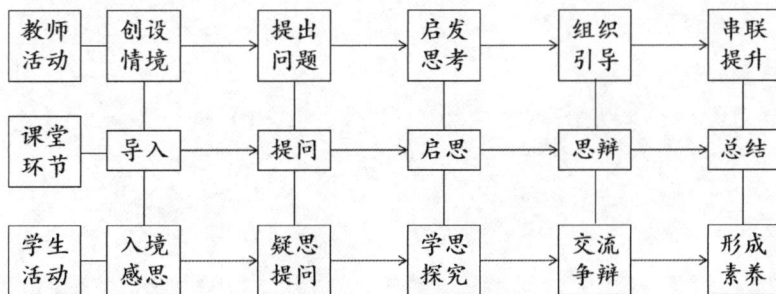

图2 "学思辨"地理课堂设计模式

以七年级地理下册"非洲"一节的学习为例。在导入环节,教师播放视频《非洲动物大迁徙》,同时提醒学生推测该现象最可能发生在哪里,激发学生对非洲的兴趣,引导学生自主学习并描述非洲的地理位置。在了解地理位置的基础上，让学生继续观看视频，并提出问题：动物为什么要迁徙？具体迁徙的区域在哪里？推测依据是什么？然后组织学生开展小组合作探究，探究内容包括非洲的气候分布、各地的气候特征，不同地区气候差异对动物迁徙的影响。在小组合作探究的基础上，教师组织学生开展交流汇报，并进行适时引导，比如，气候对动物的影响主要有什么？动物迁徙的区域内气候有怎样的差异才会导致动物的迁徙？各小组对于"动物迁徙的区域在哪里"这个问题的答案差异很大，小组代表分别说明自己判读动物迁徙区域的理由，在相互倾听与争辩的过程中，学生的思维不断打开，最后得出结论：区域内同一时间气候存在差异，才会造成水草分布的差异，并引起动物的大规模迁徙。结合非洲气候类型分布图，发现热带草原气候贯穿赤道南北，赤道南北干湿季的时间相反。教师在学生交流争辩并找到问题的答案之后，再引导学生梳理这一过程中的相关地理知识，通过思维导图进行总结，让学生逐渐形成结构化的知识。

通过"学思辨"一系列的思维训练，站在学生立场优化课堂教学过程和知识内化过程，引导学生尊重事实和保持严谨的求知态度，并注重挖掘知识的建构过程，提高学生的思维能力，使其最终形成地理知识结构。

基于学习共同体的"以学生为中心"的"三单三步"地理学习法

福建省厦门市海沧区东孚中学　陈群莹

习总书记提出"努力让每个孩子都能享受公平而有质量的教育",因此在我的课堂上实现每一个孩子都能享受"公平而有质量的教育",自信从容地走向有尊严的未来,便成为我的梦想。

一、基于学习共同体的"以学生为中心"的"三单三步"地理学习法教学主张的内涵及推行价值

博耶尔提出"学习共同体"是由学习者及其帮助者共同构建的组织团体,围绕挑战学习任务,分享学习资源,相互沟通交流,形成互相影响和促进的人际关系,共同解决学习问题,完成学习任务,促进个体成长。20 世纪末,日本教育专家佐藤学教授继承了杜威的"共同体"理念,他认为"学习就是同教科书(客观世界)的相遇与对话,同教室里的伙伴们的相遇与对话,同自己的相遇与对话"。

相对传统课堂,"以学生为中心"的学习共同体课堂主要做好以下两个改变:1.从教学设计转向学习设计。2.构建以"倾听"为核心的三种对话。笔者结合学习共同体理论知识,经过多年教学实践,逐步提炼出基于学习共同体的"以学生为中心"的"三单三步"地理学习法(图 1)。

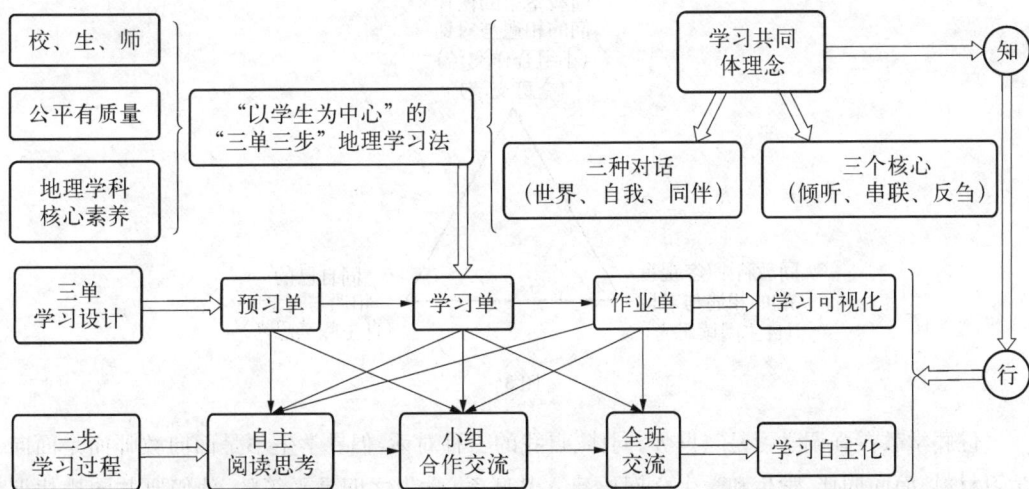

图 1

二、基于学习共同体的"以学生为中心"的"三单三步"地理学习法教学主张具体实施架构

1. 学习三单(预习单、学习单和作业单)实现从教学设计转向学习设计的学习可视化

在地理学习共同体课堂中,学习课题的设定应该在"学生现有的发展水平"与"学生在教师和同伴帮助下能够达到的可能的发展水平"的"最近发展区之内",而且要尽可能具有挑战性,并将其称作"冲刺挑战性课题"(jump task),具体可以落实在学习三单上。地理学习三单分为预习单、学习单和作业单,要求如图2。

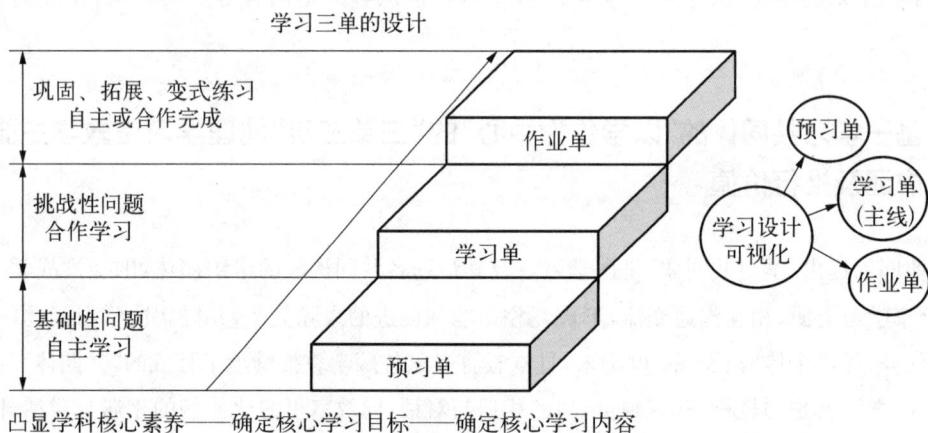

学习三单的设计

巩固、拓展、变式练习
自主或合作完成 —— 作业单

挑战性问题
合作学习 —— 学习单

基础性问题
自主学习 —— 预习单

凸显学科核心素养——确定核心学习目标——确定核心学习内容

学习设计可视化 → 预习单 / 学习单(主线) / 作业单

图 2

2. 三步学习过程(自主阅读思考、小组合作交流和全班交流)构建"交响"式地理课堂的学习自主化

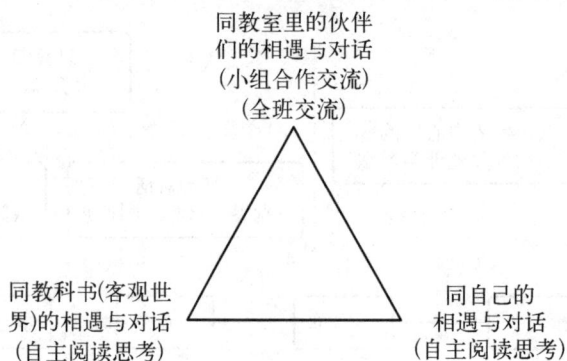

同教室里的伙伴
们的相遇与对话
(小组合作交流)
(全班交流)

同教科书(客观世界)的相遇与对话
(自主阅读思考)

同自己的
相遇与对话
(自主阅读思考)

图 3

佐藤学教授强调学习是与世界、同伴、自我的三种对话,倡导学生不是面向教师而是面向学习材料,面向同伴,学生和学生之间要建立其联系,学生之间是平等的,他们要共同挑战课堂问题,佐藤学将其称为协同学习(coordinative learning)。如何构建以"倾听"为核心,体现学

习的三种对话呢？笔者经过课堂实践,认为在学习三单的基础上,可以通过"自主阅读思考""小组合作交流"和"全班交流"的三步学习过程加以实现。

三、在课例研究中探索基于学习共同体的"以学生为中心"的"三单三步"地理学习法

笔者结合"东北地区自然地理环境与农业发展"一课的学习,介绍基于学习共同体的"以学生为中心"的"三单三步"地理学习法在地理教学中的应用。主要设计如下。

(一) 预习单部分

主要设计了"影响农业分布的条件"这一【温故而知新】的基础性问题,唤醒学生学习"东北地区自然地理环境与农业发展"一课的知识储备;第二个问题主要让学生通过阅读课本图文资料,自主归纳东北地区的气候、地形、土壤、水源等自然地理环境特征,并初步分析其对农业发展的作用。预习单涉及的知识较为基础,主要通过"自主阅读思考""小组合作交流"两个学习环节来完成。

(二) 学习单部分

学习单部分主要提炼了"东北地区的气候条件可以满足水稻生产吗?(以松嫩平原为例)"(素养目标:区域认知、综合思维)、"东北稻米比南方地区质地优良的自然原因是什么?"(素养目标:综合思维、地理实践力、人地协调观)、"东北的水稻主要分布在哪些地方? 为什么分布在这些地方?"(素养目标:区域认知、综合思维、地理实践力)三个层层递进的挑战性问题。如问题一主要结合"水稻的生长条件"阅读资料,"松嫩平原气候图"让学生通过【自主阅读思考】,完成【读图思考】:阅读松嫩平原的气候资料图,分析一下松嫩平原的气温、降水、水热组合等是否满足水稻的生长条件? 如果不满足,可以通过哪些方式弥补不足? 并探究结论[请在( )里填写满足/基本满足/不满足]

1. 4—5月的气温是否满足水稻播种期要求? ( )2. 7—8月的气温是否满足水稻抽穗期要求? ( )3. 气候条件是否满足雨热同期? ( )4. 年降水量是否满足水稻生长需求? ( )(注意:年降水量如何计算? 请认真计算后填写)1—4中哪些条件不满足? 可以通过哪些办法加以满足? 方式一:_____;方式二:_____。

在【自主阅读思考】【组内轻声交流】【全班交流】等环节都留有充足的时间,让学生记录、修改和完善,完成自主阅读思考、小组合作交流、全班交流等学习环节,以便实现知识的串联和反刍。

(三) 作业单部分

作业单部分笔者主要设计了知识类和探究类两大类问题。知识类练习可以让学生运用地图和其他资料,说出农业的空间分布特点,并简要分析原因,加深学生对知识的理解,落实

课标要求。探究类问题主要是通过"阅读小麦、玉米、大豆的生长条件,结合东北地区年平均气温图和年降水量分布图,思考小麦、玉米、大豆主要分布在东北哪些地方,自己设计小麦、玉米、大豆的图例,并标注到空白图上",让学生学会运用新学到的知识分析和解决问题,培养地理思维能力。

笔者结合党和国家教育教学改革文件,以及新课标的出台,借助学习共同体模式,营造温暖润泽的学习环境,较好地将新思想新理念新课标落实到课堂,初步形成基于学习共同体的"以学生为中心"的"三单三步"地理学习法,做到知行合一,实现了"有质量"的教育。

参考文献

[1] [日]佐藤学.学校的挑战:创建学习共同体[M].钟启泉,译.上海:华东师范大学出版社,2010:20.

[2] 陈静静.学习共同体:走向深度学习[M].上海:华东师范大学出版社,2020:129.

[3] [日]佐藤学.教师的挑战:宁静的课堂革命[M].钟启泉,陈静静,译.上海:华东师范大学出版社,2012:5.

"两找一悟"的历史教学

厦门市湖里区教师进修学校　徐太阳

一、问题提出

对历史学科有一个传统"共识"——历史学科是"贝多芬",只要多背,就一定能得到好分数。在其背后,就形成了根深蒂固的所谓的"历史教学方法":历史课堂就是讲述一个个故事,激发学生的兴趣;历史课堂就是讲解一个个历史大事件、一个个历史任务、一个个历史概念,让学生知道历史事实;历史课堂就是给出一个个问题和每个问题的答案,让学生背下这些零碎的、互不联系的历史"死"知识。这就形成了"传统上"对历史学科价值的认识偏见,即无聊、无用的历史学科。

对历史学有一个传统"共识"——历史是"任人打扮的小姑娘"。只要看一本历史著作,把历史著作里的东西(特别是结论)背下来,他就学会了历史,掌握了这一历史知识,丝毫不需要考证著作里说的史实可信不可信,丝毫不需要论证著作里的观点可靠不可靠。

对于历史课堂有一个传统"共识"——由于历史知识浩如烟海,学生需要掌握的东西实在太多,所以平时看到的历史课堂基本以老师的一言堂、单向灌输为主。

历史新课程有一个新要求——用历史学科学习方法获得历史学习的意义和价值。2017年版高中历史课程标准提出了历史学科的课程育人目标是培育历史学科要培育的学生发展核心素养——唯物史观、时空观念、史料实证、历史解释、家国情怀,培根铸魂、启智增慧,为完成教育立德树人的根本任务做出历史学科应有的贡献。2022年4月,《义务教育历史课程标准(2022年版)》发布,在重新提出了跟2017年高中历史课程标准提出的五个核心素养一样的内容外,还特别给出了义务教育历史课程目标(课程目标部分P6):"历史课程的目标是落实立德树人根本任务,体现历史课程的育人功能,培养学生的核心素养,引导学生初步树立正确的历史观、民族观、国家观、文化观,明理、增信、崇德、力行。"义务教育历史新课程目标聚焦历史学科的五个核心素养的培养要达成的程度、效果、要求,具体地说,包括四个学会、一个形成:(1)初步学会在唯物史观的指导下看待历史;(2)学会在具体的时空条件下考察历史;(3)初步学会依靠可信史料了解和认识历史;(4)初步学会有理有据地表达自己的看法;(5)形成对国家和中华民族的认同,具有国际视野,有理想有担当。

如何改变上述传统教学观念中的错误?为了达成历史新课程的新要求——立德树人根本教育任务,做出历史学科的贡献,本人提出并践行"两找一悟"的历史教学主张。

二、"两找一悟"的历史教学内涵

"'两找一悟'的历史教学"指的是教师引导学生通过使用历史学科的学习方法开展探究，分析并找出历史核心知识之间和历史核心知识诸要素之间的内在联系，得出历史认识，并通过探究找到多维证据论证自己的历史认识，在这一过程中充分感知、感受、感悟历史发展的规律、趋势、启发、意义和价值。

具体地说，就是从历史教学的学习方法入手，主要包括三个方面的含义：

（1）寻找核心历史知识之间的内在联系，建构核心历史知识结构，得出历史认识，培养联系意识（时空联系、因果联系、主题联系等）。

（2）多维度、多视角寻找历史证据，用严谨的内在逻辑论证学习中得到的历史认识，培养证据意识（史料实证、论从史出、史论结合、多维互证等）。

（3）通过辨析史料，选取可信史料，开展探究学习，充分感知、感受、感悟历史发展的规律、趋势、启示、价值与意义，并用历史学科的方式表达出来。

三、"两找一悟"的历史教学路径

在立足课标要求、学情、教师特长的基础上，精准确定以聚焦学生长远发展为教学目标。

紧紧围绕学生长远发展目标，提供史料——历史细节，指导学生在研读史料的基础上，发现历史细节的意义和价值，从而发现问题和解决问题。

在阅读史料时学会用时空结合的视角、史料实证的方法、唯物史观的观念，以历史大视角，寻找知识之间的内在联系、寻找充足的证据，学会建构历史知识，充分感知、感受和感悟，形成自己的历史认识，和自己的学习伙伴（老师和同学）分享自己的认识，多维论证自己的观点。

在研读史料、发现问题和解决问题、建构知识、感悟认识、分享认识、论证观点的过程中，形成观点上的共识和情感上的共鸣，从而学会学习历史，从历史学习中吸取丰富的营养，让自己变得更有作为、更加美好，真正成为有理想、有担当、有责任的时代新人。

四、"两找一悟"的历史教学的意义和价值

"两找一悟"的历史教学指明了培育历史学科学生发展核心素养的路径：通过探究学习，找到历史核心知识之间的内在联系，建构核心知识结构，形成自己的历史认识——通过探究学习，寻找论证自己历史认识的证据，并用历史学科方法论证自己的观点——在寻找联系和证据的同时，充分感知、感受、感悟历史发展的规律、趋势、启示、意义和价值。

"两找一悟"的历史教学指明了培育历史学科学生发展核心素养的意义与价值：在寻找核心历史知识联系的过程中，培育学生的时空观念；在寻找论证自己历史认识的证据的过程中，培育学生的史料实证素养和论从史出的学史习惯；在感悟历史并把感悟所得表现出来的过程中，培育学生的唯物史观、历史解释和家国情怀等素养。

"有格历史"

——厦门市初中历史学科内涵式发展教学主张

福建省厦门市教育科学研究院　江如蓉

一、概念阐释

"有格历史",顾名思义,指历史教学要有"格"。"格",在汉语释义中原意为由线条组成的框,后引申出标准、形制、气质、风范、穷究等含义。

我们所主张的历史教学中的"格",既是静态的"格式",要求历史课堂具备一定的基本形制,符合基本要求,有较为统一的目标指向,有科学的教学规范,从而保证课堂品质;也是"格调""格局""品格",提倡教师拥有独特的气质和精神,不拘一格、各有所长,倡导以历史学习经历帮助学生体悟历史精神,锻造美好品格;还是动态的"格物",在重探究、重方法、重素养的教学氛围中,师生双方都以行而致知,因知而促行,实现教学相长。

二、提出背景

近年来,随着立德树人目标的确立、中国学生核心素养的提出、义务教育新课程标准(2022年版)的出台,初中历史教学既担当着"立时代之潮头,通古今之变化,发思想之先声"的育人之责,也背负着新时代新课程变革求新的使命。厦门初中历史教学团队始终不忘初心,怀抱着人文学科的使命感,紧跟革新的教育形势,不断更新教育教学理念,逐渐形成了一定的风格。近年来,在市级教研活动中,各具特点的教师代表呈现了一个个鲜活、独特的教学现场,为同仁提供了许多可供探讨的优秀课例;优秀的前辈教师以丰厚的学识带来一场场深刻、生动的讲座,提升了教师团队的理论素养;一次次寻求突破的试卷命制,试题与学生答卷的精彩"互动",彰显出厦门市初中历史教学对历史厚味的追求、对学生多元思维的激发。此外,一批又一批青年教师通过作业设计、微课资源、学生活动、论文写作、教学竞赛争先崭露头角,使厦门初中历史团队充满活力。通过各种形式的教研教学活动,"大历史观""单元教学""主题式教学""五育融合""初高中衔接""学科融合""单元校本作业"等先进理念早已融入厦门初中历史教师的日常教学。可以说,一直以来厦门初中历史教学都有坚定的发展轴心,那就是:教师有底蕴,课堂有灵魂,学生真发展。在扎实的理论和实践基础上,对已经开展的各种教学活动进行梳理、总结,我们凝练出"有格历史"这一主张。

三、核心主张

"有格历史"是以课堂为阵地，以培师、育人为目标，全方位推动区域初中历史学科内涵式发展的教学主张。

(一) 打造精品课堂，以格高意远为追求

历史课堂是历史教学主张的直观展台，历史课堂也是实现教师与学生发展的核心阵地。格高意远的课堂具备两大特点：有灵魂，大视野。"有格历史"主张下的历史课堂在义务教育历史课程标准要求的基础上，长时段、宽视野、多角度审视历史，进而提炼出教学立意，为课堂注入灵魂，并以"课魂"牵引各个教学环节，形成史料精当、结构严谨、格高意远的课堂设计。

(二) 引领学生发展，以格物致知为目标

推动学生核心素养的发展，实现立德树人的目标乃初中历史教学的旨归。"有格历史"主张下的历史学习应围绕学生应具备的、能够适应终身发展和社会发展需要的必备品格和关键能力展开。以主题教学、项目学习、校本作业、考试命题等形式创造多元化的情境，搭建学生分析、探究的平台，鼓励学生在探究实践中发展素养。在历史学习的过程中成为有素养、乐探究的学生。

(三) 促进教师成长，以格古通今为方向

要打造精品课堂、引领学生发展，提升历史教学的品质，最重要的基础是教师自身素养的提升。"问渠那得清如许，为有源头活水来"，初中历史课堂既需要有具备学科底蕴、历史智慧的教师，也需要有不断更新的教育教学理念，从而完成历史思维与历史精神的传递。"有格历史"主张下教师通过市级区域培训、教研活动，推出理念先进的优秀课例、开展类型丰富的讲座、以命题引领为抓手，走向研究教学、精进史学的终身学习之路，成为有底蕴、善学习、格古通今的历史教师。

四、主张徽标

如图1，徽标设计思路：以"格"为灵感，将正三角形切割为四个小的正三角形，中间突出核心理念"有格历史"，围绕核心理念的是"课堂""学生""教师"。2D平面图折起来形成一个立体的正三棱锥，体现在新课标理念下，课堂的磁场作用、学生的主体地位、教师的引导

图1　厦门初中"有格历史"教学主张徽标

作用,三位一体,实现"有格历史"。第一面,课堂,采用绿色,象征教室与自然;第二面,学生,采用蓝色,象征无限与想象;第三面,教师,采用黄色,象征专业与热情;中心面,有格历史,采用红色,突显主题。

五、实践路径

实践路径如图 2 所示。

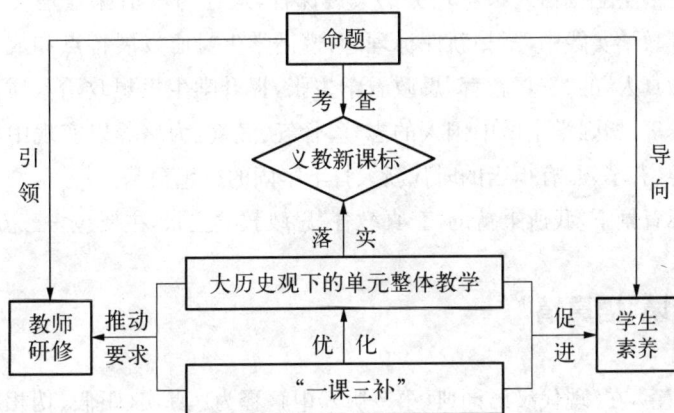

图 2

"三真教育"——打造魅力思政课

厦门双十中学　肖丽萍

思政课是落实立德树人根本任务的关键课程,道德与法治课程是义务教育阶段的思政课。我在教育教学实践中,紧扣新课标理念,遵循学生身心发展特点和成长规律,秉持"悟真情、明真知、做真人"的"三真教育"思政教学主张,提升学生思想政治素质、道德修养、法治素养和人格修养等,增强学生做中国人的志气、骨气、底气,为培养以实现中华民族伟大复兴为己任的有理想、有本领、有担当的时代新人打下牢固的思想根基。[1]

在新课标背景下,我所秉持的"三真教育"思政教学主张,主要包含三方面的含义。

一、真实情境"悟真情"

关于"真"字,在《现代汉语词典(第7版)》中解释为:真实(跟假、伪相对);的确;实在;清楚确实;本性;本原;等等。思政课就是要在真实情境中,正视学生的困惑与疑问,通过摆事实讲道理,让学生心悦诚服地接受结论、水到渠成地得出结论,真正实现以理服人。

真实情境源于真实的生活。教师要深挖真实生活素材,多视角关注学生身边真实发生的、与他们日常生活紧密相连的生活素材。在创设的真实情境中,为学生创设良好的学习情境,促进深度学习,使其切实体悟爱国、爱党、爱社会主义的真情实感,厚植爱国主义情怀。

新课标的课程理念中明确指出,以立德树人为根本任务,发挥课程的思想引领作用,引导学生用理想之光照亮奋斗之路,用信仰之力开创美好未来。因此,教师要以真实情境为载体,激发学生的真情感,让学生在具有时效性、生动性、新颖性的情境化教学中,有效渗透并提升政治认同、道德修养、法治观念、健全人格、责任意识等学科核心素养,全面落实育人目标。

二、激活思维"明真知"

新课标的教学目标,已经由"双基"、三维目标,发展到核心素养。核心素养的培育,是教育教学工作的出发点和落脚点。核心素养导向下的学科教学,倡导在真实情境中解决复杂问题,学会举一反三、迁移应用。教师要让学生在解决真实任务的过程中,逐步形成正确价值观、必备品格和关键能力。在教学过程中,教师要为学生创设真实问题情境,提出"真"问题,激活学生思维,引发学生"真"思考,帮助学生运用所学知识解决生活实际问题,从而引导学生崇尚真知、勇于探究,提高思维品质,并为将来在社会生活中创造性地解决问题奠定基础。

深度学习是一种基于高阶思维的思辨式学习,是基于学生参与教学活动的体验式学习。

基于真实情境的深度学习,是培养人才的有效学习方式,是帮助教师提高自己教育教学质量的重要途径,是新课程改革背景下顺应时代发展的必然要求,也是未来一段时间教学发展的必然趋势。教师要在自己的教育教学实践中,不断探索、发展、完善深度学习实现新途径,紧跟时代发展的步伐,在创设的真实教学情境中,设置有价值的问题,引导学生质疑、探究,让学生在深度学习中,更加深刻地领悟、理解基本概念和原理,全面提升综合素养。

三、知行合一"做真人"

真实教学情境来源于生活,并服务于教学。道德与法治课程注重学生的实践体验,强调实践性。教师要积极探索跨学科学习、项目化学习、大单元学习、议题式(或主题式)学习等多种教学方法,促进学生知行合一。如采取热点分析、角色扮演、情境体验、模拟活动等方式,引导学生开展自主探究与合作探究,让学生认识社会;通过参观访问、现场观摩、志愿服务、生产劳动、研学旅行等社会实践活动,带领学生走进社会,扩展视野,实现学以致用。

有魅力、高质量的思政课,必然高度关注学生在教学活动中的真实参与程度,关注学生在参与深度学习后的行为价值取向,关注学生素养的综合提升以及未来的终身成长。借用陶行知先生那句非常著名的教育箴言,教师的职务是"千教万教,教人求真",学生的职务是"千学万学,学做真人"。教育最重要的目的是培养人。这个人,应该是追求真理,拥有真性情、真情怀的人。所以,千教万教,教人求真;千学万学,学做真人。无论是教师还是父母,无论是学校教育还是家庭教育、社会教育,都应该把真善美放在首位,让孩子求真知识,有真性情;而孩子的学习,也应该把学做真人作为第一目标。这里所谓的"求真"与"真人",其实说的就是:实实在在求学问,坦坦荡荡去做人。[2]

青少年是祖国的未来、民族的希望。义务教育阶段的道德与法治课程致力培养的"政治认同、道德修养、法治观念、健全人格、责任意识"等核心素养,与高中思想政治学科侧重的"政治认同、科学精神、法治意识、公共参与"四大核心素养前后有机衔接,呈现出不断递进的关系。教师要坚持正确的政治立场和正确的价值导向,结合思政课的特点,探索思政课的育人之道,发挥思政课的育人价值,彰显思政学科铸魂育人的价值。教师要结合学生的年龄特点和具体学习内容制定适切的目标,引导学生知行合一,做社会主义事业的合格建设者和接班人。

参考文献

[1] 中华人民共和国教育部.义务教育道德与法治课程标准(2022年版)[S].北京:北京师范大学出版社,2022.

[2] 朱永新.千教万教,教人求真——陶行知先生有关教师的论述新解(上)[J].河南教育(教师教育),2021(1):9-13.

"融和"课堂

——让思政课成为学生成长的原野

厦门五缘第二实验学校　陈亚专

青少年阶段是人生的"拔节孕穗期",是价值观形成和确定的关键时期,思政课教师应该在教育教学实践中立足课堂,着眼学生,探索"融和"思政课堂,精心引导和培育学生涵养德行,提升素养,让课堂成为学生成长的原野,发挥思政课在落实立德树人根本任务中的关键作用。

一、"融和"思政课堂教学主张的内涵及推行价值

"融和"思政课堂的教学主张的"融"即融合育人、学用融通,"和"即和谐的师生关系、和合的教学样态。"融和"思政课堂落实立德树人这一根本任务,坚持理论性和实践性、校内教育和校外教育"两结合",构建果行育德、普惠育智、多元育特思政课"三维育人"模式,教师做有真知灼见、真情实感、真才实学、真抓实干的"四有真教师",形成小演讲、小案例、小展示、小讨论、小训练的"五小"教学流程,使课堂不仅是传递知识的场所、学生学习的地方,更是学生不断自我完善、不断健全人格的园地。

(1)落实立德树人根本任务。思政课是落实立德树人根本任务的关键课程,其作用不可替代,要坚持"思想与价值引领,着力引导学生用理想之光照亮奋斗之路、用信仰之力开创美好未来"。思政课教师要以德修身、以德治学、以德施教,坚守为党育人、为国育才的教育本心;思政课堂要承担好立德树人的育人责任,自觉守好这段渠、种好这片责任田;思政教学要培养学生形成正确的世界观、人生观、价值观,坚定理想信念、拥有良好的品德修为、勇于奉献、敢于担当,引导青少年扣好人生第一粒扣子。

(2)遵循学生身心发展规律。思政课教师要明确学生身心特点和成长规律,做到润物无声、久久为功。"道德与法治课程以'成长中的我'为原点,将学生不断扩大的生活和交往范围作为建构课程的基础",思政课教师要研究初中学生知识需求变化和成长特点,积极引导学生正确认识和处理"我与自身,我与自然、家庭、他人、社会,我与国家和人类文明的关系";要掌握初中学生接收知识信息的兴奋点和兴趣点,提升思政课堂教学艺术,贴近学生、贴近生活、贴近实际,提高课堂教学的针对性、有效性和吸引力;要针对初中学生心理发展不稳定、思维能力发展迅速的特点进行教学,要深入研究教材,做好教学研究,要注意涵养知识,加强对经典文献的阅读和理解,更好地吸引学生、教育学生。

(3)发展学生学科核心素养。道德与法治课程要培养的核心素养,主要包括政治认同、

道德修养、法治观念、健全人格、责任意识。"融和"思政课堂因事因时因势制宜,要求教师不断提升教书育人本领,用真知、真情、真才、真抓来换取学生的满分、满意、满足;构建育德、育智、育特"三维育人"模式,让教学与时代变迁同步,与国家发展同步,与学生成长同步;探索"五小"教育教学方法,让学生愿意听、听得进、记得住;坚持学用融通,让"学生通过思政课程学习逐步形成正确价值观、必备品格和关键能力",成人、成才、成功。

二、"融和"思政课堂教学主张的具体实施策略

(1) 融合育人,让学生的成长有高度。《义务教育道德与法治课程标准(2022年版)》指出"中国特色社会主义进入新时代对道德与法治教育提出的新要求,突出中华民族传统美德、革命传统和法治教育,有机整合社会主义先进文化教育、革命文化教育、中华优秀传统文化教育、国家安全教育、生命安全与健康教育、劳动教育等相关主题"。构建思政课"三维育人"模式,从"培养完整的人"的高度着手,将"五育融合"理念作为教育教学工作的起点和归宿。果行育德:教师"因事而化",注重用科学而系统的理论武装学生,用丰富而鲜活的事实和案例启发学生,让基本原理变成生动道理,让根本方法变成管用办法,引导学生悟道明理,立鸿鹄志,做奋斗者,从而成就学生好品格。普惠育智:教师"因时而进",通过教学,让学生在学懂弄通知识的同时,在比较鉴别中提高认识,在探究活动中拓宽视野,在亲历自主辨识、分析过程中激活思维,同时通过对学生学习和实践中多维表现的观察导引,落实"五育融合"的综合评价,激励学生进步成长,从而训练学生好品学。多元育特:教师"因势而新",关注育人过程的关联性和整体性,设计、组织跨学科主题活动,依托综合微项目推进"五育融合",促进学生强体、育美、有劳动素养,从而培养学生好品位。"五育融合"是一次教育观念的全新变革,思政课"三维育人"模式有利于将这种全面育人的新时代要求落到实处,帮助学生全面而完整地成长。

(2) 学用融通,让学生的成长有宽度。对应学生的生命发展,思政课教学要从书本世界走向社会生活,实现"教室小课堂—学校中课堂—社会大课堂"的融通。学用融通的思政课坚持理论性和实践性相结合:一方面通过研学、体验等多种教学实践活动,让学生走出思政小课堂,走进社会大课堂,目睹时代大变迁,感受中国大发展,在生动直观的亲身体验教育中,实现以课内的真理指引课外的实践,以课外的实践印证课内的真理,进而丰富和扩展学生的知识体系,引导学生把爱国情、强国志、报国行自觉融入实现中华民族伟大复兴的奋斗之中;另一方面将思政课与学校社团活动、校园文化、劳动教育等结合起来,开展多渠道、多形式的实践教学,提高学生的实践创新能力。学用融通的思政课坚持校内教育和校外教育相结合:教师统筹整合教育资源,打破学校教育、家庭教育、社会教育之间的壁垒,引导学生走出课堂、走出校园,积极参与社会实践活动,把知识运用于社会,服务于人民,在实践中培养塑造有理想、有担当、有责任感的青年。学用融通,使学生在感悟生活中认识社会,学会做事,学会做人,实现思政课的方向引领和学生发展有机统一起来,让思政教学"开花结果"。

(3) 和谐的师生关系,让学生的成长有温度。落实学科素养对教师素养提出了更高的要

求,思政教师要做"四有真教师",构建和谐的师生关系,即"亲其师",从而使学生爱上思政课堂,即"信其道",进而爱上思政学习,即"乐其业"。教师要有真知灼见:有坚定的政治信仰,保持政治定力,给学生讲清马克思主义真理的科学性、针对性;有充分的理论自信,深化学生对中国特色社会主义的认识,引导学生感悟科学真理的实践伟力,强化政治认同。教师要有真情实感:要怀有对国家、对党,对人民深沉的大爱,有传道授业解惑的育人情怀,用家国情怀、时代精神去感召学生;怀有对学生真挚的仁爱,以积极向上的人生态度、热情饱满的精神状态讲好每一堂课,用真挚的情感感染学生,用生动的案例感化学生,用高尚的人格魅力吸引学生。教师要有真才实学:有较高的马克思主义理论素养,具备丰富的哲学社会科学的理论基础;有一定的科学研究能力与水平;有学科交叉的能力和深厚的历史文化积淀;有开放包容的品质,具备国际视野与全球思维,带领学生真切感受到思政课的魅力。教师还要真抓实干:具备高度的敏感性,及时关注社会热点,关注学生思想,解答学生疑惑、净化学生的心灵;要创新教学手段、创新授课话语体系,打造个性化的教学风格,让课堂富有感染力和冲击力,增强学生的课程获得感,将马克思主义信仰扎根于学生心田。让和谐的师生关系为学生的成长带来无限可能,使课堂成为师生真善美的相遇之地。

（4）和合的教学样态,让学生的成长有力度。为了有效落实学科知识,教导学生拥有真正的学力,"融和"思政课堂倡导学生"敢"、教师"让"的状态,营造有序、有安全感的师生对话、生生合作的教学样态,教师在教学实践中形成了"五小"教学流程:小演讲,即课堂上拿出三分钟时间,请同学轮流上讲台做时政演讲,并运用思政课所学的知识进行评析,教师作简要的评讲,小演讲能引导学生主动地关心社会、关心周围的人和事,培养学生分析问题的能力和语言表达能力,引导学生讲好中国故事,传播中国声音;小案例,即结合教材内容,精选教学案例,案例有人物,有情节,引人入胜,不仅能讲清教材的知识,而且能给同学以强烈的感染,增强教学的针对性、教育性和趣味性;小展示,即让学生个人或者组成学习小组和教师共同备课,在教师指导下,在共同分析教材,或课前做好调查并收集相关素材或整理研学资料的基础上,由学生写好讲课提纲,上台展示,小展示能拓宽学生的知识面,还能锻炼学生的组织能力和表达能力,更能吸引学生认真上课;小讨论,即针对与现实生活联系较为密切的教材内容,通过师生、生生对话互动,开展课堂讨论,让学生相互启发,实现思维品质和关键能力的螺旋上升;小训练,即把课堂教学与规范的训练有机结合起来,既有巩固知识的习题训练,更有指导和督促学生的行为训练,通过开展多种实践活动,让学生在活动中培养良好的品德和行为习惯。"五小"教学流程,能够创建师生和睦同心的教学样态,让学生在演讲评论中拓展,在案例讨论中生成,在展示反思中提升,在训练实践中创新,为师生带来了看得见的成长。

"融和"思政课堂上,教师精心构建和谐的师生关系,让和煦的阳光照进课堂;尊重学生的差异性和多样性,采用切合的教学方法,创设和睦的教学氛围,给课堂提供甘甜的雨露;以社会发展和学生生活为基础,引导学生把认知、情感和态度融为一体,知行合一,在课堂上播种下善良、责任、担当、希望的种子,让课堂成为学生成长的原野。

参考文献

［1］中华人民共和国教育部.义务教育道德与法治课程标准(2022年版)［S］北京：北京师范大学出版社,2022.

［2］何薇.论新时代思政课教师的核心特质［J］.思想政治课教学,2022(4)：86-89.

回归生活，素养落地

厦门实验中学　张洋烽

笔者的教学主张是初中道德与法治课堂教学生活化，亦即在核心素养视域下，初中道德与法治学科课堂教学中要引导学生将课堂理论知识与现实生活结合起来，面向学生真正的生活实际，充分挖掘学生身边的教学素材，使课堂教学真正回归生活，回归学生，从而引导学生在生活中求知，在求知中生活，在生活中体验，在体验生活的过程中掌握知识，提高觉悟，发展能力，实现课堂教学生活化，让学科核心素养落地生根。

19世纪末20世纪初，美国著名教育学家杜威曾经针对学校教育脱离社会和学生生活的弊端，提出了"教育即生活"这一极具新颖性和号召力的教育信条。他说："教育即生活，而不是生活的准备；教育即生长；教育即经验的不断改组或改造。"我国著名的教育家陶行知先生说过"生活即教育""教学做合一""为生活而教育"。这些都告诉我们，教育是思考生活的意义，是为了人的生活，是生活的需要，即"教育是生活的过程，教育是生活的需要"。

《义务教育道德与法治课程标准(2022年版)》指出，要以社会发展和学生生活为基础，构建综合性课程。道德与法治课程立足于发展学生核心素养，以引导学生学习和掌握道德与法律的基本规范，提升思想政治素质、道德修养、法治素养和人格修养为主旨，坚持学科逻辑与生活逻辑相统一，主题学习与学生生活相结合。同时，要密切联系社会生活和学生生活实际，用富有时代气息的鲜活内容，以学生喜闻乐见的方式，增强道德与法治教育的时效性、生动性、新颖性，让道德与法治课成为有现实关怀和人文气息的课堂。在内容选择上应体现社会发展要求，以学生的真实生活为基础，增强内容的针对性和现实性，突出问题导向，正视关注度高、涉及面广的问题，引导学生发现问题、分析问题、解决问题，提升道德理解力和判断力，强化规则、纪律、秩序、诚信、团结合作、冲突解决等方面的教育。

由此，作为初中道德与法治课教师，在教育教学过程中应当注重课堂教学生活化问题。那么怎样才能做好课堂教学生活化呢？经过多年的实践证明，笔者认为，初中道德与法治课可以从三个维度实现课堂教学生活化。

一是坚持导入新课生活化。目前，厦门市使用的初中道德与法治课本是人民教育出版社出版的教材，主要包括心理健康、道德、法律、国情国策等内容。在教学中，随着教学进度的推移，新课会不断地呈现在学生面前。导入新课则是整个教学过程中的重要环节。

苏联教育家苏霍姆林斯基说："所有智力方面的工作，都依赖于兴趣。"兴趣是最好的老师，它是学生获得知识、开阔视野的重要动力。浓厚的学习兴趣可以有效地诱发学生的学习动机，使学生自觉地集中学习，全神贯注地投入到学习之中，可以使学生的各种感官处于最活跃状态，接收知识信息的效果较好。所以说激发学生的学习兴趣，调动学生学习的积极性是完成教育教学任务的前提。为此，根据这套教材，对于初中道德与法治课的心理健康、道德、法律、国情国策等内容，可以采用不同的方式，如以游戏、故事、小品等多种形式导入新课，激发学生的学习兴趣，营造浓厚的学习氛围，更好地落实核心素养。

二是坚持教学内容生活化。教学内容要贴近学生身边的生活，贴近学生向往的生活，贴近学生迷茫的生活。教学中呈现在学生面前的应该是实际生活中的场景，贴近学生的生活实际，让学生感受到这既是学习，同时也是生活。学生在熟悉的事例、情节中探究，就能做到学有所思，思有所悟。如果选取的事例、情节学生不熟悉或不感兴趣，或者离学生太远，那就起不到应有的教学作用。因此，在探究教学中，教师要了解学生的生理、心理特点，学生的知识掌握情况，创设一个学生熟悉的生活事例，提高学生探究的参与度，扎实提升课堂教学效果。

三是坚持教学形式生活化。心理学研究表明，在民主、宽松、和谐的环境里，在平等、友爱的师生关系中，学生的情绪容易受到感染，容易激发学生学习的积极性，从而让学生自主参与课堂教学，自主大胆地进行探索。学生的思想开放、思维活跃，容易产生联想，产生灵感，发现问题、提出问题，容易获得创造性的思维成果。要达到上述目的，给学生创造一个民主、宽松、和谐的教育教学环境，课堂教学组织形式则是实现教学目的的重要环节。

课堂教学组织形式是多元的，为学生所喜闻乐见的形式通常都能产生积极作用，这些形式可以是座谈会、主题班会、主题竞赛、辩论会等。教学实践表明：根据教学内容的不同，依据学生的心理特点和个性差异特征，采用生活化的课堂教学组织形式，不但能给人耳目一新的感觉，而且能收到良好的教育教学效果，深受学生的喜爱。

本真音乐，情理共生

—— 漫谈音乐思维可视化的教学主张

厦门市教育科学研究院　林培荣

音乐是人类寻求自身生存的本能呼喊，音乐是人类建造物质世界心声的本真流露，音乐是人类拓展未来空间的生命体验，音乐是人类刻塑精神家园的本真情怀。

在艺术教育中，应该有艺术教育的学科宣言，而音乐教育可以用"音乐思维促进学生心智发展"这一宣言表达学科对学生思维品质的促进作用。应该让学生去用另一种视角看待艺术教育，看待音乐教育——看得见的音乐、看得见的思维。要让学生在全面发展的过程中去感受音乐的力量，同时也要看到音乐思维的力量。

一、当代教育改革浪潮的教育思考

一名教师从基层做起，要在学术上有一定的成就就必须成为一个有思想、有主张的教师。教学主张、教学思想的提炼，需要解决自身发展的几个问题。在成长为专家型教师的路上，迫切需要把自己的一线教学经验转化为自己的学术成果。

当下教育改革的一些方向，比如核心素养、单元教学、跨学科、作业设计等，都是围绕如何培养人、怎样培养人的角度去促进教师和学生良性互动。新课程背景下，有三个方面需要加以阐述：第一，描述我自己的研究历程；第二，自己的教学主张形成过程中的一些关键问题；第三，我的教学主张的学术表达。

在非常庞杂的教学工作当中，研究过程中有一个很艰难的点，即我们对某个问题的认识和探索，这个艰难的点一旦过去了，就可能产生一些新的话题、一些新的思考，这是我在成长过程中所遇到的特别难的一个地方。

新课程背景下，特别是《普通高中音乐课程标准（2017 年版）》和《义务教育艺术课程标准（2022 年版）》颁布后，跨学科学习，结构化思维，大概念教学、大单元教学就迎面而来了。新的课程标准需要教师带着学生到社会生活当中去关注所出现的问题，去开展各种研究，在研究过程中，调派各个学科的知识，开展学习活动，不论学习是否成功，它至少是一个高度模拟的社会生活，或者说是一个高度模拟的学术研究历程，可能我们就要追问，为什么会有这样一个多学科融合课程的出现，它的大背景是怎样的？当我们面对这样一个现象的时候，先要想为什么会有这样的现象出现，再追问它出现的深层次根源，并梳理一下它出现的背景。

在这样的一个背景下，时代对于教育的要求发生了哪些变化？因为时代决定着教育的要求、教育的目标，规定着教育课程发展的方向，也就是说时代要对未来人才的结构和规格提出一个要求,所以我们的教育要为满足要求来设定培养目标。经济全球化、知识经济和信息化这三个概念影响着时代前进的步伐,也影响着教育发展的方向。跨学科的核心素养教育,是在这样一个宏观社会背景下开展的。

为什么要提出跨学科学习,或者为什么要有这样一种各个学科课程内容综合化的取向?

在界定素养的时候,我们通常会说素养是个体在特定情境下能够成功满足情境的复杂要求与挑战,顺利执行生活任务的内在先决条件,是个体在与情境的有效互动中生成的,适应未来社会发展要求的生存能力和竞争实力,他要有生存能力,面对这个复杂的社会,要能解决问题才能生存下去。他要有竞争实力,他得在解决问题的时候有高于常人的思想方法和策略,才能够取得竞争优势。

当我们明确了素养,接下来就要讨论在学校教育范围内哪些素养能够发挥作用,如何培养学生的必备品格和关键能力。在揭示核心素养的过程当中,还有一个重要的概念就是学习素养。联合国教科文组织所界定的学习素养概念,既是人的一种发展手段也是一种人生目的,作为手段,它应使每个人学会连接周围的世界,使其能够有尊严地生活,发展一定的专业能力,学会以交往为目的,其基础是乐于理解、认识和发现。我们希望培养的就是有学习力的人,他能够在学校教育体系当中获得应对未来生活的一种学习能力,一种学习素养,他在什么样的情境下能够更好地构成或者说更好地发展这种学习素养,我们就要为他设置什么样的一个课程学习内容,或者说一个发展提升的环境条件和环境因素,这是学习素养。

在这样的基础上,我们再去追问学校教育范围内能够培养的素养应该有哪些特征。所谓核心素养是人们满足 21 世纪信息时代个人和社会的发展需求,解决复杂问题和适应不确定情境的高级能力和道德意识,它有三个显著的特点:第一,它是一种高层次能力,以批判性思维、创造性思维和复杂交往能力为核心,而不是记忆能力、知识技能熟练等低层次能力。第二,它具有道德感和社会责任感,倡导负责任地创新创造与批判,不是所有高层次能力都是核心素养。第三,它具有鲜明的时代特征,因为信息文明的召唤使信息时代下的发展区别于工业文明和农业文明时期人的发展。我们已经基本明确了教育变革的方向是从学科教学到学习素养的发展,再到人的素养的整体发展。

其中高层次能力常常体现在对学科知识的准确理解和结构化梳理上面,能打造牢固的知识结构或知识网。那么思维结构化、可视化便成了我的教学主张。思考与学会学习是学生面对任务时要具备的首要能力。

二、教学主张的思想准备

什么是教学主张?如何提炼教学主张?关键在于我们对教育方向的深刻理解,对育人理念的深度解读,对教学方法的精准把握。教学主张来源于教师的教学思考和教学经验,是从思考和经验中提炼出来的个人对教学问题的见解。

什么是音乐思维?音乐思维一般指音乐与创造性思维,音乐起始于创造,音乐思维与创造性思维同源。而创造性思维是以感知、记忆、思考、联想、理解等能力为基础,以综合性、探索性和求新性为特征的高级心理活动,需要人们付出艰苦的脑力劳动。

　　什么是思维可视化? 可视化不是把音乐具体化,而是关注音乐思维的结构化学习,从而理解音乐思维,达到音乐创造美、感受美、鉴赏美的感性与理性的高度统一。创作需要结构化的布局与创造,感受需要以可视化结构去理解记忆音乐的形态发展,鉴赏需要结构化聆听分析、充分理解音乐的内在创造逻辑和情感逻辑。比如乐谱就是作曲家音乐思维可视化、结构化的一种表现,是基于输出的结构形式。但不仅限于此,更重要的是创作的思维,乐谱只是记录一个人音乐思维的可视化与结构化,而学习者若能根据乐谱快速理解音乐的结构,乐谱(音乐文献)就为社会音乐的发展提供了有益的保障。

三、教学主张的实践意义

　　教学主张需要教师长时间进行对于理论的学习积累,并在教育教学实践中去验证主张的可行性、高效性、准确性,才能在实践中发挥主张的作用。音乐艺术是情感的,同时音乐也是物质的,人们在情与理的双重作用下才能真正走进音乐这个大千世界。音乐思维可视化是走进音乐世界的一个窗口,也是教育教学中一个很好的切入点。音乐与音乐思维是音乐教育中不可或缺的两面。只有抓住音乐的本质,核心素养的落地才能扎实推进。

　　如何在音乐教学中去实施音乐思维的可视化? 思维可视化教学体系是指以发展学生的核心素养(心智水平)为目标,以思维可视化教学策略为手段(方法与技术的支持),以"音乐思维共振,音乐情感争鸣"为课堂生态的音乐教学体系。所以,我们应该在实践过程中积极转变理念、钻研方法技术、吃透课程设计、创设课堂情境、跟进效能评价。音乐思维可视化属于方法技术层面,也是承前启后的关键层面。

"乐美人生"的教学主张构建

福建省同安第一中学　张晓燕

音乐与人的生活情趣、审美情操、行为、言语、人际关系等有一定的关联。《礼记·乐记》："凡音之起，由人心生也。人心之动，物使之然也，感于物而动，故形于声。声相应，故生变，变成方，谓之音。比音而乐之，及干戚、羽旄，谓之乐。"后浑称"音乐"，指用有组织的乐音表达人们的思想感情、反映社会生活的一种艺术。孔子"乐教"的目的不是将音乐（包括声乐、器乐和歌舞）仅仅看作是一种技艺，而是看作是培养人、塑造人、改良社会、移风易俗的工具和手段，即所谓"君子学道则爱人，小人学道则易使"。

义务教育新课标课程理念第一个维度提到坚持以美育人，引导学生积极参与各类艺术活动，感受美、欣赏美、表现美、创造美，丰富审美体验，学习和领会中华民族艺术精髓，增强中华民族自信心与自豪感；了解世界文化的多样性，开阔艺术视野。充分发挥艺术课程在育音学生审美和人文素养中的重要作用。音乐教学实践应立足课堂、着眼学生，追求"乐美人生"的教学主张，发挥学科育人价值。

一、拨动音乐心弦，激发积极情绪

从浅层来看听音乐已成为我们在日常生活中排遣寂寞、放松身心、休闲娱乐的一种方式，深层次的音乐会因我们的客观需要与主观情绪从而对我们的身心状态产生不同程度的影响。音乐是一种善于表现和激发情感的艺术，音乐欣赏的过程也是情感体验的过程。例如：抗日战争时期，一曲《松花江上》，让多少人听完这首流亡百姓怀念家乡、控诉日寇的曲子，热泪盈眶，拿起了抗日的武器；一曲《黄河颂》，气势磅礴，表达出中华儿女对祖国的深深热爱之情；一曲《十送红军》，深情地表现出红军与老百姓之间的鱼水情，而《义勇军进行曲》，更因为其表现出中华民族不屈不挠、反抗侵略的坚贞气节，而成为我们的国歌。古言道："子在齐闻韶，三月不知肉味。"音乐借助影响个体情绪感知的方式来影响个体的心理发展过程。它是能够诱发情绪，直击心灵，直接展现情绪的特殊的艺术表现形式。每个人在接受音乐刺激后，都会产生不同的情绪体验。学生个体在聆听音乐的过程中，感受到音乐所传递的情绪，生理节律与音乐节奏不由自主地产生共鸣，外部动作及面部表情都会自然而然地伴随音乐的速度、节奏、旋律轮廓、音乐信息变化而做出外显的行为反应，如用手打拍子、哼唱旋律、身体跟随节奏舞动，等等，这其实是在心理层面上引发的情感交流和共鸣。这些反应更有利于排解负面情绪，调节身心健康，诱发积极情绪。课堂内外鼓励学生进行艺术表现、创意实践，相信自己能行，并掌握艺术表现技能，认识艺术与生活的联系，增强思维能力、增强团队意识，涵养热爱生命和生活的态度。

二、聚焦核心素养,践行美育功能

　　审美,是艺术的核心要义,中学生的音乐审美心理是非常复杂的,每个人对审美都有不一样的看法,都有差异。但是审美的需求和认知是相辅相成,密不可分的。艺术课堂,旨在给学生带来超越知识与技术的审美人生,利用音乐课堂、艺术社团、大课间广场、艺术团活动、校园艺术节、学生论坛分享等课内外音乐活动增强学生对音乐审美的认知,培养学生的审美能力。学生的艺术表现是贯穿在整个校园艺术活动中的,学生通过演唱、演奏、肢体等来塑造形象、传达情绪、表现情感等,运用媒介、技力,以及能够积极参与各类艺术实践活动,丰富学生的想象力和创造力。活动中学生对音乐及其他各种声音进行探索,综合运用自己所学的音乐知识,艺术技能和创造性思维,开展即兴表演或音乐编创活动,表达自己的想法和创意,提升创意实践素养。同时,对我国各民族、各地区的音乐进行深化,并在课内外音乐活动中体会音乐的差异,不断去探究曲调中蕴含的民族文化和民族精神,通过不同民族的曲调来激发学生们的家国民族情怀,并赋予学生更为强烈的民族意识。结合学生的实际情况,站在学生的角度制定教学计划、活动计划,将核心素养教育融入中学音乐课堂及学生艺术实践活动中,利用多样的活动形式来展开高效的音乐美的体验,调动学生的积极性,丰富学生的学习内容,拓宽学生的学习渠道,让学生享受学习的过程,将被动地传授转化为主动地探究,进而提高学生的音乐学科核心素养,促使学生全方位发展,让学生在利于身心健康的环境下茁壮成长。

　　"诗教"倾向于性情的培养,使人温柔、诚实、淳朴;"乐教"更倾向于情感的陶冶,使人胸怀宽广,品性平易、善良。正是孔子对"乐教"内容的全面把握,使他在教学中志存高远、游刃有余。总之,音乐教育本身就是让学生感受美的,爱美是每个人的天性,音乐就是表现美的一种手段。她通过特定的音响结构实现思想和情感的表现、交流;通过感官刺激,使人感知到美,给人以美的享受,使人精神愉悦,达到心怡情悦。音乐教育就是引领学生追寻美的踪迹,感悟美的魅力,体会创造美的乐趣,最终通过美的彰显,抵达人性的完满境域,成就乐美人生!

"生动"体育教学实践建构

福建省厦门集美中学　万　虹

2007 年中共中央国务院发布《关于加强青少年体育增强青少年体质的意见》(以下简称"中央 7 号文件")指出：广泛开展"全国亿万学生阳光体育运动"，鼓励学生走向操场、走进大自然、走到阳光下，形成青少年体育锻炼的热潮[1]。1914 年，清华大学推行"强迫体育"：每个星期一到星期五下午四点到五点，图书馆、宿舍、教室一律关门，全校学生必须穿短衣到操场锻炼。校长周治春特聘马约翰落实"强迫体育"，设置"五项测验"的规定，对未通过测试的学生扣发毕业文凭，取消出洋资格。积极参与体育锻炼是国家对人才培养的要求，也是学生德智体美劳全面发展的要求，因此，笔者提出"生动"体育教学主张。该主张彰显体育教育与延展活动，聚焦发展学生核心素养，培养学生适应未来发展的运动能力、健康行为和体育品德。"生动"体育教学实践建构，有利于加持并触发学生想动、乐动和会动，实现国家教育方针，完美育人。

一、"生动"体育的内涵

"生动"体育教学的"生"与"动"分别有不同的意义指向："生"指生本、生活、生命，是教师明确教学对象和教学方向的教学观；"动"指要动、会动、乐动，即学生参与体育锻炼的学练观。

(一)"生"的三层意义指向

其一，"生"指生本。新课程理念提出学科育人，学生是学习主体，站在课程最中央，教师助力学生成长成才。教师教学从"以教定学"转向"以学定教"，研究学生，注重学生的自主学习、合作学习和探究学习，将知识点的教学置于复杂情境之中，引导学生用结构化的知识和技能去解决体育与健康实践中的问题。

其二，"生"指生活。体育融于生活，与生活是两条交织的旋律，如《奥林匹克宪章》中的阐释："奥林匹克主义是增强体质、意志和精神并使之全面发展的一种生活哲学。它谋求把体育运动与文化和教育融合起来，创造一种在努力中求欢乐、发挥良好榜样的教育价值并尊重基本公德原则为基础的生活方式。"[2]教师教会学生运动技能，培养其良好的体育品德，并辐射于课后，融于学生生活，形成"生活体育"；丰富学生的课余生活，缓解学生的学习压力，使其养成锻炼习惯形成终身体育。

其三，"生"指生命。新课程标准提出了"健康第一"的指导思想，健康发展的前提是生命个体的存在和保全，同时运动改善生命的质量，影响生命的长度。在体育教学中首先注重运动的安全,避免伤害事故的发生;其次安排适宜的运动负荷促进生命健康;然后,教授体操、跨栏等项目,开设游泳等生存技能课程,将生命教育融入体育课程。

(二)"动"的三层意义指向

其一,"动"指要动,是国家对人才培养的要求。中央 7 号文件提出,确保学生每天锻炼 1 小时,保质保量上好体育课;中共中央办公厅、国务院办公厅印发《关于全面加强和改进新时代学校体育工作的意见》提出"开齐开足上好体育课","鼓励基础教育阶段学校每天开设 1 节体育课",以及每学年的体育中考、高中体育学业水平考试等文件、政策、措施等均要求学生动起来。

其二,"动"指会动,学生深度学习,掌握体育知识和技能。学生喜欢运动不喜欢体育课,上了 12 年体育课却不能较好掌握 1—2 项运动技能等是当前学校体育教学存在的主要问题,教师以"赛"为教学单元构建结构化教学内容,促进学生掌握"健康知识+基本运动技能+专项运动技能",能够完成相关技术动作,参与练习、比赛等,如会打篮球、排球、羽毛球等。

其三,"动"指乐动,体现知识、技能的有意义运用,形成心智习惯。学生不仅自觉参与,并能在运动中享受乐趣。例如,喜欢篮球、足球、乒乓球、羽毛球等项目的学生,课后即使没有教师组织与召集,也能积极参与锻炼,以及自发组织比赛等,以不同方式感受运动的欢愉。

二、"生动"体育的实践建构

(一)教师"教会"的实践建构

结构化内容建构:课程标准指出"力求避免过于注重单一知识点以及把结构化的知识和技能割裂开来的灌输式教学模式",因此,教师依据学校特色、学生特点,运用课程标准、教材等相关资料、信息重新建构系统化的教学体系,优化课程结构,并通过课堂教育教学,组织学生学习、练习、比赛,促进学生学科核心素养体系的形成(图1)。

图1

比赛情景创设:在体育教学中创设比赛情境,使每一位学生都有机会参加比赛。学校体育比赛既包括单个技术的比赛,也包括组合技术比赛以及运动项目的完整比赛,如篮球项目中,投篮比赛是单个技术比赛,运球上篮比赛是组合技术比赛,三人制篮球赛和五人制篮球赛是篮球项目的完整比赛。专业性体育比赛采用国际通用竞赛规则,学校体育比赛是基于学生实际水平的比赛,可以对比赛的场地、器材、规则等进行调整,有别于专业比赛,例如,在篮球比赛中降低篮筐高度、增大篮圈直径,在排球比赛中增加上场人数,在足球比赛中开展小场地比赛,等等,使比赛更加适合青少年学生。构建以"赛"为单元节点的结构化教学,包含了知识、体能、技术、战术、比赛等内容,下面以排球教学为例简要说明如何以专项技术为核心创设比赛情境(图2):第一层次的教学单元比赛1中的技术学习以发球和垫球为主,即学生掌握了发球和垫球技术后组织教学比赛;第二层次的教学单元比赛2中的技术学习以发球、垫球、传球、战术为主,即学生在比赛中能够灵活运用发球、垫球、传球等技术和相关战术;第三层次的教学单元比赛3中的技术学习以发球、垫球、传球、扣球、拦网、战术为主。从第一层到第二层,再到第三层历经了"学习—练习—比赛—再学习—再练习—再比赛"的螺旋式上升的学练过程。

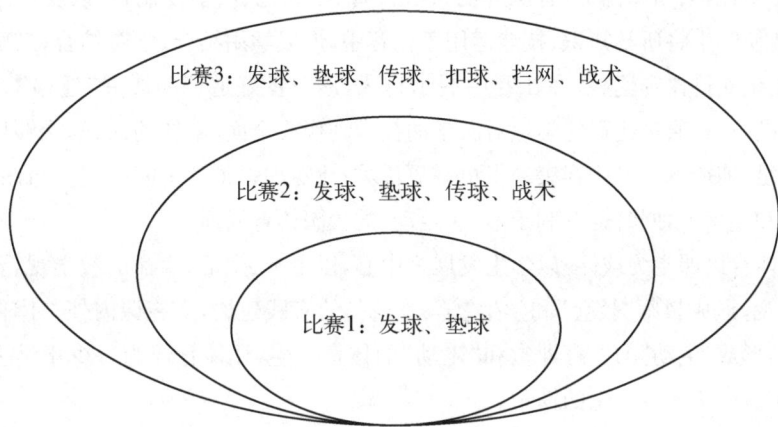

图 2

(二) 学生"学、练、赛"的实践建构

学:学生是学习的主体,学习的过程是主动建构知识与技能的过程。学生要学会科学锻炼和健康知识,掌握跑、跳、投等基本运动技能和足球、篮球、排球、田径、游泳、体操、武术、冰雪运动等专项运动技能。尽管有现代信息技术的辅助,仍离不开教师的精准指导。例如,学生在前滚翻学习中,出现前额或头顶触垫不低头、团身不足身体打开的错误动作时,教师指出错误所在,提出正确的练习方法,并在练习时辅以简洁的提示语:"低头!""团身!"这样能够有效纠正错误动作,帮助学生掌握正确技术。体育教学中,教师的"火眼金睛"能够发现学生的缺点和错误,并给予及时的指导和纠正,促进学生对运动技术的掌握,也有利于学生学科结构化知识和技能的构建。

练:体育与健康课程是一门以身体练习为主要手段的课程,"身体练习"是体育学科的特性,只有通过身体练习才能实现体能发展、技能提高,身心融合。身体练习需要一定的运动负荷,拒绝"三无七不"体育课:无强度、无难度、无对抗;不出汗、不喘气、不脏衣、不摔跤、不擦皮、不扭伤、不长跑。关于运动负荷,《普通高中体育与健康课程标准(2017 年版 2020 年修订)》中有明确规定:运动密度不低于 75%,练习密度不低于 50%,运动强度应达到 140—160次/分。练习的内容包括体能、技术、战术等,练习的形式包括在课上或课后进行个人自主练习、小组练习、集体练习等。为激发学生练习兴趣,提升练习密度、负荷,结合现代信息技术采用多样化练习,如:① 信息技术应用于教学实践,如,通过心率胸带、心率腕带等可穿戴器械获取心率等数据,让锻炼可视,激励学生不断接受挑战、向目标进发的决心和毅力;② 新器械的使用,如 BOSU 球、小跨栏架、多功能软式跨栏架等器械的使用增加了练习的多样性与趣味性;③ 改进练习方法,如,教会学生多样化的篮球投篮练习方法,设计投篮比赛如投篮追逐比赛、定点投篮比赛、定点三分球投篮比赛、运球急停跳投接力比赛等增加趣味性、提高练习密度、负荷,使学生的练习内容更具实效性、多样性、新颖性和趣味性。

赛:赛是学的延伸,是练的高级形式。鼓励学生参加各级各类的体育比赛,有课堂上的个人比赛、小组比赛、团体比赛,有课外的班级比赛、年级比赛、学校比赛,以及校际体育比赛等,通过比赛使学生将所学知识、技能运用于比赛中,形成学用结合、学赛结合;鼓励学生遵守比赛规则,正确对待比赛输赢,在比赛中展示自我,形成良好道德品质并"迁移"到日常生活中。比赛不是终结,通过比赛使学生对所学的技术动作有全面、整体的认识,能够反思比赛中的缺点和不足,期待下一次比赛表现得更好更优秀;比赛加强了学生间的交流与沟通,使班团队更具活力和凝聚力,同时也有利于形成"生动"的校园体育局面。

"生动"体育以课堂为载体、以学生发展为中心,以生本、生活、生命的教学观,要动、会动、乐动的学练观,形成教师"教会"和学生"学、练、赛"的实践建构,实施课内外一体化的学校体育教育模式,形成"生动"的体育课堂和"生动"的体育人生,让体育成为青少年学生成长的底色,成为影响青少年学生一生的馈赠。

参考文献

[1] 中共中央国务院关于加强青少年体育增强青少年体质的意见[EB/OL].(2007-05-24)http://www.gov.cn/gongbao/content/2007/content_663655.htm.

[2] 中华人民共和国教育部.普通高中体育与健康课程标准(2017年版)[S].北京:人民教育出版社,2018.

美育当随时代的教学主张

厦门市第三中学　杨耀东

　　美育是党的教育方针的重要组成部分,美育工作以立德树人、以美育人为目标,美术课程目标明确指出美术是通过观察、感知、体验、思考、探究、创造和评价等进行的具有美术学科特点的学习活动,来培育健康审美观念,陶冶高尚情操;认识文明成果,坚定文化自信,树立正确的文化观;激发想象力和创造力,培养创新精神,促进学生"德、智、体、美、劳"的全面发展。教育行业的人必须明白,世界已经变了,从根本上变了,而且还要加速改变,没有尽头。教育迫切需要找到两代人、两个时代、两个世界之间的平衡——传统学习环境和数字学习环境之间的平衡。美育是课堂教学的中坚力量,肩负着探索传统与数字之间平衡点的教育使命,将强大的信息技术融入课堂教学,智慧地将信息赋能于美育中,让技术优化课堂教学,为未来的教育探索智能化的学习环境。

一、"美育当随时代"美育教学主张的内涵及推行价值

　　"美育当随时代"直指未来的教育,未来掌握在今天的学生手里。随着教育信息化的发展,信息社会对教育提出了挑战,也为美育带来了新的发展机遇,然而,出于种种原因,我们的教育似乎很难跟上这个新的数字时代。在此背景下,对信息技术与美术鉴赏进行深度融合,打破新旧观念的壁垒,以教育信息赋能美术教育,用信息技术润泽美术课堂,以数字科技、教学软件、交互平台、数字资源等助力课堂教学,优化学习方式,促进教育的改革与发展。时代变了,我们必须做出改变,当随时代就是面向未来,数字时代的生活状态、审美语境等发生了巨大变化,直指未来的教育,这就更加要求我们务必具有时代的创新意识、创造精神,摒弃僵化的旧时代思维、审美和技法等来面对现代文明、科技时代下的相关题材创作,那样才不会不合时宜,才不会被时代无情淘汰,所以,"美育当随时代"反思过去、面向时代、思考未来,"简约本真"思政教学包含两方面的含义。

二、"美育当随时代"美育教学主张具体实施架构

(一)紧扣时代主题

　　《中华人民共和国教育法》(2021 修正)第七条:教育应当继承和弘扬中华优秀传统文化、革命文化、社会主义先进文化,吸收人类文明发展的一切优秀成果。新课标要求艺术课程是落实"三种文化"教育的重要课程之一。这需要教师具有挖掘作品文化精髓的能力,需要教师

在引导学生分析美术作品的形式美的同时,还要注重解读作品蕴含的文化精神。学生在探究美术形式美的同时也要建立探索作品文化内涵的意识。"美育当随时代",开发"三种文化"的数字资源供学生探究、学习,成为课堂教与学重要大单元学习的美育核心点。

(二) 转变教学观念

"美育当随时代",教师角色的转换须对当前教学形式进行准确判断,重新定位。帮助教师提高应用信息技术水平,更新教学观念,改进教学方法,提高教学效果。但如果过分依靠互联网,也很难达到理想的教学效果。数字信息化时代下美术教与学的转变如下:数字化意识→运用资源→创设资源→辅助教学;学科意识→资源整合→课程建构→提升素养。

(三) 创设深度学习

课堂教学是千变万化的,再好的教学预设方案也不能预见课堂上可能出现的所有情况。在智慧美术课堂中,应利用智慧课堂为学生的深度学习提供支持。如:基于动态学习测评分析和即时反馈,依靠数据科学决策,采取机智性行动,及时调整课前的教学预设,体现了智慧课堂中教师的教学智慧和教学艺术。鼓励学生利用信息手段主动学习、自主学习,增强运用信息技术分析解决问题的能力。

三、"美育当随时代"美育课堂研究的实施与应用

(一) 赋能学科素养培育

在以互联网为代表的信息技术环境下,人们可以与世界互联、互通,获得各类新鲜、丰富的艺术学习资源和教育资源,同时也为高中美术课程与教学内容提供了多样的渠道和丰富的选择。其中信息技术背景下将智能终端融入美术教育,就改变了传统的美术课堂教学模式,优化了课堂的教与学,丰富了美术课程与教学内容。美术是视觉艺术,美术鉴赏是通过图像识读来达成学生对其文化的理解与审美的判断,而在识读美术作品时,分辨率、清晰度高的图像或视频资源,则有助于学生快捷、深入地识读美术作品的内容、形式与内涵。

(二) 解决美术表现的创意创新问题

在美术教学中,让学生在鉴赏的同时进一步感受意象绘画的表现形式,推进学生对美术作品的思考、创造以及创新,将现代科技媒材"涂鸦"软件融入美术表现环节,使学生在有限的时间里,得以在实践中体验意象艺术作品的表现形式,从而为深入感悟意象艺术、评述意象作品,起到较好的辅助教学作用。让涂鸦软件介入教学中,在很短的时间内让学生体验美术表现,相对于传统美术表现更为便捷、更富创新。学生用指尖触屏进行作画,通过涂画、剪裁、移动、缩放,灵活快捷地调整画面,并根据主题表现的需要,自主选择软件中的拼贴、手绘、喷绘等不同的绘画表现形式,透过滤镜、图层等功能,表达自己的创作意图。

（三）解决美术判断的表达问题

随着学习的积累，学生的鉴赏水平、鉴赏能力不断提升，学科素养也随之增强，他们涉猎的美术鉴赏话题也更加广泛，更具深度。为此，美术判断需要是多元的，搭建一个供学生"吐槽""交流""体验"的平台，让学生在线上畅所欲言，有助于帮助学生运用课堂所学的美术知识与鉴赏方法，客观地评述美术作品，表达自己的观点，并在线上查询与对照美术大师、艺术评论家或同学之间不同的观点，进行审美判断，从而有效提升自己的识读能力与审美素养。

21世纪的教育是全新的教育。尤其是核心素养的提出，更是对教育观念、教学组织形式等提出了新的挑战。关注学生个性化、多样化的学习发展需求，帮助学生学会获取、判断和处理信息，使其具备信息化时代的学习与发展能力，是当前学生核心素养培育的重要任务。

融趣创美，以美化人：我的教学主张与追求

厦门市翔安第一中学　林提升

新时代美育精神引领下，美术的本质是什么？什么样的审美重构能有效提升学习品质？理想的美术课堂应该是什么样子的？这些是我在教学实践中的思考追寻。

美术，是审美和艺术的结合，不仅体现于提升审美素养，更体现在陶冶情操，培养创新创造的创美活力。美术，应回归趣味与玩美，在"引趣·悟美·玩美"中涵养品格；美术，应追求创生与完美，在"创生·迭代·完美"中完善人格。在教学实践、教研、科研基础上，笔者逐渐形成了"融趣创美，以美化人"的教学主张与追求。"融汇"是手段，"情趣"是基础；"创生"是目的，"完美"是指向。"融趣创美"在于"成人之美"——培养学生以独特的眼光发现美、欣赏美、创造美，学会艺术地生活；"以美化人"在于"呈人之美"——引领学生在接收反馈、不断试错、持续完善中养成高雅的审美情趣和人文素养，造就幸福的艺术人生。

一、"融趣创美，以美化人"教学主张的内涵阐释

（一）概念解析

"融趣创美，以美化人"是教学实践与美相遇的应然主张，核心在于"融汇学科趣味，创造艺术美好"。蕴含融、趣、创、美四个维度，旨在提升学生美术核心素养。"融"指向教材观，以品质提升为起点，基于课标，落实核心理念，实现对认知结构与知识结构的融会贯通；"趣"指向学生观，以审美养成为核心，基于学情，树立生本观念，引领学生在趣味生活情境中养成崇美、尚美的高雅审美情趣与人文素养；"创"指向知识观，以过程设计为途径，基于行为，凸显教学内核，推进灵动学习情境、路径、方法的移植创新变革，引领学生创造性发展；"美"指向价值观，以价值培养为追求，基于素养，启真储善，以美化人，引领学生达成本真情感表达能力与素养的培育，追求完美与极致，用艺术创造美好生活。四个维度形成循环(图1)。

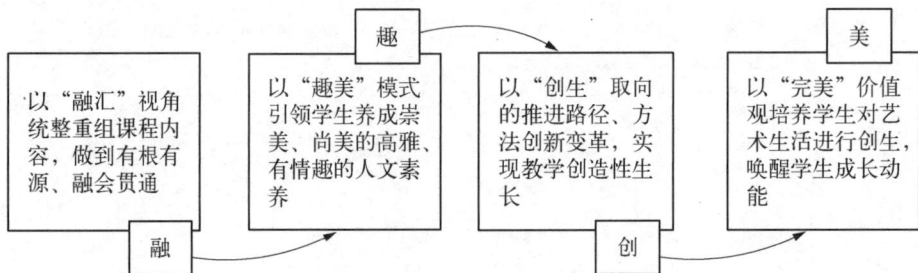

图1

（二）内涵释义

"融趣创美，以美化人"是基于美术学科特质的资源重构和知识结构整合的教学实践样式。"融境于趣"是基于情境认知的主题生成；"化创为美"是基于问题具身认知的价值追求。"融趣创美"是指在真实常态课堂中，以课程论、教学论为依据，以"学科素养要素＋"为主要特征，遵循技术融入、学段融通、学科融合、生活融贯、思想融创的逻辑主线，将学科知识与育人资源统整融合，通过"引入——建构——深化——迁移"进行知识关联，学、用、创融为一体，形成对教学理念、课程设置、教学方式、评价策略等途径的移植创新，追求学科趣味教学"智慧"，促进创新思维和创造意识，提升育人品质和课堂效益，实现课堂创生与丰盈，唤醒学生成长动能，使课堂在"引趣·悟美·玩美"到"创生·迭代·完美"的嬗变中呈现融会贯通的发展态势，达成塑造美好心灵、滋养学生精神生命成长的境界，为高质量的生活奠定基础。

二、"融趣创美，以美化人"教学主张的实践转向

（一）教学主张的学理依据

建构主义教学理论核心是认知主体，提倡在教学指导下以学习者为中心，学生根据外在信息，通过自身的经验和自我发展的认知主体优势，建构清晰、完整的认知结构。教师应该聚焦人的培养，融汇育人要素，将技巧、方式、知识等融会贯通，以教之乐、学之趣交互融洽、和谐共鸣的教学智慧，通过设计重大任务或问题引领学生质疑、思考、探究，在完整的学习过程中主动地、富有个性地学习，从学科教学走向育人价值，赋值生命的成长。

（二）学生发展的实践需求

1. "价值取向——追求美的教育"

"融趣创美"的本质在于激励、鼓舞、唤醒，是引导学生探索知识和方法的过程，更是追寻"向真、向善、向美、向上"的成长过程。初中学生自我意识开始觉醒，但还不能完全自控，应站在育人的立场而非知识灌输的立场进行教学，聚焦能力和人格培养，提升学科育人品质，使其学会体验生活与生命价值。遵循"美术问题生活化、生活问题艺术化"理念，深挖育人价值，引导学生在美术与生活、文化等的交融中找到乐学趣学所在，在高雅的人文情境中涵养心灵，提升综合素养与能力，实现"创美育人"的内在价值。

2. "生本观念——关注学生获得"

美的教育，成就美的"人"。"融趣创美"主张的行为主体是学生，"让学生学习快乐的美术，让学生快乐地学习美术"的价值取向促成教师带着学生走向知识，通过融汇知识、寻求情趣、启迪方法、培养能力、形成素养等融合共生来实现"成人之美"的教学。读懂学生，才能把属于学生的情趣还给学生，实现美好天性自然生成。学生有着探求未知、分享认知、体验成功等本源学习需求，以任务驱动为导向，经历知识从发生到接收，再到理解和吸收的整个过程，助推学生个性发展，让教学回归本原，引领学生在充盈美的"悟美"中感受艺术之美，培养学生

解决问题的能力,实现素养的滋长。

3.“合理融合——生成教学智慧”

美的课程,成就美的学习。初中美术承担着对学生进行能力培养、素养培养和传统文化熏陶的重任,它不是单纯追求技术化、专业化的技能学习,而是将美术作为一种“体验性”语言,懂得“浅尝辄止”地运用美术知识丰富自己的生活。基于教材,超越教材,拓宽学科视域,合理融合原生价值认知结构的资源,选取学生喜闻乐见的生活实景,使其在带有生活情趣的“悟美”中接纳生活的丰富多彩;迁移应用,让学生通过有形的材料、工具和美术语言,以自然的方式、自由和自信的姿态表达自我,唤醒学生“向美、向善、向上”的需求,引导其创造美的形态,感受美术创作的乐趣,提升解决现实问题的能力。

4.“开拓创新——教学模式转换”

教之道在于“度”。美术是视觉艺术,特质在于可感可视的形象性。教学在于教学生“会学”,构建“解决问题取向”学习范式,通过知识结构化、思维可视化方式呈现认知结构,引导学生兴趣盎然地在自己的生活空间里探索、发现,经历“在创意演绎中演练”的过程,学会从最平凡的事物上,见到美;在不断深化的趣味引领中,激发学生内在创造潜能,鼓励学生表现有趣的、经历过的或未知的故事并创造美。用不同的钥匙开不同的锁,培养学生创造视觉形象的能力,以“回归主体+回归问题+回归实践”的知识生成保护学生的原发性表现,实现有指向、有梯度、有方法的教学最优化,凸显教学品质。

三、“融趣创美,以美化人”教学主张的创生行动

1.“呈可‘感’之美”,用专业精彩课堂

美是一种使人愉悦的感受,是一种有“真”意味的形式。学生“创美”并非一蹴而就的,需要意象的积淀,思维的投入,需要经历“像艺术家一样思考”的拾级而上的思维过程。让学生面对真实性创作主题,超越具体事实和信息,从内涵深度理解艺术家思考世界的方式,体会艺术本真及其内在意蕴;经历主题、欣赏、技法、构思、创作、展评的学习过程,将艺术家思维和创作过程迁移转化为自己的认知,体验悟“美”绘“意”活动,才有可能像艺术家一样去创造性地思维与行动,激发学习内动力。

2.“呈可‘品’之美”,用激情激活思维

美术之美,在于品味。对称与均衡之美、节奏与韵律之美、黄金分割之美、对比与和谐之美,这些美学要素是美术领域最美的象征。教师要善于运用“引趣·悟美·玩美”方式,搭建有深度参与、深度思考的平台,激活学生美术思维,将探究、验证等活动引向深入,在思考能力不断升级的过程中,促进学生具身认知,只有经历由未知到已知、由浅知到深知、由表象到本质、由混乱走向清晰的思维过程,才能感受外在世界的结构体系与特质,提升思维品质,促进思维张力的发展,开发创造性潜能。

3.“呈可‘悟’之美”,用创意传承文化

学之道在于“悟”,美是形象思维和创造力的有机体现。无论是自然或人为事项,都有其

外在可被理解的"形式"和内涵意蕴。"创生·迭代·完美"并不是简单模仿和机械记忆。"悟美",悟的是理念,"把无意变有意、从生活中来到作品中去、从作品中来到作品中去、从文化中来到文化中去";"创美",创的是审美,"关注地域文化,运用优秀传统文化资源进行创作",教师要善于呈现丰富的文化内涵,引导学生在思维可视化活动中领会美感,在跨越思考障碍体验中释放审美情感,实现文化传承。

4."呈可'探'之美",用留白引领成长

美是极具创造性的艺术,聚焦学生的学,凸显学生主体地位,让学习行为真实发生。方寸之间蕴含着广阔天地,教师要舍得慢下来,要有等待经验唤醒的耐心,准确把握"等会儿"的分寸,留给学生能够充分思考、探究、感悟、想象、构思与实践的时间和空间,为"悟美""创美"生成留有余地,允许学生有独立思考、合作交流、表达见解、直觉创造的经历和体验过程。有所为才能有所不为,让思维延展和生长,帮助学生留痕,创造性的留白能够拓展学生的学习时空,让经验自然流露,学生乐在其中。

"融趣创美,以美化人"教学主张,重视潜移默化、自然而然的过程。引领学生在"玩美"中,更积极地思考、更愉悦地学习,感受艺术的乐趣;提供探索空间,让学生在"悟美"中激发创作潜能,感受艺术的美好;创设生活实景,让学生在不断试错的"迭代"中持续完善,感受艺术的真实;提供意犹未尽的留白,让学生在追求"完美"的"创生"中凝练升华,体会艺术的情感。"融趣创美,以美化人"正有助于我实现"让每一位学生在课堂上都学有所长"的教学追求。

"目标觉醒"的美育教学主张

厦门市国祺中学　张明亮

我校地处西柯丙州村,远离城区,初建校时办学规模较小,但全校师生朝着为党育人、为时代育人的总目标,秉承"以人为本、促进发展"的办学理念,自觉为最高的教育目标而觉醒。以"修德、敬业、励志、笃学"的校训为育人核心,坚持以发展学生素质为目标,着力于核心价值观的培育,以"美术特色课程群"的研究助力学生综合素质提高,关注学生的全面发展、长远发展和个性化需求。

作为学校管理及学科的领头人,在五育并举背景下,以课程建设为契机,笔者主张在课程群践行中达成对美的"目标觉醒",实现人生的价值。

一、"目标觉醒"美育主张的内涵及推行价值

"目标觉醒",即为实现价值而觉醒,指一个人开始寻找自己的人生目标,并努力去做一件或多件对自己和他人有用的事,让自己成为更有价值的人。保持"目标觉醒",就要避免盲目忙碌,当发现所作所为偏离目标时,就要用科学、系统、结构化的课程来指引,确保向着那个真正的教学目标前行,用美育的大目标铺设的实现人的发展目标的"跑道",是学校为实现教育目标而规定的学习科目以及校内外一切影响学习成长的教育因素的总和。

用"目标觉醒"驱动我校美育课程建设的认知,用美和审美知识铺设实现美育目标的"跑道"。艺术是表达美的最典型的方式,因此艺术课程也必然是美育的主要渠道。面向全体普通学生、承担美育功能的艺术教育,与培养专业艺术人才的艺术教育,显然有不同的目标、内容和教学方法。所以,后者称为艺术教育,前者就应该称为艺术美育。面向全体学生的学校美育,首先必须有支持其落地生根的核心和主线,这就是面向全体学生开设的学校艺术课程体系或艺术美育课程体系。

二、"目标觉醒"美育主张具体实施架构

(一) 有一个长远、有意义的目标

我们确立了"指向核心素养的美术特色课程群建设与实践研究"这一课题,旨在通过一系列教育实践活动,提升学生核心素养,实现六大核心素养培养目标,建构以"跑道"为语源的课程群的形象,转换为以知性、文化为经验的快乐"旅途"。关注学生学科核心素养的培养,通过

课堂教学渗透、主题活动体验、学生社团实践等形式,培育学生成长路上必备的爱国、正直、积极、乐群等品格,训练学生不断提高阅读、分析、创新、思维等关键能力。具体目标:(1)加强美术教学方式方法和美术特色课程群建设与实践研究,培养有个性、有特长的学生;(2)加强校园美术特色课程群建设与实践研究,打造美术特色课程群研究品牌。

(二)想一些达成目标的方法与策略

"目标觉醒"让方法与策略行之有效,既仰望星空又脚踏实地,围绕学校教育教学管理历程中发生的变化,明确构建学校艺体教育特色的新时代内涵。(1)分析、建构适合学校的美术教学模式和教学方式方法。(2)驱动美术校本特色课程与美术教学特色的跨学科研究。(3)目标指向文化育人,建构校园美术特色文化建设研究体系。

(三)让目标的觉醒成为认知驱动

教师作为课程的领导者和参与者,以新课程标准为依据,创造性地设计课程教学环境,有效实施课程教学,全面提升课程质量。在"目标觉醒"的价值观影响下,我校建立"全员、全面、全过程、全方位"的育人大格局。关注全体学生,从学生视角出发,以学生为出发点,全面发展"德、智、体、美、劳"五育并举;全程规划"校内与校外、课内与课外,做好各学段的衔接"。全方位思考"学习时空、学习内容、学习方式、学习经历等"。

三、"目标觉醒"教学主张下的美术课程群的研究的实施与应用

(一)"目标觉醒"——明确课题研究的目标

"目标觉醒"下的"方法觉醒","指向核心素养的美术特色课程群建设与实践研究"课题研究法为"课程要素+系统思考+目标导向+合理适切",打造美术特色课程群。如:学校在历史传承的基础上,基于办学主体的理性认识,通过对美术资源的整合与优化,有意识、有计划、有组织地实施管理,形成内涵明确的美术特色课程群。已开发的校本课程"家乡的船"的主题为家乡"送王船"的民间习俗,该习俗为国家级非物质文化遗产活动保护项目,颇具闽南地方民俗特色,可触发学生的情感共鸣。该课程力图从美术鉴赏和运用的角度,引导学生自主探究,发掘、表现传统美和现代美的异同点。

(二)"目标觉醒"——建设美育的结构化课程

以课程群为核心,通过素描、速写和色彩的运用,以及农民画、纸雕、泥塑、标志设计、服饰彩绘、手提袋设计、陈列室布置等传统和现代美术技能训练,培养学生基本的动手、动脑的美术能力,从而提高其美术技能、增长其美术常识,最终达到学以致用的目的。

"家乡的船"校本课程列举了家乡木质帆船的制作工艺过程,学生实地考察其民俗运用,对于教育学生从小保护民俗、爱护民俗,传承家乡传统文化精华具有一定的社会现实意义。

(三)"目标觉醒"——让价值有"产值"

"目标觉醒"是教师最需要建立的课程观念,即认清课程经典性的价值(忠于课程),认清课程发展性的意义(发展课程),认清课程创造性的运用(创新课程),形成这样的观念,并使之在实践中落地!

总之,学校教育的核心是课程。以"目标觉醒"为认知驱动,认知学校的核心竞争力是对课程的领导;课程改革绝对不是一件小事,而是一个战略问题。不仅要学会宏观设计,还要懂得微观突围。认知学校的变革与发展要依靠每一位教师的力量,通过提升课程领导力,引领教师将改革的理念转化落实到位。认知建立"大思维"的意识,"大格局"的概念,"大系统"的方法,将课程置于时代发展的潮流中,获得与时俱进的力量。构建厦门市国祺中学艺体教育特色的新时代、新内涵、新飞跃!

"情境与任务——促进学生深度学习"的生物课教学主张

厦门市槟榔中学　林慧娜

　　教学主张的形成是教师专业发展走向成熟的重要标志。笔者通过自己多年的教学实践与案例总结，提炼出自己的教学主张，即"情境与任务——促进学生深度学习"，下面笔者就这一教学主张形成过程展开阐述。

　　生物学课程要培养的学生核心素养主要包括：生命观念、科学思维、探究实践和态度责任。学生的核心素养是在学习、探究、实验过程中发展起来，在解决真实情境中的实际问题时表现出来的。立足课堂，基于学习者立场，精心遴选、设计真实性情境，从中挖掘有思维价值、利于学习力培养的价值问题产生任务驱动，是引发学生深度学习的重要途径。

一、深度学习是一种基于真实性情境的学习方式

　　"深度学习"是一种以学生高阶思维发展为导向的学习，关注学生获取知识的方式，强调在深度理解之上的建构与知识迁移。深度学习要求学习者必须深入理解学习情境，学习者只有在已有知识经验的基础上建构新知识并迁移到相应的情境中，才能达到深度学习。教师要根据学习内容的特点、教学目标的要求、学生思维的发展状况，适时创设能够促进深度学习的课堂情境，并引导学生积极体验，最终使学生达到将所学知识与情境建立联系并实现迁移的目的。

　　在进行深度学习情境设计时，教师要注意情境设计的真实性，给予学生的情境应该是源自生活生产实际的，让学生在解决此情境下一系列问题的过程中，感受生物学科的学习价值，学会迁移运用知识的方式，体验解决问题的喜悦。

二、真实性情境的概念

　　情境是指事物在具体场合呈现出来的样子。"真实性情境"是以真切现实或真实事物为原型的情境，是简化学生的真实生活创设的语境、画境及多媒体呈现。情境是构建深度学习的要素之一，有意义的学习是有意图的、复杂的，是处于它所发生的情境脉络之中的。

三、真实性情境素材的挖掘与立体运用

　　课堂教学的目的是促进学生的学习，助推学生的成长。教师在课堂教学中要着力构建真

实的、复杂的甚至是两难的情境,在情境中建构知识,在情境中实现知识的迁移和问题的解决。如何将真实场景通过教师的巧妙加工变为能助推学生深度学习的真实性情境?真实性情境素材从何而来?可以从以下三方面来获取。

(一) 来源于鲜活的生产、生活实际

生物学是与生产、生活联系最为紧密的学科。人们在鲜活的实践中探索生物学原理和结论,反过来这些原理和理论指导人们更好地生产、生活。教师要善于挖掘、勤于积累一些现实性的场景,最大化利用场景背后富含的价值,让学生经历有现实价值的真实问题的解决过程和社会活动,给学生提供充分展示的空间。

(二) 来源于时事热点、科技前沿信息

技术推动了科学的进展,也丰富了人们对生命的认知。生物科学的研究进展、重大突破、成果表达都是宝贵的情境素材。教师要将素材变为探究的学材,促进学生的自主学习、协作学习和研究性学习,使其主动进行意义建构。

(三) 来源于科学史料、历史记载

科学史料、历史记载虽然是"过去时",但其中蕴含的生物学原理、学科思想、探究方法都可以被巧妙加工成"现在进行时",成为引领学生深度学习的真实情境的重要素材。

总之,构建以问题解决为核心的学习情境系统,将情境的驱动力转化为问题的驱动力,在真实性情境下产生价值问题,让学生产生持续学习的兴趣与动力,养成像科学家一样思考的习惯和品质。这样的课堂才是深度学习应有的样态。本人也将继续以"情境与任务——促进学生深度学习"作为教学主张,并不断进行完善。

打破学科界限，教学生机无限[①]

厦门外国语学校　潘　俐

纵观生物教师队伍，学历越来越高，但知识虽有深度却往往缺乏广度。在教学过程中，教师从生物到生物，用生物解释生物，用生物理解生物的现象比比皆是，这束缚了学生分析问题、解决问题以及综合判断的能力，往往让学生觉得生物学习靠死记硬背，甚至出现厌学情绪，某种程度上导致了生物难教、难学的局面。

高中生物教学应打破故步自封、各自为政的局限，从生活走向生物，从生物走向科学，从科学走向社会。在生物课堂上渗透科学教育与人文教育，有效实现各学科间的知识整合和能力迁移，让我们的生物课堂"生动"起来。

一、高中生物教学与化学、物理的渗透

在高中生物教学中，和生物学科联系最密切的学科非化学莫属，从简单的元素到复杂的蛋白质，从一目了然的颜色反应到错综复杂的新陈代谢过程，生物和化学两科可谓"你中有我，我中有你"。氨基酸的基本结构、蛋白质结构和功能的多样性、核酸的种类、同位素标记法、半透膜的透性、酶的特性、ATP 的结构和再生、呼吸作用过程、光合作用过程等的学习需要大量化学学科知识与方法的迁移，生物与化学的相互渗透也呈现出生物界与非生物界的统一性和差异性。

理科综合能力，当然还少不了物理学科。叶绿体色素的吸收光谱分析、光合作用和呼吸作用过程中能量的转换、细胞和 DNA 的物理模型、神经传导局部电流检测、植物因单侧光或重力等引起的向性运动、不同水层生物群落垂直结构上的分层现象、生命熵等。没有清晰的物理知识无法准确把握生物学规律。

二、高中生物教学与数学的渗透

高中生物不少涉及数学的计算。氨基酸脱水缩合形成多肽的种类、减数分裂形成配子的基因组成涉及数学中排列、组合的计算；DNA 复制、细胞增殖、基因中碱基的排列顺序涉及 2^n 或 4^n 的计算；遗传病发病率的计算与概率中的乘法定律、加法定律密切相关；种群、群落、生态系统相互之间的关系用"集合"的观点来分析更准确到位；种群数量变化中的坐标和方程式两

---

① 潘俐.在高中生物教学中加强学科渗透[J].生物学教学，2015(8)：71-72.

种数学模型,让学生尝试对模糊感性的生物现象用精确理性的数学建模方式来展示研究。但高中数学有关部分的学习常滞后一些,即使已学过统计学,生物题中的计算因为加上了生物学科的背景,对学生而言仍可能有一定难度。两个学科的融合展示了运用数学知识解决生物问题的实效性,别具魅力。

三、高中生物教学与政治、历史、地理的渗透

生态环境部分有不少内容与法律法规相关联。"遗传"和"变异"大概也是政治老师在讲矛盾对立统一的两个方面时常举的典型例子。而在讲授遗传病与优生优育章节时,可密切联系我国的《婚姻法》中明确规定的"禁止直系血亲和三代以内旁系血亲的男女结婚",教育效果事半功倍且让学生受益终身。

从历史角度理解分析中国和世界人口增长曲线,中国计划生育政策有效控制了人口增长,十四世纪黑死病几乎夺走欧洲一半人口的生命;被称作皇室病的血友病;从宋真宗年代种人痘到英国医生秦纳发明牛痘,接种后可预防天花;从生殖健康的角度分析康熙大帝的后代为什么大多庸碌无为……在生物课上玩"穿越"实在是一种很有趣的事。

陆地生态系统、水域生态系统、生物圈与地理知识密不可分,特别是在解释长日照植物与短日照植物上,地理知识帮了很大的忙。

四、高中生物教学与语文、英语的渗透

且不说有多少诗歌描绘了生物学美景,单是文学作品本身就很好地展示了生物学知识在生活中的作用,如:莫言的《蛙》与国家计划生育大背景有关,这涉及高中生物学中人体激素的知识;曹雪芹的《红楼梦》中这个大家族中庞大的人物关系以及其中错综复杂的爱恨情仇,对于当下独生子女理解直系和旁系三代以内血亲是个很省力的案例;米切尔的《乱世佳人》中女主人公斯佳丽的父亲——豪放的爱尔兰人杰拉尔德和她漂亮可爱的女儿美蓝,都惊人相似地从马背上摔下来,扭断脖子死了,很可能是严重损伤到了延髓的生命中枢。现行人教版生物教材每章的最前面往往配有一首优美、应景的诗,这正是编者的独到和用心之处。

高中生物教材中有很多英文单词,在解释生物学名称时英文也能帮上大忙,如促甲状腺激素释放激素(Thyrotropin-releasing hormone,简称TRH)和促甲状腺激素(Thyroid Stimulating Hormone,简称TSH),艾滋病(Acquired Immune Deficiency Syndrome,AIDS,获得性免疫缺陷综合征)。还有从网络上下载的大量优质生物科普视频是英文原版的,解说和字幕全是英文,对于我校高中学生来说,听懂看懂基本没问题。

五、高中生物教学与体育、音乐、美术的渗透

急救知识在生物与体育学科上是相通的;100米、400米、马拉松对于我们分析人体供能

的细胞呼吸方式、提倡有氧运动来讲是很实用的对象；雅典奥运会开幕式上，在蓝色的"爱琴海"上升起激光打出的 DNA；"蛙后"罗雪娟因为血钾过低趴在泳池边上不了岸；遗传图解棋盘中的左上至右下的对角线都是纯合子，爱好体育比赛的同学能发现这与体育比赛中小组循环赛记分表有异曲同工之妙。

《PCR 之歌》——当你听到一群可爱的各种肤色的人把 PCR 过程唱得如此深情时，你会发现 PCR 并没有那么神秘难懂，你会被科技与艺术的完美结合深深打动，Biorad 公司为了推出新产品而编写的这首歌，会让你更好地理解生物技术的作用，更加热爱生物。

生物老师应该学一点简笔画，有些老师随手勾勒的细胞图、花花草草很传神地传递出生物的信息，正如不少学生对当年黑板上数学老师画的圆、地理老师画的地图佩服得五体投地一样。虽然现在多媒体的使用大大方便了图形的展示，但在不少老师的课上，特别是在新老师招聘课上，甚至我们到大学接受各种培训时，你会发现很多人在讲课中辅助作图时，除了会画不圆的圆外就只会画不方的方形，所有的东西在他们笔下只有这两种模样，这让评委、学生情何以堪呢？简单的几笔简笔画又快又传神，化抽象为形象，何乐而不为呢！

六、结语

科学求真、人文求善、艺术求美。当你流连于 DNA 双螺旋结构中，不禁折服于当年的两位年轻人——沃森和克里克，他们成为启迪科学工作者跨越学科界限的极好典范；当你徜徉在法布尔的《昆虫记》里，收获作者细致入微的观察和实验时，同时能享受着文学的盛宴，此书不愧为"昆虫的史诗"；当你接触蕾切尔·卡逊的报告文学《寂静的春天》时，你会对那种震撼感同身受，不论当时人们怎么无情地抨击她，时至今日卡逊女士的断言无疑都一一得到了证实。

记得中科院院士、复旦大学副校长金力先生在面向复旦学生的主题为"跨越学科的界限"的讲话中谈道："我是典型的不安分，在各个学科之间乱窜的那种人……"同样，获 2014 年我市高考理科第一的林同学在与学弟学妹们谈"如何培养对学习的热情"时，如是说："在学习新知识的过程中，我自认为总是充满着热情。对我个人而言，我保持学习热情的方法是'跨学科'和寻找实践机会。打个比方，我发现微分方程能帮助我解决几乎所有和运动有关的物理奥赛题，学习效果肯定比死记硬背好。同样的道理，我会在生物书里熟记刚背的单词；在语文课外阅读中尽量积累美国高考也会碰到的西方文化知识；甚至在政治和历史的学习中，我也会尽力印证我曾经学过的经济知识。正因为我的这种习惯，我发现所有学科仿佛都是紧密相连的，而每个学科的知识，都'很有用'……"

我们身处一个新知识层出不穷、空前活跃的时代，这种活跃不仅体现在个别学科上，更体现在多学科的融合上。随着人类对原有学科框架内知识的研究的深入，新知识往往突破原有学科框架，更多地将目光投向少有人涉足的学科边缘、交叉地带。打破学科界限，给学生提供广阔的学习空间，让其寻找真实的自我，科学地进行学习生涯的规划，也还高中生物教学以无限的生机。

参考文献

[1] 范小玲.高中物理教学中实施学科渗透的实践研究[D].呼和浩特：内蒙古师范大学,2011.

[2] 隋淑光.集科学素养与人文素养于一身的生物学家典范[J].生物学教学,2008(6)：71-72.

[3] 科技日报评论员.积极推动协同创新[N].科技日报,2011-09-01(001).

"循理、重情"的心理健康课教学建构

厦门市思明区教师进修学校　龚　洁

《中小学心理健康教育指导纲要（2012 年修订）》指出，心理健康教育是提高中小学心理素质的教育，是实施素质教育的重要内容。心理健康课是心理健康教育最重要的阵地，教师在教育教学实践中既要遵循科学的规律，也要尊重学生的主体性，追求"循理、重情"的心理健康课堂，探索心理健康课的育人之道，发挥心理健康教育的育人价值。

一、"循理、重情"心理健康课教学主张的实践来源及理论反思

从教 15 个年头，回顾专业成长的道路，从迷茫到坚定，从模糊到清晰，从模仿到形成自己的特色，什么在指引我的专业前行？是在教育现场持续的投入和反思。2008 年刚毕业的我，非常擅长使用好玩的游戏来辅助心理健康课堂，这样的课堂学生积极投入，情感参与度高，但随着时间的推移，总有一种浮于表面，走不深的感觉，我发现仅重视学生情感投入的课堂是远远不够的，慢慢开始重视心理健康课背后的原理，在解构一节节心理健康课核心概念的过程中，我惊喜地发现原本激发学生情绪的有趣活动，似乎找到了根基，有一种扎地的踏实感。

对上述实践经验我进行了反思：认知和感情，理性和感性，是人心理结构中的两个基本方面，二者的关系既是教育、教学实践中需要回应的问题，也是教学研究方面的理论问题。在学习教育理论书籍的过程中，我发现了人本主义大师罗杰斯提出的人本主义课程理论，这个理论坚持从课程面向完整的学生这一立场出发，主张统一学生的认知和情感、理智和行为，强调开发人的潜能，促进人的自我实现[1]。我再次将课程实践放入理论背景中来看：认知是知识掌握的内在机制，情感则是学生认知得以发展的催化剂，二者有机结合，才可能真正达到知、情、行合一的育人效果。

二、"循理、重情"教学主张的内涵

在实践、反思、学习中，我逐渐提炼出"循理、重情"的教学主张，循"理"主要体现在课程设计中：其一，遵循心理学的基本原理，搞清楚每节心理健康课核心概念的内涵和外延、影响因素、干预方法等；其二，遵循人的心理发展阶段，了解学生各个阶段的年龄特征，提高学生的心理发展、社会化发展水平；其三，遵循学生的认知规律，教学只有遵循学生认知规律才能够获得成功。

循理的过程要求科学、理性、有逻辑，但拉近师生心理距离的敲门砖却是情感，正如《中小学心理健康教育指导纲要（2012 年修订）》中明确指出，心理健康教育的形式应以活动体验为

主[2]，相对于知识的传授，心理课更加重视学生的体验，尤其是情感体验。重情主要表现在教学实施过程中，我认为情绪卷入程度是考查学生课堂参与最敏感的指标。

心理健康课的实施环节通常分为暖身导入、主体活动、分享讨论及总结延伸四个部分。导入环节——以情铺路，导入环节对于一节课非常重要的地方不仅是引入主题，更重要的是调动学生的情绪；主体活动环节——情理交融，通过设置体验活动，由身动带动心动，在此基础上，引发学生理性的思考；分享环节——师生共情，分享环节，是最考验教师的基本功之处，在教师对于学生的接纳及生生之间的共鸣中，实现课程的目标；总结延伸——知情立行，帮助学生把所学运用于实践中，只有在情理交融的课堂中，才能真正实现师生之间在心理世界曼妙的双人舞。

三、"循理、重情"教学主张的实践探索及反思

以课例"多彩的情绪"一课，反观心理健康课实践过程中的"理"与"情"。

(一) 循"理"主要体现在教学目标和教学设计的设定

其一，遵循心理学的基本原理，本节课的认知目标是，学生明白情绪是一种信号，所有情绪的存在都是有价值的，并无好坏之分；之所以制定这样的认知目标，主要缘于心理学的基本原理，当代心理学家把情绪界定为一种复杂的身体和心理变化模式。婴儿在2—7个月之间出现喜怒哀惧等基本情绪，快到2岁时，伴随自我意识的萌芽，开始出现复杂的情绪[3]。所谓的正面情绪、负面情绪都具有适应、动机、组织和信号四种功能，本节课围绕着情绪的信号功能展开。

其二，遵循学生的身心发展规律，本节课的情感目标是：通过摸盲盒、情绪环的活动，体验情绪的丰富多彩。行为目标是学生体验和觉察情绪，能为情绪命名，学习初步地接纳情绪。之所以制定这两个目标，主要缘于学生的身心发展规律。本节课的授课对象是七年级的学生，七年级学生进入青春期，身心迅速发展，情绪波动较大，具有两极化的特点，大脑中负责自我控制的脑区额叶尚未成熟，对情绪的控制能力需要提高[4]。因此，笔者设置了觉察情绪和接纳情绪的目标。

其三，遵循学生的认知规律，本节课以摸盲盒活动导入，以感性材料即《头脑特工队》电影片段为媒介，把颜色和情绪配对，结合情绪环的活动，在此基础上进行理性的分享和讨论；继而再次采用感性材料即电影片段作为素材，说明负面情绪的价值，再次回到自身发现存在负面情绪的价值。这个过程从感性经验出发上升到理性认识，是符合初中生认知发展规律的，初中生的思维发展阶段处于从具体运算到形式运算的过渡阶段，思维从具体形象上升为抽象思维，同时也符合深度学习的过程，从感性经验入手—总结概括—再次回归感性经验来指导学生生活，具有螺旋式上升的特点。

(二) 重情主要体现在教学实施过程中

1. 导入环节，以情铺路

导入环节的"摸盲盒"的活动采用了情境教学法，贴近学生的年龄特点，能够激发学生的

情绪体验。由于只能允许个别同学参与,心理健康课尽量满足全体同学体验的需要,课堂实施中,同样利用课堂中真实的情境,在摸盲盒之前,公布答案之前,公布答案之后,均不断询问学生的情绪感受,调动学生体验整个过程中情绪的流动。

2. 主体环节,情理交融

主体活动环节的设置:感性材料即《头脑特工队》电影片段——把颜色和情绪配对;情绪环的活动——觉察和分享日常情绪;再次采用感性材料即电影片段作为素材——负面情绪的价值;再次回到自身经历——分享存在负面情绪的价值。从感性经验切入,上升到理性认识,再次切入感性经验,再次上升到理性认识,达到情理交融的目的。

3. 分享环节,师生互促

拉近教师和学生之间距离的是情感因素,在师生互动的部分,作为课堂的主导者,心理教师表现出对于学生情绪的接纳,能够催化课堂中知识的学习。在生生互动的部分,教师把个别学生存在的问题放到集体中讨论,这是教师在推动团体动力,引发学生之间理性和情感上的共鸣。

4. 总结环节,知情立行

总结延伸环节,力图体现知情立行,教师通过精心组织的教学语言对于本节课的内容进行总结,同时,可适当地布置实践性的课后作业,如本节课课后要求学生在接下来的一天内时时自我觉察当天经历了哪些情绪,并简单记录。

提出这一教学主张后,我不断在心理健康课堂上用实践来探索、检验及反思"循理、重情"。基于循理,学习体验有深度,深度主要体现在教学设计和师生互动的点滴上;源于重情,课堂互动有温度,温度主要体现在学生课堂的卷入度、参与度上。

从课堂实践的点滴积累中,我不断尝试建构和反思"循理、重情"的心理健康教育课堂,其中循理是"骨",重情是"肉",只循理,则课缺乏温度,只重情,则课缺乏深度,唯有既循理又重情,才是一节有温度和深度的心理健康课。我认为这一教学主张还有待继续发展和完善,需要在理论层面继续深入探索,特别是在人本主义课程理论支撑下挖掘这一主张的理论内涵,以期未来能够拓宽这一主张的广度。

参考文献

［1］陈琦,刘儒德.教育心理学［M］.北京:高等教育出版社,2005.

［2］林崇德,俞国良.中小学心理健康教育指导纲要解读［M］.北京:北京师范大学出版社,2013:215.

［3］［美］David R. Shaffer, Katherine Kipp.发展心理学(第八版)［M］.邹泓,译.北京:中国轻工业出版社,2013:388－391.

［4］［美］David R. Shaffer.社会性与人格发展(第五版)［M］.陈会昌,译.北京:人民邮电出版社,2012:111－112.

"双链"定教促学的教学主张

厦门市金尚中学 邹 斌

如何让我们的师生教学活动实现深度、广度和关联度上的突破,达到我们所追求的层次?"双链"定教促学是笔者在教学中为实现这一目标而运用的重要教学主张,以"循证诊断链和问题导学链"的循环教学,促进学生深度学习,同时,教师生成自己的新的教学常规和教学经验证据。

一、主张的内涵

对学情与教情的正确分析,是教学目标得到落实的抓手。通过课标研读、内容重整、资源和工具运用、以往证据分析等几个环节,做好学情与教情分析,形成单元视域下的循证诊断链,使得教学心中有数。把学情与教情的分析成果以学定教生成问题集群,体现并应用于问题情境、导学单抛出问题、课堂生成问题、拓学单延伸问题、反思改进问题、同化顺应等几个环节,形成问题导学链,使得教学目中有人,深度学习得以发生,核心素养得以习成。

二、主张形成的政策背景与理论依据

《中共中央国务院关于深化教育教学改革全面提高义务教育质量的意见》的第8点优化教学方式指出:"精准分析学情,重视差异化教学和个别化指导。"《义务教育信息科技课程标准(2022年版)》在课程实施的教学建议部分也提出:注重发挥数字化学习优势,"适应个性化培养需要,指导学生结合自身实际合理规划、管理学习,帮助学生学会学习"[1]。笔者的教学主张同党中央的意见和课程标准要求高度吻合。

基于建构主义学习理论。学习不是通过教师的直接传授得到的,而是学习者在一定真实且复杂的情景中借助彼此间的协作与交流,经历一段自主探索的过程,在其中实现与学习内容的充分交互,实现意义建构而获得的。"双链"为学习者创设真实复杂的情景,完善学习者协作探究和意义建构的过程。

三、主张在教学中的外显策略

具体来说,主张在教学中的外显策略是:通过课标研读、内容重整、资源和工具运用、以往证据分析等几个环节,形成循证诊断链;通过问题情境、导学单抛出问题、课堂生成问题、拓学单延伸问题、反思改进问题、同化顺应等几个环节,形成问题导学链。下面,以"分支结构"这一课的教学为例来说明笔者的教学主张。

在循证诊断链准备中,先认真研读《义务教育信息科技课程标准(2022年版)》及《综合实践指导纲要》,特别是其中信息技术主题建议中有关"走进程序世界"部分的论述。接着,通读各地多个版本的有关分支结构的教材,重整教学材料,分析得出"本部分教学内容是顺序语句之后,循环语句之前,承上启下的内容"的结论。第三个循证是通过网络平台,进行学生对相关前概念、预备知识基本情况的了解,在上节课的结课前10—15分钟,让学习者运用自适应学习系统进行预学单的学习,预学单主要是提供本部分内容学习的建议和关键知识技能脉络,并完成少量的巩固练习,这成为教学诊断的第四个循证来源。第五个循证是教学者过往其他班级的教学经验、专家指导意见和同行建议以及各种场合的交流学习。最后的循证是课前1—2分钟通过交互游戏循证和师生交流聊天循证。教学过程中,学习者对关系运算中"=="与"="等的学习存在障碍,也就是说对if语句的条件表达会是他们的难点,这就成为教学者要突破的问题,是问题导学链重要的"问题源"。于是,教师在课堂上,先让学习者上前玩掷骰子游戏,比较点数大小得出判断才能比较,引出导学单问题,学习分三个层次用if语句设计程序,分别是一个骰子比大小、两个骰子比大小和三个骰子比大小,由各组的学习者按自己的水平选择相应的层次去完成。给学习者一定的时间去完成导学问题后,教学者整理学习者的完成情况生成三个典型问题:一个是有关";"等if语句的格式问题,这一问题当场就能解决;第二个是有关rand这个函数的问题,这个因为在课堂上已经没时间解决,教学者就把它放到后面作为拓学单问题;第三个是学习者学会"=="在条件表达式中的运用,在不断的师生交流中逐步清晰正确地使用。然后推出拓学单问题,除了上面的rand函数问题外,第二个问题是让学习者看看,掷六个骰子来进行编程,判断大小,出现六个if语句,让学习者思考如何用更简洁的方法来表达,这样,就很自然地过渡到循环语句的学习。在这基础上,布置学习者整理本节课的学习内容,思考如何学会if语句中的这部分内容,这些学习的方法能够迁移到其他哪些内容的学习中。

四、主张在教学中的实施价值

循证诊断链,积累了很多一手的数据材料,"精准分析学情,重视差异化教学和个别化指导"可观测,也使得以学定教、精准施教、少教多学容易落地,学习者可以看到自己的学习长短,还需努力的方向,老师可以很明确地知道教学效果情况,从可视化的图上可以看出教学的班级整体效果和学生的个体效果。问题导学链使得课程的核心素养在学习者身上能得以体现,通过不断的师生交流、互相追问,辨析思维指向与高阶思维发生,学习者的思维得到发展,就如"分支结构"这一课的教学,学习者在课堂师生交流互动中实现了对"="与"=="的正确运用,相信他们一生难忘。

五、对主张在教学中实施的反思与改进

当然,在这个教学主张中,也有需要改进的地方,从实践层面来看,在循证诊断链,要让学习者及早介入,学问学问,要学要问,要让我们的课堂成为这样一个场所,即学习者学的是他们真正想学的"需要",问的是他们真正要问的"问题"。让他们真正地、全过程地参与到教学中来。

参考文献

[1] 中华人民共和国教育部.义务教育信息科技课程标准(2022年版)[S].北京:北京师范大学出版社,2022:47-48.

"学创融通"的通用技术教学构建

厦门市集美区灌口中学　潘琼芳

一、理论源泉

　　建构主义明确学习的实质是学习者积极主动进行意义建构的过程;杜威提到,"从做中学"要贯穿于教学领域的各个主要方面;布鲁纳在发现学习理论中提出学生的学习应是主动发现的过程;梅瑞尔认为"学习只有在学习者从事解决真实世界里发生的问题时,只有当学习者能够通过论证或应用而激活已知知识、并将其作为理解新知识的基础时,新知识才会被整合到学习者的世界当中"[1];STEAM教育涉及科学、技术、工程、数学和艺术学科,它鼓励孩子在这些领域得到发展和提高,帮助孩子的综合素养得到提升。通用技术课程以提高学生的学科核心素养为主旨,以设计学习、操作学习为主要特点,是一门立足实践、注重创造、科学与人文融合[2]的课程。

　　基于以上认识,为促进通用技术学科核心素养更好地达成,建构"学创融通"这一教学主张,应将STEAM教育理念渗透到本学科的教学中,不断启发学生的创新思维,促使他们自主发现问题,要在探究问题的过程中不断主动地建构知识,将多个学科的知识与技术进行融合与创新运用,使其多角度、多元化,不断解决真实情境下的项目问题与实践,促进学科素养的生成。

二、要素分析

　　"学创融通",即:学习创造,融会贯通。践行这一教学主张,主要围绕目标、内容、项目、资源、方法与评价六大方面展开。

　　目标:旨在多学科的融合,多技能的运用,达到知识与技能的同步,理论与实践的统一,科技与人文的融合,实现做中学、学中做,实现跨学科知识的融会贯通,融合五育教学,促进个人素养的提升。

　　内容:引入真实生活问题,分析问题并解决。由单一章节走向单元整合,由学科知识走向跨学科知识的融合,对物理、化学、科学、数学、人机工程学、美学、文学、哲学、社会学等学科进行融合学习与运用,将"技术与思想的方法"运用到实际生活中。

　　项目:以问题为原点,融内容为项目,将项目分解为一个个真实、可用、可做的子项目,实现知识的学习与整合运用,丰富学生自主性与探究性的学习过程,提高学生联系、运用、再构知识与技能的能力。

资源：教学过程中要充分考虑不同学习风格（视觉型、听觉型、触觉型）对不同资源的需求、分析与呈现，实现传统与现代资源的融合运用，校内与校外资源的整合运用，软硬件工具的结合，突破时空场地的限制等。

方法：创设复杂而丰富多样的真实情境与项目活动，让学生完整地经历问题解决的学习过程，促进学生成为主动学习者、探索者、合作者，多个角色集于一身，共同完成项目活动，解决问题。

评价：构建多元评价系统，围绕目标达成（课标、教材、学生）、过程呈现（目标、项目、节奏）和结果生成（表现、效果、素养）等综合评价[3]，保证评价的多样性、连续性与真实性。

三、实施策略

(一) 创设良好学习情境，融通教学与生活

通用技术的教学实例离不开生活，生活化资源的重要性不言而喻。源于对生活的思考，注意结合实际，借助多种资源，实现生活、科技、人文与教学的融合；利用技术手段，辅助一系列资源的呈现。这些资源通过体验、启发、讨论、讲授等情境，激发学生讨论生活案例，增加生活与学科的深度。

(二) 开展多样教学活动，丰富过程与体验

教学活动呈现了教与学的活动，在教学过程中需要相应的教学方法与组织形式等。主张采用自主性、递进性活动组织，融入听课、练习、讨论、游戏、考察、实践、表达、角色扮演等过程体验，形成接受式（书中学）和探究式（做中学）的形式，促进学生在过程中不断理解、应用知识，拓展知识，并将其形成关联，提炼方法。

(三) 项目聚焦核心素养，融通技术与思想

在项目情境引领下，引导学生用技术与设计的思想去了解身边的人、事、物，寻找问题，并从中提出解决问题的思路和方法，并付诸实践，即在问题的分析与解决过程中培养的综合性品质，实现跨学科知识与技能的融合，充分运用技术的思想与方法，将人技关系、人机工程、结构、流程、系统和控制等多元思想融合运用。

(四) 实现真实问题解决，加强创新与实践

在项目实践过程中，深化生活化资源的运用，延伸学生对生活问题的关注与解决，增强技术意识；不断实现学习力与实践力的统一，创造力与表现力的统一，自我管理能力与相互合作精神的统一，促进工程思维、创新设计、图样表达和物化能力等素养的落成；促进学生形成（跨）学科观念，创新思维模式，提高探究技能。

时代万物在变化，但教学不变的宗旨是让学生获真知、善运用，一直走在探寻、收获成功的路上。而课堂教学则需要不断优化，融知识与技能、融物质与精神、融形式与方法。

参考文献

［1］王雪松,赵丹.翻转课堂教学模式的应用困境及对策建议——系统管理理论视角[J].和田师范专科学校学报,2018,37(06)：47-53.

［2］中华人民共和国教育部.普通高中通用技术课程标准(2017年版2020年修订)[S].北京：人民教育出版社,2020：1.

［3］潘琼芳.基于核心素养的高中通用技术多元化项目教学探究[J].新课程研究,2020(5)：29-30.